日本橋
小網町

▲中里《なかざと》海岸の丸木舟　JR線田端《たばた》・上中里《かみなかざと》駅間の新幹線用地内から，縄文時代中期初頭の丸木舟が発掘された。当時の東京低地は海で，この丸木舟は「中里海岸」に広がっていた砂浜に埋められていた。縄文人と海とのかかわりを考えさせられる。

▼野毛大塚《のげおおつか》古墳(世田谷区野毛，全長82m)　この古墳は帆立貝形《ほたてがいがた》古墳で，5世紀前半に築造された。中央の長大な割竹形木棺《わりたけがたもっかん》には，多くの武器・武具が副葬されていた。ここに埋葬された豪族の強大さがうかがわれる。

►日本橋(『江戸図屏風』左隻，部分)　江戸城が政治の中心とすれば，経済の中心は日本橋で，その日本橋界隈の活気に満ちた賑わいが描かれている。

◀深大寺《じんだいじ》釈迦如来像(調布市)　深大寺は，満功上《まんくうしょう》人《にん》を開基として，天平5(733)年に創建されたといわれる古刹。奈良時代には法相《はっそう》宗に属していた。寺に安置される金銅製の釈迦如来倚像《いぞう》は，関東では数少ない白鳳仏として名高い。国重要文化財。

▼東山道《とうさんどう》武蔵路　国分寺市内で発掘された東山道の遺構は，幅12m，両側に側溝を配した堂々たる道路跡だった。宝亀2(771)年まで，武蔵国は東山道に属していたので，正式な官道は上野《こうずけ》国新田《にった》からいったん南下し，武蔵国府に達した。この武蔵路は，ほぼ直線的に延びていると推定される。

►赤糸威鎧《あかいとおどしよろい》　平安末期～鎌倉初期に製作された大鎧で，荘重かつ優雅な趣きをもつ。畠山重忠の奉納と伝えられる。蔵王権現の霊山として信仰を集めた青梅市御嶽山《みたけさん》の武蔵御嶽神社の所蔵。国宝。

▼高幡不動尊像内文書(日野市高幡山金剛寺蔵)　表は山内経之《やまのうちつねゆき》書状で,「ひんき(便宜)をよろこひ候て申候」と書き出し，銭を届けてくれるよう依頼している。裏面には木版の不動明王像が捺されている。

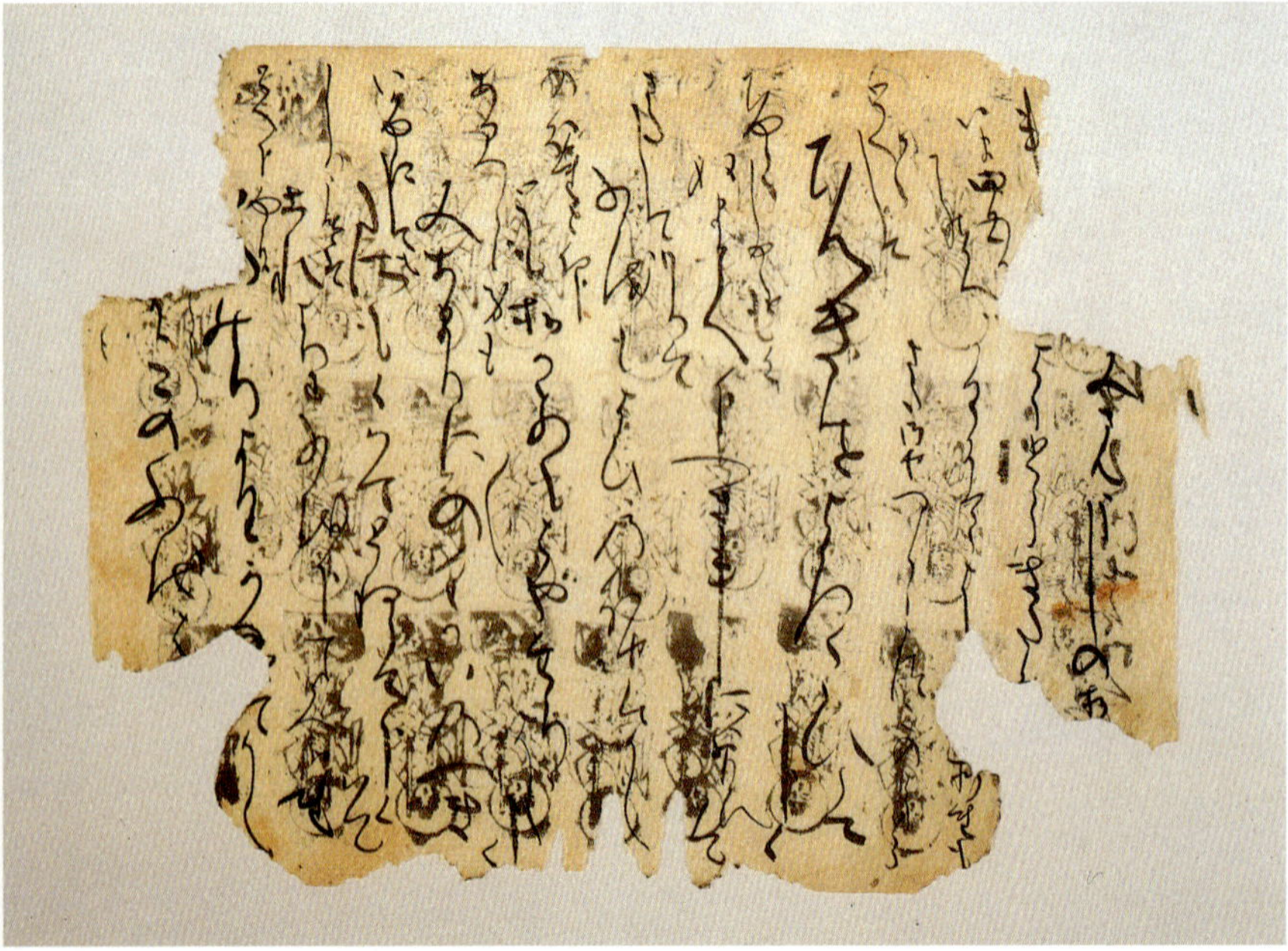

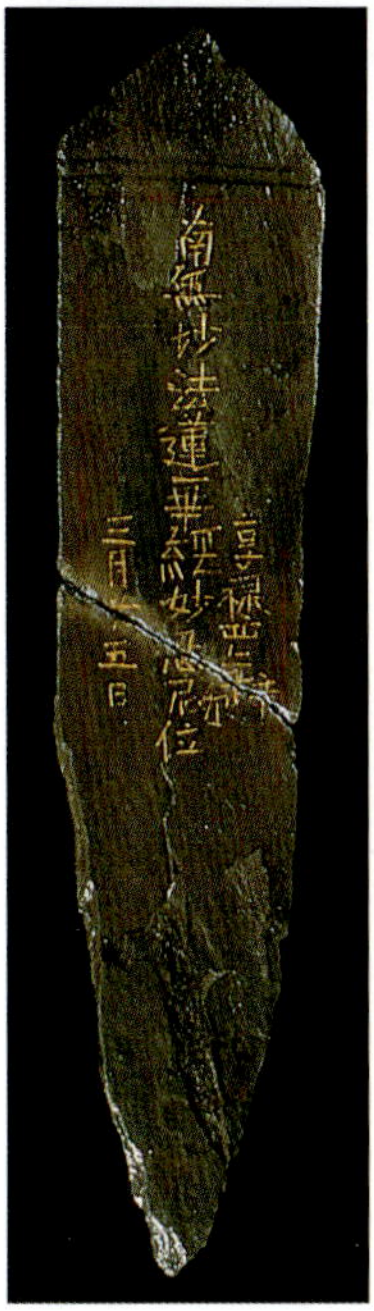

▲葛西《かさい》城跡からの出土品　享禄4(1531)年の題目板碑《だいもくいたび》(左)には文字に金箔《きんぱく》が施され，枠には朱線が引かれている。青花器台《せいかきだい》(右上)は14世紀に中国で作られ輸入されたもの。漆器(右下)には植物の絵が描かれている。

◀八王子城の石垣(八王子市)　北条氏照《うじてる》が築いた八王子城の御主殿《ごしゅでん》(居館)への入口には，このように堂々たる石垣が築かれていたことが，発掘によってわかり，復原された。前を流れる城山川には橋がかけられていた。国指定史跡。

▲大名屋敷(『江戸図屏風』左隻，部分)　これは福井藩松平伊予守邸を描いたものだが，江戸時代前期の大名屋敷は大工技術の粋を尽くした精密華麗な造作であり，まばゆいばかりの輝きをみせていた。

▼明暦《めいれき》大火後の江戸市街(『明暦の大火罹災市街の図』)　明暦大火に際して江戸に滞在していたオランダ商館の江戸参府団の一人が描いたといわれ，浅草橋付近から江戸城方面を俯瞰する形で，大火による市街の被害状況を描いている。

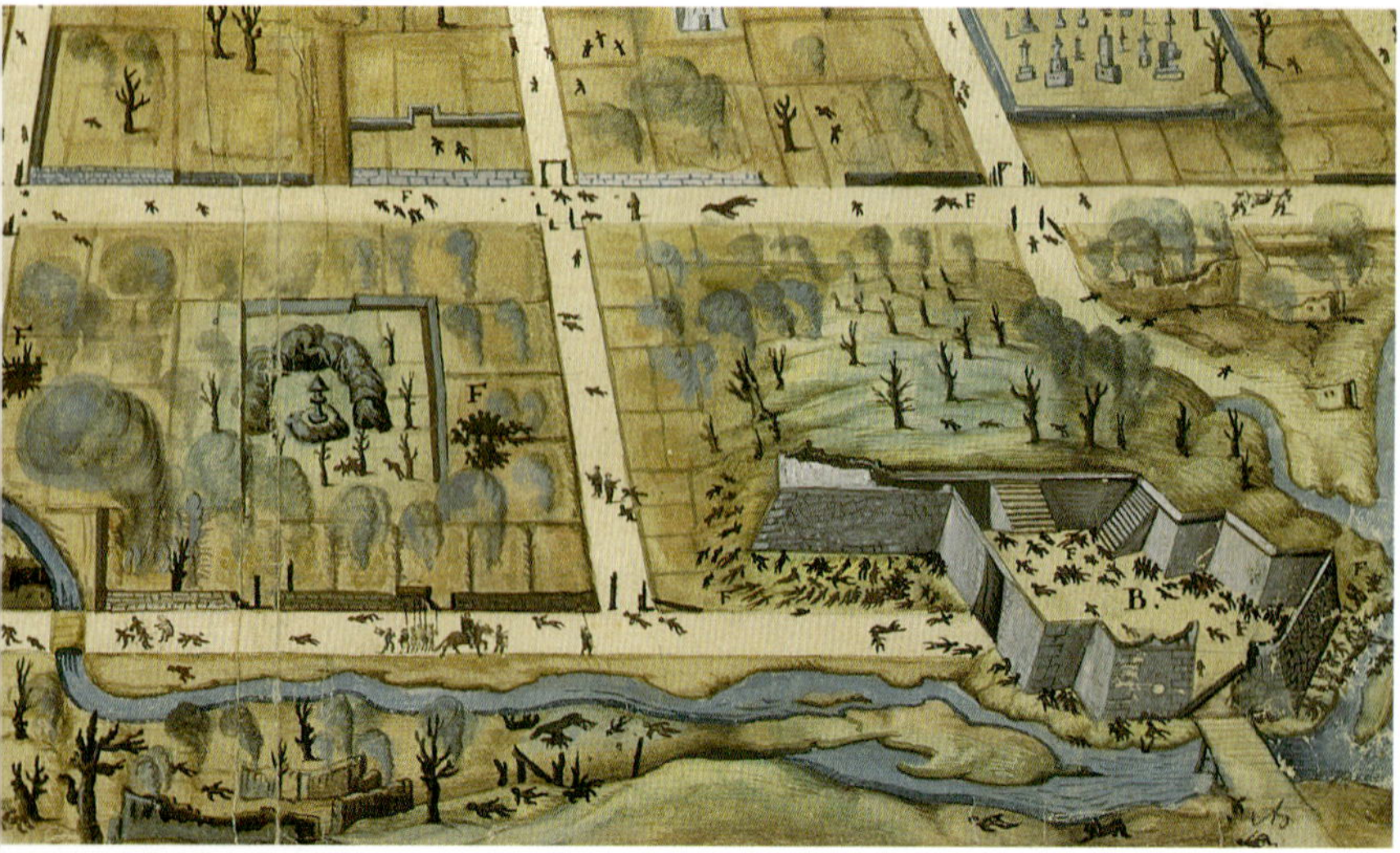

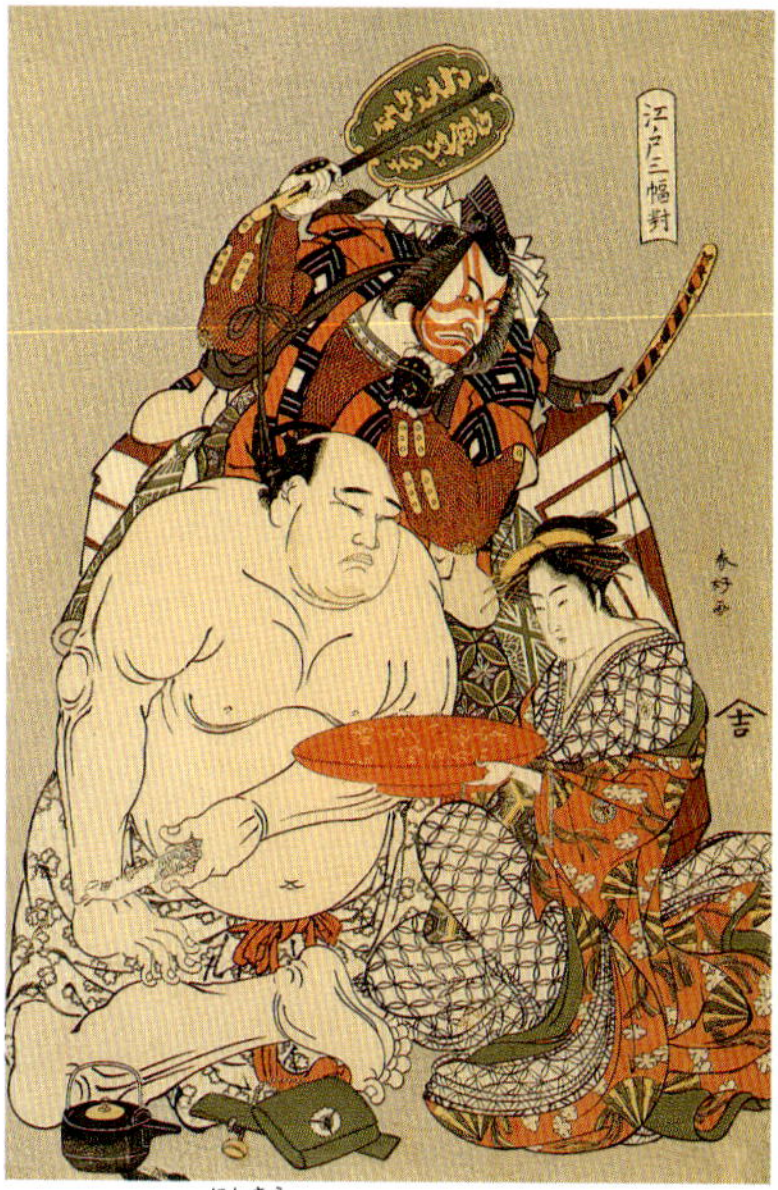


▲江戸の三大娯楽を描いた錦絵《にしきえ》(春好画『江戸三幅対』)　江戸の娯楽として人気の高かった歌舞伎(市川団十郎)・吉原(扇屋花扇)・相撲(谷風梶之助)を描いている。

▼町火消《まちびけし》千組の勢揃い(国芳画『火消千組の図』)　町火消千組が勢揃いして出動する様子を力強く描いた絵馬《えま》で，成田山新勝寺《しんしょうじ》に奉納されたものである。

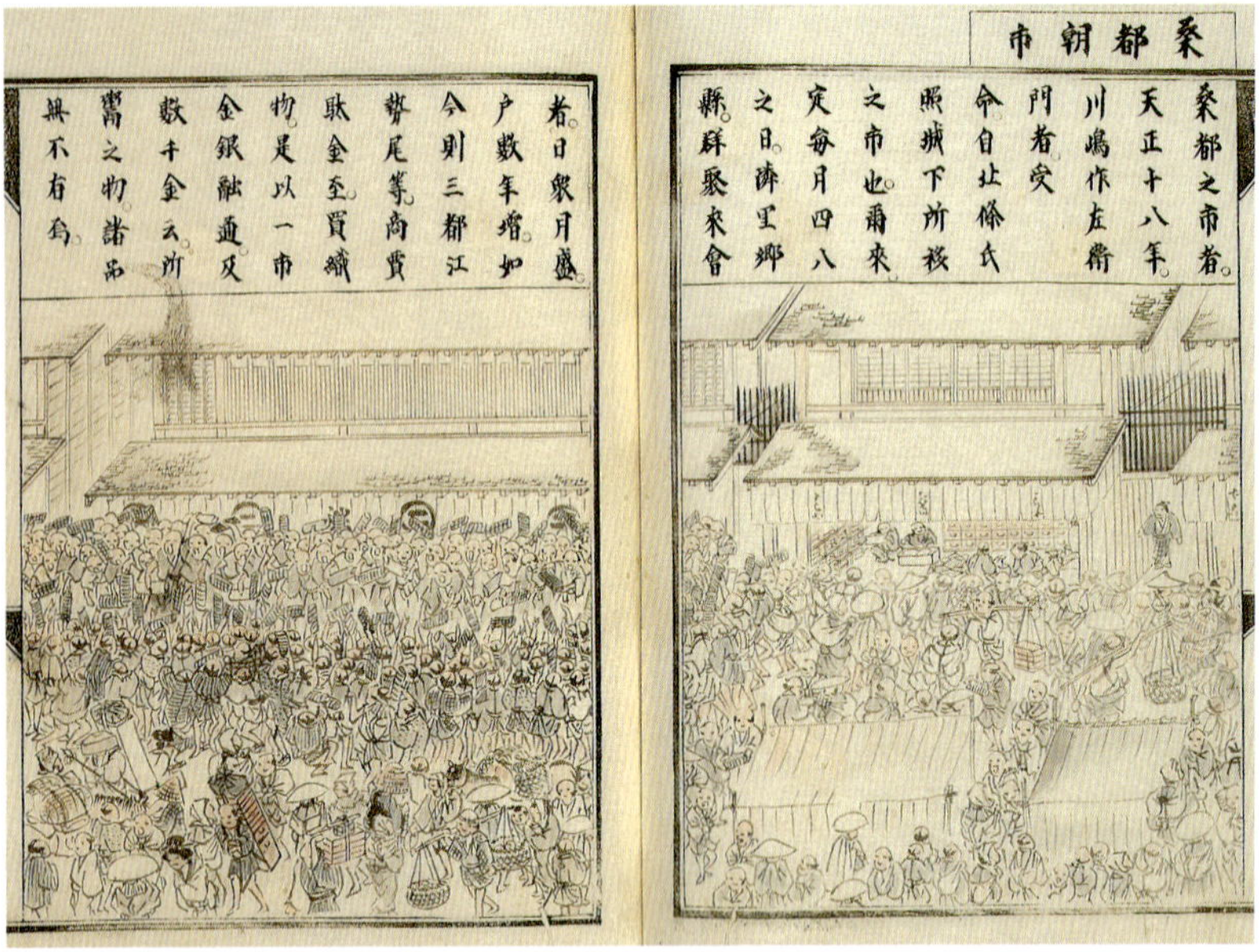


▲八王子朝市(塩野適斎『桑都《そうと》日記』)　桑都とよばれた八王子の朝市の光景で，縞買《しまがい》とよばれた仲買人が，縞模様に織られた八王子織物を取引する様子などが描かれている。

▼利島《としま》の流鏑馬《やぶさめ》(1993年撮影)　伊豆諸島利島に伝わる神事で，八幡神社の境内で執行され，歩射《ぶしゃ》の形式をとる。その年の豊作・豊漁を占うため毎年元旦に行われたが，現在では4年に1度である。都指定無形民俗文化財。

▲都心部の発掘調査(港区汐留《しおどめ》地区遺跡)　都心部では江戸遺跡の発掘調査が盛んになり，大名屋敷をはじめとする江戸の様子が具体的に復原できるようになってきた。汐留地区遺跡の発掘では，仙台・龍野・会津各藩の江戸藩邸跡の様子が明らかにされた。

▼江戸の造成(港区汐留《しおどめ》地区遺跡)　陸奥《むつ》仙台藩伊達《だて》家の藩邸跡から発掘された埋立ての遺構。板と杭で土留《どど》めをしながら埋立てを行ったことがわかる。

▲多摩ニュータウン　当時二市一町にまたがる3020haが開発され，昭和46(1971)年に第一次入居が開始された。当時の分譲価格は374万～398万円(3DK)。

▼臨海副都心　東京の新たなシンボルとなったレインボーブリッジを皮切りに，湾岸にそって企業ビル・集合住宅・公園・ホテルなどが建設され，交通システムも整備された。

地方史研究協議会名誉会長
学習院大学名誉教授
児玉幸多　監修

企画委員　熱田公―川添昭二―西垣晴次―渡辺信夫

# 東京都の歴史 目次

竹内誠―古泉弘―池上裕子―加藤貴―藤野敦

# 東京都の歴史

# 風土と人間——江戸っ子の成立

**武蔵野の開発●**

江戸・東京の地は関東平野の南部中央に位置し、南は東京湾に面している。西には武蔵野《むさしの》台地がひろがり、多摩《たま》川をはさんで多摩丘陵がつらなる。一方、東には隅田《すみだ》川・江戸川や中《なか》川（古くは利根《とね》川や荒《あら》川）の三《さん》角州《かくす》による東京低地がひろがっている。

武蔵野台地のうち、低地にのぞむ末端（ハケという）や、狭山《さやま》・加治《かじ》丘陵のふもとなど、河川や湧水を利用できる地域には、古くから人びとの営みがあった。また武蔵野台地の西南、現在の府中《ふちゅう》市と国分寺《こくぶんじ》市とを結ぶ一帯は、古代武蔵国の政治の中心地として栄えた。

しかし武蔵野とよばれた台地の大半は、長いあいだ未開のままであった。正応三（一二九〇）年信濃の善光寺詣での帰路、武蔵野をとおった二条尼は、「野の中をはるばると分け行くに、萩《はぎ》・女郎花《おみなえし》・荻《おぎ》・薄《すすき》よりほかは、また混じる物もなく、これが高さは、馬に乗りたる男の見えぬほどなれば、推《お》し量《はか》るべし、三日にや分け行けども、尽きもせず」と、その著『とはずがたり』に記している。

馬にのった男さえも、その姿を没するほどに高く生い茂った草原、三日歩きつづけても尽きることのない原野、このような荒涼たる武蔵野の情景が一変するのは、江戸時代にはいって、この地域の新田開発が盛んになってからのことである。

江戸時代に開発された新田村落は、はげしい西北の寒風を防ぐため、屋敷ごとに欅《けやき》の防風林が植えられた。冬空に、鋭く突きささるように聳立《しょうりつ》する欅は、今でも武蔵野の風物詩の一つとして人びとに親しまれている。

### 下町と山の手

武蔵野台地の東縁部、ほぼ現在のJR山手《やまのて》線内の台地を、山の手台地という。一方、東京低地の西縁部、つまり隅田川周辺から山の手台地の谷底にいたるあいだを下町《したまち》低地という。江戸・東京の中心部の地形は、およそ西北の山の手台地と東南の下町低地とからなっており、この山の手・下町という二つの言葉は、江戸の城下町形成のごく初めから使用されていたようである。そして十七世紀後半ともなれば諸文献に盛んに登場する。

元禄三（一六九〇）年刊の噺本《はなしぼん》『枝珊瑚珠《えださんごじゅ》』には、「山の手のよし様」と「下町の権兵衛」がみえる。よし様は、おそらく武士であり、権兵衛は町人とみてよいであろう。このように武家屋敷を象徴する山の手に対し、下町は町人の町という対置的な地域概念が、江戸前期にすでに定着していた。

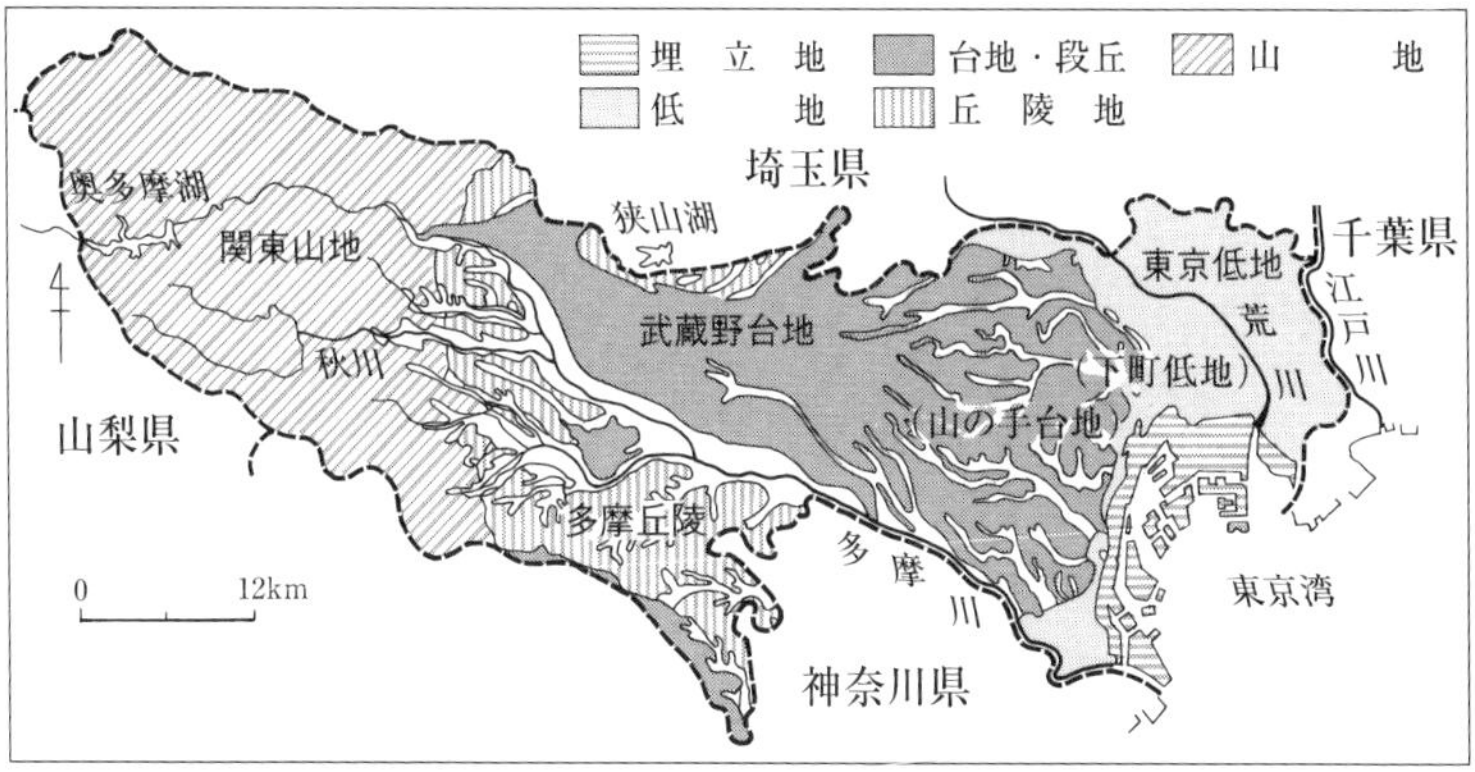


東京の自然と地形（東京都教育庁生涯学習部文化課編『東京の遺跡散歩』による）

下町と山の手という地名の語源は、低地と台地という自然地形から生じたとするのが、ごく一般的な説である。しかし幕府が編纂した地誌『御府内備考《ごふないびこう》』によれば、江戸城の膝元つまり御城下《おしろした》の町だから下町と略称したという。また『砂子《すなご》の残月《ざんげつ》』という幕末の書によれば、「山の手は山の里《て》たるべし」とある。里という字は〝て〟とも読むからである。このように語源はいま一つはっきりしない。

江戸後期には、下町・山の手は川柳《せんりゅう》にもしばしば登場してくる。とくに山の手の田舎《いなか》めいている点が風刺されている。

山の手は　喰はず下町まだ聞かず

山の手の　湯は女人とて隔《へだ》てなし

前の句は、「目には青葉　山ほととぎす初がつほ」という句を連想すればすぐ解けよう。後の句は、山の手の湯屋は下町と違って男湯と女湯とを別々に焚いたのでは商売がなりたたないので、男女混浴になっていることを風刺している。

下町・山の手は、行政地名ではない。あくまでも広域の俗称地名なので、どこからどこまでと、きちんと線引することはできない。しかもその範囲は、時代により拡大し移動している。

江戸時代の下町は、京橋《きょうばし》・日本橋《にほんばし》・神田《かんだ》が中心であり、現在の中央区の大半と千代田区のごく一部がその範囲であった。そして幕末から明治の初めにかけて、下谷《したや》・浅草《あさくさ》が下町とよばれるようになり、大正から昭和の初めにかけて本所《ほんじょ》・深川《ふかがわ》が下町の範囲に含まれるようになった。

では今日の下町の範囲はどうか。東京学芸大学の山鹿誠次《やまがせいじ》名誉教授のアンケート調査によれば、下町に属すると思われる区は、墨田《すみだ》・江東《こうとう》・江戸川・葛飾《かつしか》・台東《たいとう》をほとんどの人があげており、中央区と答えた人は非常に少ない。このように現在の下町は、隅田川以東にその中心が移り、しかも隅田川のみならず荒川を越えて江戸川西岸まで東へ東へとのびている。

一方、山の手に属すると思われる区は、半数以上の人が世田谷《せたがや》・渋谷《しぶや》・杉並《すぎなみ》・目黒《めぐろ》をあげ、文京《ぶんきょう》・新《しん》宿《じゅく》・港・千代田は少数派である。江戸・明治期の本来の山の手はこの逆で、山手線の内側の文京・新宿などの台地部分が中心であった。近年の山の手の範囲は、さらに吉祥寺《きちじょうじ》とか田園調布《でんえんちょうふ》が含まれるようになり、武蔵野台地上を西へ西へとのびつつある。

明治二十七（一八九四）年刊の野崎左文著『日本名勝地誌』には、旧一五区のうち「京橋、日本橋、神田、下谷、浅草の五区は俗に下町と称し、市中最も殷賑《いんしん》を極むるの地」とあり、また「本郷、小石川、牛《うし》

潮見坂《しおみさか》（『江戸名所図会』）

込《ごめ》、四ツ谷、赤坂、麻布《あざぶ》等の諸区は俗に山の手と称する部に属し、土地高燥《こうそう》、阪路随て多く、其繁昌下町に及ばざるも、貴顕《きけん》紳士の邸宅は最も此地に多し」と記されている。明治二十年代の下町・山の手の範囲と、今日のそれとの違いの大きさにおどろかされよう。地名は生きものだということがよくわかる。

**江戸っ子意識●**

下町情緒といえば、すぐさま江戸っ子を連想しよう。江戸に生まれ江戸で育ったことを誇りとした人びと、具体的には、将軍の膝元の江戸下町に生まれ育ち、金ばなれがよくて正義感にあふれ、「いき」と「張り」に生きた人びとである。この江戸っ子意識の特徴は、つぎのような都市江戸の特色と密接に関係していた。第一に江戸は政治的に日本の中心都市であり、当時の日本におけるもっとも先進的な都市施設（たとえば上水道）を有していたので、そこに生まれ育ったという自負心が江戸住民のあいだに醸成された。江戸っ子をその作品にしばしば登場させた山東京伝《さんとうきょうでん》は、天明四（一七八四）年刊の洒落本《しゃれぼん》『彙軌本紀《いきほんぎ》』の序文に、「水道ノ水ヲ以テ産湯《うぶゆ》ト為《な》シ、曳窓《ひきまど》ヨリ鱐《しゃち》（江戸城）ヲ観《み》テ長《ひととな》リタルノ徳ハ、則チ孰《いづく》ニ之《ゆ》クト雖《いえど》モ何ゾ引《ひ》気《け》ヲ資《と》ラン」（原漢文）と記している。

第二に、江戸は人口一〇〇万を優に超す巨大都市であったから金の儲け口はいくらでもあり、働きさえすれば食べていくのにことかかなかった。当然、金は無理にためなくてもよいし、仮に儲けたらきれいに使うものだという気質が形成された。前掲『彙軌本紀』にも、「大金ヲ費《ついや》スコト小銭《こぜに》ヲ遣《つか》フガ若《ごと》シト。是《これ》東都子《えどっこ》ノ気情《きしょう》ヲ顕《あらわ》ス」とある。

第三に、江戸は支配者である武士と、被支配者である町人とがほぼ同数（五〇万余人ずつ）居住するという特異な雰囲気をもった都市であり、いつも目の前に立ちふさがっている武士への抵抗精神、弱きを助け強きをくじく「張り」の活気がはぐくまれた。俗に「二本差《にほんざし》（武士）がこわくて目刺《めざし》が食えるか」という、あの気風である。

第四に、江戸にはたえず多数の地方出身者が流入し、地方武士もまた江戸藩邸に大勢居住していた。とくに江戸経済を牛耳っていたのは、江戸に支店をもつ伊勢や近江《おうみ》などの上方《かみがた》商人であった。こうした上方者や田舎者を強く意識し、それへの対置概念として江戸っ子意識は成立したから、上方者や田舎者の「野暮《やぼ》」に対する、洗練された「いき」の美意識や行動様式が追求された。

このような江戸っ子意識は、もちろん江戸初期からあったわけではない。江戸は諸国寄合世帯の新興の植民的都市として発展した。したがって、当初は根生《ねお》いの文化や伝統を有していなかった。そのうえ武家地重視の都市計画により、町人地はしばしば強制移転を命じられ、また火災も頻発したので、根生いの江戸生まれという意識が地域になかなか定着しなかった。

しかし江戸時代も一世紀半を経過した田沼期には、諸国寄合世帯の雑然・混沌とした大都市江戸にも、何代か続いた江戸町人固有の洗練・昇華された社会規範や生活様式が、地域に密着した形で創造された。この新興の都市にも自負すべき伝統が成立したのである。その典型が江戸っ子意識であった。

## 三都くらべ●

数ある近世都市のなかでも江戸・京都・大坂は、断然他を圧する大都市であった。それゆえ当時の人びとは、この三つの都市のことを「三都《さんと》」とか「三ケ津《さんがのつ》」とよんだ。

三都は、それぞれ都市としての特徴を異にし、住民の気質もまたおおいに相違していた。享保ごろに活躍した歌舞伎《かぶき》役者の姉川新四郎《あねがわしんしろう》は、三都の性格の差をつぎのように述べている。

姉川新四郎曰く、江戸の気持は二十ばかり也。大坂は三十ばかり、京は四十以上の気持也と語りけると也。是《これ》いかなる義と尋ねければ、江戸は二十ばかりの気なればこそ、物だのもしく受合《うけあい》活気にしてしまらぬやうに見ゆる。さるによって、くはっと白眼《にらん》で見へでとる。大坂は三十ばかりの気にして少し分別あり。理非を正して男を立てる気持也。京は四十をこしたる気にして、よく物にたづさはり、始終《しじゅう》を弁《わきま》へ物をなす気持也。此心なくては、三ヶ津の芸は仕分けがたし。(『歌舞伎事始《ことはじめ》』)

最後のくだりに、「此心なくては三ヶ津の芸は仕分けがたし」とあることからもわかるように、姉川新四郎は三都の観客の相違をしっかりと把握したうえで、それぞれに対応した芸の在り方を説いている。しかしこの三都芸談は、そのまま三都の住民気質論や三都の都市論にもつうじるものがある。

姉川新四郎によれば、江戸を二十ばかりの活気あふれる青年に見立て、大坂を三十ばかりの分別のつく歳ごろ、京都を四十を超した経験豊かな円熟の年配に見立てている。和事《わごと》芸が上方で発達し、荒事《あらごと》芸が江戸で発達した背景が、よく理解できよう。新四郎の比喩《ひゆ》は、古代以来の京都、中世以来の大坂、近世に新しく誕生した江戸という、都市としての成熟度の差をみごとに表現している。

新興都市の江戸人は、やはり伝統のある京都へのあこがれ、もしくは対抗意識をもっていた。江戸という地名の由来は、入江の門戸に位置するところという説が有力であるが、この江戸という字を、江戸後期になると「江都」というように戸を都に書きかえたり、西の都の京都に対し「東都」と書いて「えど」と読ませたりするなど、都《みやこ》志向が強くなった。

そして明治維新、文字通り西の京に対する東の京＝東京が誕生した。

1章

# 武蔵野の開拓者

復元された竪穴住居

## 1　最初の東京人

### 発掘された歴史年表●

昭和五十四（一九七九）年の秋から翌年の春にかけて、都心部の一角、千代田区北の丸公園内にある東京国立近代美術館の前庭で発掘調査が行われた。近代美術館は、竹橋《たけばし》を渡り、旧竹橋門をはいった辺りに位置している。江戸時代前期には、門内の広場をめぐって、寺社奉行などを歴任した安藤重長《あんどうしげなが》、三代将軍徳《とく》川家光《がわいえみつ》の第二子で、のちに甲府宰相《こうふさいしょう》といわれた徳川綱重《つなしげ》（当時幼名長松《ながまつ》）、あるいは家光の乳母として権勢をほこった春日局《かすがのつぼね》の屋敷などが、華麗な甍《いらか》をならべていた。竹橋門自体は、明治六（一八七三）年に取りこわされて旧状をとどめないが、はたして、門内の旧大番所に伴っていたとみられる井戸・厠《かわや》・穴蔵・排水溝といった石組の遺構が発見され、往時の門内のようすを知ることができた。

ところが発掘は、江戸時代の遺構だけで終わりにはならなかった。江戸時代初期の整地層を取りのぞくと、黒々とした腐食土が約一二〇センチもの厚さに堆積していた。この黒土のなかからは、縄文時代草創期から戦国時代まで、すべての時代の遺物が出土し、およそ一万二〇〇〇年前から四〇〇年ほど前まで、長期にわたって堆積したものであることがわかった。

発見されたのは土器や陶磁器などの「遺物」ばかりではない。人びとが土地にきざんだ名残りである「遺構」も、数多くみつけることができた。縄文時代前期の住居跡、弥生時代後期から古墳時代、奈良・平安時代にいたる住居跡、室町から戦国時代の墓・井戸・堀の跡などが、複雑に重なりあってみいだされた。古墳時代から平安時代の住居跡からは、大小の土製の魚網錘《ぎょもうすい》が出土し、当時北の丸直下まで波が洗っていたことをうかがわせた。また室町から戦国時代の堀の跡からは、鉄製の鏃《やじり》なども出土し、この地が中世「江戸城」の一角にあたっていたことも判明した。

これらの記録をとりながら、苦労して黒土を掘りあげると、俗に赤土とよばれる関東ローム層があらわれ、現場は黄褐《おうかっしょく》色の風景となった。多くの場合、これで発掘調査はおわる。ところがその関東ローム層のなかから、黒光りのするガラス質の石片が顔をだした。石器をつくるときにとびちった黒曜石《こくようせき》のかけらである。関東ローム層は、人びとがまだ土器作りを知らない約一万二〇〇〇年前以前に堆積した。そのなかに残されている文化は、先土器文化あるいは旧石器文化とよばれる。調査員たちは、関東ローム層のなかから、若干の石器のほか、旧石器時代の人びとが石焼き料理に用いたといわれる「礫群《れきぐん》」を掘りだした。

発掘がおわった現場に立つと、初めにスコップをいれた地面は頭より高く、美術館の建物や、工事用のフェンスがのしかかるように視界をせまくしていた。この二メートルにもわたる地層は、東京の二万年間の生きた年表といえよう。それにしてもほとんど間断なく、この地に人びとが暮らし続けたことは、各時代をとおして、北の丸の地がたいへん暮らしやすい条件をそろえていたということになる。その条件とは、たぶん海を間近にひかえた台地の縁という点にあると思われる。人びとは地形や環境を選択し、時によってはみずからの生活を適合させて、東京都を歴史の舞台としてきたのである。

## 最初の東京人●

昭和五十一(一九七六)年、地下鉄都営新宿線の建設中に、中央区浜町《はまちょう》駅近くの地下約二二メートルの工事現場から、三体のナウマンゾウの化石が発見された。浜町標本と名づけられたこの化石には、頭蓋《ずがい》や下顎《かがく》骨が含まれており、たいへん良好な標本とされている。出土した地層は、上部東京層と呼ばれる一五万年ほど前の地層で、この頃は都心部一帯も「古東京湾」と呼ばれる内湾のなかにあった。発見されたナウマンゾウも、川の河口近くに流されてきたと推定されている。

ナウマンゾウはアジアゾウとほぼ同じ二・五から三メートルほどの体高で、長く湾曲した牙をもっている。更新世《こうしんせい》中期に日本が大陸と陸続きになっていた頃、大陸から渡来し、一万数千年前まで生き残っていた。今のところ、東京に人類が足跡を残したのはおよそ三万年前までさかのぼることが確実である。したがって、最初の東京人―旧石器時代の人びとは、もはやわれわれが目にすることができないナウマンゾウをも、ときとして食料としていたと考えられる。

私たちが暮らしている時代は、地質学上の区分では、約二〇〇万年前から現在に至る第四紀に相当する。このうち「最初の東京人」たちが活動をはじめるのは更新世後期からである。この時代は氷河時代ともよばれ、今より冷涼な数波の氷期と、その間の間氷期とからなっている。ちなみに更新世に続く完新世《かんしんせい》は、後氷期ともよばれ、最終氷期に続く温暖な時代である。氷河時代は火山活動が活発な時代であり、古富士火山などがしきりに噴火し、火山灰をふらせた。

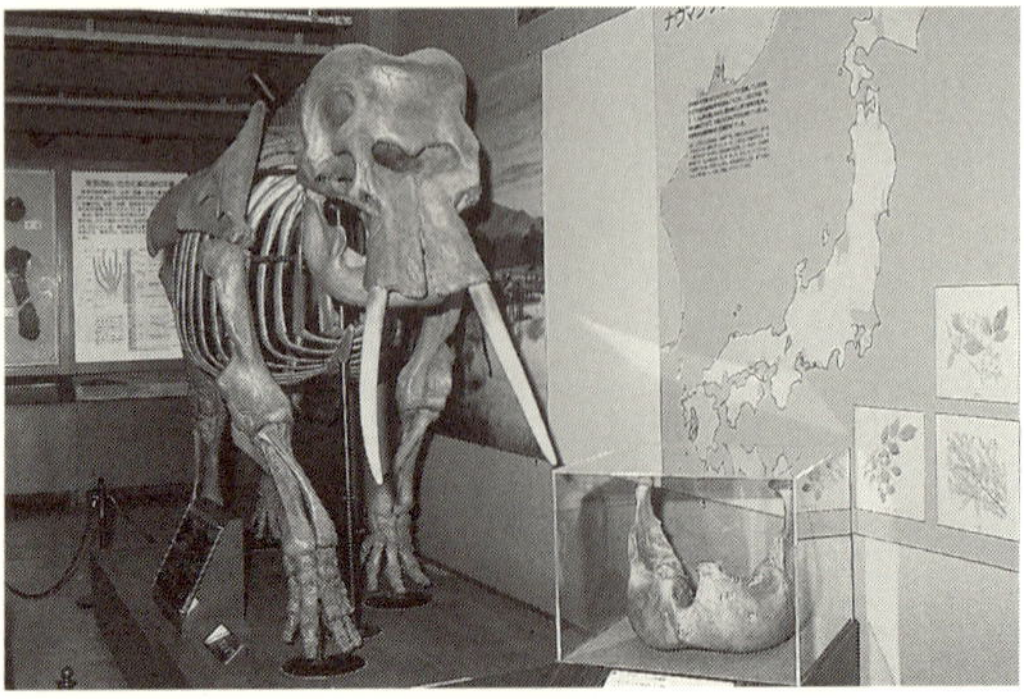

復元されたナウマンゾウ(浜町標本)

といっても間断なく噴火を続けていたわけではなく、せいぜい数百年ほどの間隔で灰をふらせていたのである。この火山灰が積もって、関東ローム層となった。東京地域で旧石器時代の人びとの活動が盛んになった、三万年前ごろ積もった火山灰は立川ローム層とよばれる。立川期は氷河時代の最後の段階である。

立川期はたいへん寒い時代だった。地球上の水分は雪や氷となって両極や高山に集まり、世界的な海面

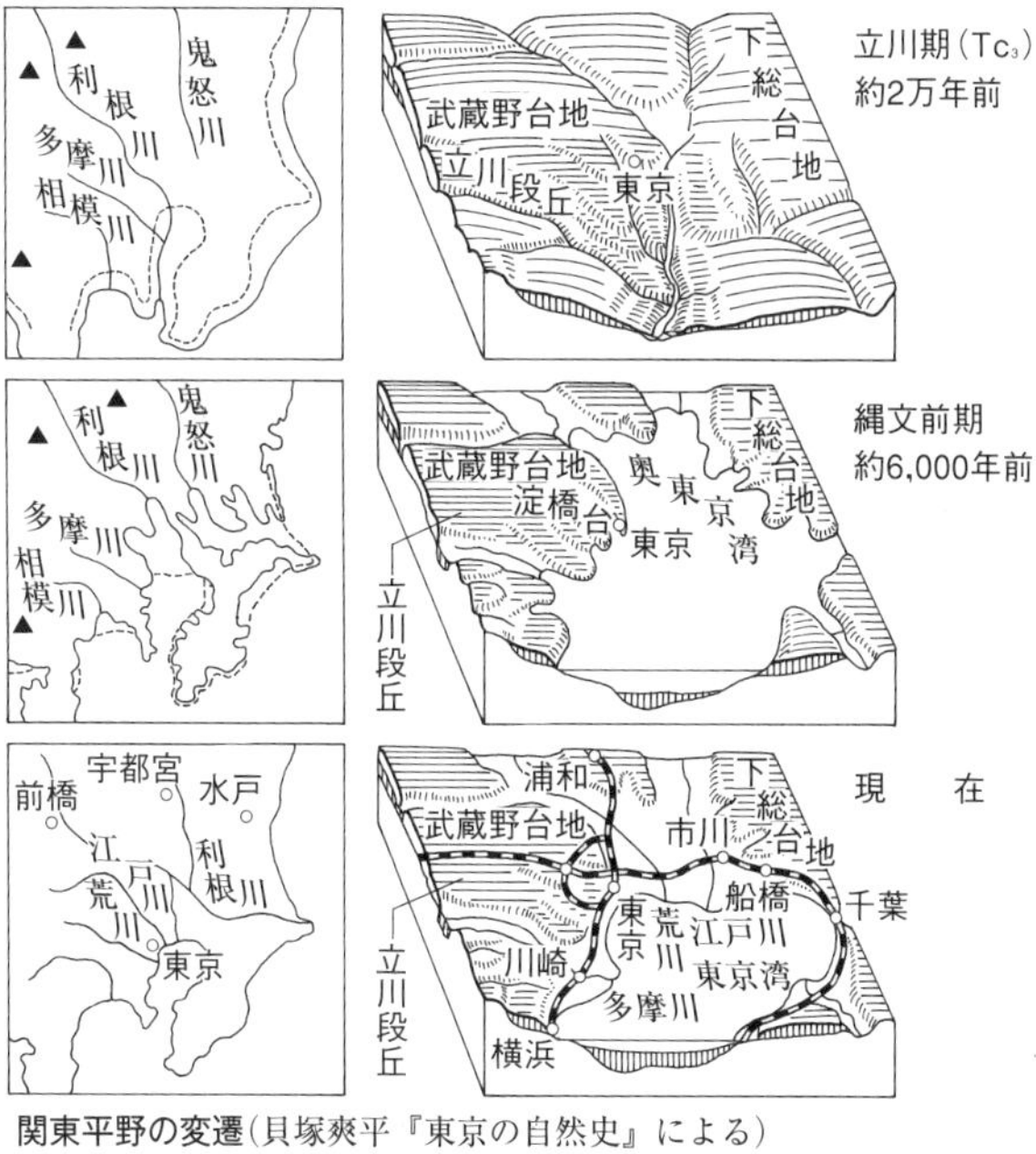

関東平野の変遷（貝塚爽平『東京の自然史』による）

の低下を招いた。中部高地の高山や北海道の日高《ひだか》山脈にも氷河が発達し、東京付近では最大一三〇メートルほど海面が低下した。そのため、海岸は浦賀《うらが》水道付近まで後退し、現在の東京湾はほとんど陸地と化していた。そして現東京湾の中央やや西側を、古東京川とよばれる大河が、大きな谷をきざんで流れていた。

今日と異なっていたのは地形だけではなかった。もっとも寒かった二万一〇〇〇から一万八〇〇〇年前には、チョウセンゴヨウ・ヒメバラモミ・ウラジロモミ・トウヒ・シラベといった、亜寒帯針葉樹や冷温帯針葉樹の森林が形成されていた。また、大陸から渡ってきたナウマンゾウやオオツノジカといった大型動物が、いまだ棲息していた。寒いながらも降雪は少なく、気候的には現在の十勝《とかち》平野に似るとも、日光《にっこう》戦場《せんじょう》が原《はら》に似るともいわれている。

旧石器時代の人びとは、黒目《くろめ》川、石神井《しゃくじい》川、神田《かんだ》川系、野《の》川といった中小河川の流域を中心に、少しずつ移動しながら生活していた。ことに、多摩川の支流である野川流域は、人びとに好まれた。みずからが飲む水も大切だったが、水辺には動物たちが集まるので、これらを捕獲するのにも都合がよかったからだ。彼らは一般に、支柱を立て、上屋をおおったような簡易な住居をつくって住んだ。一集落の居住者は概して少人数で、時に応じてキャンプサイトをかえていった。キャンプサイトでは、石をうちかいて石器をつくるなど、道具の製作や手入れに余念がなかった。また、焚火《たきび》で河原石を焼いては、肉などを蒸し焼き料理風に調理して食べた。

旧石器時代の人びとは、石器のほか、動物の骨や角、木などを道具としていた。しかし、石器以外はきわめて残りにくく、その実態はよくわからない。約三万年前に小平《こだいら》市の鈴木遺跡を残した人びとは、東京で最初に石斧《せきふ》を用いていた。それからまもなくして、黒曜石製の石器を手にした。ガラス質で、加工しやすく、するどい刃をつくりだすことが可能な黒曜石は、利器《りき》としてすぐれた石材だった。ところが黒曜石は東京本土では産出しない。東京の旧石器時代遺跡から出土する黒曜石は、遠く長野県の霧ケ峰《きりがみね》や和田《わだ》峠《とうげ》からもたらされた。およそ三万年前から、すでに中部高地と東京とのあいだで交流があったことになる。

二万二〇〇〇～二万一〇〇〇年前に、鹿児島県の姶良《あいら》火山が未曾有《みぞう》の大爆発をおこした。南九州は壊滅的な打撃をこうむり、噴出した火山灰は偏西風によって運ばれ、九州・四国はもとより、関東・東北地方にまでふりつもった。しかし、人びとはこの災害にも敗けず、道具の改良をとおして生活の改善をはかっていった。動物を倒す道具も、ナイフ形石器から、骨製の柄にいくつもの細石器《さいせっき》を植えこんで槍とした道具があらわれた。

## 弓矢の発明と定住●

下がり続けた気温は約二万年前を境に上昇に転じ、やがて最終氷期に続く温暖期＝後氷期へとはいっていく。一万二、三千年前に、東京の人びとの暮らしは大きな転機を迎えた。縄文時代の到来である。人びとはそれまで知らなかった土器をつくる技術を獲得した。あきる野市の多摩川と秋川にはさまれた段丘上に、前田耕地《まえだこうち》遺跡を残した人びとは、文様のない、初源的な土器を使用していた。土器は水をためたり、木の実をたくわえたりするほか、火を使って食物を煮炊きすることができる便利な道具である。食物の調理の幅が広がったことで、食材の種類がふえ、暮らしは格段に楽になった。このため人びとは、食料を求めて点々と居をかえる必要もなく、半径数キロを経済活動の領域として、一カ所に住居を定め、定住生活を送るようになったのである。

前田耕地遺跡の人びとは二基の住居跡を残している。いずれも不鮮明な形の住居だが、東京ではじめての住居らしい住居といえる。住居をいとなんだ場所は、当時は秋川の河川敷であった。秋川には、東京湾から多摩川を伝ってサケが遡上《そじょう》し、沿岸の人びとの重要な食料源となった。住居跡のなかから出土したシロザケと推定されるサケの歯は約五〇〇〇点にものぼっている。人びとは河原石を割って石器を製作した。そのなかには長さが一五センチもある長大な石槍もあった。これらは投げ槍の先だが、もう少し後になると石鏃《せきぞく》が使われるようになる。石鏃は弓矢の先端につがえるものだから、石鏃の出現は弓矢の使用を物語っている。弓矢は遠くの獲物をとることのできる飛び道具で、弓矢の発明は狩の技術に飛躍的な進歩をもたらした。縄文時代の人びとは定住し、土器をつくり、弓矢で狩をし、たゆまぬ努力を続けながら生活を向上させていった。

## 2　縄文の森と海

### 発掘された「中里海岸」●

気候の温暖化は氷河をとかし、海面を上昇させた。約六〇〇〇年前の縄文時代前期には、海面は東京湾で現在より三メートルほど高くなったとみられる。海岸線は東京湾から関東平野に浸入し、群馬県藤岡《ふじおか》市にまで達した。今日、縄文時代の貝塚の分布を求めると、当時の海岸線にそって点在していることがわかる。もちろん古東京川の谷も水没したのみならず、両岸の台地も波に洗われてけずられていった。現在の京浜《けいひん》東北《とうほく》線は武蔵野台地の崖下を南北に走っているが、赤羽《あかばね》・上野《うえの》間にみられるような切り立った崖は、このころ波に洗われてできた波食崖《はしょくがい》である。

ＪＲ上中里《かみなかざと》・田端《たばた》間の鉄道敷地内にのびる北区中里遺跡からは、このときの波食崖が発見された。波食崖直下にはくずれおちた土塊が横たわり、当時の「中里海岸」のようすを彷彿《ほうふつ》とさせる。中里海岸では、やや時代がくだるとふたたびゆるやかに海岸線が後退し、砂浜の海岸が形成された。渚《なぎさ》近くにはハマグリやマガキなどの貝類がたくさん棲息した。中里海岸に下り立った人びとは、ムクの木を倒し、全長六メートル弱、幅約七〇センチの丸木舟をつくり、こぎだしていった。縄文時代中期初頭、約五五〇〇年前のことである。

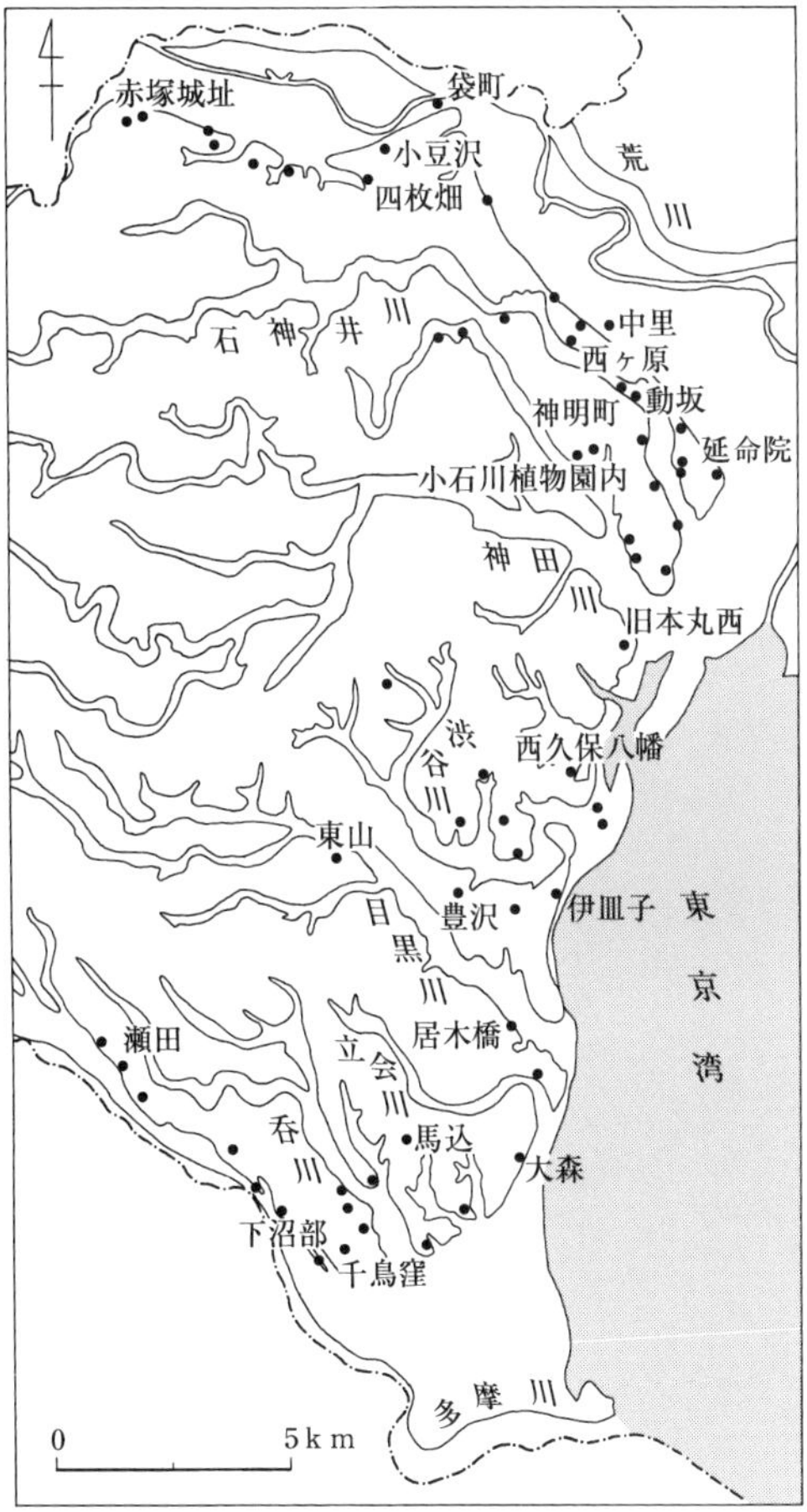

縄文時代の貝塚の分布

おおよそ温暖な時代とみられる縄文時代には、今日と似た植生が展開していたといわれる。西日本から東海・関東にかけては暖温帯の照葉樹林、中部地方山間部から東北・南北海道地方にかけては温帯の落葉広葉樹林、そして北海道東部は亜寒帯常緑針葉樹林帯がそれぞれ広がっていたとされる。実際にはそれほど単純ではなく、年代による違いもあったようだ。中里海岸の付近では、照葉樹と落葉広葉樹が混在していたが、むしろ落葉広葉樹の方が優先していた。武蔵野の台地上では、ムクノキ・エノキ・ナラ類などが繁茂する落葉広葉樹林が広がっていたと思われる。したがって一年中昼なお暗い照葉樹林におおわれた景観とは異なって、季節の移ろいを感じることができたろう。

縄文時代は草創《そうそう》期・早期・前期・中期・後期・晩期の六期に区分され、南関東地方では、東京低地を境として東西の小文化圏に分かれている（次頁図参照）。東京で遺跡の数や遺物量がもっとも多いのは中期で、縄文時代の最盛期といわれている。このころの東京は勝坂《かつさか》式土器の文化圏に含まれるが、東部では東関東地方を中心とする阿玉台《おたまだい》式土器の文化圏の要素も少なくない。東京湾沿岸、房総《ぼうそう》半島北部から霞ヶ浦《かすみがうら》周辺にかけては海岸が複雑にはいりこみ、この入江を基地とした浅海や河口での網漁業が発達した。東京東部地域の人びとも、海を介在して阿玉台式土器の文化圏とつながりをもったのだろう。

縄文土器のかけらの周囲の一部をうちかき、縄を掛けて錘《おもり》とする「土器片錘《どきへんすい》」が、都内各地の海岸や河川沿いの遺跡から多量に出土する。これらは漁網に取りつける錘で、彼らが網を使った漁業活動を行っていたことがわかる。旧石器時代の人びとは海とあまり関わりをもたなかったが、縄文人たちは大きく広がった海にのりだして、その幸を求めたのである。しかし、彼らの漁の範囲は内湾にあって、スズキやクロダイなどの浅海河口性の魚がおもな対象となっていた。

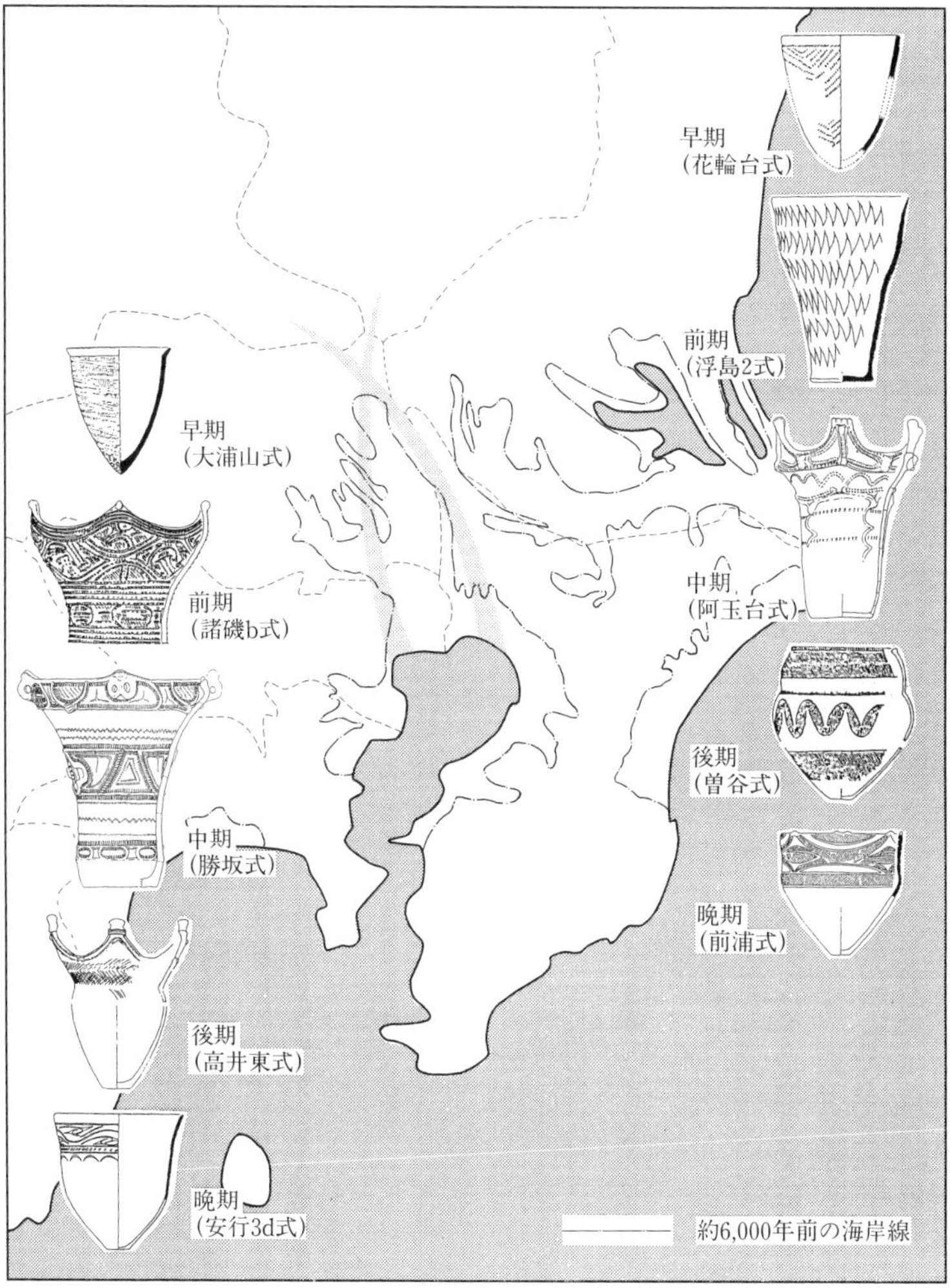


縄文時代(早期〜晩期)の南関東地方のおもな土器型式と東西の文化圏(宮崎博作成)

## モースと大森貝塚の発見

一八七七（明治十）年、米国から横浜に着いた数日後、モース（Edward Sylvester Morse, 一八三八〜一九二五）は、東京にむかうべく新橋行きの汽車にのっていた。大森停車場をすぎた辺り、車窓から外をながめていたモースは、線路脇の地面に白い貝殻が散らばっているのを認めた。米国での経験から、彼はそれが古い貝塚であることを直感した。東京での暮らしがはじまってからも、貝塚のことは彼の頭をはなれなかった。

数カ月後、ついにモースは貝塚の発掘調査を実行に移すことができた。イタボガキ・ハイガイ・ハマグリなどの貝殻とともに、多くの土器や石器、さらには骨角器の類が掘りだされた。モースの直感どおり、紛れもない、過去の人びとが残した遺跡であった。遺跡は、付近の地名をとって「大森貝塚」とよばれるようになった。大森貝塚は、今日流にいえば武蔵野台地縁辺から斜面下部に広がる縄文時代後・晩期の貝塚である。

発掘した遺物を研究室にもちかえったモースは、それらを精密な石版画にうつし、詳細な学術報告書を作成した。これが日本で最初に刊行された、近代的な考古学の発掘調査報告書"Shell Mounds of Omori"である。モースはこの報告書で、考古学の意義についてふれ、遺跡の概要にふれるなかで、東京湾の海岸線の変遷にも言及している。この発掘では、遺構の発見には至らなかったものの、多くの出土遺物がある。土器、土版、石器、骨角器、といった文化遺物のほかに、動物の骨や貝類といった自然遺物も多く、これらについても考察を行っている。日本の原始時代につい

❖コラム

ては、当時はまったく未知の状態だった。その調査方法を実践によって示したモースの業績は、きわめて高いものがある。

ところが大森貝塚自体は、その後の景観の変化から位置がはっきりしなくなり、昭和の初年になって、貝塚を顕彰しようとする人びとの手で、あいついで石碑が建てられた。一カ所は品川区大井六丁目二九四四に昭和四（一九二九）年に建立された「大森貝塚」碑、もう一カ所は大田区山王《さんのう》一丁目三番地に昭和五年に建立された「大森貝墟」碑である。

その後、昭和四十五年に「貝墟」碑周辺、昭和五十九・平成五（一九九三）年に「貝塚」碑周辺の確認調査が行われ、「貝塚」碑周辺から貝層がみいだされたことによって、モースが発掘した大森貝塚は品川区大井の「貝塚」碑周辺であろうとみなされるようになった。

「大森貝塚」碑（品川区大井）

人びとは海をみおろす台地上に住み、海岸におりてはハマグリ・アサリ・ヤマトシジミ・カキ・シオフキなどの貝をとり、集落の広場で剝き身とし、それらをかわかして干貝をつくった。すてた貝殻や、その他の食べかすなどが堆積して貝塚ができあがった。東京には、東部の台地縁を中心として、約七〇カ所の縄文時代の貝塚が知られている。貝塚がもっとも多いのは後期で、東日本全体の特徴と一致している。しかし東京には大規模な貝塚は少ない。対岸の千葉県側には、直径一〇〇メートル以上の大貝塚がいくつも分布しているのとは対称的である。こうしたなかで、当時の海岸にひろがる北区の中里貝塚は、四メートル以上もの厚さに貝殻が堆積する、きわめて大規模な「浜貝塚」であることがあきらかとなった。

縄文時代には、ナウマンゾウやオオツノジカといった巨大な獣は姿を消していた。しかし山野には、ツキノワグマ・カモシカ・ニホンジカ・イノシシのような大型獣を始め、ノウサギやタヌキのような中・小型獣まで、いろいろな動物が棲息していた。これらの動物も、縄文人たちの蛋白源《たんぱくげん》となっていた。

## 山野をかけめぐる人びと●

縄文の狩人たちは、鋭い石鏃を矢につがえ、獲物を求めて山野に分けいった。彼らの一部は多摩川やその支流をさかのぼっていった。JR青梅《おうめ》線で西行すると、青梅から先、線路は山間部を蛇行する多摩川にそって続いている。終点奥多摩《おくたま》駅の手前で、線路は氷川《ひかわ》トンネルにはいる。トンネルの手前、白丸《しろまる》駅の西上の標高五〇〇〜六〇〇メートル付近に、奥多摩では数少ないゆるやかな斜面が広がっている。ここに白丸西《にし》の平《たいら》遺跡がある。この遺跡からは、縄文時代早期から後期初頭まで、合計八基の住居跡が発掘された。奥多摩地域では、縄文時代以降に人びとの足跡がみられるようになるのは奈良時代以降で、それも木材の伐採など、特定の目的のために入山したらしい。これとくらべても、縄文人の山との関わりの深さが感じられる。白丸西の平遺跡からは、住居跡のほかに二カ所の石器製作址が発見された。加工された石の大半は、一帯の基盤をなす秩父《ちちぶ》古世層から産出される硅岩《けいがん》であった。

多摩川上流域の渓谷沿い、現在は小河内《おごうち》ダムによってつくられた奥多摩湖の湖底にも、一三カ所の縄文時代遺跡が眠っている。人びとはさらに、尾根を攀《よ》じて奥多摩の峰々をも渉猟《しょうりょう》した。現在奥多摩湖に姿をうつす御前山《ごぜんやま》や、都内最高峰の雲取《くもとり》山頂（標高二〇一七メートル）にまで足跡を印した。縄文人は海や山へのフロンティアでもあった。

丘陵や台地上の人びとには、もっと別の方法の猟もあった。二×一メートルほどの長い楕円形の穴を、一、二メートルの深さに掘った陥穴《おとしあな》である。底には篠竹《しのだけ》の束を立てることもあった。陥穴はいくつもならべて掘られた。多摩ニュータウン№九〇一遺跡では、斜面から早期の陥穴が六〇〇基以上も発掘された。こうした合理的な猟も、人びとの暮らしを豊かにしたと思われる。

縄文人たちは、集落単位で行動領域をつくっていたが、他の地域の人びとと没交渉ではなかった。一地域から、その土地でつくられた土器のほかにも、さまざまな地域の土器が出土することからも、人びとの行き来のようすがうかがえる。石器は縄文人の必需品であったが、必ずしも良質な石材にめぐまれない地域もある。ことに鏃《やじり》やナイフの素材としてすぐれた黒曜石は、島嶼《とうしょ》をのぞいた東京地域では産出しない。そのため、遠く信州の和田峠や八ケ岳《やつがたけ》、箱根、あるいは伊豆《いず》諸島の神津島《こうづしま》から黒曜石がもたらされた。また、石皿の素材となる安山岩は真鶴《まなづる》半島、石棒などの素材となる緑泥片岩《りょくでいへんがん》は秩父地方からもたらされた。さらに装身具として、硬玉《こうぎょく》製の珠《たま》が新潟県の糸魚《いとい》川流域からもたらされた。このような交易を介して、縄文人たちは、予想以上に広い情報網をきずいていたことだろう。

## 縄文人の暮らしと文化●

縄文人は、さまざまな食料獲得技術を身につけることによって、丘陵地や台地、あるいは海辺といった居住地域の特性に応じた暮らしをいとなんでいた。彼らは一般に、木の実を中心とする植物質の食料に大きく依存していた。「武蔵野」の雑木林の原型ともなる、東京地域に発達した落葉広葉樹林は、秋になるとナラやクリ、あるいはクルミなどが多量の実をおとした。これらの木の実は獣の肉よりも高カロリーの食品であったし、季節になれば確実に、しかも容易に手にすることができた。そして手を加えれば保存食にもなったのである。集落の一角には、しばしば木の実の貯蔵穴が設けられた。

中野区北江古田《きたえこだ》遺跡からは、籠《かご》をいれた穴がいくつも発掘されている。この穴はクルミの貯蔵穴であった。人びとは扁平《へんぺい》な石皿で木の実をつぶし、粉にした。そしてヤマイモなどをつなぎとして加えて練り、パン状のクッキーを焼いた。川や海岸にそった、ややしめった場所にはトチの木が繁茂している。トチの木は大きな実を多量に結び、重要な食料源となった。ただ、トチの実を食べられるようにするためには、多量の水や灰を使った高度なアク抜きの技術が必要だったが、縄文人は、この技術を習得していった。

このように、縄文時代には植物が重要な食料となっていたため、これを基本とし、ほかの食料を組み合わせた食料獲得のサイクルができあがった。春には海辺では貝類がとれ、野山にはさまざまな山菜が芽生えた。暑い夏は、海や川での漁撈《ぎょろう》に精をだす人びとがめだった。実りの秋には木の実やキノコの収穫に忙しかった。クリの実などは、おちるとすぐに虫が食うため、子どもたちも籠を背負って収穫に余念がなかった。川沿いの人びとは、遡上するサケを待ちかまえて捕獲した。冬は狩の季節。男たちは弓矢を手に獲物を追い求めた。縄文人たちの四季は、スケジュールでいっぱいだった。

縄文時代の人びとは確かな生活の基盤を手にいれた。そのためには定住の根拠地としての住居が必要となったことはいうまでもない。住居は長い時間をかけて改良が重ねられた。草創期の住居は、前田耕地遺跡のように、形も不安定でかろうじて判別できるようなものだった。早期になってもまだ掘込みは浅く、基本となる柱組も確立していなかった。また、調理は屋外に設けた炉で行ったようである。前期になると、しっかりとした竪穴式住居がつくられるようになった。方形が基本となり、室内には炉が設けられた。

縄文時代を代表する中期の住居は、地面を円形に、深さ五〇センチから一メートルほど掘りさげた半地下式の竪穴式住居で、四本あるいはそれ以上の穴を掘って垂直な柱を立てる。これに蔓《つる》を用いて木をくみ、樹皮や草などで屋根を葺《ふ》いた。住居の中央には石で囲ったり、甕《かめ》を埋めた炉を設けた。炉は暖房はもちろん、内部の湿気をふせいだり、食物の調理をする役割があった。炉のうえには編み物か木をくんだ棚をつるし、

縄文時代中期の敷石住居跡(多摩ニュータウン No. 796 遺跡)

立ちのぼる煙を利用して燻製《くんせい》などの保存食をつくったと思われる。床には敷物をしき、家族が起居し、また室内での仕事をしたが、炉を取りまいて、家族それぞれの占める位置がおおよそ定まっていた。

縄文中期の集落は、台地のうえや丘陵の緩斜面につくられた。この時期には、中央に広場があり、そのまわりを住居が取りまく「環状集落」が形成された。多摩川支流の大栗《おおくり》川に面する台地上で発掘された多摩ニュータウン№七二遺跡は、東西一二〇から一五〇メートル、南北約一〇〇メートルの楕円形の環状集落である。直径三〇から四〇メートルの中央広場をめぐって墓壙《ぼこう》群が取りまき、さらにその外側に住居跡がめぐっていた。発掘された住居跡は一九四基にのぼった。この遺跡からは、多量の土器や石器とともに耳飾り・垂《たれ》飾りといった装飾品、土偶《どぐう》や土製円版、あるいは仮面状土製品などが出土した。信仰を含む多彩な縄文人の生活のようすを垣間みることができる。

このような環状集落は、きわめて長期間にわたって形成されたもので、一時期に存在した住居は五、六軒、多くても十数軒であったと考えられる。実は、縄文人は環状の空間をたいへん意識しており、貝塚やストーン・サークルのような大規模な環状の遺跡も全国各地に残っている。こうした遺跡が数百年単位というサイクルで形成されることは、縄文人のなかに「環」の規制がつよく働いていたことを示しているといえる。

## 3　古墳の世紀

### 稲作の導入と伝播●

明治十七（一八八四）年、東京府本郷区《ほんごう》向ケ岡《むこうがおか》弥生町《やよい》（文京区）の東京大学の隣地で、当時東京大学の学生だった有坂鉊蔵《ありさかしょうぞう》が、貝塚から顔をだしていた一個の土器を発見した。首から上が欠けた、明るい、清《せい》楚《そ》な感じのするその壺は、装飾の多い、黒ずんだ貝塚出土の土器―今日の縄文土器のことだが―とは、あきらかに異なった容貌をもっていた。のちにこの種の土器が弥生式土器と称されるようになった。弥生式土器を伴う文化は、縄文文化のあとに続くことがあきらかとなり、「弥生時代」とよばれるようになった。東京の一地名にすぎなかった弥生町の名が、日本史の一時代を示す名称として、年表に大きく書きこまれることになったのである。

最初に発見された弥生式土器

弥生文化は、大陸から伝わった水稲農耕を基本的な生産手段とする文化である。紀元前三世紀ごろ西日本におこり、急速に伊勢湾沿岸にまで伝わった。しかし、そこから東日本へは、なぜかなかなか浸透しなかった。東京地域を含む東日本では、なお三〇〇年間ほど縄文時代晩期の文化が続いていた。もともと縄文文化は東日本を中心として栄え、晩期のころもなお隆盛をほこっていた。東日本の縄文人たちは、自分たちのはぐくんだ文化伝統をすて去ることには、大きな抵抗があったに違いない。こうしたことから、東京地域が弥生時代に移行するのは、紀元前後のころ、弥生時代が中期になってからであった。

しかし、それ以前にも東国に弥生文化の影響がまったくなかったわけではない。散発的とはいえ、神奈川県下でも弥生時代前期の土器が出土している。東京では新島《にいじま》の田原《たばら》遺跡で、縄文晩期の土器とともに、弥生前期の「遠賀川《おんががわ》式土器」が発見されている。東京にいち早くたどり着いた弥生人は、今のところ新島に舟でわたった人びとということになる。

弥生時代に移行したころ、東京東部地域では、再葬墓《さいそうぼ》とよぶ洗骨した骨をおさめた壺形の土器が出土している。この「須和田《すわだ》式土器」は、南関東地方に特有の土器である。一方同じころ、多摩地方では、東海地方や中部地方の影響がうかがわれる土器が用いられた。弥生文化をうけいれた時の状況が、一律でなかったことがうかがえる。しかしいずれの土器も、装飾の文様などにまだ縄文土器の伝統を残していた。

縄文から弥生への移行は、人びとの生活が農業主体になったという点などから、文化的にはたいへんな変動といえる。しかし、このことはただちに民族の入れ替わりを意味するものではない。土器の変化過程などから、縄文人たちが、弥生的な生活・文化をうけいれて、みずからを変革させていった結果ととらえることができるからである。

弥生時代の人びとの暮らしは、水稲耕作によるイネ作りを基本としているといわれるが、東京での実態はまだよくわからない。沖積地では水田をつくり、台地では畑をつくるような農業が主となっていたと思われる。谷筋にそった小規模な集落では、谷の湿地を利用した「谷戸田《やとだ》」でイネをつくったといわれるが、広い沖積地に面した大きな集落では、大規模な水田を経営していたとしてもおかしくない。

農工具などには、木と石を組み合わせた道具が用いられたことが、斧《おの》や鍬《くわ》、あるいは鑿《のみ》など、磨製《ませい》や打製の石器が出土することからわかる。住居は縄文時代と同じ竪穴式だが、四隅が丸い「隅丸方形《すみまるほうけい》」の形がとられた。土器は煮炊きに用いる甕、貯蔵に用いる壺、食器や供え物を盛るための高坏《たかつき》や埦《わん》が組み合わせの基本であった。弥生時代というと、銅鐸《どうたく》や銅剣《どうけん》・銅矛《どうほこ》といった青銅器を思い浮かべるが、これらは西日本を中心として分布する祭具で、東京地域ではほとんど使われていない。

## 弥生集落の形成●

弥生時代の集落は、主に台地の上につくられた。竪穴式住居のほかに、高床式の建物が発見される場合もある。これは稲の保管のために、集落で共同で設けた倉である。水稲耕作は村民が共同で農作業を行い、田や水、そして刈りいれた稲を管理する。こうした一連の作業には、ムラをまとめる長《おさ》が必要になる。長はあまった生産物の配分や、農作業に重大な影響をおよぼす天候や自然現象にかかわる祭りごとを行い、ムラのなかでの権威を強めていった。こうして弥生時代には階層差が芽生えたのである。東京にもこうしたムラが、各地にできていった。

さらに中期の後半になると、周囲に濠をめぐらせた大規模な集落がみられるようになる。こうした集落を「環濠集落《かんごうしゅうらく》」とよんでいる。佐賀県の吉野ケ里《よしのがり》遺跡も大規模な環濠集落の一つである。北区の飛鳥山《あすかやま》は、東を東京低地、西を藍染《あいぞめ》川の谷にはさまれた細長い台地であるが、この台地上に広がる飛鳥山遺跡から、中期後半の環濠集落がみつかっている。濠の断面は幅三メートル、深さ一・八メートルのV字形で、規模は東西二五〇メートル、南北一二〇メートル以上をはかる。この時期としては東国でも屈指の環濠集落である。まだ全体が調査されたわけではないが、環濠内からは一二基の住居跡が発見されている。

環濠集落は後期になると各所に形成される。大規模な環濠集落として、多摩川をみおろす台地上にある世田谷区下山《しもやま》遺跡や、東の東京低地と、北の荒川の低地とのあいだにつきだした枢要の地に展開する北区赤羽台《あかばねだい》遺跡群の八幡原《はちまんばら》地区があげられる。環濠集落は、ムラが外敵に対して防御を固める必要にせまられて成立したといわれる。農耕社会が発達するにつれて、水利権の争いなど、ムラ同士の抗争が盛んになっていったことを示している。

東京地域では環濠集落が成立するころ、方形に溝をめぐらせ、その中央部に墓壙を設けた「方形周溝墓《ほうけいしゅうこうぼ》」が

集落をめぐる環濠(赤羽台遺跡群)

出現した。方形周溝墓の規模はさまざまだが、一辺約五〜二五メートル程度、溝は完全にめぐらず、四隅が切れる形態もある。溝のなかには祭祀に用いた土器がおかれている。方形周溝墓は単独でつくられることは少なく、集落に近接した場所にまとまって分布する。ムラと墓地がはっきりと画されていたのである。多摩ニュータウン№二〇〇遺跡では、丘陵からつきだした支尾根《しおね》上に、五基の方形周溝墓がきずかれ、そのうちもっとも大きな周溝墓の墓壙から、当時は貴重なガラス玉とともに、七連の鉄釧《てつくしろ》（腕輪）が出土した。もてるものともてないものの差が、確実に広がっていったことがわかる。

弥生時代は金属器の時代といわれるが、東京地域では中期のころは、まだ金属の使用は一般的ではなかった。農具や工具、あるいは鏃なども、打製や磨製の石器を用いていた。ところが後期になると、石器の数はめっきりと減る。鉄製品は残りにくいので発見例は多くないのだが、農具には石器が用いられなくなった分、鉄器が普及してきたのだろうと考えられる。

## 多摩川下流域の古墳群●

弥生時代に発生した方形周溝墓は、古墳時代になってもなおつくり続けられる。方形周溝墓にはとくに際立った大きさのものはないので、卓越した権力者が葬られた墓とは考えられない。ところが、三世紀のなかばごろから、それまでの墓制とはまったく異なった形態の墓が、畿内を中心として出現する。方形と円を組み合わせた平面形をもつ「前方後円墳」である。前方後円墳は、高い封土《ほうど》をもったいわゆる「高塚古墳」のなかでも、とりわけ中心的な存在で、強力な権力者の墓としてきずかれた。古墳時代の幕開けである。東京地域に前方後円墳が出現するのは、畿内より少し遅れて四世紀になってからである。

ところで、東京地域で弥生式土器の最終末に位置づけられてきた土器に「前野町《まえのちょう》式」土器がある。板東京都の南西部の一角、八王子・町田・多摩・稲城の四市にまたがる多摩ニュータウンは、多摩丘陵上に東西一四、南北二〜四キロにわたって細長く広がっている。三〇〇〇ヘクタールの地域には、数多くの団地を始め、学校や店舗などの施設が立ちならび、一大新都市の景観をみせている。

多摩ニュータウン計画が発表されたのは昭和三十九（一九六四）年、東京オリンピックが開催された年で、まさに日本が高度経済成長をとげようとしていた時期にあたる。当時の多摩丘陵は雑木林におおわれ、所々に農家が点在する風景が広がっていた。そのため、近代以降は開発の影響をうけず、古代の遺跡の存在も知られていた。

そこで東京都教育委員会は、多摩ニュータウン遺跡調査会を発足させ、計画地内の遺跡分布調査を実施し、破壊される遺跡の発掘調査を開始した。この調査は東京都埋蔵文化財センターに引きつがれている。その後の分布調査の結果、計画地内には約一〇〇〇カ所の遺跡の存在が知られ、破壊をまぬがれない遺跡についてはすべて発掘調査が行われてきた。これほど広大な地域の遺跡が、ほぼ完全に発掘調査されたのは、ほかに例をみない。

多摩ニュータウン内では、広い面積の大規模発掘も多い。№七二遺跡では、二万九〇〇〇平方メートルが、足かけ九年間にわたって調査され、縄文時代中期の二〇〇基におよぶ住居跡と、一二〇基もの墓壙が発掘された。出土した遺物は一〇〇万点を超えるという。遺跡の中央は直径三〜四〇メートルの広場になっており、墓壙群が広場を取りまいている。さらにその外側を住居跡が取りま

❖コラム

く、いわゆる環状集落であった。このような集落のほぼ全容があきらかにされたのも、大規模発掘の成果といえよう。

№二〇〇・二〇一は、一連の遺跡で、縄文時代早期の集落のほか、弥生時代後期の集落と墓地が発掘された。五〇基の弥生時代の住居跡が分布し、北側の尾根上には五基の方形周溝墓がならんでいた。方形周溝墓からは、七連につながった鉄釧（腕輪）やガラス玉、鉄剣などが出土し、周辺の弥生集落の中心的な存在となっていたことがうかがわれる。

集落ばかりではなく、生産に関する遺跡も少なくない。№二四八遺跡では、他に例をみない規模の、縄文時代中期の粘土採掘坑が発見された。№五一三遺跡からは、小山の頂上を取り囲むように、トンネル状に掘り抜いた奈良時代の窯址が一五基発掘された。軒先《のきさき》に飾りのために取りつけられる「軒瓦」をみると、同じ文様の瓦が川崎市寺尾台廃堂址や武蔵国府、創建期の武蔵国分寺にあることから、こうした寺院・官衙《かんが》に瓦を供給していたことがわかった。

さらに、№一〇七遺跡からは、奈良・平安時代の多量の木器が出土した。木工轆轤《ろくろ》で挽きだされた皿には、焼印で「官」や「位」などの文字が記された例も多い。また№四九三遺跡では、平安時代後期の漆器とともに、製作途上の木製椀・皿が出土し、木器ないし漆器の生産が行われていたことを示していた。木材資源の豊富な多摩丘陵は、木器の重要な供給源ともなっていたのである。

多摩ニュータウン遺跡の発掘調査は、縄文人や弥生人の生活を復元するとともに、律令国家をささえる丘陵地での生産活動をあきらかにしてきたといえる。こうした原始・古代人たちの遺跡のうえに、一七万市民が生活する新都市が形成されたことも興味深い。

橋区の前野町遺跡から発掘された土器から名づけられた土器形式で、薄手《うすで》で、表面に刷毛目《はけめ》状の調整痕《こん》がある壺が特徴である。今日では、この前野町式土器を古墳時代の初頭に位置づける見方もある。いずれにしても前野町式土器を出土する集落は、それ以前の集落とくらべると格段に多くなっている。弥生時代の終末から古墳時代の初頭にかけて、東京地域の農業が、かなり生産性を高めてきたことが背景にあると考えられる。古墳時代の社会をささえる条件がととのってきたことがわかる。

古墳時代を特徴づける古墳は、豪族の墳墓《ふんぼ》である。したがって勢力のある氏族の領域内につくられ、それも何代にもわたって造営されるため、単独で存在することは少ない。都内にもたくさんの古墳が存在する。多摩川流域では、下流域に大田区田園調布《でんえんちょうふ》古墳群、世田谷区野毛《のげ》古墳群・喜多見《きたみ》古墳群、狛江《こまえ》市狛江古墳群が、中流域には日野《ひの》市七ツ塚《ななつづか》古墳群、あきる野市瀬戸岡《せとおか》古墳群が分布する。多摩川支流の浅川流域にも、多摩市や日野市内に古墳群が分布する。

都心部では芝と上野の山に古墳群が存在したが、現在では、全長一二五メートルの大前方後円墳である芝丸山《しばまるやま》古墳と、上野の摺鉢山《すりばちやま》古墳とを残すのみとなってしまった。今日、上野の山の各地から埴輪《はにわ》片が発掘されていることから、上野公園一帯に古墳群が存在したことが追認されている。また、上野の山に続く本郷台では、飛鳥山・十条・赤羽台に、東京低地では足立区伊興《いこう》・葛飾区柴又《しばまた》などに古墳群の分布が認められている。

東京地域にいち早く古墳がつくられるのは多摩川下流域である。左岸には大田区内の田園調布古墳群と世田谷区内の野毛古墳群が出現した。田園調布古墳群は、多摩川の流れをみおろす台地上に分布する多摩川台古墳群や亀甲山《かめのこやま》古墳などの総称である。この田園調布古墳群のなかで最古の古墳が、全長約九七メー

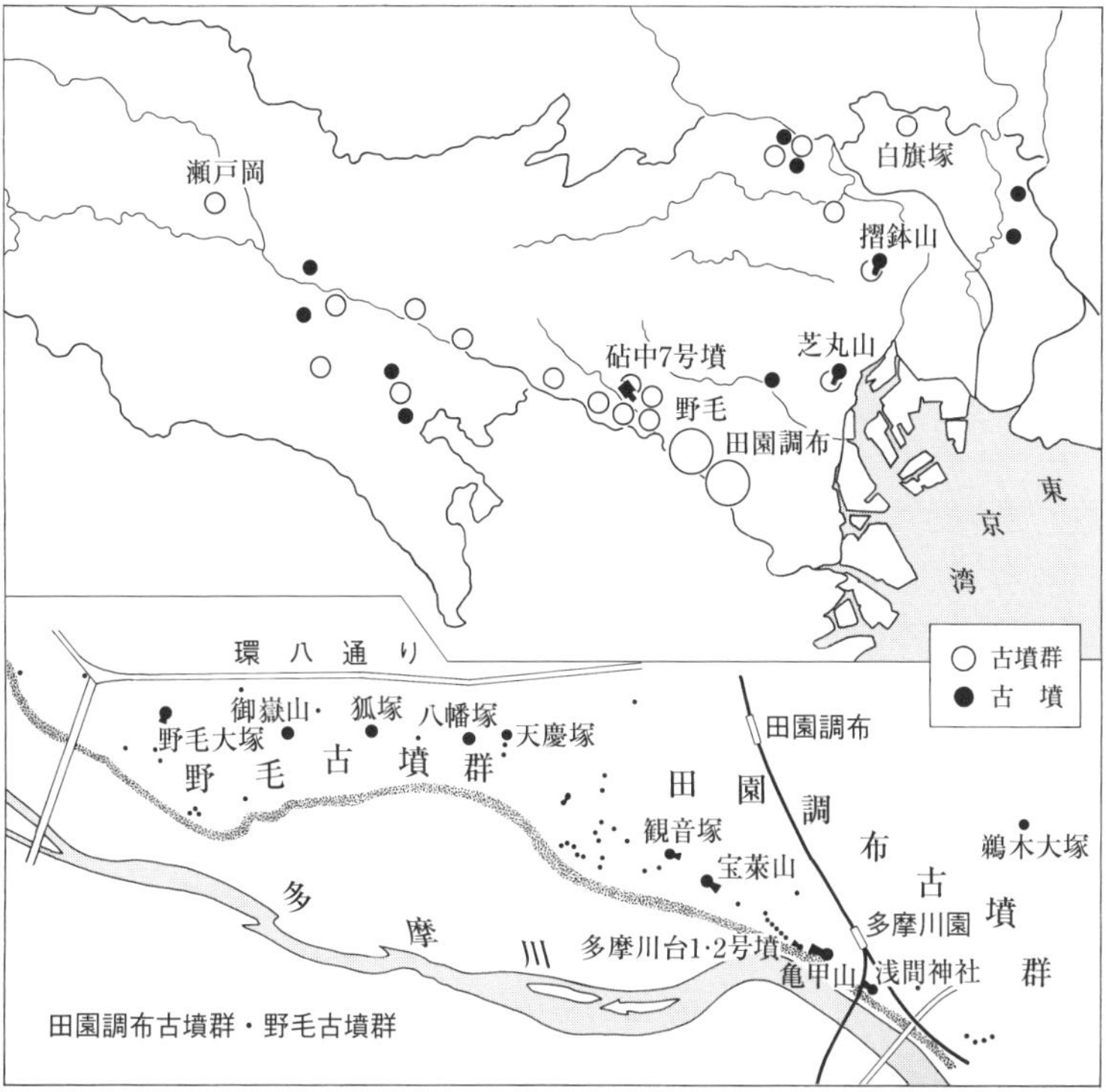


**東京のおもな古墳**

**古墳から出土した埴輪**　左より鹿・馬(大田区浅間神社古墳)，人物(赤羽台古墳群)。

トル、高さ一一メートルの前方後円墳である宝莱山《ほうらいさん》古墳である。宝莱山古墳は、平成七（一九九五）年に行われた試掘調査の結果、出土遺物や墳丘の形態から、四世紀前半にまでさかのぼる可能性もでてきた。南関東のなかでももっとも古い古墳の一つということになる。また東横線多摩川園駅近くにある、全長一〇七メートルをはかる前方後円墳の亀甲山古墳も、四世紀代にはいる可能性がとなえられている。

宝莱山古墳に遅れて、多摩川右岸の川崎市幸《さいわい》区には、全長八七メートルの前方後円墳である白山《はくさん》古墳がつくられた。白山古墳からは、京都府椿井大塚山《つばいおおつかやま》古墳と同じ鋳型《いがた》からつくられた三角縁神獣鏡《さんかくぶちしんじゅうきょう》が出土している。三角縁神獣鏡は、大和政権の首長であった椿井大塚山古墳に葬られた人物が、支配関係の象徴として各地の豪族に分配したものとされる。一方宝莱山古墳や、多摩川右岸で白山古墳に続いてつくられた観音松《かんのんまつ》古墳からは、奈良県メスリ山古墳などからも出土している統治権を象徴するといわれる紡錘車形《ぼうすいしゃがた》碧玉《へきぎょく》製品が発掘されている。こうしたことから、少なくとも四世紀後半代の多摩川下流域は、すでに大和政権を盟主とする勢力関係のもとに組み込まれていたと推定される。

五世紀にはいると、野毛古墳群中最大の野毛大塚古墳がつくられる。この古墳は、円墳に小さな前方部がついた「帆立貝《ほたてがい》式古墳」とよばれる形態をもち、全長八二メートル、高さ推定一一メートルをはかる。墳丘には全面に石が葺《ふ》かれ、そのまわりを馬蹄《ばてい》形の溝（周濠）がめぐっていた。明治時代に後円部のうえを開墾中に、刀子《とうす》や下駄《げた》を模した滑石《かっせき》製の模造品や、刀剣・甲冑などの武器・武具、玉類などが発見されたことで名高い。近年の発掘調査で、後円部には埋葬用の棺をおさめる施設が四基あったことが確かめられた。このうち中央に位置し、もっとも古い「第一主体部」は、割竹形《わりたけがた》の木棺を粘土でおおった構造になっていた。長さ八・二メートル、幅〇・八〜〇・六メートルの細長い木棺のなかからは、豊富な副葬品が出土した。短甲《たんこう》、冑《かぶと》、頸甲《けいこう》、肩甲、鉄剣・直刀一九振り、鉄鏃二五本以上、鉄製刀子、鉄鎌、銅鏡（内行《ないこう》花文鏡《かもんきょう》）、銅釧《かねくしろ》、刀子・手斧《ちょうな》などの石製模造品一九点、竪櫛《たてぐし》三〇点以上、玉類二〇〇〇点以上、靫《ゆき》ないし矢筒などである。野毛大塚古墳は、規模といい副葬品の内容といい、まさしく当時の南武蔵の盟主の位置にあった豪族の墓といえる。

**武蔵国造の乱●**

四世紀の日本は、大和朝廷による国土の統一が進められた時代だった。朝廷は勢力範囲に組み入れた地域に国造《くにのみやつこ》をおき、地方支配制度をととのえていった。平安時代に編纂されたとみられる『旧事本紀《くじほんぎ》』中の「国造本紀《こくぞうほんぎ》」には、「无邪志《むさし》国造」として、「志賀高穴穂朝世《しがのたかあなほちょうのよ》、出雲臣祖《いずものおみのおや》、名二井之宇加諸忍之神狭命《ふたいのうかもろおしのかんさのみこと》十世孫、兄多毛比命《えたもひ》に国造を定め賜ふ」とある。成務《せいむ》天皇の時代（志賀高穴穂朝）に、出雲臣と系統を同じくするエタモヒの命をムサシ国造に任命したということになる。同書には「无邪志国造」のほかに「胸刺《むなさし》国造」および「知知夫《ちちぶ》国造」の名もみえることから、のちの武蔵国に三つの国造がおかれたとする説をうんだ。しかし、无邪志と胸刺は同じムサシであり、武蔵国内には无邪志国造と知知夫国造の二つの国造が立てられていたとみる方が自然である。このうち知知夫国造は、現在の埼玉県秩父地方を中心とした地域を支配していたと考えられる。したがって今日の東京都の大半は、无邪志国造の支配領域に含まれていたと考えられる。

くだって『日本書紀』の、安閑《あんかん》天皇元（五三四）年閏十二月の記事に、武蔵国造をめぐるつぎのような事件が記されている。

武蔵国造笠原直使主《かさはらのあたいおみ》と同族小杵《おき》とが、たがいに国造職を争って、なかなか決着がつかなかった。小杵は性格が粗野《そや》で、さからうことが多く、傲慢《ごうまん》で素直なところがなかった。ひそかに赴いて上毛野《かみつけぬの》君小熊《きみおくま》に救援を求め、使主を殺そうとはかった。このことを知った使主は逃げだして、みやこに詣でてそのありさまを訴えた。朝廷は裁断して使主を武蔵国造とし、小杵を誅伐《ちゅうばつ》した。国造となった使主は、喜び感じいって、国家のためにつつしんで、横渟《よこぬ》・橘花《たちばな》・多氷《おおひ》・倉樔《くらす》の四カ所を屯倉《みやけ》として献上した。

これが「武蔵国造の乱」である。書紀は朝廷側の立場に立って編纂されているので、使主を善玉、小杵を悪玉としてあつかっているが、この事件の背景には、小熊の名で登場する上毛野の勢力が大きくかかわっている。もともと上毛（群馬県）地域は、四世紀段階から古墳の築造が盛んであった。五世紀には全長二一〇メートルをはかる、関東地方最大の太田天神山《おおたてんじんやま》古墳を始めとする一大古墳群が出現した。このことからもわかるように、五、六世紀の上毛地域には、上毛野の一大勢力圏がきずかれていた。全国支配をはかる朝廷には重大な問題であり、朝廷は上毛野勢力の懐柔・支配につとめてきた。

そこで古墳群の分布と、史書にみえる「武蔵国造の乱」とを結びつけて解釈しようとする試みがおこってきた。もっとも一般的な説明は、小杵を南武蔵の多摩川下流域の古墳群を残した勢力とし、使主を北武蔵の埼玉古墳群の勢力とする考えである。上毛勢力と結んで北武蔵勢力を倒そうとする南武蔵勢力に対して、大和朝廷と結んだ北武蔵勢力が勝利をおさめ、その見返りとして、四カ所の屯倉を朝廷の直轄領として献上したという筋書きである。四カ所の屯倉のうち、横渟は古代の横見《よこみ》郡で、埼玉県比企郡吉見町《ひきぐんよしみ》、橘花は橘樹郡で、神奈川県川崎市と横浜市の東北部、多氷は久良《くらき》郡大井《おおい》郷とみる説もあるが、多磨《たま》郡、つまり現在の東京都多摩地域、倉樔は久良郡で、神奈川県横浜市南部にそれぞれ比定されている。争いに破れた小杵の領域から、三カ所を献上したというわけである。

この説では、小杵と使主の本拠地を、それぞれ多摩川下流域、埼玉古墳群一帯とみている。ところが北武蔵では、このころまでに比企地方および児玉地方で独自の古墳群が形成されていた。そこで近年では、この武蔵国造の乱を北武蔵内部での抗争とする見方もでている。いずれにしても、五世紀後半に出現する埼玉古墳群は、六世紀代をつうじて武蔵の中心的な存在となり、多摩川下流域の古墳群を凌駕していくことになる。

### 低地への進出と集落の発達●

西の武蔵野台地と東の下総台地にはさまれた東京低地にも、多くの遺跡の存在が知られている。台地の直下には縄文時代の遺跡があるのを始め、荒川や旧中川の河川敷には、弥生時代の遺跡がわずかながらみつかっている。しかし、これらはまだ希少な例であって、本格的に人びとが東京低地に進出するのは、四世紀の古墳時代になってからである。

縄文海進以降、海岸線は徐々にしりぞいていった。東京湾に集まる各河川が運んできた土砂が河川沿いに堆積して自然堤防をつくり、あるいは海岸に砂洲《さす》や三角洲《さんかくす》を形づくって、まっ先に陸化していった。このような自然堤防や洲は、低地のなかでも周囲よりわずかに高い微高地となって、現在でも確認することができる。古墳時代前期の人びとは、まずこうした微高地のうえに、集落を形成し、生活をはじめたのであった。

古墳時代前期の集落遺跡は、葛飾区の御殿山《ごてんやま》遺跡、江戸川区の上小岩《かみこいわ》遺跡、足立区の伊興《いこう》遺跡・舎人《とねり》遺跡など、いずれも微高地上に残っている。しかし低地遺跡の本格的な発掘調査が開始されてから日が浅いため、その全容はまだ解明されていない。前期前半の上小岩遺跡では、網漁に使われる土製の錘が出土している。御殿山遺跡でも同様の土錘が出土しているが、ここでは畑の跡も発見されている。いずれにしても低地の集落が、漁撈活動に大きく依存していたことはあきらかなようである。

前期後半に栄えた伊興遺跡は、足立区と埼玉県の境を東西に流れる毛長《けなが》川の南岸に位置している。毛長川は今は小さな水路にすぎないが、もとは相当大きな河川だったと推定され、度重なる氾濫の跡を示す自然堤防が発達している。そのうちの数カ所に集落が発達した。東京湾に流入していた当時の利根《とね》川下流にあたるこの遺跡から出土する遺物のなかには、東海地方産もしくはその影響をうけた型式の土器が少量ながらみられる。このことから、当時、畿内文化の中継地点であった東海地方の影響が指摘されている。

伊興遺跡はまた、盛んに祭りごとが行われた「祭祀遺跡」としても名高い。遺跡からは祭りごとに用いたさまざまな遺物が出土している。加工のたやすい滑石《かっせき》を素材としてつくった石製模造品には、剣や糸紡ぎの錘とされた紡錘車《ぼうすいしゃ》を始め、平玉・臼玉・小玉・勾玉《まがたま》といった各種の玉類がある。勾玉のなかには、側縁に数個の小型の勾玉を配した、子持勾玉とよばれる特殊な品もみられる。これらはいずれも、実用品とくらべると粗雑で、扁平につくられている。伊興遺跡のこのような祭祀は、低地に位置する集落として、水に対する安全を祈願して行われたとする見解が有力である。

ところで古墳時代前期の東京低地では、まだ古墳はつくられていない。足立区舎人遺跡・伊興遺跡、北区豊島馬場《としまばんば》遺跡などからは、古墳の被葬者ほどは強い権力をもたない、地域の首長の墓と考えられる方形周溝墓が検出されている。ことに隅田《すみだ》川右岸にある豊島馬場遺跡からは、合計一一〇基もの一大方形周溝墓群が発掘されている。古墳時代前期に東京低地に進出した人びとは、水辺という環境をいかして漁を行い、作物を自給し、彼らの首長は集団の共通課題である水に関する祭りをとり行った。また、舟運による文化の中継者としての役割をはたしたのである。

古墳時代前期の人びとの生活のようすは、基本的には弥生時代のそれを引き継ぐところが大きかった。竪穴式住居は、角の円《まる》みがなくなるとはいえ、炉をきって調理の場としていたこともかわりない。しかし古墳時代後期以降は、そうした家での生活にも変化があらわれる。一般の住居はあいかわらず竪穴式だが、炉はなくなり、かわって壁の一角に竈《かまど》がつくりつけられた。煮炊きには弥生土器の系譜を引く土師器《はじき》が用いられたが、飯は竈にしつらえた甕《かめ》に水を張り、その上に米をいれた甑《こしき》を重ねて蒸し炊きにした。

鋤や鎌などの鉄製農具も、一般の家庭にまで普及した。そのためもあって、生産性は飛躍的に高まり、大きな集落が各地に出現した。その一方で、首長の墓である古墳は、しだいに小型化していく。死生観の変化による全国的な傾向でもあるが、大和政権によって強大な勢力が押さえつけられ、中小規模の豪族が各地に分散したことも一因だろう。さらに末期に近づくと、一地域に小規模な古墳が群集する「群集墳」があらわれる。あきる野市の秋留《あきる》台地に分布する瀬戸岡《せどおか》古墳群は、こうした群集墳の一つである。今は墳丘をとどめないが、かつては四〇基ほどが存在したらしい。この古墳群は、地表下に河原石で石室をきずいている。一方で、台地の縁の崖面に横穴を穿《うが》って墓とした横穴墓も、このころからおおいにつくられるようになる。こうした古墳時代末期の群集墳や横穴墓は、かつての大古墳とは異なって、より地域に密着した首長たちの墓であった。

## 4　律令国家と人びとの暮らし

### 武蔵国の成立●

武蔵国は、現在の東京都のほぼ全域と、埼玉県および神奈川県の北東部を範囲としていた。大化の改新で国郡制がしかれることにより、知知夫をあわせた実質的な武蔵国が誕生するが、「武蔵」の字は和銅六（七一三）年から用いられたと思われる。なお、隅田川以東の旧葛飾《かつしか》郡は、律令制下では下総《しもうさ》国に属していた。おおよそ隅田川が武蔵・下総の国境だったのである。したがって、旧葛飾郡に含まれた墨田《すみだ》・江東《こうとう》・葛飾・江戸川《えどがわ》の各区は、下総国の一部をなしていた。また、伊豆諸島の島々の多くは伊豆国に属していたことが知られている。

律令制下では、国は大・上・中・下の四等に分けられるが、武蔵国はそのうちの大国に位置

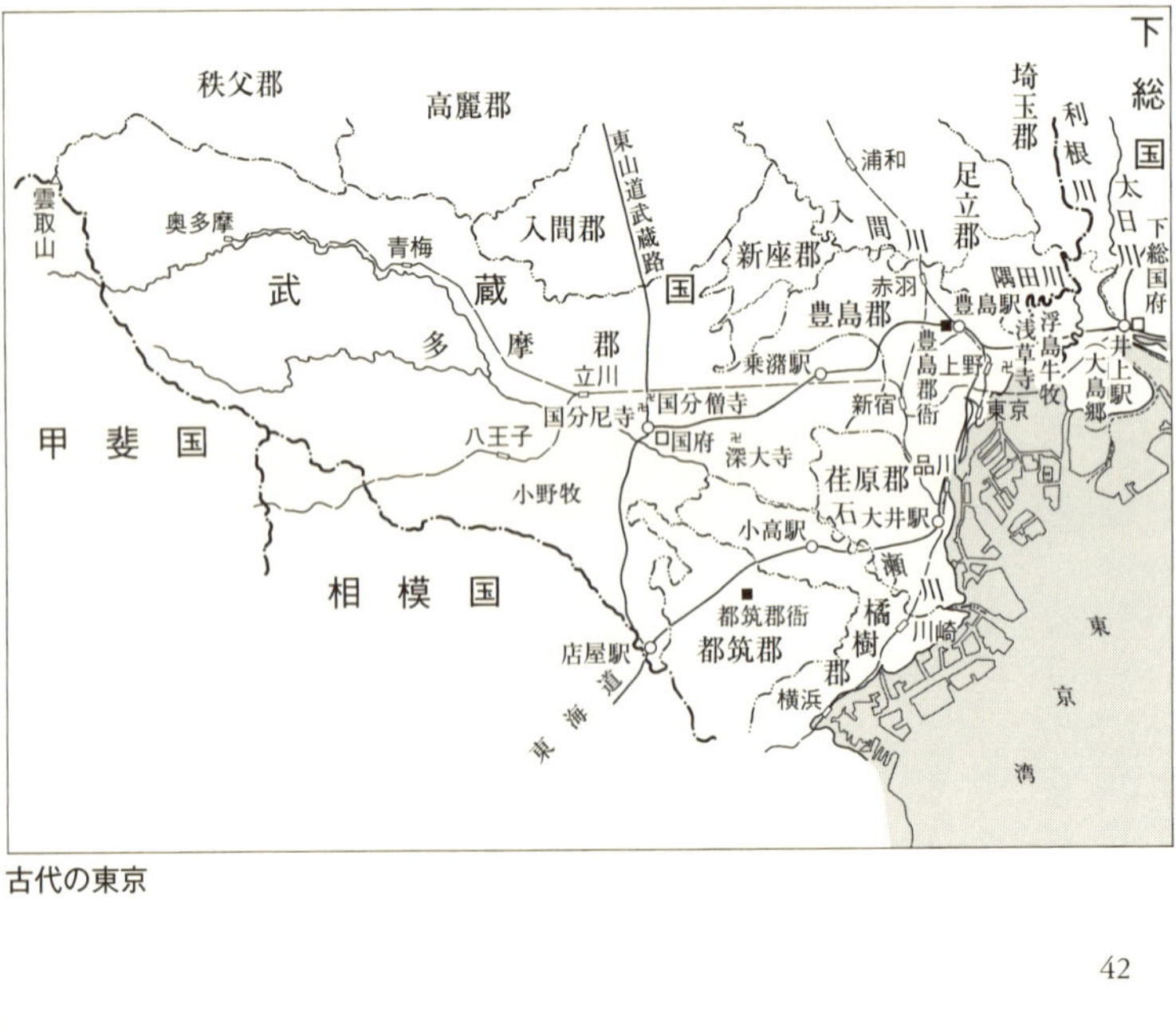

古代の東京

づけられた。地方行政組織は、国《こく》・郡《ぐん》・里《り》と細分されていた。里は霊亀元（七一五）年に郷《ごう》と改められた。武蔵国は初め、久良・都筑・橘樹・多麻《たま》・荏原《えばら》・豊島・足立・入間《いるま》・比企・横見・埼玉・大里《おおさと》・男衾《おぶすま》・幡《は》羅《ら》・榛沢《はたさわ》・那珂《なか》・児玉《こだま》・賀美《かみ》・秩父の一九郡からなり、のち、高麗《こま》郡と新羅《しらぎ》郡（のち新座《にいくら》郡）が加えられて二一郡となった。このうち多麻・荏原・豊島と足立郡の一部が、おおむね今日の東京都の範囲に含まれる。武蔵国の政治の中心地である国府は多麻郡内におかれた。国府の中心が国庁で、中央から地方官として国司《こくし》が派遣された。国司は守《かみ》・介《すけ》・掾《じょう》・目《さかん》の四等官からなり、地方政治を司った。

**武蔵国府と豊島郡衙●**

国府がおかれた多麻郡は、東京都の中・西部を擁する広大な地域を占めていた。武蔵国府は、国の南端に近い多麻郡内の現在の府中《ふちゅう》市にあった。しかし古墳時代後期の武蔵国の中心は、むしろ北の埼玉郡方面にあったと思われる。国府は、国中でも比較的都に近い地域におかれる傾向がある。国郡制がしかれた当時の武蔵国は東山道《とうさんどう》に属しており、都から武蔵国へはいるのは上野《こうずけ》国からであった。したがって、都への門戸は北にあり、この点からも、武蔵国府の位置はあきらかに南にかたよっている。なぜ国の南部にかたよった多麻郡内に国府がおかれたのか、今のところはっきりした理由はわからない。一つには、国府で政務をとる中央から派遣される国司が、埼玉郡方面に基盤をもつ、在地の旧国造系の勢力をさける意味もあったかもしれない。

武蔵国府が現在の府中市にあったことは確かで、「府中」の名もこれに由来する。しかし、国府の正確な範囲などはまだわかっていない。通常国府域は方形に区画され、武蔵国のような大国の場合は方八町（八七二メートル四方）の大きさとされる。国府は、いわば県庁所在地の市域のようなものであって、そのなかの一角に官庁が配された国庁があった。

国庁の正確な位置は長らく不明だったが、昭和五十（一九七五）年以降、小規模な発掘調査が繰り返されるようになった。こうしたなかで、大国魂《おおくにたま》神社境内の東側で、奈良時代の大規模な掘立柱建物跡が発見されたことなどから、この付近が国庁跡地として有力視されてきた。さらに近年では、西限を大国魂神社境内、北限を旧甲州街道の南とする二条の溝が検出され、これが国庁の区画溝とみなされている。したがって武蔵国庁の位置は、大国魂神社境内およびその東側の宮町二、三丁目一帯にしぼられてきた。

下野《しもつけ》や伯耆《ほうき》など、発掘調査によって判明している国庁の姿は、方二町ほどの築地《ついじ》とよばれる土塀で区画されている。国庁には南門があり、内部には、南面して一段と高い基壇上に建てられる正殿を中心として、前殿あるいは後殿、左右の脇殿などが左右対称形に配されていた。これらの建物は、当初地面に穴を掘って柱を立てる「掘立柱式建物」で、のちに礎石《そせき》のうえに柱を立てる建築方

豊島郡衙の位置と範囲

法にかわっていった。建物の屋根は、当時は珍しい瓦葺《ぶ》きだったため、国庁の跡地には古い瓦が散布していることが多い。

国につぐ地方行政単位である郡は、その地方の在地豪族から選ばれた郡司が司った。郡司は大領《たいりょう》、少領《しょうりょう》のほか、主政《しゅせい》、主帳《しゅちょう》を加えた四等官より構成され、郡内の司法、行政、徴税などを司った。郡司が政務をとる政庁を郡衙《ぐんが》というが、武蔵国二一郡のうち、豊島と都筑（横浜市長者ケ原遺跡）の二郡の郡衙跡があきらかにされた。都内では豊島郡衙だけということになる。律令制下の郡は、郡を構成する郷の数によって大・上・中・下・小の五等級に分けられていた。現在の東京区部の西北部一帯を擁する豊島郡は、日頭《ひのと》、占方《うらかた》、荒墓《あらはか》、湯島《ゆしま》、広岡《ひろおか》、余戸《あまるべ》、駅家《うまや》の七郷からなり、下郡に位置づけられていた。

豊島郡衙の位置については、北区御殿前遺跡の発掘調査の結果、JR上中里駅の西方台地上にある西ケ原の地に定まった。郡衙の中心である政庁跡は、北区防災センターと平塚神社を中心とする、一辺六二メートルの回廊状の遺構に囲まれていた。政庁跡の西側半分は、残念ながら防災センター建設に際してこわされてしまった。また政庁跡の西北には、大溝で区画された東西二二〇メートルの正倉院があったことがわかった。正倉院のなかには納税された稲などを保管するいくつもの倉が立ちならんでいた。

### 国分二寺の建立

天平十三（七四一）年、聖武《しょうむ》天皇は諸国の国ごとに「金光明四天王護国之寺《こんこうみょうしてんのうごこくのてら》」と「法華滅罪之寺《ほっけめつざいのてら》」の建立を命じた。これが国分《こくぶん》（僧）寺《じ》と国分尼寺《にじ》である。僧寺には五〇戸の封戸《ふこ》と水田一〇町を施入し、二〇人の僧侶をおき、尼寺には水田一〇町を施入し、一〇人の尼僧をおくことが義務づけられた。実際には天平九年に、諸国に釈迦三尊像《しゃかさんぞんぞう》の造立と大般若経《だいはんにゃきょう》の書写を命じていることを始め、つぎつぎと関連した施策をうちだしていることから、天平十三年以前に国分寺の制が行われていたとみられている。

このころ、北の蝦夷《えみし》や朝鮮半島の新羅《しらぎ》との関係が不穏になり、天平七年ごろからは疫病と凶作が続き、同九年には不比等《ふひと》の子で栄華を誇った藤原氏の四兄弟があいついで疫病に倒れた。また、天平十二年には藤原広嗣《ふじわらひろつぐ》の乱がおこるなど、藤原氏と姻戚関係にある聖武天皇にはとくに心痛が続いた。これらのことが、鎮護国家を祈願する国分寺建立の契機となったといわれる。

武蔵国分寺は、出土した瓦の文様や、瓦に書かれた文字から、天平宝字年間（七五七〜七六五）の初頭に一応の体裁がととのったと考えられている。今日、尼寺は完全に廃寺となったが、僧寺跡の一角には、現国分寺が形をかえて存在している。近年続けられている発掘調査によって、二寺の伽藍配置があきらかになってきた。僧寺の伽藍配置は何度かの変遷を経ているが、

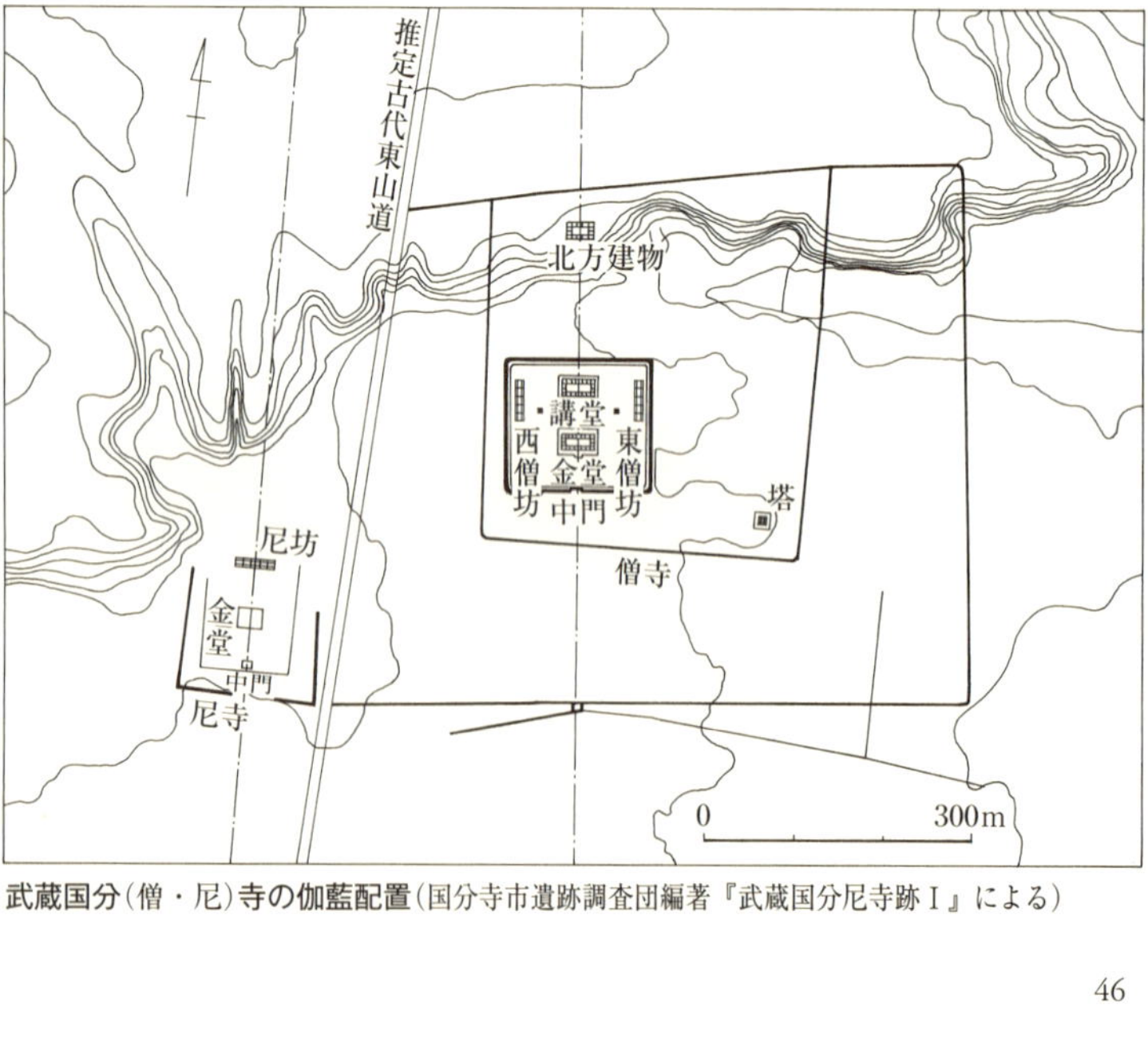


**武蔵国分（僧・尼）寺の伽藍配置**（国分寺市遺跡調査団編著『武蔵国分尼寺跡Ⅰ』による）

九世紀代の最盛期には、塀と大溝に囲まれた東西約一六〇メートルの区画内に、金堂・講堂・僧坊などが配されていた。また、それより大きな寺域の南東部に、七重塔がおかれていた。寺域は南辺三五六メートル、東辺四二八メートルの溝によって画されている。通常の国分寺の寺域は二町（約二二〇メートル）四方だから、武蔵国分寺はそれをはるかにしのぐ大きさだったということになる。

さらに寺域の外側に、溝と道路による大区画があり、その南西部に接して、国分尼寺が位置していた。尼寺の寺域は、通常の尼寺と同じく一町半（約一六五メートル）四方と推定されている。ともあれ、武蔵野の地に忽然《こつぜん》とそびえる七重塔や、朱塗りの柱に瓦葺《ふ》きの屋根をならべた大伽藍は、まだ竪穴式住居を住まいとしていた人びとに、華やかな都の文化を彷彿《ほうふつ》とさせ、畏怖《いふ》の念をいだかせるに十分だったことだろう。

武蔵国分寺跡から出土する瓦には、文字や絵が記されたものがある。文字を記す方法は、瓦をつくる過程で、粘土がまだかわかないうちにヘラで書いたり、スタンプを押したり、あるいは完成した瓦に墨で書いたりとさまざまである。文字の内容は郡名や郷名、あるいは人名などで、ことに郡名瓦は新羅郡をのぞく二〇郡の名が確認されている。このことは武蔵国分寺の造営にあたって、瓦を郡単位で寄進させていたことをうかがわせる。郡名瓦にみられない新羅郡は、天平宝字二（七五八）年の建郡になるので、天平宝字二年には武蔵国分寺の造営がひととおりおわっていたという根拠とされている。

ところで、尼寺跡の北西に都立府中病院がある。病院一帯は武蔵台遺跡とよばれる遺跡で、この遺跡から一点の漆紙《うるしがみ》文書が出土した。漆の容器に蓋《ふた》として使われた反故紙《ほごし》に書かれていた文字がそのまま残ったものである。この漆紙文書は具注暦《ぐちゅうれき》とよばれる暦の断片で、天平勝宝九（天平宝字元＝七五七）年の暦であることが判明した。出土地は、国分二寺の造営に伴う調度品製作の工房だったと考えられている。したがって伽藍が完成し、室内の調度品の製作作業を行っている年代を推定させ、しかもそれが、従来の武蔵国分寺創建年代の説を裏づける結果ともなった。

**渡来人と武蔵国●**

武蔵国には、朝鮮半島からの渡来人が多く配された。古くは天武《てんむ》天皇十三（六八四）年に、滅亡した百済《くだら》からの渡来人二三人が武蔵国におかれたという。それにさきだつ天智《てんじ》天皇五（六六六）年に、百済人二〇〇〇余人を東国においた記事が『日本書紀』にみえるから、このときすでに武蔵国にも百済人が配されて

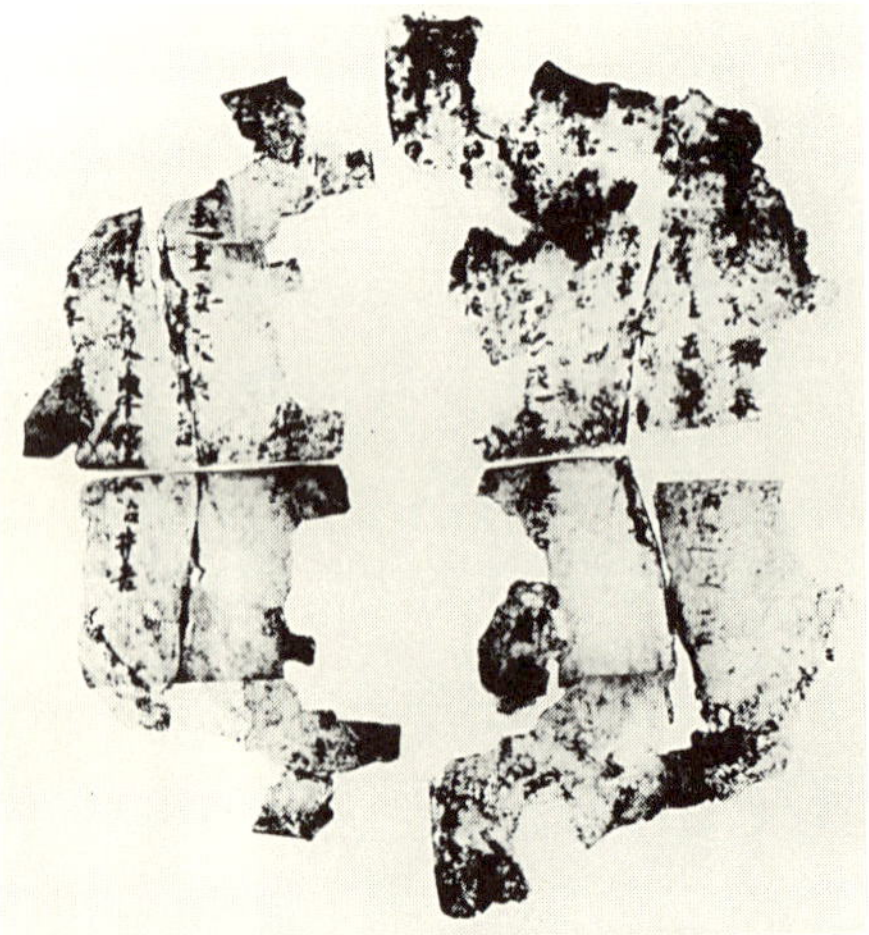

武蔵台遺跡から出土した漆紙文書

いたかもしれない。

持統天皇《じとう》元（六八七）年以降は、新羅人の男女や僧侶が、たびたび武蔵国に移住させられた。霊亀二（七一六）年には、東国に散住していた高麗人一七九九人を集めて、武蔵国に高麗郡が設置された。さらに天平宝字二（七五八）年には、渡来の新羅人七四人を移住させ新羅郡が設置された。これらの渡来人は、高い文化や技術をもっており、東国の開発や技術・文化にはたした役割が大きかったと思われる。

狛江市の地名は、『和名抄《わみょうしょう》』にみえる「狛江郷」に由来する。狛江郷は現在の狛江市・調布市を中心とする一帯とされるが、この「狛」は「高麗」からの転化とされる。調布市にある深大寺《じんだいじ》は、寺伝によれば天平五（七三三）年、高句麗《こうくり》の血を引く満功《まんくう》上人が創建したという。寺には関東では希少な白鳳仏が安置されている。

一方、庶民の信仰を集める浅草寺《せんそうじ》も、推古《すいこ》天皇の時、漢人の系譜を引く檜前浜成《ひのくまのはまなり》・竹成《たけなり》の兄弟が、観音像を網にかけたことにはじまるという、渡来人にまつわる縁起を伝えている。今のところ、浅草寺が推古朝にまでさかのぼるという確証はないが、境内からの出土遺物によって、平安時代にまでさかのぼることは確かめられる。それ以前の出土遺物も確認されているが、浅草寺自体が微高地上に立地していることから、浅草寺以前にすでに集落が存在していたものと考えられる。

**武蔵の産物●**

律令制下の租税は、租《そ》・庸《よう》・調《ちょう》および雑徭からなっていた。租は田租、すなわち稲、庸は労役にかえておさめる物資、調は租以外の生産物をそれぞれ徴収した。雑徭は労役で、公の工事などに使役された。調は各地の産物をもってあてられた。和銅六（七一三）年に、相模《さがみ》・常陸《ひたち》・上野・武蔵・下野の五カ国に対し、それまで布（麻布）でおさめられていた調を、布または絁《あしぎぬ》（粗い絹織物）のどちらでおさめてもよいとし、翌和銅七年には、武蔵国から絁が輸納された。時代はくだるが、十世紀に編纂された『延喜式《えんぎしき》』には、武蔵国の調として、つぎのような品目が記されている。

麻子・絁・商布・樏子・紫草（以上内蔵《くら》寮）、筆・膠《にかわ》・麻黄・麻子・蘇・絁・布・商布・豉・竜鬢席・細貫席・席・履《くつ》料牛皮・鞦《しりがい》・鹿革・鹿皮・紫草・木綿・樏子（以上民部《みんぶ》省）、帛（緋・紺・黄・橡）・布（紺・縹・黄）――（以上は絁・布で代納可）、中男作物として麻・紙・木綿・紅花・茜（以上主計《しゅけい》寮）、黄芩・干地黄などの薬種二八種（以上典薬《てんやく》寮）、馬（左馬《さま》寮）

武蔵国の貢物としては、麻布・木綿《きわた》（楮《こうぞ》の樹皮からとる繊維）・絁・席といった繊維製品が主であったことがわかる。多摩川のほとりに暮らしていた農家の娘たちは、今とはくらべものにならないくらいの清流で、布をさらして漂白した。『万葉集』の「東歌《あずまうた》」にはその情景を彷彿《ほうふつ》とさせる一首がある。

多摩川に　さらす手づくり　さらさらに　何ぞこの児の　ここだ愛《かな》しき

紫草・紅花・茜といった、繊維製品をそめる染料も貢進された。紅花・茜は中男作物とされている。中男作物とは一八歳から二一歳（『延喜式』当時）の男子がおさめる郷土の産物だから、麻・紙・木綿とならんで武蔵国の特産品であったことがわかる。このほかに注意をひく品目として馬がある。平安時代には武蔵国内に牧が発達し、多くの牛馬が飼育された。また膠・履用の牛皮・鞦・鹿皮など、馬具や動物の皮革などを利用した製品も産出した。

奈良・平安時代では、やきものは古墳時代から引き続いて、土師器《はじき》と、灰色で硬質の須恵器《すえき》が用いられていた。七世紀になると、それまで移入品にたよっていた須恵器の生産が、武蔵国内でも開始された。武蔵国内には、末野《すえの》・南比企《みなみひき》・東金子《ひがしかねこ》（以上埼玉県）・南多摩の四カ所の窯址群《ようし》があった。南多摩窯址群は、多摩丘陵に点在する窯址群の総称で、一〇〇基以上もの窯址が発見されている。須恵器窯の操業には、粘土と多量の薪、それに高度な技術を必要とした。南多摩窯址群中の、稲城市にある大丸《おおまる》窯址群では、武蔵国分寺を創建したときの瓦を生産し、町田市の瓦尾根《かわらおね》窯址群は、相模国分寺に瓦を供給した。

多摩丘陵では、このほかに、森林資源を利用した木工生産が行われた。多摩ニュータウン遺跡群からは、椀・皿などの挽物や、曲物製品が製作された遺跡が数カ所で発見されている。こうした窯業・木工生産は、国の意図が強く働いて稼動していたと考えられる。

## 養老戸籍と徴発される人びと●

霊亀元（七一五）年に従来の里が郷に改称され、さらに郷の下に里をおく郷里制が施行され、郷長―里正（里長）という末端の支配体制が約二五年間続いた。律令制下では人びとを管理し、税収を確保することが国家を運営するうえでの基本であった。その基礎台帳として戸籍が作成された。「正倉院文書《しょうそういんもんじょ》」に、養老五（七二一）年に作成された下総国葛飾郡大嶋《おおしま》郷戸籍が残され、当時の村や家族構成を知るうえで貴重な史料となっている。大嶋郷は現在の江戸川と中川にはさまれた地であり、葛飾・江戸川両区にまたがっていた。

この戸籍をみると、大嶋郷は甲和《こうわ》・仲村《なかむら》・嶋俣《しままた》の三里、五〇戸からなっていた。ここでいう戸は、戸籍に「戸主」として記載された単位で、これを「郷戸《ごうこ》」とよんでいる。一方郷戸に付随する形で、単に「戸」として記載された単位を「房戸《ぼうこ》」とよんでいる。いずれにしても郷里制の一郷五〇戸の原則に合致し、かつ各里の郷戸・房戸数とも、ほぼ平均化した数値を示している。一房戸の平均人数は九・一人ということになる。

大嶋郷の総人口は一一九一人で、大半が「孔王部《あなほべ》」姓を名乗る彼らは、通説では五世紀の安康《あんこう》天皇の名代《なしろ》であったとされているが、近年では設置された年代を含めて見直しがはかられている。

ところで大嶋郷の三里のうち、甲和と嶋俣は、従来から江戸川区小岩（上小岩遺跡）と葛飾区柴又《しばまた》（柴又遺跡群）の地に比定され、仲村については葛飾区水元《みずもと》小合《こあい》（旧北葛飾郡中村）などをあてる説があった。しかし仲村里を水元とすると、甲和・仲村・嶋俣という記載順序が地図上で連続せず、当時の文書を記載するうえでの原則にあわないといった矛盾も指摘されていた。近年では奈良・平安時代の遺跡分布をもとに、仲村里を葛飾区奥戸《おくど》地域を中心とする一帯とみる説が提起されている。

大嶋郷は河川にはさまれ、海に近いこともあって、農業だけでなく漁業を行っていた家もあった。人びとは竪穴式住居に住み、収穫した稲を保管するために高床式の倉をつくった。しかし、長雨や旱魃、さらには河川の氾濫など、生産活動を

**大嶋郷の構成**

| 里　名 | 郷戸数 | 房戸数 | 戸口総計 |
|---|---|---|---|
| | 戸 | 戸 | 戸 |
| 甲和里 | 17 | 44 | 454 |
| 仲村里 | 16 | 44 | 367 |
| 嶋俣里 | 17 | 42 | 370 |
| 計 | 50 | 130 | 1,191 |

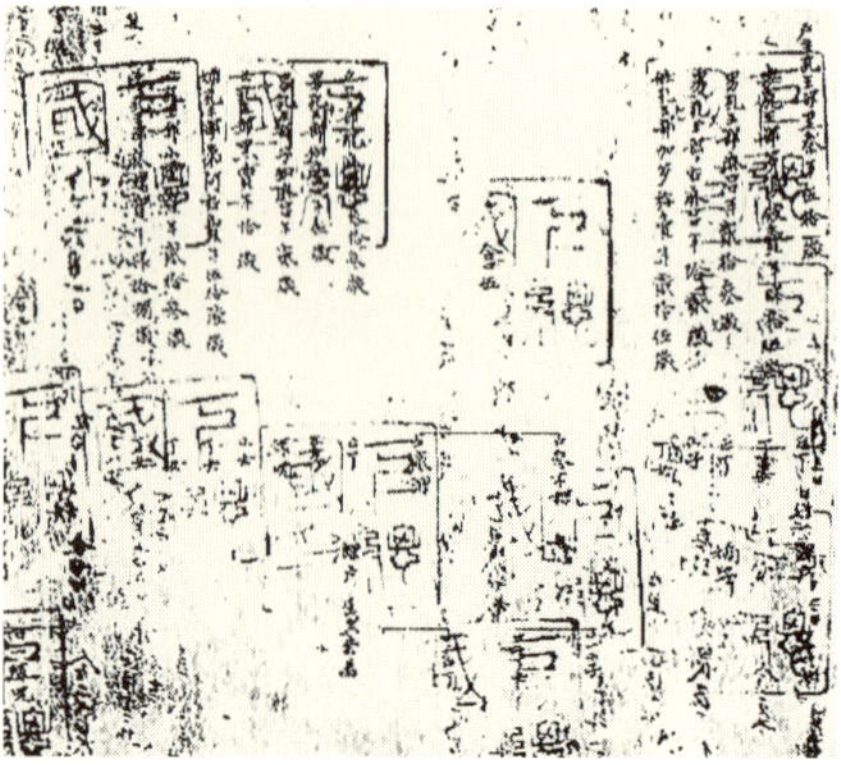

大嶋郷戸籍（部分，「正倉院文書」）

行ううえで不安定な要素も強かった。そのため人びとは、馬の頭を埋めて天候の安定や作物の豊穣を祈った。それでも不作の年は、貧しい農民は竪穴式住居のなかで、鞭《むち》をもって租税の取りたてにくる里長の足音におびえなければならなかったろう。

村の男たちには、さらに租税を運ぶ仕事や、雑徭として毎年六〇日間の労役が義務づけられていたほか、正丁の三人に一人ほどは、一〇〇日間に一〇日の割りで軍団での訓練を自弁でうける兵役をおっていた。しかし、人びとをもっとも苦しめたのは防人《さきもり》の制であった。北九州地方で西海の防備にあたる防人は、令制では三年交替とされているが、実際にはこの規定はまもられず、しかも、大半は東国の兵をもってあてられた。徴兵されると難波津《なにわづ》までの食料は自前でもっていかねばならず、家族構成によっては、働き手を取られて一家の生活が破綻することもあった。出立したが最後、いつ帰ることができるかわからない。

『万葉集』巻二十には防人の歌が集められており、防人にとられる家族の悲哀が描きだされている。弓矢をもった猛々《たけだけ》しい男が村にやってきて、防人に選ばれた男の名をよぶときは、みな息をのんで静まりかえった。名をよばれたものの家族は泣きすがり、幸いにも指名からはずれたものの家族たちは、「どこのご主人かしら」と小声で噂《うわさ》しあった。出立までは準備であわただしかった。父母に別れの挨拶をしそこない、妻に託する家のことを伝えられずに、くやしい思いをするものも多かった。

天平勝宝七（七五五）年、武蔵国橘樹郡の椋椅部弟女《くらはしべのおとめ》は、防人として夫が旅立とうとするときにつぎのような歌をよみ、「私の手と思ってつくろってください」と針をもたせた。

草枕　旅の丸寝の　紐絶えば　吾が手とつけろ　これの針もち

夫の上丁、物部真根《もののべのまね》は、

家ろには　葦火焚けども　住み好けを　筑紫に到りて　恋しけもはも

とよんだ。「葦《あし》を燃やして炊事や暖をとるような貧しい家でも、私にとっては住みよい家だった。筑紫《ちくし》に行ってからは恋しく思うだろうなあ」。断腸の思いを残して、半地下式の茅葺《かやぶ》き屋根の家からでた真根は、集合場所の武蔵国府にむかった。このように、防人をだす東国の窮状などを考慮し、天平宝字元（七五七）年に東国の防人はようやく廃止される。しかし、彼らの兵役は終わりではなかった。陸奥《むつ》・出羽《でわ》の開拓・経営のために、武蔵国の人びとは今度は北方へ、兵としてつぎつぎと送りだされていったのである。

## 東山道から東海道へ●

古代では、全国を五畿七道《ごきしちどう》に分けて行政区画としていた。都に近い五カ国を畿内とし、他の諸国を東海《とうかい》・東山《とうさん》・北陸《ほくりく》・山陰《さんいん》・山陽《さんよう》・南海《なんかい》・西海《さいかい》の七道に分け、それぞれ都から官道をとおした。武蔵国は、当初東山道に属していた。東山道は近江《おうみ》・美濃《みの》・飛驒《ひだ》・信濃《しなの》・上野・武蔵・下野・陸奥の八カ国からなり、和銅五（七一二）年に出羽国が加えられた。

官務をおびて武蔵国にくだるには、中部高地をぬって信濃国から上野国にはいり、新田《にった》郡から邑楽《おうら》郡を経て南下し、五つの駅を経て武蔵の国府に到着する。この「東山道武蔵路」の跡は、群馬県太田市新田・伊勢崎市境《さかい》、埼玉県所沢《ところざわ》市で発掘され、国分寺・府中両市内の発掘では、武蔵国分寺の僧寺と尼寺のあいだ、すなわち僧寺の寺地の西辺を走っていることが確かめられた。上野国新田から武蔵国府まで、ほぼ直線で結んでいたのである。東山道の遺構は、両側に側溝を配した幅一二メートルの、堂々とした道路であった。一方東海道は、相模国府から三浦半島の走り水（横須賀市）に至り、わざわざ海路浦賀《うらが》水道を横断して上総国にわたり、下総・常陸へとむかった。縄文海進によって奥深くはいりこんだ奥東京湾の名残りが、七世紀になってもなお入江や沼沢地として、総武国境地帯に広がっており、人馬の通行をさまたげていたためと思われる。

当時、官道には三〇里（約一六キロ）おきに駅をおき、馬の継ぎたてなどの任にあてていた。駅に配備される馬の数は、大路二〇疋、中路一〇疋、小路五疋と定められていた。神護景雲二（七六八）年、東海道巡察使紀広名《きのひろな》の奏上により、下総国井上《いかみ》・浮島《うきしま》・河曲《かわべ》の三駅と、武蔵国乗潴《のりぬま》・豊島《としま》の二駅は、東山・東海両路を利用する官人の通行で多忙なため、中路に準じて馬一〇疋をおくこととされた。これらの駅は、それまで馬五疋を配備していたことになる。ここに奏上された武蔵国の二駅のうち、乗潴は杉並区天沼もしくは練馬区練馬とする見方が有力である。多くの説に分かれる豊島は、豊島郡衙跡が発見されるにおよび、郡衙に近い北区西ケ原付近が有力視されることとなった。

しかし総武国境地帯も徐々に乾陸化が進み、八世紀後半には、相模国夷参《いさま》駅から武蔵国内を通過して下総国府に至る道が使われるようになっていた。都から武蔵国府に行くにも、相模経由の道をとおる方が格段に便利になっていたのである。このため朝廷は、宝亀二（七七一）年、武蔵国をそれまでの東山道から東海道に転属させることとした。これ以後、武蔵国への正式な官道は相模経由となり、さらに武蔵から下総へとつうじることとなった。宝亀二年の駅路改定後、さらに幾度かの改定があったが、平安時代前期の武蔵国内の官道を復元する手がかりが、『延喜式』にみることができる。まず『延喜式』巻二十八の「諸国駅伝馬」条から、東海道の武蔵・下総両国の部分を拾ってみる。

武蔵国駅馬店屋。小高。大井。豊島《トシマ》各十疋。　伝馬都筑《ツツキ》。橘樹《タチハナ》。荏原《エハラ》豊島郡各五疋。

下総国駅馬井上《ヰカミ》十疋。浮島。河曲各五疋。茜津。於賦《オフ》各十疋。　伝馬葛飾《カツシカ》郡十疋。千葉《チハ》。相馬郡各五疋。

武蔵国には店屋《たなや》・小高《おだか》・大井・豊島の四駅がみえ、乗潴駅は姿を消している。店屋は町田市鶴間《つるま》、小高は川崎市高津《たかつ》区にそれぞれ比定され、多摩川をわたって大井駅にいたる。大井は現在の品川区大井付近といわれる。大井からは武蔵野台地の崖線伝いに進むと豊島駅に到達する。武蔵国府へは、途中、店屋・小高のどちらかの駅から、往復あるいは迂回したものであろう。乗潴駅が廃されたのは、東山道武蔵路が官道としての使命をおえたためと考えられる。ただし武蔵路が、その後も道としての機能をもち続けたことは、行旅の飢病者を救うため、天長十（八三三）年に多摩・入間の郡界に悲田処《ひでんしょ》を設けたことからもうかがい知ることができる。

下総国内の三駅については、井上駅を下総国府付近、浮島・河曲両駅を下総国府・上総国府間におく説が、諸説のなかで有力となっている。東京低地を横断する豊島郡衙・下総国府間では、少なくとも二本の大河をわたらなければならなかった。承和二（八三五）年、東海・東山両道の河川の渡河設備の充実がはかられている。このなかで渡船の数を下総国の太日《ふとひ》河（江戸川）が二から四艘、武蔵国の石瀬《いわせ》河（多摩川）が一から三艘、総武国境の住田《すみだ》河（隅田川）が二から四艘に加増されている。

## 律令体制の破綻●

もともと陸奥・出羽の蝦夷征討にあたっては、武蔵国は東国または坂東《ばんどう》の一員として、兵士の供給源の一つであった。古くは慶雲二（七〇五）年を始め、養老四（七二〇）年、神亀元（七二四）年の蝦夷の反乱の鎮定にも、武蔵国から兵士が送りこまれている。東国の人びとを一方で苦しめていた坂東の防人の制が、天平宝字元（七五七）年に廃されたのも束《つか》の間《ま》、同三年には、坂東諸国は陸奥国に緊急事態が発生した場合、国ごとに二〇〇〇人以下の援軍をだすことを命じられている。武蔵国の人びとは、西辺のまもりから北辺のまもりへと、その方向をかえられたにすぎなかった。

ことに奈良時代の末からは、朝廷の政策として積極的な対蝦夷攻略が開始され、陸奥・出羽の情勢が緊迫の度を加えた。宝亀十一（七八〇）年には蝦夷に呼応した伊治公呰麻呂《いじのきみあざまろ》が、陸奥国府で鎮守府を併置していた多賀城をおとしいれるという事件がおこった。これに対して大規模な征討軍が派遣されたが、その主力は坂東の兵士だった。翌天応元（七八一）年に即位した桓武天皇は、いっそう陸奥・出羽の経営に力をそそいだ。延暦五（七八六）年から八年にかけて胆沢《いさわ》に兵を進めたときには、征東大使紀古佐美《きのこさみ》のもとに、東海・東山・坂東諸国から五万二八〇〇人もの兵士が集められた。それでも効果があがらず、延暦九年から再度胆沢・斯波《しわ》に出兵したときには、東海・東山の諸国から集めた兵士は一〇万人にのぼった。このような軍役は、武蔵国を含む東国全体に重くのしかかったことはもちろんである。軍団の兵士はもともと農民から選ばれていたからである。

対蝦夷経営にはらわれた武蔵国の人びとの負担は兵役だけではなかった。多量の軍粮・米を始め、武器・武具などの物資が、ことあるごとに陸奥・出羽に納入されたのである。のみならず、彼らを使役する国郡司らからなる将吏たちは、鎮所《ちんしょ》に集められた軍粮を横領し、また濫《みだ》りに鎮兵《ちんぺい》を使って、私田を開墾するといったありさまだった。

そこで、延暦十一年に、陸奥・出羽・西海道諸国などをのぞいた諸国の軍団を廃止し、かわって郡司の子弟らからなる健児《こんでい》がおかれることとなった。このとき、武蔵国に割りあてられた健児の数は一〇五人であった。しかしすでに、武蔵国の農民たちの疲弊はおおいかくすことができない状態になっていた。

すでに律令体制は破綻をきたしていた。公地公民制の原則に反した私有地が広がりつつあり、大同元

（八〇六）年には武蔵国内で寺院がかかえる封戸《ふこ》は一六一五戸に達していた。皇室もまた、その私有地としての勅旨田《ちょくしでん》の開発を進めた。天長六（八二九）年から承和八（八四一）年までの一二年間に設置された武蔵国内の勅旨田は、計一一四〇町歩に達した。このなかには、荒廃した口分田《くぶんでん》などを再開発した田が含まれると思われることから、かつての公民の没落のようすをうかがうことができる。

その一方で、在地の首長としての郡司層は、莫大な財産をたくわえていった。承和二年、武蔵国分寺の七重塔が焼失した。国ではこの塔の再建をなしえずにいたところ、前男衾郡大領壬生吉志福正《みぶのきしふくしょう》が、私財をもって再建することを申しいれ、許可された。このような造塔事業を、個人の負担で行うことができるほど、彼らの財力は大きくなっていた。

ところで武蔵国は牛馬の生産の盛んな土地であった。「諸国牧」（官牧）として、檜前馬牧《ひのくまのうままき》と神埼牛牧《かんざきのぎゅうまき》、「御牧」（勅旨牧）として、石川《いしかわ》・由比《ゆひ》・小川《おがわ》・立野《たつの》の四牧があった。武蔵国の御牧では、毎年五〇疋の貢馬が定められていた。承平元（九三一）年には小野牧、同三年には秩父牧が勅旨牧に指定されている。小野牧については、考古学上の成果などをもとに、八王子市由木《ゆぎ》地区付近に求めようとする説がある。また、下総国には浮嶋牛牧《うきしまのぎゅうまき》があって、これを古隅田川・中川・東京湾に囲まれた一帯に求める説もある。

いずれにしてもこれら古代の牧は、谷戸や河川、海岸といった自然地形をいかしつつ、さらに人工的な閉塞施設を設けることによって牛馬を囲い込んだと考えられることから、丘陵地や河口などに位置したのであろう。牧は、単なる放牧場ではなく、厩舎や各種の建物、工房、あるいは付属する牧田などからなる一大施設群であり、各種の役割をもった人びとが働いていた。こうした牧を管理する別当《べっとう》は、やがて在地に強い力をたくわえ、次代をになっていくことになる。

2章

# 大福長者と水陸に生きる人びと

北野神社の田遊び

## 1　秩父流平氏と武蔵七党

### つわものの登場●

九世紀、律令国家の支配体制はゆらぎ、その矛盾がいたるところでふきだした。ことに坂東では俘囚《ふしゅう》の乱があいついだほか、「坂東諸国の富豪の輩」が率いる「僦馬《しゅうば》の党」とよばれる群盗が出没して掠奪と殺害が横行し、「凶猾《きょうかつ》党を成し群盗山に満つる」（『類聚三代格《るいじゅうさんだいきゃく》』）状況となった。建物の倒壊と多数の死者をだす大地震や深刻な飢饉がおそった。

延喜十九（九一九）年前武蔵権介《さきのむさしのごんのすけ》源任《みなもとのあたる》が国府を襲撃・放火して官物（税）を奪いとり、国司の殺害を企てた。任は国司退任後土着して富と武力をたくわえ、税の増収と私財蓄積をはかろうとする現国司と対立したのであろう。新旧国司や豪族のあいだの対立抗争はこのあと増え続ける。

九世紀末に桓武《かんむ》天皇の曾孫にあたる高望王《たかもちおう》が俘囚の反乱を鎮圧すべく、上総介《かずさのすけ》として下向した。その子孫は各地に土着して常陸大掾《ひたちのだいじょう》、下総介《しもうさのすけ》、鎮守府将軍《ちんじゅふしょうぐん》、武蔵守などの要職につき、軍事力と国衙の権力とを利用して勢力を拡大した。頻発する反乱や対立抗争を武力で解決するという役割をにない、兵《つわもの》の家としての地歩をきずいた。その一族は桓武《かんむ》平氏と総称されるが、なかでも武蔵の秩父《ちちぶ》氏、相模《さがみ》の中村氏・三浦《みうら》氏・大庭《おおば》氏・梶原《かじわら》氏・長尾《ながお》氏や下総の千葉《ちば》氏、上総の上総氏が坂東八平氏とよばれる。彼らは、秩父氏が、東京地域の中世を代表する武家の豊島《としま》・葛西《かさい》・江戸《えど》氏を分出したように、各地に一族を分出した。

しかし、彼らは周辺の豪族をまきこみながら所領や婚姻をめぐってきびしく対立し、承平五（九三五）

年には高望王の孫平将門《たいらのまさかど》が伯父の国香《くにか》を攻め殺す事件をおこし、将門の乱に至る道が準備された。

## 平将門の乱

源頼朝《よりとも》が鎌倉幕府を開くより二五〇年ほども前の天慶二（九三九）年冬、平将門が反乱をおこし、常陸・下野《しもつけ》・上野《こうづけ》の国府をつぎつぎと襲撃して、国司を追い、印鑰《いんやく》（国印と備蓄用の穀倉の鑰《かぎ》）を奪った。平将門の乱である。藤原純友《ふじわらのすみとも》の乱とあわせて承平《じょうへい》・天慶《てんぎょう》の乱ともいい、律令国家をゆるがす重大な反乱であった。

将門は、八幡大菩薩の使と称する巫女《みこ》の託宣をうけてみずから「新皇《しんのう》」と称し、関東に独立国家をうちたてようとした。「新皇」となった将門は、関東の国々および伊豆の国司や、左右大臣・納言・参議、文武百官などを任命し、王城《おうじょう》（都）を下総国に造立するという、国家建設の具体的プランをもっていた。その内実はきわめて粗雑なもので、基盤とすべき軍事力も数千の兵でしかなかったが、将門は天からあたえられた武芸をもって、「兵威を振いて天下を取る」ことを標榜した。ところが、翌年二月十四日、将門が、常陸大掾平貞盛・下野押領使《おうりょうし》藤原秀郷《ひでさと》の軍勢にせめられてあえなく戦死すると、政権はたちまち崩壊してしまった。しかし、この政権は武人政権のさきがけと位置づけることができるのである。

将門の乱の経過は『将門記《しょうもんき》』によってくわしく知ることができるが、そのなかの、将門が関東諸国の国司を任命した記事には、どういうわけか武蔵国だけがぬけおちている。それは、将門が常陸国府襲撃の前に武蔵に出兵したことと関係があるのかもしれない。『将門記』によれば、前年すなわち天慶元年の春二月、武蔵国で権守《ごんのかみ》（正式ではなく権《かり》に任命された一等官）の興世王《おきよおう》と介《すけ》（二等官）の源経基《つねもと》が、足立郡の郡司で判官代という国衙の役人だった武蔵武芝《たけしば》と争いをおこした。武蔵武芝はこれよりおよそ一七〇年ほど前に功によって武蔵宿禰《すくね》の姓をあたえられ武蔵国造に任じられた不破麻呂《ふわまろ》の後裔と考えられている。武芝は公務にはげみ、誉《ほまれ》あって謗《そしり》なく、名声をえていた。一方の興世王と源経基は国内の人民を収奪して疲弊させ、先例を破って国内の巡視をし、郡司の舎宅や民家をおそって財物を奪いとるなどの悪政を行い、武芝と対立した。

そこで将門が武蔵国に赴いて仲介にのりだし、興世王と武芝を和解させたが、その間に武芝の軍勢があやまって経基の館をとり囲んだため、いまだ「兵の道」になれていなかった経基はおどろきあわてて逃走した。経基は、興世王と将門が武芝にそそのかされて自分を誅伐しようとしたと思い、上洛して、彼らが謀叛を企てていると訴えでた。この事件が反乱への大きな一歩となったのである。

やがて興世王は将門の側近となって政権の樹立に積極的に加担していく。たとえば、将門が挙兵して常陸国府を勢力下にいれると、興世王はさらに、坂東全体の掌握を将門にすすめたという。彼は将門から上総介に任じられ、将門戦死の後、上総国で殺された。また、「西角井系図《にしつのい》」によれば、武芝は国司らと争って郡家《ぐうけ》を退き氷川神社の祭祀権を失ったといい、この事件で失脚したらしい。

将門の首は藤原秀郷によって京都に届けられ、東市の樹にかけてさらし首とされた。その後についての確かな記録はないが、ふしぎな伝承がつくられた。将門の首が東国をめざしてとんできて、江戸芝崎村に落下したため、その地に首塚がつくられたのだという。首塚は、いまの千代田区大手町の三井生命ビル横手の、石碑と石燈籠がたっている所にあったが、関東大震災後の大蔵省再建のさい壊されてしまい、今の姿は往時のものではない。今の石碑は明治四十（一九〇七）年の建立であるが、そこには「南無阿弥陀仏平将門　蓮阿弥陀仏　徳治二年」ときざまれている。それは、もとここにあった徳治二（一三〇七）年の板碑の銘文を継承したものである。そのころ将門の墳墓が荒れ放題になって、将門の亡霊が村人を悩ましているときいた時宗《じしゅう》の二世他阿真教《たあしんきょう》が、将門に蓮阿弥陀仏という法号をあたえ供養するとたたりがおさまったという。板碑はこの時建てられ、この地にあった日輪寺《にちりんじ》は天台宗から時宗道場に改められ、神田明神は将門を祀る神社としてあがめられるようになったという。のち、徳川家康が江戸城を修築するに伴って移転させられ、日輪寺は浅草に、神田明神は湯島に移った。

**要衝を掌握した秩父流平氏●**

豊島氏・葛西氏・江戸氏の祖将常《まさつね》は高望の子良文《よしふみ》の孫にあたるが、武蔵権守となり、秩父郡に本拠をおいて秩父盆地を開発し秩父氏を称した。将常の嫡子武基《たけもと》は秩父牧《まき》の別当《べっとう》という。その孫重綱《しげつな》の時から、秩父氏は武蔵国留守所《るすどころ》惣検校職《そうけんぎょうしき》の任にあったという。それは武蔵の国政にかかわる重要な役職であった。

平安時代なかば以降、中央の貴族は国司に任命されても任国に赴かないことが多くなり、実質的な国務はその国に居住して国衙につとめる五〇人前後から一〇〇人近くの役人によって行われた。こうした役人を在庁官人《ざいちょうかんじん》といい、彼らによって運営される役所を、国司の留守をあずかるという意から留守所といった。留守所惣検校職とは、この留守所を統轄するもので、在庁官人を指揮・監督し、土地の調査や、役所からだす文書への署名をするなどの大きな権限をもった。これを秩父流平氏一族の惣領が世襲し、頼朝の挙兵のころは河越重頼《しげより》が就任していた。

同族の上総介や千葉介などと同様に、秩父氏も在庁官人のトップクラスに位置し、その地位を利用して、武蔵国内外に広く一族を配置していった。しかも、その分布をみると、荒川・入間川・多摩川の三大河川沿いや、南北・東西に走る陸上の幹線沿いに分出させていったことがわかる。

秩父から流れくだる荒川沿いには、関東平野への出口に位置する畠山《はたけやま》荘（埼玉県深谷市）の畠山氏がお

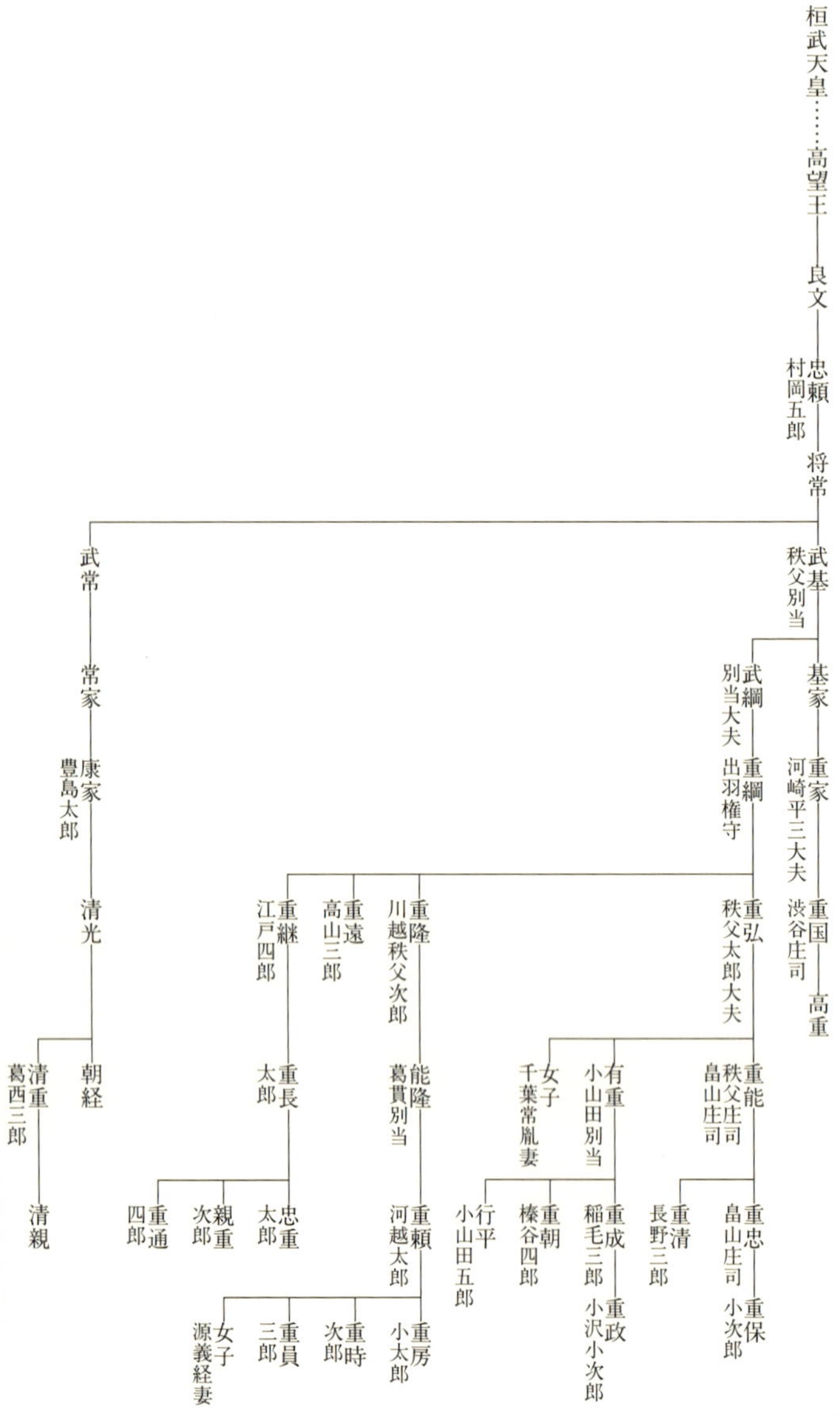
桓武天皇……高望王
良文
忠頼 村岡五郎
将常
武基 秩父別当
基家
重家 河崎平三大夫
重国 渋谷庄司
高重
武綱 別当大夫
重綱 出羽権守
重弘 秩父太郎大夫
重能 秩父庄司 畠山庄司
重忠 畠山庄司
重保 小次郎
重清 長野三郎
有重 小山田別当
重成 稲毛三郎
重政 小沢小次郎
重朝 榛谷四郎
行平 小山田五郎
女子 千葉常胤妻
重隆 川越秩父次郎
能隆 葛貫別当
重頼 河越太郎
重房 小太郎
重時 次郎
重員 三郎
女子 源義経妻
重遠 高山三郎
重継 江戸四郎
重長 太郎
忠重 太郎
親重 次郎
重通 四郎
武常
常家
康家 豊島太郎
清光
朝経
清重 葛西三郎
清親

秩父流平氏系図（『新編埼玉県史』通史編2をもとに作成）

り、畠山重忠《しげただ》の弟長野重清《しげきよ》はそのさきの現埼玉県行田市に進出した。入間川では、上流の二つの川の合流点の河越荘（川越市）に秩父流の惣領家河越氏がおり、その下流の豊島荘に豊島氏、その東の入間川・隅田川、古荒川・古利根川、太井川《ふといがわ》（太日川）が流れこむ下総葛西荘は豊島氏の一族が開発して葛西氏を称した。多摩川沿いでは、中流域に小沢郷（稲城市・神奈川県川崎市）の小沢氏、そこから下流にむかって稲毛荘（川崎市）の稲毛氏、河崎荘（同）の河崎氏がいる。

陸上交通路では、武蔵国府と上野国府を結ぶ、のちの鎌倉街道上道《かみつみち》沿いには、北に高山御厨《みくりや》（群馬県藤岡市）の高山氏がおり、武蔵国府の南には小山田荘《おやまだのしょう》（町田市）の小山田氏、渋谷荘（神奈川県大和市・藤沢市）の渋谷氏がいる。のちの鎌倉街道下道《しもつみち》沿いには、江戸郷の江戸氏、榛谷《はんがや》御厨（神奈川県横浜市）の榛谷氏がいる。江戸・葛西氏の本拠地はまた海上交通との接点でもあった。

このようにみると、秩父流平氏の分布は単なる偶然ではなく、河川・海・陸の交通の要衝に一族をつぎつぎと進出させるという明確な意志のあらわれとみることができよう。

### 武蔵七党●

武蔵国には秩父流平氏のほかに、武蔵七党とよばれる中小武士団がいた。東京地域には横山党・西党・村山党が、そのほかには猪俣・野与《のよ》・丹《たん》・児玉の各党がいた（野与のかわりに私市をいれるなど七党の名は一定していない）。

横山氏は小野牧の別当で武蔵国一の宮の小野神社（日野市）辺りを拠点とした小野氏の子孫で、小野諸《もろ》興《おき》は将門の乱のとき、武蔵権介・押領使《おうりょうし》に任じられている。永久元（一一一三）年内記太郎殺害の罪で横山党二〇余人を追討するよう、常陸など五カ国国司に命令がでたのが、党の名の初見である。横山荘（八

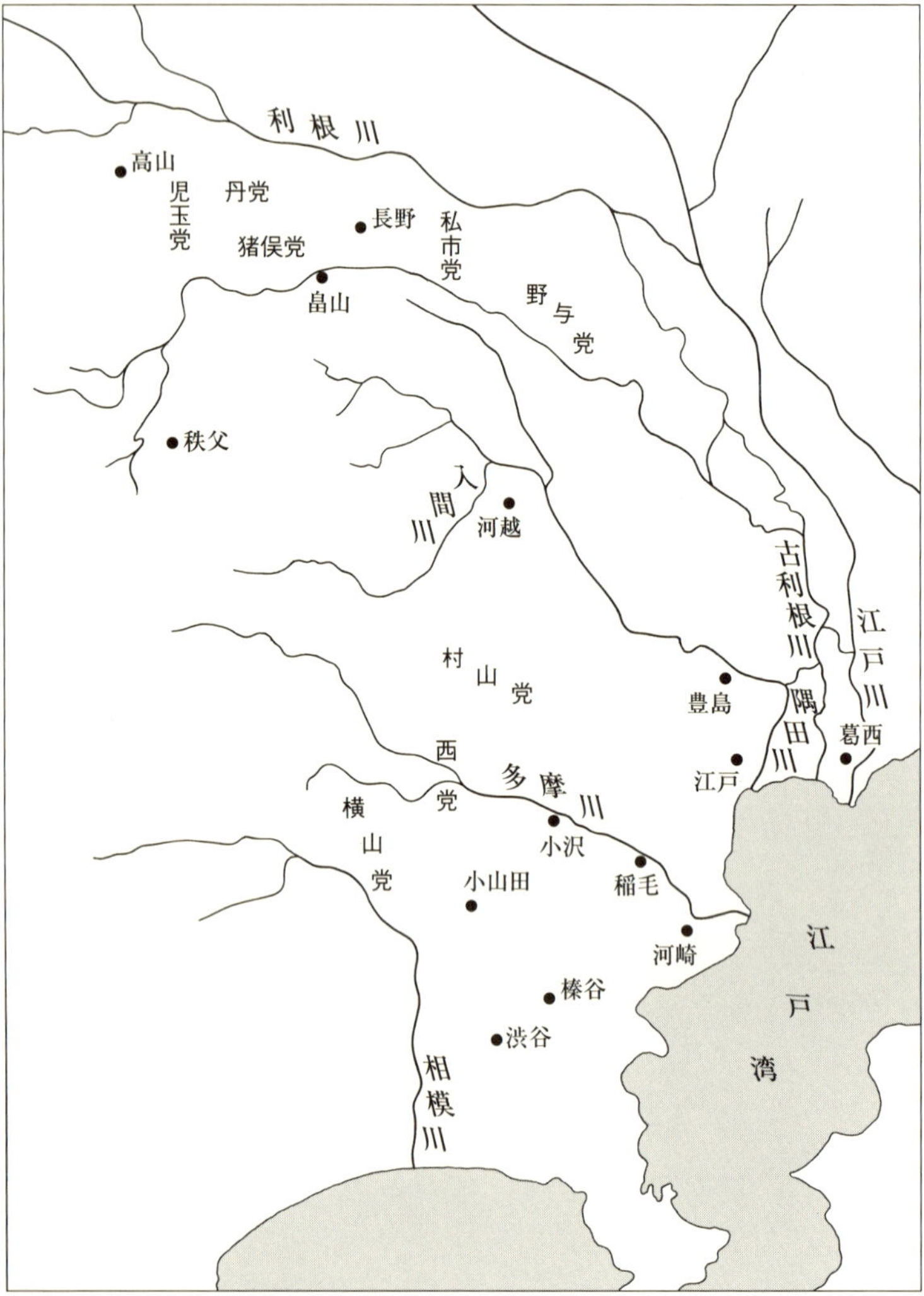


秩父流平氏・武蔵七党分布図

王子市）の開発を進めて横山の名を名乗り、椚田《くぬぎだ》、平山、粟飯原《あいはら》、田名《たな》、海老名、石川、古郡《ふるごおり》氏等々の一族を八王子市、日野市などの多摩川流域、神奈川県の相模川流域、山梨県にまで分出した。

西党は在庁官人の日奉《ひまつり》氏からでた。日奉氏は太陽祭祀を任務とし、土淵郷《つちぶちのごう》の日ノ宮権現（日野市）辺りを拠点に、多摩川流域に一族を分出した。西党の名は本拠地が国府の西あるいは多西郡《たさい》にあったことに由来するであろう。一族で小川郷（あきる野市）に拠った小川太郎季能《すえよし》は承久三（一二二一）年の承久の乱の勲功で、鹿児島県の西の海上に浮かぶ甑《こしき》島の地頭職をあたえられ、子の小太郎季直《すえなお》のときに同島に移り住んだという。その子孫の家に「日奉氏小川系図」が伝えられた。

同系図には武蔵守、日野日掾、武蔵権介、一庁官、二庁官などの肩書をもつものが多くみえるが、それは日奉氏が有力な在庁官人だったことを反映したもので、鎌倉時代にも留守所を代表する官人としてみえ、武蔵国二宮《にのみや》（あきる野市二宮神社）を支配下においていた。由木・河口・田口・小川・狛江・稲毛・二宮・平山・由井・立河・土淵などの一族が、日野市・八王子市・あきる野市から稲城市・狛江市・川崎市に至る多摩川流域に広く分布した。由比牧・小川牧のあった地を含み、由井氏の子孫に馬による運送にかかわる駄所《だしょ》・駄を称したものがいる。

村山党は桓武平氏の流と伝えられ、武蔵国東北部の野与党出身の頼任《よりとう》が、村山（瑞穂町・武蔵村山市）を本拠地として村山氏を名乗ったのにはじまり、埼玉県所沢市など北部にむかっても一族を分出した。大井・宮寺《みやでら》・金子・山口・久米・須黒《すぐろ》（勝呂《すぐろ》）・仙波《せんば》・難波田《なんばた》氏などである。

**源氏の家人となる●**

先述のように、将門の乱の前年に武蔵国でおきた争いで、武蔵介源経基《つねもと》は「兵《つわもの》の道」になれていなかったため都に逃げ帰った、と『将門記』は記している。しかし、その子、孫の代には摂関家と結びついて兵の道に練達し、孫の頼信《よりのぶ》は長元元（一〇二八）年に房総でおきた平忠常《たいらのただつね》の乱を解決して武名をあげた。これが、源氏が東国に勢力をのばすきっかけとなった。

頼信の子頼義《よりよし》と、その子義家《よしいえ》は、奥羽であいついでおこった前九年《ぜんくねん》の役《えき》（一〇五一～六二年）と後三年《ごさんねん》の役（一〇八三～八七年）で、坂東の武士を率いてたたかい、乱を平定して武名をあげた。前九年の役では横山党の横山経兼《つねかね》が活躍した。豊島氏らの祖武常《たけつね》は両方の役に参陣した。また、「豊島系図」「平塚神社縁起絵巻」などによると、源義家は後三年の役から帰る途中、武常の子豊島太郎近義の館に泊って、近義に具足と守本尊の十一面観音をあたえた。近義は義家の死後、具足を埋めて具足塚と号し、平塚大明神とあがめたてまつったという。北区の平塚神社がこれにあたり、社殿の背後には平塚という塚がある。この辺りが豊島氏の本拠地と考えられている。

保元元（一一五六）年に京都でおきた保元《ほうげん》の乱では源義朝《よしとも》方に河越、豊島四郎、足立遠元、粟飯原太郎、金子家忠、横山悪二《あくじ》、平山季重らが参陣している。その三年後、保元の乱の恩賞を不満として義朝が平治《へいじ》の乱をおこすと、足立郡司の足立遠元《とおもと》が活躍して右馬允《うまのじょう》に任じられたほか、金子・平山も平氏軍に対し奮戦した。『平治物語』によると、金子家忠は弓矢がつき、太刀がおれるまでたたかって、足立遠元にかわりの太刀をたのんだ。すると遠元は郎等《ろうとう》の太刀をとりあげて家忠にあたえ、そのかわりに敵兵の太刀を奪って郎等にあたえたという。だが、義朝軍はやぶれて頼朝は伊豆に流罪、遠元らは命からがら領地に逃げ戻った。源氏は壊滅的な打撃をうけ、平家全盛の時代を迎える。

平清盛《きよもり》は武蔵国の知行国主となり、子の知盛《とももり》を武蔵守とした。知行国主とは、名目上、国の政務を執行する最高位にあり、その国の税収の相当分を自分の収入とした。荘園制の成立とともに、国税をいわば荘園年貢のようにみなして貴族がふところにいれる仕組みである。もちろん、清盛も知盛も武蔵国府にやってくることはなかった。

### 船木田荘と横山荘●

平安時代に登場した武士は田畠の開発者、農場主という側面ももっていた。郷や保《ほう》などの単位で国衙に税・年貢などをおさめるにしろ（公領という）、中央の貴族に寄進して荘園とするにしろ、武士が開発領主・納税責任者として土地を支配することになった。郷や保としては江戸郷、千束《せんぞく》郷、木田見《きたみ》郷、吉富《よしとみ》郷、土淵郷、六郷保などが、荘園名では船木田荘、豊島荘、葛西荘などがある。

　早期にみえる荘園に多摩郡弓削《ゆげ》荘があり、貞観九（八六七）年に右大臣藤原良相《よしすけ》から京都の貞観寺《じょうがんじ》に寄進されているが田地わずか四町一反ほどで、以後の史料にはみえない。摂関家領船木田荘の名は、八王子市中山の白山神社境内の経塚から文政九（一八二六）年に出土した経巻の奥書にはじめてみえる。その経巻が、仁平四（一一五四）年に「武蔵国西郡船木田御庄内長隆寺」で書写されたとあり、荘園はそれ以前に成立したことがわかる。この経巻一〇巻の書

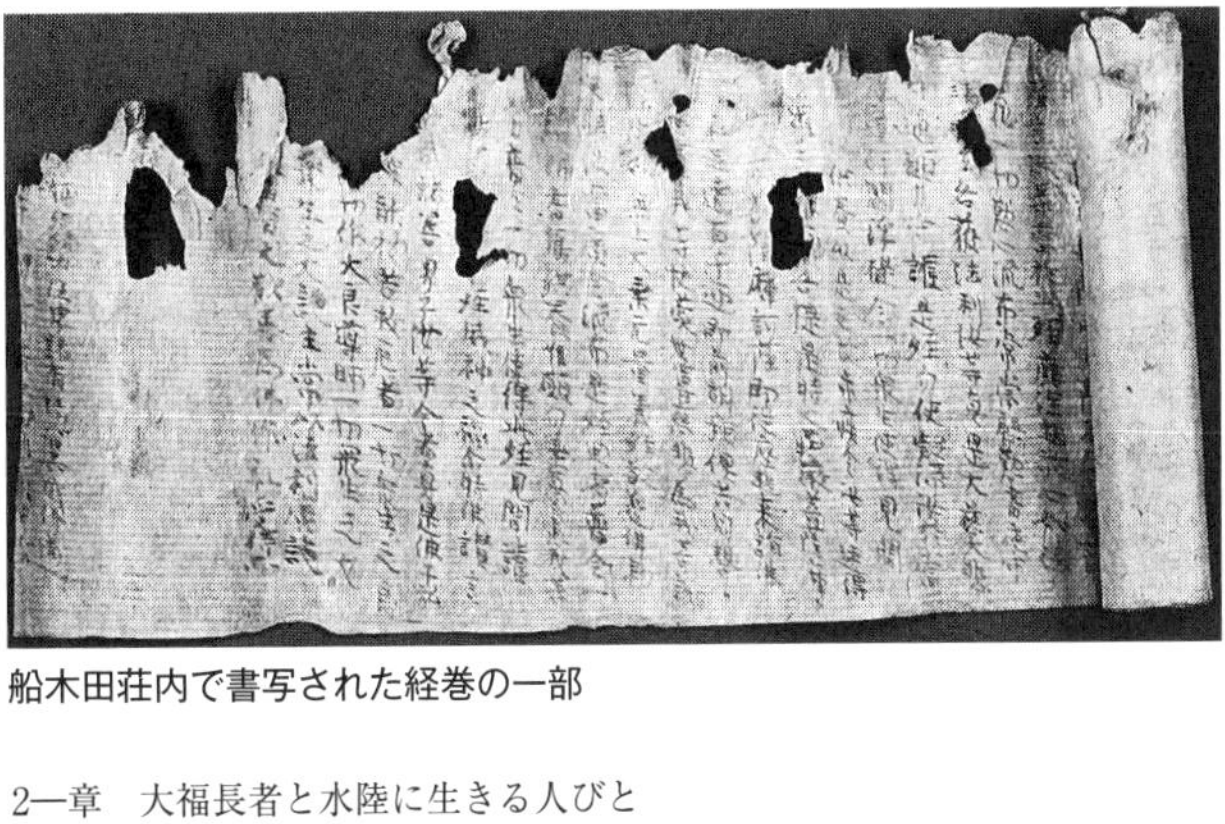

船木田荘内で書写された経巻の一部

写は一大事業で、勧進僧弁智《べんち》ら何人もの僧と「小野氏人等」「清原氏人等」が参加した。清原氏については不明であるが、小野氏こそは小野牧別当・在庁官人から横山党を形成していった武士であり、これが船木田荘を摂関家に寄進した開発領主であろう。

治承四（一一八〇）年、船木田本荘・新荘が、稲毛本荘・新荘（川崎市。秩父流平氏の稲毛氏が開発領主）などとともに、崇徳《すとく》天皇の中宮皇嘉門院《こうかもんいん》（関白藤原忠通の娘）から甥の藤原良通にゆずられた。このときまでに新荘が成立していたことがわかる。建長二（一二五〇）年の新荘の年貢は「例布五百段」で、地頭が納入を請け負っていた。その後、南北朝時代に本荘・新荘は摂関家のたてた京都の東福寺に寄進される。

ところで、横山党の横山氏が建保元（一二一三）年に和田義盛《わだよしもり》の乱に加わって戦死し、所領の横山荘を没収された。これを初見とし、その後の史料にみえる横山荘内の地名が船木田新荘のなかの地名と重なるものが多いことから、摂関家側で船木田新荘といった荘園を、開発・寄進した横山氏側では横山荘とよんだと考えられている。

## 2　八カ国の大福長者

### 頼朝と対決した江戸重長●

治承四（一一八〇）年八月、伊豆で平氏打倒の兵を挙げた流人源頼朝は石橋山の戦いでやぶれ、命からがら真鶴崎《まなづるがさき》から船で安房《あわ》にのがれた。ここで兵力をととのえるため、上総の上総介広常、下総の千葉介常胤の二大勢力を始め、各方面に参陣を働きかけた。そのなかに豊島権守清光、葛西三郎清重や下河辺荘《しもこうべのしょう》司行平《じゆきひら》らもいた。とくに清重に対してははやく海路をとってやってくるよう申し入れた。

頼朝に応じた千葉介は下総国府をせめてこれを掌握し、九月十七日に頼朝を国府に迎えいれた。上総介は二万騎を率いて馳せ加わり、頼朝軍は二万七〇〇〇余騎にも膨れあがった。ところが、それから半月近くも頼朝軍はそこから動くことができなかった。江戸太郎重長ら秩父流平氏一族が平氏方に属して服属をこばんでいたからである。

この国境地帯には東から太井川《ふといがわ》（太日河ともいう）・次頁の図の古葛西川（仮称、当時の川の呼び名不明）・隅田川の三本の大河が流れて江戸湾にそそぎこんでいた。この三本の川を無事に越えて武蔵国に上陸する目途がたたないうちは、頼朝軍は下総国府から一歩も進めなかったのである。重長は頑として頼朝に応じようとしなかった。頼朝は三本の川の内側を支配している葛西清重に使者を送り、「大井の要害」をみるためといつわって重長をさそいだし殺害せよ、とまで命じてみたが、うまくいかなかった。このため頼朝は千葉介・上総介に舟を調達させて、十月二日渡河にふみきった。『吾妻鏡』は「大井・隅田の両河を渡る。精兵三万余騎に及び、武蔵に赴く」と記す。

ここでようやく豊島・葛西氏が参上し、足立右馬允遠元も迎えにでた。またこのとき、頼朝の乳母だった寒川尼が子をつれて「隅田宿《すみだ》」に着き、頼朝に面会した。

江戸重長は四日になってようやく、一族の畠山重忠や河越重頼らとともに頼朝のもとに参陣し、武蔵国の在庁官人や郡司らに命令して国政を沙汰させる権限をあたえられた。このとき頼朝は武蔵国府を支配下にいれたとみられている。八日には足立郡の郡司職をもっていた足立遠元が、これまでどおりの権限を認められた。

以上は『吾妻鏡』によってのべたが、同書はこのときから一〇〇年近くたって編纂されたものであるから、当時の状況を正確に記しているわけではない。武蔵入国と隅田宿との関係についてみておこう。頼朝は十月二日に太井川・隅田川を渡って武蔵国にはいったという。そうして隅田宿で寒川尼とあっている。当時は隅田川が下総と武蔵の国境で、隅田宿は川の東側すなわち下総側にあったから、武蔵国にはいって隅田宿に滞在したというのは矛盾する。武蔵国にはいったなら、隅田宿の対岸の石《いし》浜《はま》の辺りにいたことになろうが、そこは江戸氏の勢力下であるか

東京低地の中世の地形(久保純子「東京低地の地形の変遷」『東京低地の中世を考える』による)

ら、江戸氏が服属していない時点でそこに滞在したとは考えにくい。長井の渡の場所は不明だが、石浜より上流であろうから、東岸の下総隅田宿で江戸氏の動静をみきわめたうえで、長井の渡から武蔵国にはいったのではなかろうか。

重長らの服属の三日後頼朝は鎌倉で新亭建設をはじめた。安房を出発してからの三分の二の日数が、国境の三つの川を越すためについやされたのである。三万の軍勢を足止めにした重長のことを、室町時代に書かれた源義経の物語『義経記』では「八箇国の大福長者」とよんでいる。

## 八カ国の大福長者●

『義経記』をみよう。まず、頼朝に抵抗する江戸太郎重長は「墨田の渡両所に陣を取りて櫓《ろ》をかき、櫓の柱には馬を繋《つな》いで、源氏を待ちかけた」。しかし、頼朝が重長の首をとれと命ずると、重長は「急ぎ櫓の柱を切落して筏《いかだ》にし、市河へ参り」服属を乞うたが許されなかった。そこで千葉介が重長のためにとりなしをすると、

佐殿(頼朝)仰せられけるは、「江戸の太郎八箇国の大福長者と聞くに、頼朝が多勢この二三日水に堰かれて渡しかねたるに、水の渡に浮橋を組んで、頼朝が勢、武蔵国王子・板橋に著けよ」とぞ宣ひける。……千葉介、葛西の兵衛(清重)を招きて申しけるは、「いざや江戸の太郎助けん」とて、両人が知行所、今井・栗河・亀無・牛島と申す所より、海人《あま》の釣舟を数千艘《そう》上せて、石浜と申す所は、江戸の太郎が知行所なり、折節西国舟の著きたるを数千艘取寄せ、三日が内に浮橋を組んで、江戸の太郎に合力《ごうりょく》す。

こうして頼朝軍は太井川・隅田川を越え板橋に着いたという。実際、このときの渡河には船をつないだ船橋(浮橋)がつくられたであろう。そのため太井川東岸の千葉氏の勢力下の港と、葛西・江戸氏の勢力

下の港からは漁船が、石浜では西国からの商船が徴発されたという。数千艘とは誇張した数であるが、室町時代にこの地域でたくさんの港と漁船・商船があったことはまちがいない。

古代・中世とこの辺りでは漁業が盛んであった。漁船は商品を運送する商船の役割もはたしていたが、室町時代になると交易のいっそうの発展とともに、漁港と商港の区別が進んできたことがさきの記述からうかがえる。

関東八カ国を代表する「大福長者」江戸重長の経済基盤は、西国からきた数千艘の廻船が着く石浜の支配にあったという。石浜と隅田は隅田川をはさんで向き合い、武蔵から下総国府へむかう交通路の宿場であり、渡場であった。また、中世には海がその近くまではいりこんでいて、海船の着岸地でもあった。

江戸時代の初めに利根川の流路をつけかえて銚子（千葉県）に流すようにするまでは、利根川は埼玉県岩槻市付近で荒川（古荒川）と合流し、江戸湾にそそいでいた（以下、古利根川と記す）。その東側を渡良瀬川・太井川が、西側からは入間川が古隅田川に合流して江戸湾に流れこんでいた。これらの川は豊かな水量をもち、船の航行によって大量の物資を輸送できた。だから、江戸湾岸の諸港はそれらの川をつうじて、武蔵国内はもちろん、上野・下野・下総・常陸西南部とつながっていたのである。

荒川と合流した古利根川は、埼玉県との都県境の猿俣《さるがまた》で太井川に流れこむ分流をだし、さらに葛飾区の亀有《かめあり》の辺りで二つに分かれた。この二つに分かれた流れのうち、鎌倉時代にはもっとも西の古隅田川が本流であったとみられ、その海との接点に石浜、その南に今戸《いまど》（今津）・浅草・鳥越があり、それらを含む千束郷と隅田の渡を江戸氏がおさえていた。すなわち、江戸氏は古利根川・古荒川・入間川流域の河川交通と海上交通の接点である流通の最重要拠点をおさえており、それが「大福長者」の富の源泉だったのである。これらの地には浅草寺を始め時宗・法華《ほっけ》宗の道場などが建立され、人が集住し、町場が形成されていった。

## 水上の道

南北朝時代、下総国一宮《いちのみや》の香取《かとり》神社は、猿俣・戸崎《とざき》・大堺《おおさかい》・行徳《ぎょうとく》などに設けられた関所で関銭を徴収する権利をもっていた。前三者は古利根川が太井川にむかう分流をだす、ちょうど分岐点の上下に位置し、船が集中する所、荷の積みかえが行われる所である。行徳は太井川の河口部東岸にあり、西岸の長島・今井とともに川船と海船との荷の積みかえが行われたのであろう。こうした地点に関所が設けられた。

石浜の南の今戸には問《とい》がいて、金沢称名寺《かねざわしょうみょうじ》（横浜市）の寺領の赤岩郷から納入された年貢の保管にあたっていた。赤岩郷は古利根川の流域に開かれた下総国下河辺荘のなかの郷村で、年貢は川船で古利根川を下り、今戸で川船からおろされ、そこで売却されるか、海船に積まれて六浦《むつら》（横浜市）まで運ばれ、陸あげされたのである。

戦国時代、栗橋（茨城県五霞町）城主北条氏照《ほうじょううじてる》の家臣は葛西・栗橋間と、佐倉・関宿間を船で自由に通行できる権利をもっていた。佐倉・関宿間は常陸川水系を通行するもので、前者の古利根川・権現堂川のルートと直接つながってはいないが、両川の上流は栗橋・関宿辺りで接近しており、短距離の陸上交通で容易につながるから、江戸湾はそれらをつうじて常陸側とも結びついていた。

陸路と川を使って関東各地から米・雑穀・絹・麻布などの年貢が江戸湾岸に集積され、海船を使って鎌倉や伊勢、畿内へと運ばれた。船木田荘は多摩川を利用したであろう。南北朝時代を画期として関東の荘園制が崩壊すると、年貢物は現地の領主がとって商品として売却するようになる。その商品を伊勢や畿内方面に輸送し、関東にむかうときは常滑・渥美・瀬戸などの国産陶器、中国から輸入の青磁・白磁・染付・絹織物などの高級奢侈品を運ぶ廻船が往来した。陶磁器が河川をさかのぼって、上野・下野・常陸にも運ばれたことが発掘で確かめられている。

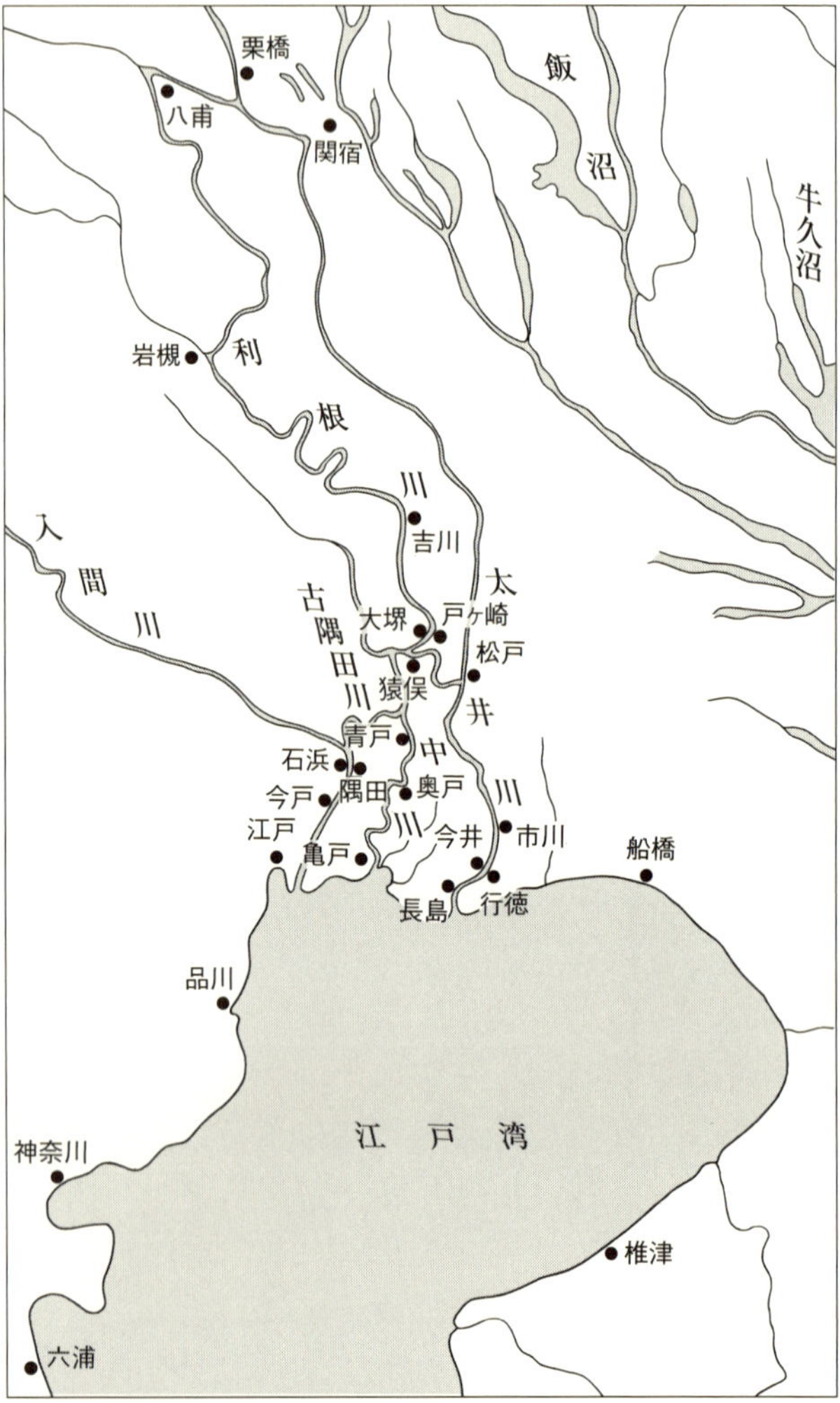

武蔵・下総国境付近の水上交通の要衝(谷口榮「東京低地の中世遺跡」『東京低地の中世を考える』より作成)

鎌倉時代、陸上の鎌倉街道が整備されたが、水上でも、各河川から江戸湾西岸を海船で六浦（横浜市）へ、あるいは直接鎌倉へと至る「水上の鎌倉道」が、年貢や鎌倉滞在中の物資の輸送、人の輸送に重要な役割をはたした。

ところで、石浜にいた西国船とは関東と伊勢などとを結ぶ大型の廻船であっただろうか。江戸時代、大型船は品川沖に停泊した。中世でも十五世紀なかばには品川沖に大型船の停泊が確かめられるので、品川で大型船からおろされた荷が、小型の海船に積みかえられて石浜、今戸など江戸湾岸の港に運ばれたともみられるのである。ただし、品川湊の発展期が今のところ十四世紀末以降とみられるので、鎌倉時代にはそれほど大きくなかった廻船が直接に石浜、今戸あたりまではいることができたとも考えられ、『義経記』の記述はそうした時期の描写かもしれない。

### 江戸湾西岸の領主たち●

江戸という名は入江の門戸（入口）という意からつけられたのであろう。次頁の図のように中世には日比谷の入江が今の皇居のそばまで深くはいりこんでいた。その海にのぞむ台地に江戸氏は進出した。重長の父重継がはじめて江戸氏を称した。武蔵を代表する有力な武家ではあったが、弘長元（一二六一）年十月、江戸重長は、先祖相伝の「豊嶋郡江戸郷之内前嶋村」を北条氏の関係者に手離さなければならなくなった。この二、三年飢饉のために百姓が一人もいなくなって公事《くじ》の負担ができなくなったからであった。

飢饉は関東一帯をおそったことであろう。これ以前にも大飢饉があった。領主でさえ困窮するのである。ゆとりのない農民たちの生活苦はより深刻で、牛馬、家財、妻子を売り、はてはみずからを売り、また夜逃げ、一家離散、餓死に追い込まれた。これが庶民の現実であった。

江戸郷のなかには将門の首塚や神田明神のある芝崎村も含まれていた。そのなかに弘安四（一二八一）年以前から埼玉郡多賀谷《たがや》郷（埼玉県加須市）を本貫の地とする多賀谷氏の所領があった。江戸氏が江戸郷全体を支配できず、諸氏の所領がいりくんでいたことがわかる。

ところで、江戸の地が江戸荘という荘園で、荘園領主は河越荘と同じく、京都にあった新日枝《ひえ》社とみる

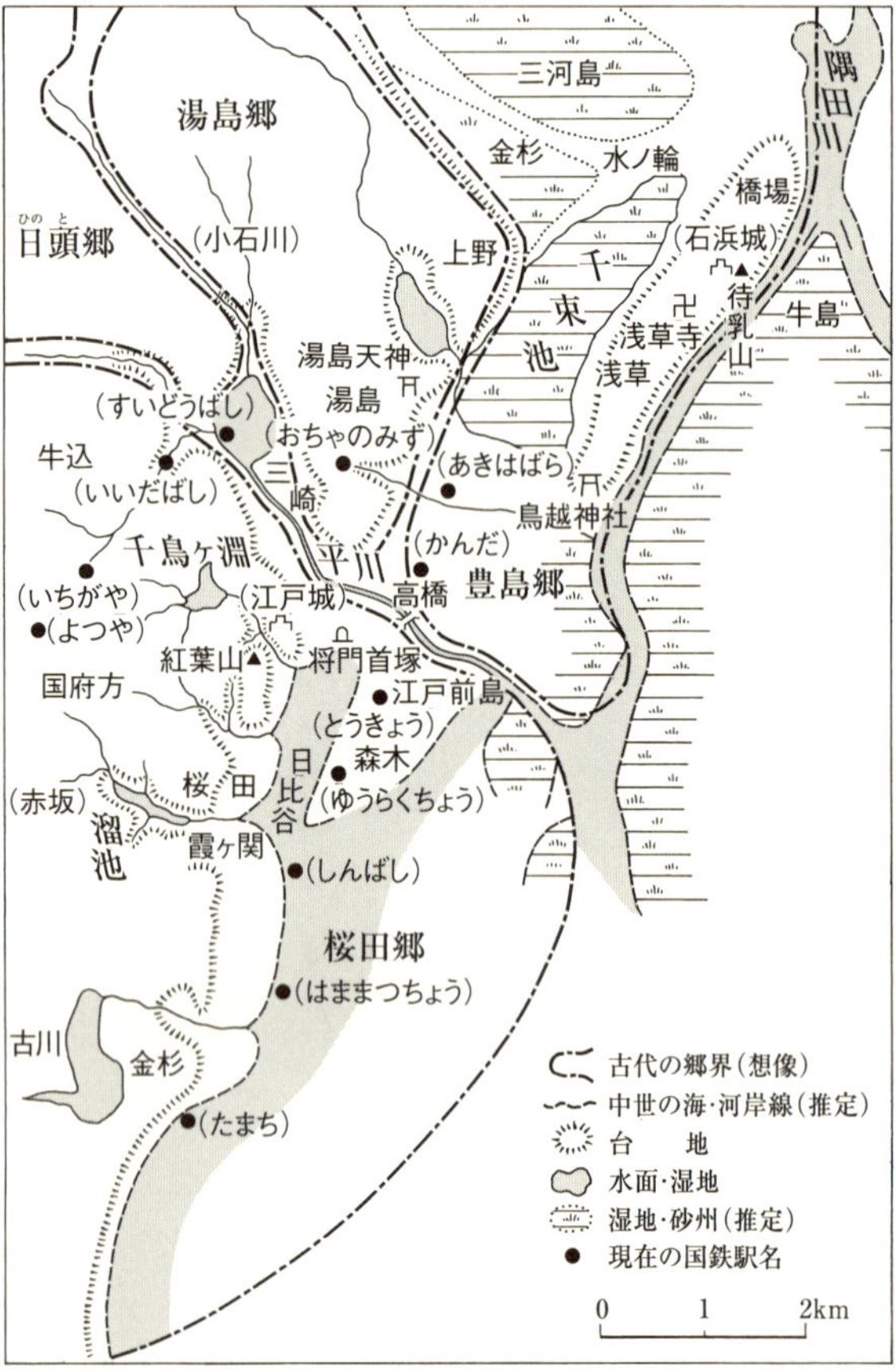

中世の江戸図（『千代田区史』による）

説がある。戦国時代まで江戸城内にあり、今は永田町にある日枝神社（もとは日吉山王社）は古く、正平十七（貞治元＝一三六二）年にはすでに存在した。「多東郡中野郷」の大宮（杉並区の大宮八幡宮）の僧四人と「豊嶋郡江戸郷」の山王宮の僧三人が同年に紀伊の熊野神社に参詣しているのである（神仏習合により神社に僧がいた）。しかし、この山王宮が荘園領主の神として勧請されたかどうかはわからないし、資料には江戸郷とあるが、江戸荘と書いたものはないのである。

さて、江戸氏は江戸郷を本拠に一族を各地に分出した。江戸一門が熊野権現を信仰したことから、熊野の御師《おし》が一門の名を書きあげた「武蔵国江戸の惣領之流」という記録を残している。六郷殿からはじまって全部で一八の名があがっている（そのうち大殿・けんとう殿は所在地不明）。このほかに確実なところでは木田見《きたみ》氏が、可能

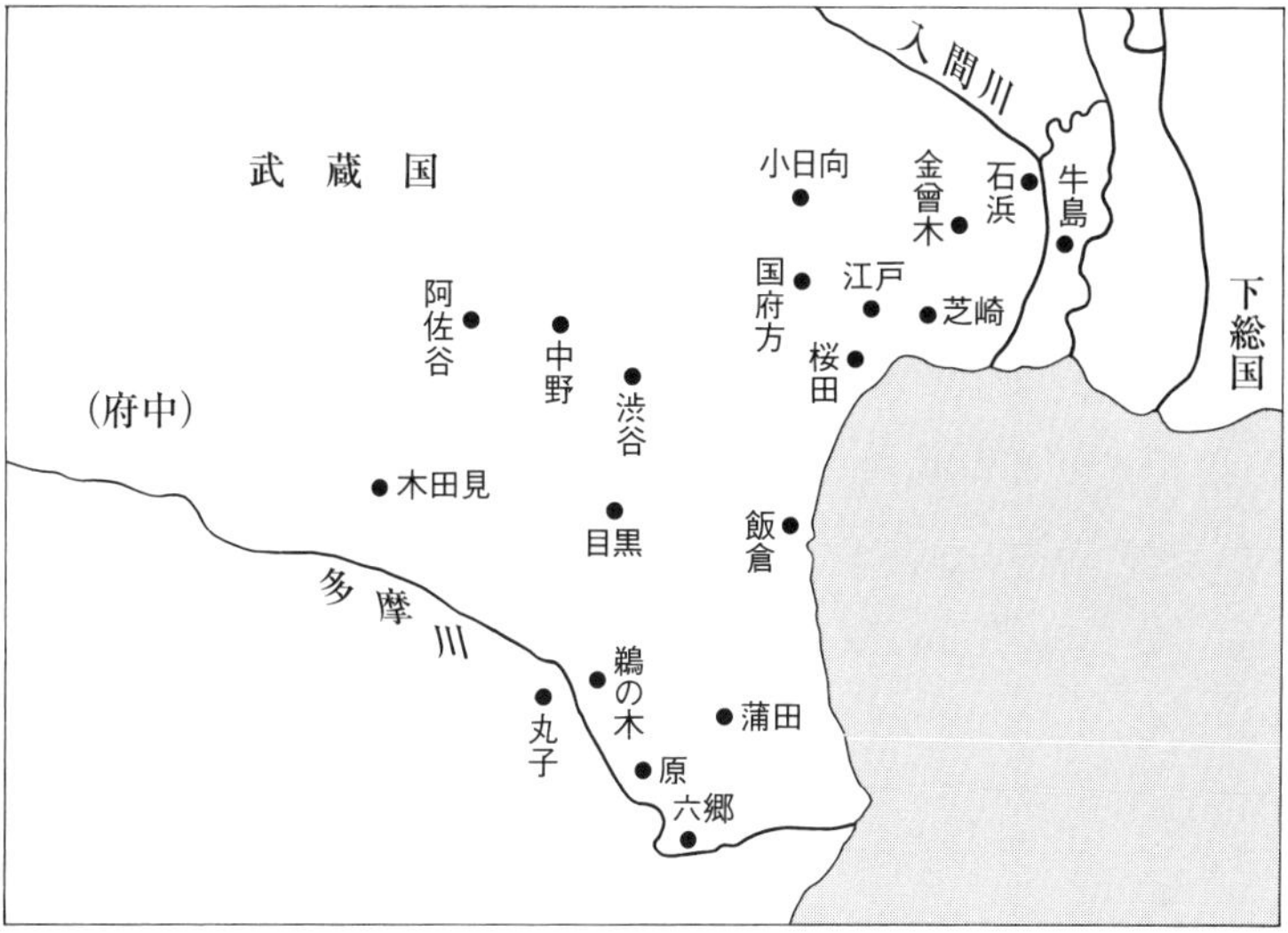

江戸一族分布図

性が高いものに角田《すみだ》（隅田）氏・牛込《うしごめ》氏があげられる。木田見氏は現世田谷区喜多見付近を領したが、娘を熊谷氏に嫁がせたことから、同氏とのあいだで所領相論がおこり、文永十一（一二七四）年長家は訴訟の場で悪口をいった罪により所領の半分を熊谷氏に渡さなければならなかった。前頁に掲げたこれら一族の分布図をみると、大動脈隅田川の両岸を押さえ、さらに江戸湾岸に点々と一族をおき、多摩川下流域をも押さえていることがわかる。鵜《う》の木《き》・丸子《まるこ》は鎌倉街道下道の重要な渡場であった。すなわち、江戸氏は江戸湾岸部と重要河川の下流域を意図的に掌握しようとしていたといえる。

紀姓大井氏とそこから分かれた品河氏も重要である。大井氏の本貫の地は古代の大井郷（品川区）、東海道の大井駅があったところである。その北の目黒川両岸の開発を進めて品川郷を成立させ、また南の現大田区の地に進出して、大森・永富《ながとみ》・蒲田《かまた》・堤方《つつみかた》・原・八幡塚の六つの郷からなる六郷保《ろくごうのほう》も支配下にいれた。この六郷保は現在の大田区のほぼ東半部を占め、そのなかほどに東から西へ、さらに北にむかって海がはいりこんでいた。その深い入海に面して蒲田浦と堤浦という二つの港もあった。さきに江戸一門としてみえた六郷殿はこの大井氏のあとにこの地に進出したものであろう。

品川は宿場町であり、かつ大きな廻船が停泊する港でもあった。江戸時代に府中の大国魂《おおくにたま》神社の五月五日の例大祭にさきだって、四月二十五日に神主・禰宜《ねぎ》以下の人びとが品川の海辺にでかけて禊祓《みそぎばらい》をしたというから、品川港は府中と密接な関係にあったと推定される。世田谷、狛江、調布を経て品川と府中を結ぶ品川道もあった。このため、品川が国府の港（国府津）もしくは荏原郡の港（郡津）ではなかったかと推測する説もある。また、大井氏・品河氏が伊勢と交易をしていたり、水軍をもっていた可能性もある。

## 3　堤をきずき田畠をつくる

### 北条氏の武蔵支配●

前節でみたように、人と物資の支配からみて武蔵国は関東掌握の要《かなめ》の位置にあり、まして鎌倉に政権の拠点をおこうという頼朝にとって、武蔵の掌握は緊急の課題であった。そのための第一歩である武蔵武士の服属と国衙の掌握は、鎌倉にはいるまでに一応は実現できた。また、頼朝は武蔵を知行国として直接支配下においた。しかし、頼朝の武蔵入国をはばんだ江戸氏といい、国衙を掌握している河越氏といい、武蔵の土着の武士たちの力は強大であった。

とりわけ、秩父流平氏の惣領河越氏は、川越市上戸《うわど》に約二町（二一八メートル）四方の広大な館跡（国指定史跡）を残す、武蔵国きっての有力武家であった。河越重頼は頼朝に属したのち戦功をあげ、娘を源義経に嫁がせたが、義経が頼朝の怒りをかい殺されると、その縁を理由に重頼も誅殺され、所領の多くを没収された。このとき、留守所惣検校職も没収されたとみられ、一族の畠山重忠にあたえられた。そこに、河越氏の力をそごうとした頼朝の意図がみてとれる。

河越氏はこの事件によって力を失い、重頼の妻はわずかの所領の支配と幼子の養育に苦労した。ところが、元久二（一二〇五）年六月、畠山重忠が北条氏に討たれるとまたも惣検校職は没収された。北条氏の勢力拡張のためである。嘉禄二（一二二六）年になってようやく河越重員《しげかず》（重頼の子）が任命されたが、すでにこの間にこの職の実質的権限は失われていた。重員が武蔵守で執権の北条泰時《やすとき》に権限の復活を訴えると、泰時は留守所に問いあわせた。在庁の日奉実直・同弘持・物部宗光、留守代帰寂《きじゃく》から重員の訴えどおりという回答が届いて権限の復活は認められたが、長つづきはしなかったであろう。日奉氏（西党）や物部氏といった在庁官人の名がわかる。

留守所惣検校職は知行国主、国司の下に位置する。武蔵国は頼朝以後、幕府滅亡まで将軍の知行国であった。守護はおかれなかった。元暦元（一一八四）年頼朝の申請で甲斐源氏の平賀義信《ひらがよしのぶ》が武蔵守に任命された。義信の国務は「民庶の雅意《がい》に叶」っているから今後の国司の模範とするように、と頼朝の高い評価をうけた。

その後数人を経て、承元四（一二一〇）年北条氏ではじめて時房が武蔵守に任命され、大田文《おおたぶみ》という、一国の土地台帳の作成にあたっている。承久元（一二一九）年に北条泰時が任命されて以後は、幕府滅亡まで北条氏が代々就任して武蔵の支配権をにぎる。頼朝、ついで北条氏は河越氏の力をそぎ、畠山・稲毛・榛谷《はんがや》一族を滅ぼして、惣検校職の権限を有名無実にしていき、国衙への支配権を強化した。さらに建仁三（一二〇三）年には比企氏、建保元（一二一三）年の和田合戦では横山氏を滅ぼすなど、武蔵支配の強化に障害となる有力武士をつぎつぎとねらい討ちにした。弘安八（一二八五）年の霜月《しもつき》騒動では足立直元・池上藤内左衛門尉が討たれた。足立氏は平安時代以来の足立郡に関する支配権等を北条氏に没収され、以後北条氏の家臣のようになっていく。

**すすき野の開発●**

菅原孝標《すがわらのたかすえ》の娘があらわした『更級《さらしな》日記』には、寛仁四（一〇二〇）年九月に上総国から帰京する途中でみた武蔵国の印象を「蘆荻《あしおぎ》のみ高く生ひて、馬に乗りて弓持たる末見えぬまで高く生ひ茂りて」と回想している。それから二七〇年後の十二月、二条という貴族の女性が河越氏の後家尼を小川口《こかわぐち》（埼玉県川口市）にたずねた。

前には入間川とかや流れたる。向へには岩淵の宿といひて遊女どもの住処《すみか》あり。山といふ物はこの国内にはみえず。はるばるとある武蔵野の萱が下折れ霜枯れはててあり。（『とはずがたり』）

ここにもまた生いしげった萱の冬枯れた様が武蔵野を象徴する光景として描かれている。だが、岩淵宿（北区）はそれとは対照的なにぎわいの場である。この岩淵宿は奥州へむかう鎌倉街道中道《なかつみち》が入間川（荒川）を越える所の渡場であり、河川交通の港であって、豊島氏の勢力圏内にあったが、室町時代には鎌倉府の支配下にはいった。関東公方《くぼう》は永享元（一四二九）年岩淵関所を鎌倉の大蔵《おおくら》稲荷社の修造料として寄進している。また、同社へのもう一通の寄進状には「橋賃」とみえ、橋がかけられていたことがわかる。

二条は翌年信濃の善光寺詣からの帰途、秋の浅草を訪れた。「浅草と申す堂あり。十一面観音のをはします。霊仏」ときいての参詣であった。

野の中をはる〳〵と分け行くに、萩、女郎花《おみなえし》、荻、薄《すすき》よりほかは、また混じる物もなく、これが高さは、馬に乗りたる男の見えぬほどなれば、推し量るべし。三日にや、分け行けども、尽きもせず。ちとそばへ行道にこそ宿などもあれ、はる〳〵一通りは、来し方行く末、野原なり。

観音堂はちと引き上がりて、それも木などはなき原の中におはしますに、……

浅草にいく道もまた草の高く生いしげる野のなかにあった。しかし、また宿場町も一定間隔であったことがうかがえる。そして浅草寺の観音堂は木のない原のなかの少し高い所にたっていたという。浅草に一泊した二条は、翌日隅田川にかかる大きな橋を渡った。大きくて、京の清水、祇園の橋のようだと書いて日蓮宗の祖日蓮は弘安五（一二八二）年病気療養のため身延《みのぶ》から常陸の温泉に赴く途中、池上村《いけがみ》（大田区）の地頭池上宗仲《むねなか》の館に滞在したままなくなった。そこで荼毘《だび》に付されたのち、遺骨の多くは身延山久遠寺《くおんじ》に運ばれ同寺が墓所となったが、入滅の地にはまもなく池上氏により本門寺《ほんもんじ》が開創され、鎌倉の妙本寺、下総平賀の本土寺《ほんどじ》とともに日朗《にちろう》門流の拠点となる。日蓮の七回忌にあたる正応元（一二八八）年日浄《にちじょう》・日持《にちじ》によって日蓮坐像（重要文化財）が造立され、像内に遺骨を入れた銅筒がおさめられた。その銅筒には、

弘安五年壬午十月十三日巳刻御遷化
大別当大国阿闍梨日朗
大施主散位大仲臣宗仲
大施主清原氏女

ときざまれた。大施主の二人が池上宗仲夫妻である。

不動尊で有名な高幡山金剛寺（日野市）では、建武二（一三三五）年八月、大風のため堂舎が倒壊し、不動堂の本尊不動明王像や脇侍の矜羯羅童子《こんがらどうじ》・制吒迦童子《せいたかどうじ》像などが破損した。これらの再建・修復事業は康永元（興国三＝一三四二）年までかかったが、それを支援したのは、地頭の高麗《こま》助綱《すけつな》と妻の大中臣氏女であった。この夫妻も不動尊の火焔の背面にならんでその名を記している。

練馬区石神井公園の辺りの石神井郷を豊島氏が領有することになったのは妻の縁からだったこと

## ❖コラム

が国立公文書館内閣文庫所蔵の「豊島・宮城文書」からわかる。石神井郷は宇多左衛門大夫重広《しげひろ》（法名慈蓮《じれん》）の所領であった。重広には三人の娘があり、石神井郷ははじめ泉右近《うこん》蔵人《くろうど》と結婚した娘（名前不詳）にゆずられた。しかし、この娘が早世したため、重広は弘安五年箱伊豆という名の娘に同郷をゆずった。箱伊豆は、宮城六郎政業《まさなり》と結婚しており、同郷を子の宮城四郎右衛門為業《ためなり》にゆずった。箱伊豆には土用熊という妹がいて、豊島三郎と結婚していた。宮城為業は貞和五（正平四＝一三四九）年、土用熊の孫にあたる豊島小三郎宗朝に石神井郷をゆずったのである。これによって石神井郷が豊島氏の手に移り、のちには石神井城がきずかれるなど、豊島氏の重要拠点の一つとなっていった。

　石神井郷の相伝《そうでん》関係を示す系図のなかにこれらの夫婦の名が記されている。

不動堂

銅筒の刻銘

いる。そこであった男の語るには、「この橋をば須田《すだ》の橋と申侍《もうしはべる》。昔は橋なくて、渡し舟にて人を渡しけるも、わづらはしくとて、橋出で来て侍」というのであった。ここを渡る道は、多摩川を矢口の渡で渡って大井、品川、江戸をとおってきて房総半島や常陸へむかう幹線道路の鎌倉街道下道である。さきの岩淵宿といい、橋の設置は通行の便を、ことに騎馬の便を格段に増したであろう。

　鎌倉と武蔵の国府を結ぶ鎌倉街道の上道（武蔵大路）は鎌倉の化粧坂《けわいざか》から本町田—七《なな》国《くに》峠—小野路—関戸ときて、

鎌倉街道概念図

今よりも府中寄りを流れていた多摩川を渡り、国府（府中）へと至った。この道はさらに恋ヶ窪—久米川—所沢—入間川と進んで上野国府にむかった。鎌倉時代から戦国時代にかけて、関戸から入間川のあいだ、ことに分倍河原《ぶばいがわら》（府中市）、小手指原《こてさしはら》（埼玉県所沢市）などがいくたびも激戦の場となったのは、この幹線道路が走っていたからである。

武蔵野が旅人に荻や薄の生いしげる野という印象しかあたえなかったのは、やはり田んぼが少なかったからである。

幕府は頼朝の代から何度も地頭に開墾を命じているが、仁治二（一二四一）年には、前武蔵守北条泰時によって武蔵野の水田開発が計画された。多摩川の流れを堰上げ武蔵野に水路を掘りとおす大規模な開発計画であったので、支障なく遂行できるよう、将軍や泰時らが鶴見郷（横浜市）の安達義景の別荘に方違《かたたが》えをするという念のいれようであった。治水・開発技術をもっていたとみられる栢間《かやま》・多賀谷・恒富《つねとみ》の三人が奉行として派遣された。この事業の場所や成果のほどはわからない。

武蔵野の広大な台地に水はなく、長大な水路を引かない限り、水田の開発は不可能であった。だから、個々の御家人の力では無理で、将軍や北条氏のような、多勢の御家人・百姓らを動員し、組織できる人

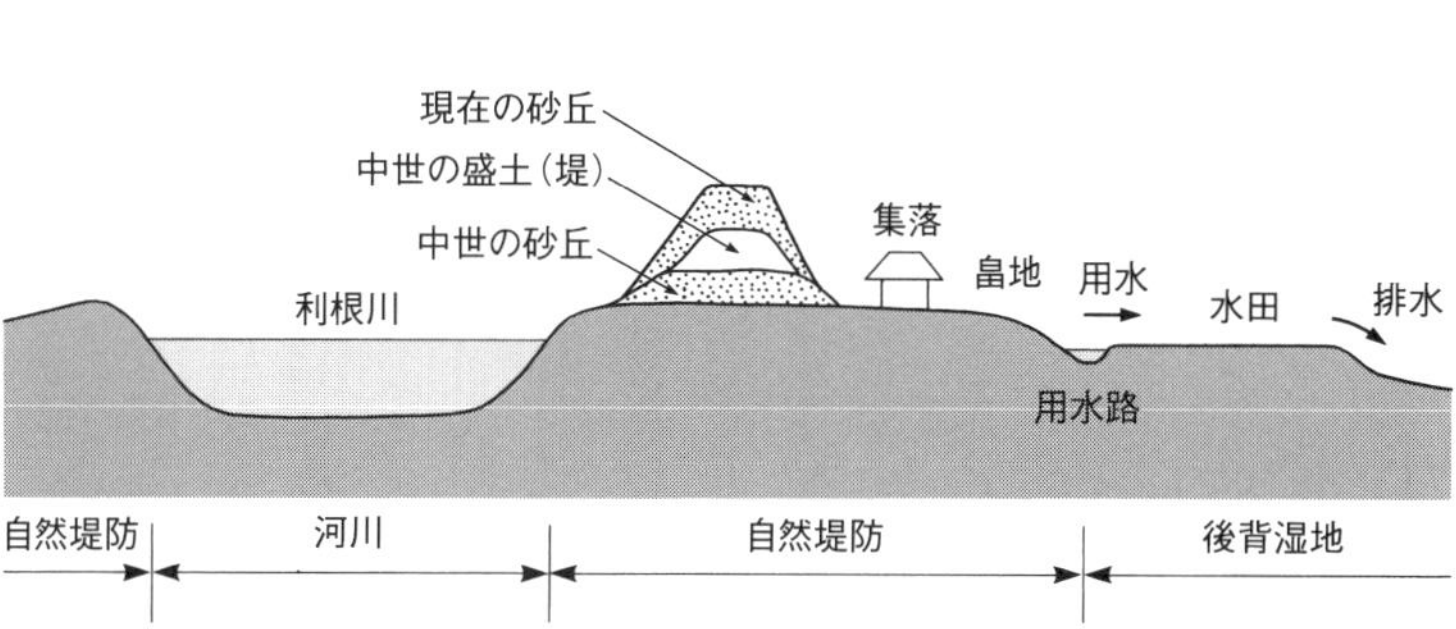


人工堤防型村落の模式図（杉戸町下高野付近，『鷲宮町史』通史上による）

の力によらなければならなかった。このため、中世の水田はまず台地の下や縁辺の湧水の利用できるところ、および河川の後背湿地に開かれ、台地上は主に畑地として雑穀や野菜、桑・麻などの栽培が行われた。鴨長明《かものちょうめい》の『発心集《ほっしんしゅう》』に「武蔵の国入間河のほとりに、大きなる堤を築き、水を防ぎて、其の内に田畠を作りつつ、在家多くむらがり居たる処ありけり」という描写がみえる。川の氾濫でできた自然堤防の微高地にさらに人工の堤防をきずいて洪水をふせぎ、微高地に集落と畑をつくり、後背湿地に水田を開くのである（前頁の図参照）。また、永正六（一五〇九）年葛西を訪れた連歌師宗長《そうちょう》は「大堤四方にめくりて」と記している（「東路のつと」）から、周囲に高い堤防をきずいたなかに人びとの暮らしがあったのだろう。隅田川の西岸では「砂尾長者」のきずいた砂尾堤という堤防が、南千住から今戸の辺りにかけてあったという。こうした努力によって村や町がつくられ、開発が進んでいった。

鎌倉末期、幕府は御家人に命じて府中分倍河原の堤防工事を急いだが、実行しない御家人がいて頭をかかえていた。幕府の力の衰えを示すものであろう。

## 葛西氏と葛西御厨●

秩父流平氏で豊島氏からわかれた葛西氏の本拠地が下総国葛西御厨である。現在の江戸川と荒川・隅田川にはさまれた、江戸川区・葛飾区のほぼ全域と墨田区の一部にわたる広大な伊勢神宮領荘園（これを御厨という）であった。もっとも古い史料は永万元（一一六五）年の年号をもつが、偽文書の疑いが強く、御厨の成立は、幕府成立以後かもしれない。現在の港区麻布《あざぶ》飯倉《いいくら》町付近にあった飯倉御厨が神宮領になったのは元暦元（一一八四）年に頼朝が寄進してからである。

とはいえ、葛西御厨の範囲は広大であるから、遅くとも清重の父の代、あるいはそれ以前から豊島・葛西氏による開発が進められていたであろう。葛西の地は下総に属したから、一宮である香取社の二一年ごとに行われる造替《ぞうたい》の役をつとめる必要があった。「香取社造営次第」によれば、治承元（一一七七）年に葛西清基が神殿の造営を行い、そのつぎには千葉常胤が行い、以後両氏が交互につとめている。この葛西清基は豊島清光のことで、頼朝の挙兵以前から下総で相当の勢力をもっていたことがわかる。それにもかかわらず清重がのちに葛西の地を神宮領としたのは、あるいは千葉氏への対抗策であったかもしれない。もちろん葛西には港がたくさんあり、伊勢との交易が盛んだったこと、それに伴って伊勢信仰が浸透していたことも背景にあろう。

南北朝の内乱がおわったばかりの応永五（一三九八）年八月、「葛西御厨田数注文」という文書がつく

**葛西清重木像**（葛飾区四ツ木，西光寺）

られた。その写しによると、御厨の内には三八の郷村と一一三六町五反の田があった。鎌倉時代の大田文に記載されている、年貢や公事（雑税）をかける基準とされた公田《こうでん》の面積は一三二町あまりであるから、田数は公田の八・六倍にもなっており、この間に田の開発が精力的に行われたことがわかる。築堤と給排

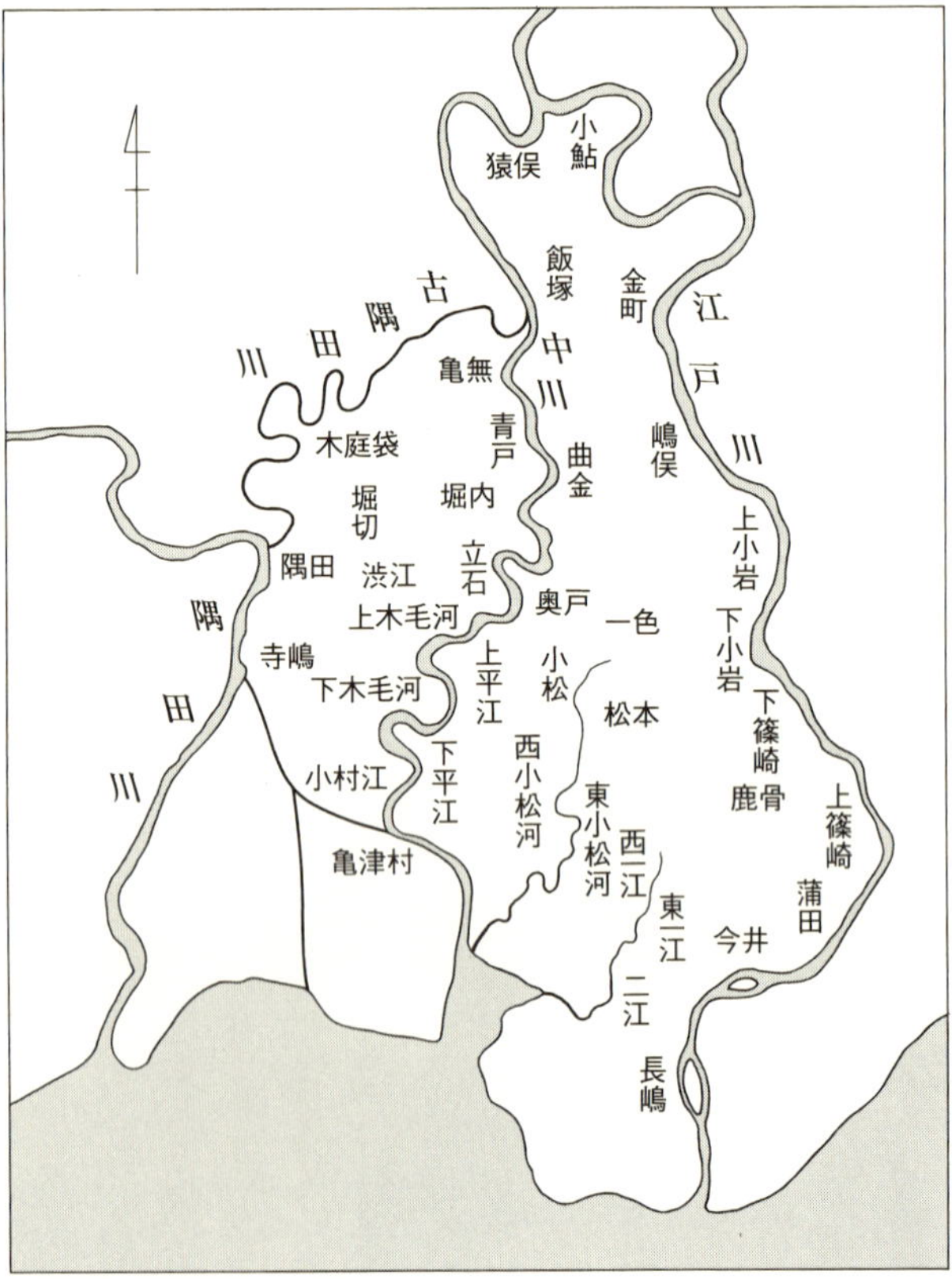


「葛西御厨田数注文」の郷村（長塚孝「鎌倉・室町期の葛西地域」『東京低地の中世を考える』による）

水路の工事が葛西氏や村々の領主の指揮と村人らの労働とによって進められたにちがいない。

また、神宮へは日食米《にっしょくまい》という名目の年貢を一反当り三五〇文ずつおさめると記されている。これを公田面積で計算すると四六二貫文あまりとなる。また、二一年ごとの香取神社造替にさいし、宝殿の造営費用を猿俣・小鮎《こあい》・金町《かなまち》・飯塚（葛飾区）の四カ村が負担するとなっている。御厨の名は初め葛西猿俣御厨といっていたようで、この四カ村からなる猿俣郷が御厨の一つの中心だったのであろう。

御厨は神宮領であるが、香取社も多く勧請されている。下総国に属していたためで、香取社がほとんどない隅田川以西、すなわち武蔵国とははっきり異なっている。

葛西清重は、文治五（一一八九）年に頼朝が奥州藤原氏を滅ぼすと奥州惣奉行に任じられ、奥州御家人の統率など広い権限と多くの所領をあたえられた。清重の墓と伝えるものが、館跡といわれる西光寺（葛飾区）にあるように、清重のあと数代は御厨に本拠をおいていたに違いない。奥州平泉には、御厨のなかの村の名を名乗る青戸二郎重茂や二江《にのえ》入道承信らが代官として派遣されていた。そして、遅くとも南北朝期のはじめには葛西氏は奥州に本拠を移したのであろう。天正十八（一五九〇）年豊臣秀吉によって改易されるまで、奥州で有力な地位を保った。葛西氏が御厨と関係をもっていたことを示す最後の史料は康永四（興国六＝一三四五）年の「香取社造営所役注文」で、その後康暦元（天授五＝一三七九）年以前には上杉氏が御厨の地頭となっている。

## 4　分倍河原の合戦

### 入間川・分倍河原の激戦●

十四世紀にはいると、反幕府の運動は各地でふきだした。正慶二（元弘三＝一三三三）年五月七日、足利《あしかが》尊氏《たかうじ》は京都の六波羅《ろくはら》探題《たんだい》を攻めおとし、敗走した探題ら数百人が近江国番場蓮華寺《ばんばれんげじ》（滋賀県米原市）の辺りで、あるいは討死、あるいは自害してはてた。同寺の過去帳によると、その死者のなかに、足立氏・大井氏・豊島氏の名がみえる。彼らはそれまで京都の六波羅探題のもとにいたのである。

一方、幕府の本拠地鎌倉攻撃の先陣をきったのは新田義貞《にったよしさだ》である。義貞は五月八日に上野で旗上げをし、鎌倉にむかった。翌九日武蔵にはいると関東の倒幕派武士がつぎつぎと馳せ加わった。『太平記』によると、その日夕方には二〇万余の軍勢に達したという。これに対し、幕府軍六万余騎が十日鎌倉街道上道を北上し入間川にむかった。

十一日、入間川を渡った倒幕軍は小手指原で幕府軍と激戦を展開したが勝敗は決せず、日暮れて入間川にしりぞき、幕府軍も久米川（東村山市）にしりぞいた。翌早朝、倒幕軍が久米川に押し寄せ、幕府軍を打ち破った。

やぶれた幕府軍は分倍までしりぞき、あらたに一〇万余の軍勢を補充して、倒幕軍を待ちうけた。多摩川を二つ目の防衛線として、倒幕軍の南下を阻止する意気ごみであった。十五日未明、倒幕軍は分倍に押し寄せたが、こんどは幕府軍の必死の反撃にあって敗退した。しかし、ここに三浦氏や相模勢がかけつけたので、力を得た倒幕軍は翌十六日早朝、不意をついて分倍河原に押し寄せ、油断していた幕府軍を攻めたてさんざんに打ち破った。倒幕軍のなかにあって「江戸・豊嶋・葛西・河越、坂東ノ八平氏、武蔵ノ七党」も奮戦した。

以上は『太平記』によってみたが、幕府軍にとって、またその後の内乱のなかでも鎌倉の防衛線は入間川と多摩川であった。このため関戸・府中から久米川、入間川を結ぶ上道沿線の人びとはたえず戦争の恐怖と被害をこうむり、おびただしい戦死者の埋葬にもたちあったであろう。

戦死者の埋葬や供養に力をそそいだのは時宗《じしゅう》の聖たちであった。所沢市久米の長久寺《ちょうきゅうじ》（時宗）の開山とされる玖阿弥陀仏《くあみだぶつ》は、分倍河原の合戦で十五日に戦死した二五歳の武将飽間《あくま》斎藤三郎藤原盛貞やその一族をとむらい、高さ一メートルあまりの板碑に彼らの名を刻した。盛貞は上野の武士である。重要文化財

徳蔵寺(東村山市)の板碑(元弘3〈1333〉年，複製)

のこの板碑はもとは盛貞の戦死地をみおろす八国山《はちこくやま》にあったが、十九世紀初めに移されて、今は東村山市野口の徳蔵寺《とくぞうじ》にある。

血の海・火の海となった鎌倉の陥落は二十一日であった。

## 書状の語る戦争●

後醍醐《ごだいご》天皇による建武の新政は二年もたたないうちに破綻し、暦応元（延元三＝一三三八）年には北畠顕《きたばたけあき》家《いえ》と新田義貞があいついで死に、他方で足利尊氏は征夷大将軍となって、室町幕府を正式に発足させた。このため後醍醐天皇は皇子の宗良《むねよし》らを東国に、懐良《かねよし》を九州に派遣して、体勢を立て直そうとした。宗良らを擁した北畠親房《ちかふさ》は九月、関東との交易の拠点である伊勢大湊（三重県伊勢市）を出港し東国をめざしたが、途中大風にあって宗良は遠江に、親房は常陸の霞が浦南岸の東条浦《とうじょううら》（茨城県稲敷市）に流れついた。そこから親房は常陸の小田《おだ》城（同つくば市）などを拠点として足利方に対抗することとなった。

これに対する足利軍の大将は武蔵国守護の高師冬《こうのもろふゆ》であった。両軍は実に五年余にわたって死闘を繰り広げた末、康永二（興国四＝一三四三）年十一月、ついに北畠軍の拠点がすべて落ち、親房は敗走し、関東は足利方が制した。

この戦いで、現日野市内に二カ村の所領をもっていた山内経之《やまのうちつねゆき》という武士が師冬軍に属して参陣していた。戦場から妻・子息又けさや金剛寺の僧しやうしん等に送った書状（手紙）の束が、数百年にもわたって金剛寺の不動明王坐像の像内におさめられていたが、近年その全貌があきらかにされた（『日野市史』）。

山内経之は、鎌倉の山内荘を本貫の地とし、備後国地毘《じび》荘（広島県）に移った有力武家山内首藤氏の一族で、武蔵と陸奥で四カ村を領した。経之は暦応二年八月に師冬にしたがって鎌倉を発ち武蔵を経て下総北部（茨城県）に陣をしいた。書状は鎌倉滞在中のものも含め多数にのぼるが、書状のなくなる暦応三年の初めごろに戦死したと推定されている。

書状には、戦死者・負傷者が続出している、自分も死を覚悟している、誰もが長陣をなげいているが参陣しなければ所領を没収すると大将からいわれた、などと記されている。だが、彼らの従者のなかには帰郷を願いでるもの、逃亡するものがたくさんいた。経之は逃亡者の人数を留守宅に書き送り、必ずとらえて送り返せとか、参陣をいやがるものはかわりに親をよこせ、などと指示している。

兵粮や武器・武具、馬は自分で用意する必要があったが、経之はあいつぐ戦争で窮乏していた。銭二、三貫文（一貫＝銅銭一〇〇〇枚）が欲しいとか、借金をして銭を送れとか、銭の工面のため百姓の家一軒を売る必要があろうなどといっている。着物や茶・干柿・かち栗を送って欲しい、鞍・具足を借りて馬にのせ、百姓にひかせてとどけて欲しい、鞍・具足が借りられなければ馬だけでもとどけて欲しい、ともたのんでいる。買う銭はなく、戦場の経之は馬や兜《かぶと》を借りて使っていた。戦場は恐怖と辛苦に満ちていた。

妻と成人前の子しかいない留守宅が気づかわれた。あいつぐ戦争で負担が増した百姓は年貢などをおさめない。妻子だけでは強硬手段もとれないと心配した経之は、従者を使って作物を差押えよ、従者にきちんと宿直《とのい》をさせよ、とも指示した。近隣の領主の侵略行為にも悩んでいた。

このような苦労のなかで討死した経之の子孫が、その後日野市やその周辺地域にその名をあらわすことはなかった。高師冬もまた、足利方の内紛から発展した観応《かんのう》の擾乱《じょうらん》のなかで、観応二（正平六＝一三五一）年正月討死をとげた。

## 普済寺版経典を刊行した人びと

立川市柴崎《しばざき》町にある臨済宗建長寺派の玄武山普済寺《ふさいじ》は、品川の清徳寺《せいとくじ》などと同じく物外可什《もつがいかじゅう》（一三六三年没）によって南北朝期に開創された。応安三（建徳元＝一三七〇）年には弟子たちによって物外の木像が造立された。開基は西党の立河氏、寺地は同氏の館跡とみられている。この普済寺で創立後間もなく、僧のほか、武士から農民までの幅広い援助をうけて経典の刊行事業が大々的に行われた。嗣永芳照氏の研究と『立川市史』上巻によって紹介しよう。

この経典は現在、大東急文庫・京都大学付属図書館・国立国会図書館所蔵の「大方広仏華厳経」など、ほんの一部しか残っていないので、刊行の全容は不明だが、貞治二（正平十八＝一三六三）年から開始され、「五部大乗経」二〇〇〇巻の刊行をめざしたと考えられている。しかし、「華厳経」のほか、「日蔵経」「月蔵経」「大集経」「大般若経」などの一部を刊行したものの、応永七（一四〇〇）年頃に事業なかばで断絶したとみられている。

事業の主催者は願主の光信《こうしん》・祖栄《そえい》・如見《じょけん》・光由《こうゆ》らで、普済寺の僧であったとみられるが、彼らの名は御嶽《みたけ》神社の別当寺金峯山世尊寺《きんぷせんせそんじ》（新義真言宗）の歴代住持としてもみえるのである。臨済宗が多摩地方に急激に浸透したことを示すのであろう。そして、この事業の助縁者・寄付者となった僧俗男女の数は、現存の華厳経一八巻分だけで九六〇余人にのぼり、全体では五〜六千人に達したと推計されている。僧では同寺の国宝六面幢の造立者性了《せいりょう》・道円《どうえん》の名もみえるが、なんといってもつぎの表のような人びとの参加が注目される。それらは地名のわかるもののみをあげたのであるが、それによって、おもに立川市より西の地域の人びとが参加していることがわかる。普済寺の布教活動が及んだ地域と重なるものとみられている。

なお、普済寺版の経典は永享五（一四三三）年に関東公方足利持氏に仕えた上杉憲直によって鶴岡八幡宮に奉納され、明治維新後散佚したのである。

## ❖コラム

普済寺版「大方広仏華厳経」所載の助縁者(『立川市史』上巻)

| 巻次 | 助縁者と在住地 | 現　住　所 |
|---|---|---|
| 6 | 日野原 187 人 | 西多摩郡檜原村 |
| 6 | 福島所属各人 | 昭島市福島町 |
| 6 | 土　　淵 | 日野市の多摩川沿いの一帯 |
| 6 | 莇凹各人 | 西多摩郡日の出町大久野字萱窪 |
| 6 | 河　　口 | 八王子市川口町 |
| 6 | 塩田 125 人 | 西多摩郡日の出町平井字塩田 |
| 6 | 秋留 246 人 | あきる野市秋留 |
| 6 | 白岩各人 | 青梅市白岩 |
| 6 | 四木各人 | 町田市三輪町四木 |
| 6 | 羽部各人 | 西多摩郡日の出町大久野字羽生ヵ |
| 6 | 莇凹寺各人 | 西多摩郡日の出町大久野字萱窪 |
| 6 | 唐沢各人 | 八王子市宮下町唐沢 |
| 6 | 小塩各人 | 不　詳 |
| 12 | 真浄寺各人 | 青梅市谷野真浄寺 |
| 12 | 日向各人 | 八王子市上川町日向又は同市小宮町日向 |
| 12 | 御　　嶽 | 青梅市御岳 |
| 12 | 山内三人 | 普済寺 |
| 14 | 力石各人 | 八王子市上恩方町力石 |
| 30 | 郷　　殿 | 不　詳 |
| 37 | 岩　　那 | あきる野市伊奈ヵ |
| 40 | 伊 母 世 | 不　詳 |

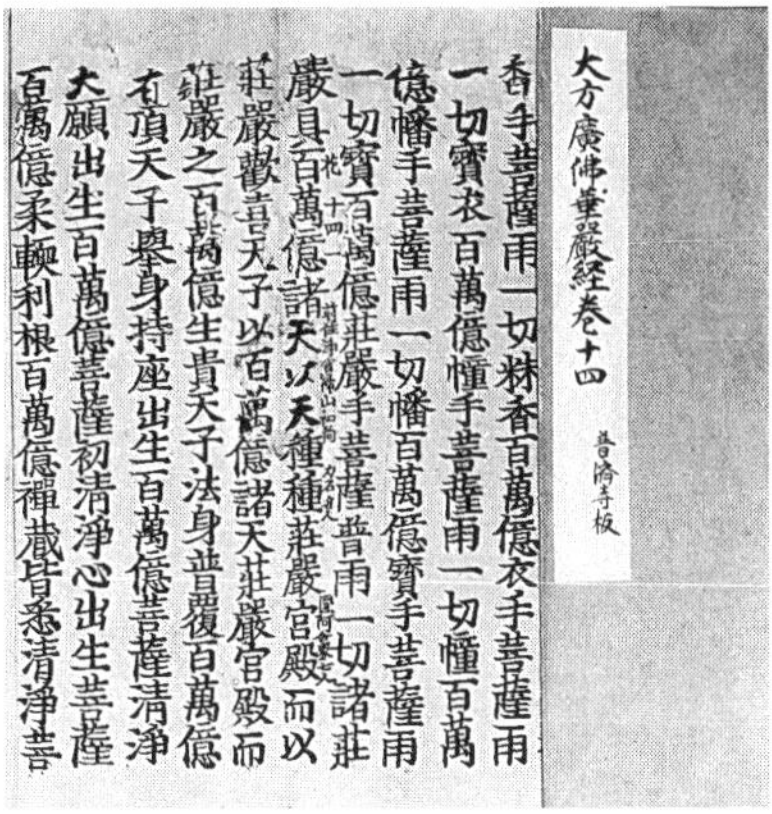
大方廣佛華嚴經卷十四
普濟寺板
香手菩薩雨一切粖香百萬億衣手菩薩雨
一切寳衣百萬億幢手菩薩雨一切幢百萬
億幡手菩薩雨一切幡百萬億寳手菩薩雨
一切寳百萬億莊嚴手菩薩普雨一切諸莊
嚴具百萬億諸天以天種種莊嚴宮殿而以
莊嚴歡喜天子以百萬億諸天莊嚴宮殿而
莊嚴之百萬億生貴天子法身普覆百萬億
灌頂天子舉身持座出生百萬億菩薩清淨
大願出生百萬億菩薩初清淨心出生菩薩
百萬億柔輭利根百萬億禪藏皆悉清淨普

「大方広仏華厳経」(普済寺版，永享5〈1433〉年)

## ●武蔵野の合戦と矢口の謀略●

室町幕府は足利尊氏と直義《ただよし》兄弟が支配権を分掌する二頭政治の形態をとっていたが、観応元（正平五＝一三五〇）年、兄弟があい争う観応の擾乱がおこった。幕府方勢力を二分するこの戦争は、全国をまきこんで文和元（正平七＝一三五二）年まで続き、同年二月二十六日に直義が、おそらくは尊氏によって鎌倉で毒殺されたことで終結した。

しかし、直義方の不満はおさまらない。これをチャンスとみた新田義貞の二男義興《よしおき》、三男義宗《よしむね》とそのいとこ脇屋義治《わきやよしはる》らが、閏二月八日挙兵し、鎌倉めざして攻め上がった。『太平記』によれば、西党や平山・村山・横山氏らがこれに加わり、武蔵にはいると一〇万余の軍勢に膨れあがった。一方の尊氏には河越氏、江戸遠江守・同下野守・同修理亮・豊島弾正左衛門・同兵庫助を始めとして八万余が馳せ加わった。

二十日、両軍は武蔵野台地の人見原《ひとみはら》（府中市）・金井原《かない》（小金井市）で合戦を繰り広げた。武蔵野の合戦である。『太平記』は、このとき両軍がいくつかの一揆とよばれる集団ごとに、笠符《かさじるし》や旗、馬などの色を統一するなど趣向を凝らしてきそったと伝えている。たとえば、先陣をつとめた河越・江戸・豊島氏らの平一揆《へいいっき》三万余は「小手《こて》ノ袋・四幅袴《よのはかま》・笠符ニ至ルマデ一色《いっしき》ニ皆赤カリケレバ、殊更輝《かがやい》テゾ見ヘタリケル」とあり、二陣の白旗一揆二万余は白い馬にのり白旗をさしたという。この二つの一揆は他の史料にもみえ、実在したことがわかる。

尊氏はこの戦いにやぶれて石浜にのがれたが、そこで態勢を立て直して新田軍を打ち破り、関東から追った。しかしなお、新田軍の蜂起が懸念された。そのため尊氏は翌年上洛するさいに、子息で関東公方《かんとうくぼう》の基氏《もとうじ》と関東管領《かんとうかんれい》の畠山国清《くにきよ》を入間川においた。四年前に関東支配のため鎌倉にいれた基氏は、なお関東の諸将を掌握できていなかった。

　延文三（正平十三＝一三五八）年尊氏が死去した。新田義興の挙兵の動きを知った畠山国清は策略によって義興の殺害をたくらみ、江戸遠江守と同下野守を使って一芝居をうつ。『太平記』によればつぎのようであった。

　国清は江戸氏の所領、稲毛荘一二郷（川崎市）を没収して別人にあたえた。二人は稲毛荘に乱入し、城郭を構えて一族郎党五〇〇余騎を集め、国清と一戦をまじえて討死する覚悟だといいふらした。そのうえで、遠江守は義興に近づき鎌倉にくるようさそった。これを信じた義興は十月十日の暁にひそかに鎌倉にむかった。遠江守らは矢口の渡《わたし》の渡船の底に穴をあけておき、義興一行をのせて沈めたのである。義興はきっと恨みをむくいると怒りさけんで自刃した。遠江守らは川のなかから義興らの頸一三をひろいあげ、基氏にとどけて数カ所の所領をあたえられた。

　二十三日夕暮れどき、よろこびの絶頂にあった遠江守が拝領したばかりの所領に向かおうと矢口の渡にさしかかったとき、一天にわかにかきくもり、雷鳴がとどろき、暴風雨がお

**「神霊矢口之渡」**　矢口の渡で新田義興らが足利方と戦っている場面の版画。

そった。これをみた遠江守は、天の怒りはただごとにあらず、義興の怨霊なりと恐れおののいて逃げようとしたが落馬し、血を吐き足手をあがき死んだという。国清も怨霊を夢に見、入間川には雷火が落ちて、在家三〇〇余軒、堂舎仏閣数十カ所が一瞬に灰燼に帰した。矢口の渡には夜な夜な光物《ひかりもの》がでて往来の人を悩ましたので、近隣の人びとが義興の亡霊を新田大明神としてまつった。

以上が、『太平記』の記す矢口の謀略のあらましである。この矢口の渡を稲城市矢野口とみる説もあるが、大田区矢口・下丸子付近であろう。かつて多摩川は今よりも東よりの鵜の木の光明寺池の辺りを流れていた。目蒲《めかま》線の武蔵新田《にった》駅から歩いてまもなく、義興をまつる新田神社があるが、ここもかつての流路に近い。このあたりには義興や遠江守にまつわる伝説が多いが、それは江戸時代になってこの話が平賀源内《ひらがげんない》によって浄瑠璃「神霊矢口之渡《しんれいやぐちのわたし》」に脚色され、上演された影響であろう。

『太平記』の話は脚色されたものであろうが、光明寺の荒塚が江戸氏の墓と伝えられ、江戸氏の所領がこの辺りにあったことは確かである。実際、これより一二六年後の至徳元（元中元＝一三八四）年、新田氏の一族岩松氏が武蔵国稲毛新庄の内の渋口《しぼくち》郷を鎌倉府からあたえられたのに対し、江戸蔵人入道希全《きぜん》・同信濃入道道貞《どうてい》・同四郎入道道儀《どうぎ》らが多勢を率いて城郭を構え、岩松方の立入りを拒否し、合戦も辞さじと抵抗した事件がおきている。江戸氏が昔からもっていた権利が侵害されたからであろう。遠江守狂死の結末は、南北朝期における江戸氏の没落を示唆するものでもあろう。それはほかならぬ関東公方と関東管領によって推進されたのである。

新田義興の滅亡によって、「入間川殿」こと足利基氏は翌年ようやく鎌倉に帰ることができた。

## 荘園制の終焉●

船木田本荘と新荘は南北朝時代に摂関家から東福寺に寄進された。至徳二（元中二＝一三八五）年十二月作成の「年貢算用状」という収支決算書によると、新荘三四貫三五〇文、本荘二〇貫文、合計五四貫三五〇文の年貢が徴収された。しかし下表にみるように、そこから関東管領（守護兼任）や守護代大石信重、梶原氏など荘内に勢力をもつ武士らに進物や一献料の名目で年貢収入の三分の一にあたる一八貫文もの支出をしなければならなかった。彼らに付け届けしなければ、年貢徴収そのものができなくなるからである。また「国雑用《くにのぞうよう》分《ぶん》」は守護の賦課する段銭《たんせん》・夫役《ぶやく》等や、代官が現地に在住し管理するのに要した経費にあたる。これらを差し引き、さらに運送費二貫六〇〇文を差し引いた残りが寺の収入となるので、まったく微々たる額となる。

これでも、守護の力にたよって年貢がふえたのであった。これ以前の納入額は康安元（正平十六＝一三六一）年に三貫三〇〇文、貞治元（正平十七＝一三六二）年はゼロ、翌二年は四貫文にすぎなかった。しかし、守護の力にたよれば、結

木下川薬師堂(葛飾区東四ツ木)

年貢額と支出額

| | 貫　文 |
|---|---|
| 年貢額合計 | 54　350 |
| 〈支出〉 | |
| 管領進物 | 5 |
| 梶　原　方一献料 | 3 |
| 守護代方　〃 | 5 |
| 大石大炊介方　〃 | 2 |
| 芝宇弾正方　〃 | 2 |
| 小河原方　〃 | 1 |
| 国雑用分 | 26 |
| 支出合計 | 44 |

局寺の支配権は失われる。十五世紀の初め、年貢は平山氏、梶原氏、南一揆の面々の手中にはいった。

葛西御厨では南北朝期の康永二（興国四＝一三四三）年、旱魃やたびたびの洪水で村々が年貢納入に抵抗した。それが理由で納入すべき額の三分の一以下の一五三貫文が伊勢神宮に納入されただけであった。応永二十七（一四二〇）年、二十九年と、神宮は村々の名主百姓らが年貢を押領していると訴えた。同三十三年にも同様の訴えがあったとき、関東公方持氏が御厨の地頭で関東管領の上杉憲実《のりざね》に神宮への納入を命じたのが同年九月十八日、憲実から代官の大石憲重に命じたのが翌年六月、憲重から家臣の菊地三郎左衛門入道に対し、村々の領主に伝えて納入させよと命じたのがその翌年正長元（一四二八）年七月である。結局この間二カ年がかかっている。それは憲実にも、被官の大石氏や村々の領主にも納入の意思がなかったことを示す。荘園年貢を給恩として、上杉氏は村々の領主を家臣に組織していった。

菊地氏はのちに葛西城がきずかれる青戸にいたことが『本土寺過去帳《ほんどじかこちょう》』からわかる。青戸が上杉・大石氏の御厨支配の拠点だったのであろう。このころには現中川の流れが古利根川の本流となって、亀戸―奥戸―青戸―猿俣の流通ルートが重視されるようになっていたのであろう。このうちの奥戸を名字の地とする奥津家定は、所領の上木毛河《きげがわ》にある薬師堂（木下川《きね》薬師）の別当職と寺領を鶴岡八幡宮寺の相承院に寄進している。こうした武士や農民の抵抗によって神宮の支配は失われていった。そののち、戦国大名北条氏はこの地を房総侵攻の基地とする。

3章

# 江戸・八王子築城と戦乱の時代

世田谷のボロ市

## 1　太田道灌の登場

### 新旧武家の対抗●

関東では十四世紀のなかばすぎに南北朝の内乱が一応終息するが、応安元（正平二十三＝一三六八）年には平一揆《へいいっき》の蜂起、康暦二（天授六＝一三八〇）年には小山氏の乱がおこり、あらたな内戦の時代に突入した。十五世紀にはいると、禅秀《ぜんしゅう》の乱、永享《えいきょう》の乱、享徳《きょうとく》の乱、長尾景春《ながおかげはる》の乱、長享《ちょうきょう》の乱と連続し、さらに十五世紀末からは戦国大名北条《ほうじょう》氏の侵攻戦がおそう。関東は三世紀にわたって、深刻で激しくたえまない戦争の時代を経験したのである。

平一揆の乱は、河越《かわごえ》・江戸《えど》・高坂《たかさか》氏ら秩父流平氏を中心に結ばれた平一揆という結合組織が、河越館に立てこもり敗北した事件である。彼らは滅ぼされ、挙兵に加わらなかった一族のみが名字を残すことになる。江戸氏が江戸郷を失ったのはこのときであろうか。この乱と下野の宇都宮氏の挙兵、小山氏の乱は、平安・鎌倉時代以来の開発領主・地頭の由緒をもつ有力武家が、鎌倉府ごとに上杉氏に冷遇・圧迫された不満を爆発させたものである。

この二つの勢力のあいだの対抗と、後者による前者の打倒・服属が十四〜十五世紀の戦争の背景になっている。もう一つの背景は、一族が惣領のもとに結束していた惣領制がくずれて庶家が独立し、所領拡大のために上位の権力と結んで侵略行為にはしったことである。この二つが複雑にからみあって、武力行使が日常化し、領主の興亡が激しく展開した。惣領家や有力な家が滅び、弱小の庶家が名字を保った場合も少なくない。

　また、そうした背景の基礎には、名主・百姓らの結束と、年貢・公事《くじ》の未進や納入拒否の運動があり、それを利用して富をたくわえた有力農民や商人の武士身分への上昇の運動があった。戦争に明けくれる日々は、山内経之《やまのうちつねゆき》の手紙でもみたように村や農民らの支配を困難にしていった。

　二世紀におよぶ戦争は江戸氏・豊島《としま》氏・河越氏や品河《しながわ》氏らを没落させ、葛西《かさい》氏、大井《おおい》氏らを武蔵《むさし》から追い、外来・新興の武家に勝利をもたらした。しかし、もっとも急成長した太田《おおた》氏も含めて、彼らは十六世紀にはさらに新しい外来勢力によって駆逐される。

### 武州南一揆●

応永二十三（一四一六）年十月、かねて足利持氏《あしかがもちうじ》と対立していた犬懸上杉禅秀（氏憲《うじのり》）が鎌倉で蜂起し、持氏と関東管領《かんとうかんれい》山内上杉憲基《のりもと》を襲撃した。上杉禅秀の乱である。江戸・豊島・大石《おおいし》氏らは持氏方につき、武州南一揆は禅秀方についた。しかし、駿河に敗走した持氏が幕府の支援で態勢を立てなおすと、南一揆などがつぎつぎと寝返ったため、結局禅秀らは翌年正月鎌倉で自害した。

　戦局の行方を決定した武州南一揆は恩賞を獲得した。まず、一揆の一員立河雅楽助《たちかわうたのすけ》が、一度は没収された多西《たさい》郡土淵《つちぶち》郷（日野市）を返還された。また一揆の面々は、鎌倉府の政所《まんどころ》（家政機関）におさめる義務

関東公方家略系図

基氏—氏満—満兼—持氏—成氏—政氏—高基—晴氏—義氏
　　　　　　　　　　　　　　　　　└頼明

のあった公事（雑税）を、炭・油をのぞいて五カ年免除された。

すると、船木田荘《ふなきだのしょう》の平山三河入道は同荘の荘園年貢も免除されたと主張して年貢を抑留した。鎌倉府は違乱をやめるように命じたが、かえって違乱が拡大し、応永三十四年には平山氏に加えて梶原美作守《かじわらみまさかのかみ》・南一揆の輩《ともがら》も年貢抑留におよんだ。平山氏は同荘の平山郷を本拠とし、梶原景時《かげとき》の子孫梶原氏も同荘の由比郷横川村《ゆひごうよこかわ》（八王子市）を本拠として、南一揆を指揮する立場にあったとみられる。

南一揆の関係文書があきる野市の三島神社やその神職宮本氏に伝わったことから、この地域を含む多摩川上流から下流の現川崎市域までの中小規模の武士の組織が南一揆だったとみられる。南北朝時代の白旗《しろはた》一揆を継承して高幡《たかはた》（日野市）の高麗《こま》氏らが結んだ南白旗一揆も、南一揆に含まれるであろう。南一揆は、持氏が反幕府・反上杉の姿勢を強めると、上杉方に転じたようである。

永享十（一四三八）年、持氏は幕府や関東管領山内上杉憲実《のりざね》と対立して永享の乱をおこし、やぶれて自害した。その後しばらく関東公方《かんとうくぼう》不在が続いたのち、持氏の四男成氏《しげうじ》が公方となり鎌倉にはいった。関東管領は憲実の子憲忠《のりただ》がついだ。ともに十代の若者であった。扇谷《おおぎがやつ》上杉家も若い顕房《あきふさ》がついだ。山内上杉は長尾景仲《かげなか》が、扇谷上杉は太田資清《すけきよ》（道真《どうしん》）が、家宰《かさい》として若い当主を補佐した。

しかし、公方と上杉氏の対立はおさまらず、享徳三（一四五四）年十二月、成氏は山内憲忠を殺害し、享徳の乱をひきおこした。翌年正月、成氏は烏森稲荷社《からすもり》（港区新橋）に戦勝祈願の願文《がんもん》を捧げ、府中高安《こうあん》寺《じ》に出陣した。豊島勘解由《かげゆ》左衛門尉と同三河守が成氏から出陣要請をうけている。正月二十一～二十二日にかけて両軍は立川《たちかわ》・分倍河原《ぶばいがわら》・高幡のあたりで激しくたたかったが、上杉方がやぶれ、犬懸上杉憲顕は高幡不動（大田区池上とも）に敗走して自害、扇谷顕房や武蔵守護代家の大石房重《ふさしげ》・重仲《しげなか》も戦死した。残った長尾景仲ら上杉勢は常陸《ひたち》の小栗《おぐり》城へと敗走した。

武州南一揆も上杉方に属して所領を没収されるなど手痛い打撃をうけたが、その後も上杉軍の一翼をにない続けた。戦国時代の永正七（一五一〇）年、南一揆・大石顕重《あきしげ》ら上杉軍は北条方の神奈河権現山《かながわごんげんやま》（横浜市）の砦《とりで》を攻めおとしている。しかし、両上杉氏が北条氏に追われ没落すると南一揆は解体し、立河氏・平山氏・宮本氏のように生き残ったものは北条氏の家臣となっていった。

**豊島氏の滅亡●**

関東の武士は成氏方と上杉方の二つの陣営に分かれて戦いを続けた。享徳四（一四五五）年五月の大袋《おおふくろ》原《はら》（川越市）の合戦で豊島内匠助《たくみのすけ》は上杉方に属した。蒲田の江戸下総《しもうさ》入道道景《どうけい》・妙景《みょうけい》父子は成氏方に属し戦死した。六月、幕府軍の鎌倉占領により成氏は下総古河《こが》（茨城県）に本拠を移し古河公方とよばれるようになった。古河は江戸湾岸葛西地区から古利根《ことね》川—渡良瀬《わたらせ》川を上った、水陸交通の要衝にある。

下総の雄族千葉氏の一族も二つにわれて相争い、惣領家の千葉胤直《たねなお》父子らは、成氏方についた胤直の叔父馬加康胤《まくわりやすたね》のために討たれ、城を奪われた。これに対し胤直の甥の実胤《さねたね》・自胤《これたね》は上杉方に走り市川の城

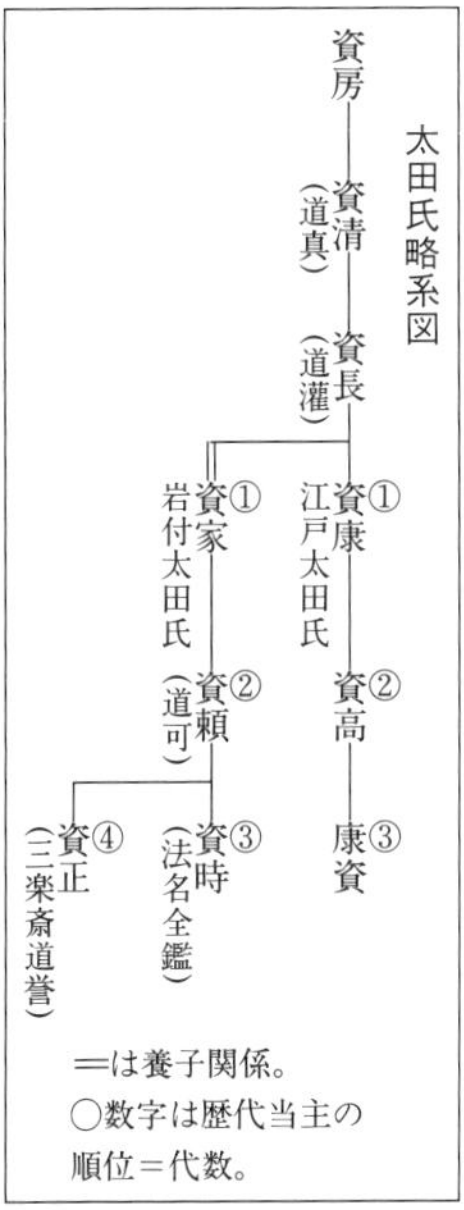

に籠ったが、康正二（一四五六）年正月、成氏に城を攻めおとされ、実胤は石浜城《いしはま》へ、自胤は赤塚城《あかつか》（板橋区）へ移り、武蔵千葉氏となる。成氏方は下総の大半を勢力下にいれて攻勢を強め、同年九月には武蔵の岡部原《おかべはら》（埼玉県深谷市）にでて激戦を展開した。それは語りつがれ、三〇年後に京都からやってきた聖《しょう》護院《ごいん》門跡の道興《どうこう》はこの地を訪れて戦死者をとむらっている。

岡部の原といへる所は、……近（康正二年）代関東の合戦に数万の軍兵うち死の在所にて、人馬の骨をもて塚につきて、今に古墳あまた侍《はべ》りし、しハらくゑかう（回向）して（「廻国雑記《かいこくざっき》」）

康正二年に道灌《どうかん》によって開始されたといわれる江戸城の築城は、このような緊迫した軍事状況のなかで急がれた。川越城・岩付城の築城も同じころに道真・道灌父子によって進められた。扇谷上杉氏の家宰として、武蔵を古河公方の侵攻からまもるための防衛・戦略拠点の構築である。こうして徐々に態勢を立てなおしていった上杉方は、武蔵東部で古荒川・古利根川をはさんで公方方とにらみあう形となり、上野・武蔵・相模をかろうじて掌握した。

ところが、文明八（一四七六）年長尾景春《かげはる》が鉢形城《はちかた》（埼玉県寄居町《よりい》）によって主家の山内顕定《あきさだ》を攻め、長尾景春の乱をおこした。景春は父のあとをついで山内顕定の家宰になれなかったことに不満をつのらせていたのである。すると、これに呼応した挙兵が相武であいついだ。

武蔵では豊島泰経《やすつね》・泰明《やすあき》の兄弟が本拠の平塚城《ひらつか》（北区）や石神井城《しゃくじい》・練馬城《ねりま》（練馬区）によって挙兵し、江戸城と川越城の通路を分断した。豊島氏は、前公方持氏と上杉氏の対立が深まると上杉氏に属して忠節をはげんできたのに、家宰の太田氏に圧迫され、所領の維持すらあやうくなってきたため挙兵にふみきったのであろう。

道灌は文明九年四月十三日、江戸城を打ってでて、泰明の籠る平塚城を攻めた。すると、兄の泰経が石神井・練馬の兵を率いて進撃してきた。両軍は江古田原《えこだはら》・沼袋《ぬまぶくろ》（中野区）で激突した。この戦いで豊島勢は泰明や板橋・赤塚氏ら一五〇人の戦死者をだし、手痛い敗北を喫した。泰経は石神井城に逃げ帰ったが、十四日道灌はここに押し寄せ攻めたてた。抵抗の末石神井城がついに陥落すると、泰経は平塚城に籠った。しかし、ここも翌文明十年正月落城し、敗走した小机城《こづくえ》（横浜市）の落城と運命をともにした。これにより、平安時代以来続いた豊島氏の本宗家は滅亡したのである。

**江戸城とその城下●**

道灌のきずいた江戸城については、文明八（一四七六）年の蕭庵竜統《しょうあんりゅうとう》の「寄題《きだい》江戸城《えどじょう》 静勝軒《じょうしょうけん》詩序《しじょ》」、暮樵得么《ぼしょうとくよう》の「左《さ》金吾《きんご》 源《みなもとの》大夫《たい ふ》江亭記《ごうていき》」、万里集九《ばんりしゅうく》の「静勝軒銘詩并序」などの漢詩文が当時を伝えるおもな史料である。

それらによれば、城郭は入江や川にのぞむ、高く険しい崖のうえにきずかれた。子城《ねじょう》、中城《なかじょう》、外城《とじょう》の三つの独立した曲輪《くるわ》（郭）から成り、周囲に垣をめぐらし、曲輪のあいだに

石神井城跡(練馬区石神井台)

は深い濠を掘り飛橋《とびはし》をかけて、敵の攻撃にそなえた。城内の井戸はどんな日照りでも涸れることがなかった。このような道灌時代の江戸城は、周囲よりやや高くなっている江戸時代の本丸・二丸とその周辺地域にきずかれ、道灌堀・三日月《みかづき》堀・蓮池《はすいけ》堀が往時の名残りとみられている。

江戸城は東方の古河公方勢に対するためにきずかれた。東から北は平川と小石川の沼、南から西は日比《ひび》谷《や》の入江と赤坂の溜池によってまもられたが、西北には天然の障害がないため深い濠を掘るとともに出撃基地と位置づけた。守りと攻撃の両方を考えて、江戸城の地が選ばれた。

道灌は攻守に力を発揮する弓隊を重視し、城内に弓場を設けてきびしく訓練した。万里集九はつぎのように記している。

弓場を築き、毎旦、幕下の士数百人を駆《か》りて、其の弓手を試し、上・中・下に分つ。甲冑を着け踴躍して射る者有り。袒裼《たんせき》して射る者有り。跼蹐《きょくせき》して射る者有り。怠るに及んでは、則ち罰金三百片《へん》なり。

太田道灌像

❖コラム

## 文化サロン江戸城

道灌の時代から江戸城は文化サロンであった。文明六（一四七四）年六月、道灌は江戸城で歌合をもよおした。連歌師の心敬《しんけい》を招いて判者《はんじゃ》とし、二人ずつでよんだ和歌の優劣を判定してもらうのである。道灌とその一族の資忠《すけただ》ら、木戸《きど》孝範《たかのり》、増上寺《ぞうじょうじ》音誉《おんよ》、奥山好継《おくやまよしつぐ》（宗善《そうぜん》）、鈴木《すずき》長治《ながはる》ら全部で一七人が参加した。このうちの奥山は上杉家臣で神奈川湊代官の奥山、鈴木は品川の有徳人道胤《どういん》と関わりがありそうである。心敬は文明二年に道灌の父道真がもよおした『河越《かわごえ》千句』に宗祇《そうぎ》とともに招かれている。京都相国寺の僧万里集九も道灌に招かれ、文明十七年江戸にやってきた。道灌は江戸城内の静勝軒で歓迎の宴をもよおし、数日後に相州大守扇谷定正《さだまさ》を迎えた宴ではみずから舞を舞った。またあるときは鎌倉の建長寺・円覚寺の僧を招いて、美しく彩色した船数艘を隅田川に浮かべ、歌をよみ、笛や鼓を奏して船遊びを楽しんだ。

道灌なきあとも江戸城では宗祇・宗長らを招いて連歌会がもよおされ、北条氏の支配下にはいって城の主が遠山甲斐守らになってもかわることはなかった。天文十三（一五四四）年連歌師の宗牧《そうぼく》が訪れると、遠山は城下の「亭主宗三《そうさん》とて和泉堺衆」の家に宿をとってくれた。遠山は明後日上総に出陣というあわただしいなかで、旅の疲れもとれぬ宗牧に懇望して連歌会をもよおした。続いて、同じく江戸在城の太田越前守も、宗牧を連歌会に招き、おおいに酒をふるまった。息子の弥太郎は翌日の出陣を気にかける風もなく、宗牧は彼に「連歌の心だて」を感じた。その酒宴の帰り道、富永氏の守る本丸のうちにある富士見亭や東の矢倉の菟玖波山亭にたちよっている（『東国紀行』）。

有司に命じて貯《たくわ》えて以て試射の茶資《ちゃし》と為す。一月《いちげつ》の中に戈《ほこ》を操《と》り鉦《かね》を撃《う》ち、士卒を閲すること両三回。其の令甚《はなは》だ厳なり。（「静勝軒銘詩幷序」）

江戸城の城下、平川の河口部の高橋には諸国から大小の商船・漁船がやってきて売買が行われにぎわった。安房の米、常陸の茶、信濃の銅、越後の竹箭、相模の旗旄騎卒《きぼうきそつ》、和泉の珠犀異香《しゅさいいこう》、醢《ひしお》、魚、漆、枲《からむし》、梔《くちなし》、茜《あかね》、筋膠《ちゃっこう》、薬餌《やくじ》等々が集まったという。珠犀異香は薬となる犀の角や香木など、南方からの貿易品であるから、海外からの物資も運ばれてきたのである。戦国時代、江戸城下に宗三《そうさん》という堺商人が店を構えていたが、貿易港堺や伊勢、紀伊、房総、東海等々の港とのあいだに活発な往来があったのであろう。

## 道真・道灌暗殺される●

道真・道灌父子は武蔵の掌握に力をそそいだ。鶴岡《つるがおか》八幡宮の記録によると、同社領の関戸《せきど》など吉富郷《よしとみ》六カ村の代官職を要求し、佐々目郷《さかめ》（埼玉県戸田市）には反銭《たんせん》をかけ、人夫・馬の提供を強要し、阿弥陀堂の僧の人事に介入するなど、さまざまな手段で勢力拡大をはかった。八幡宮は先例によって反銭免除を申しいれたくても、道灌が恐ろしくていいだせなかった。

矢古宇郷《やこう》（同草加市）の代官職をのぞんでようやく手にいれた豊島氏一族の板橋氏は、道灌の了承を得なければ支配はできないと考え、八幡宮から書状を送らせた。このような状況が、のちの豊島氏一族の挙兵の背景になっているのであろう。

文明八（一四七六）年竜統《りゅうとう》はつぎのようによんだ。

三州（上野・武蔵・相模）の安危《あんき》は武の一州にかかり、武の安危は公（道灌）の一城にかかる（「寄題江戸城静勝軒詩序」）

まさに、上杉方が関東の西三カ国を掌握できるかは武蔵国の掌握に、武蔵国の掌握は道灌の江戸城にかかっていたのであった。道灌父子の武蔵支配はそのような意味をもっていたのである。

文明十二年の道灌書状などによって、道灌父子が享徳の乱から長尾景春の乱をつうじて、山内・扇谷両上杉陣営の中核として、関東西半を縦横に駆けめぐり、獅子奮迅《ししふんじん》の戦いをしたことが知られる。しかしそれは、扇谷上杉の家宰という立場を越え、山内上杉のもっていた武蔵国守護職を有名無実にしたのである。武蔵守護代家の大石顕重が豊島氏と同じく長尾景春にくみして道灌とたたかい、文明十年に二宮城《にのみや》（あきる野市）をおとされて降伏したとき、もはや道灌父子に対抗できる勢力はなかった。

文明十二年六月、道灌は景春の乱を平定した。十四年末には成氏と幕府が和睦し、関東公方と上杉との半世紀におよぶ対立に終止符がうたれた。和平が実現した今、上杉氏にとって道灌は邪魔者でしかない。山内顕定が扇谷定正に道灌殺害を働きかけたという。定正も道灌が江戸城・川越城を堅固にして山内に「不儀の企」をしたと疑った。

こうして定正は文明十八年七月二十六日、相模国糟屋《かすや》（神奈川県伊勢原市）の館に道灌を招き謀殺したのである。道灌は風呂で曽我兵庫《そがひょうご》に切られ、「当方（扇谷上杉家）滅亡」とさけんで倒れたという。この曽我氏こそは道灌死後に江戸・川越両城にはいり扇谷家をささえた家であり、暗殺の背景には同氏らとの対立もあったのであろう。

武相は激しく動揺し、定正の人望は失われた。顕定は扇谷家を滅ぼす好機とみた。長享元（一四八七）年、両家がたたかう長享の乱がおこった。この戦争は永正二（一五〇五）年山内上杉氏の勝利によって終結するが、その前年九月、両軍は立河原《たちかわら》で激戦を展開した。扇谷方には北条早雲《そううん》・今川氏親《いまがわうじちか》軍が救援にかけつけ、山内方を打ち破った。連歌師宗長によれば、「二千余討死討捨、生捕の馬、物の具充満」という凄惨なものであった。これに参戦した毛呂《もろ》土佐《とさ》入道《にゅうどう》幻世《げんせ》（顕季《あきすえ》）は、戦死者供養のため鉦鼓《しょうこ》四八口を鋳造して奉納した。立川市に現存する一口には阿弥陀如来の種子《しゅじ》と「百万返念仏として求むる所の鐘四十八ケ、武州立川原合戦において戦死員《かず》を知らず、これにより思い立つもの也」との文字がきざまれている。

## 2　有徳人の信仰・結衆の信仰

### 有徳人鈴木道胤●

中世の品川湊や神奈川湊では入港した船から帆別銭《ほべちせん》という税金をとっていた。帆の大きさ、すなわち船の大きさに応じてかける税で、その収入を鎌倉の円覚寺《えんがくじ》や金沢称名寺《かねざわしょうみょうじ》などの修造費にあてた。明徳三（元中九＝一三九二）年正月から八月までの入港船を記した「武蔵国品河湊船帳《しながわみなとふねちょう》」によると、鎌倉新造・大塩屋《おおしおや》新造・和泉丸などの船名をもった船三〇艘が入港している。船名の大塩屋は伊勢の地名、船主の弥松《いやまつ》大夫《だゆう》は伊勢神宮の神人《じにん》であるなど、伊勢の船が多数やってきていたことがわかった。

それから一〇〇年後の長享二（一四八八）年四月四日、品川の浜につながれていた伊勢の商船数艘がにわかにおきた大風のために破損し、数千石の米が海の底に沈んだ（『梅花無尽蔵《ばいかむじんぞう》』）。品川は大量の商品米の輸送拠点だったのである。さらにくだって天正四（一五七六）年山城《やましろ》の醍醐寺《だいごじ》の僧堯雅《ぎょうが》は伊勢から船にのり四日で品川に着いて船をおり、古河《こが》方面へ赴いた（「関東下向日記」）。品川は伊勢との物と人の往来の拠点だった。

そうした品川の室町期を代表する有徳人《うとくにん》（富裕な人）が鈴木道胤である。道胤は宝徳二（一四五〇）年公方成氏から蔵役《くらやく》（土倉役）免除の特権を得ているので、流通に加えて金融業も営み財をなしたとみられる。その四年前には日蓮宗妙国寺《みょうこくじ》（今の天妙国寺）の大檀那《おおだんな》として再建に力を添え、梵鐘を寄進している。成氏は同寺を公方の祈願所とするなど、道胤や寺院と密接な関係を結び、重臣の簗田持助《やなだもちすけ》を代官にして品川を直轄領として強力に掌握しようとした。品川の直轄領化は、父持氏が無理やり品河氏の所領を没収して没落させたときにはじまる。

日蓮宗《にちれんしゅう》の僧日親《にっしん》が文明二（一四七〇）年にあらわした『伝燈鈔《でんとうしょう》』によると、当時道胤と父道永はすでに没し、子の源三郎の代であった。道永は十五世紀前半期の人であろう。同書には道胤の事績がつぎのように記されている。

(1)千僧供養を行い、一〇〇〇人の僧一人宛銭一〇〇文を、諸宗の寺庵には米一器（一升カ）ずつを出した。
(2)「鎌倉浜ノ法華寺ノ常楽坊」の学問の費用を提供。
(3)関東より伊勢・熊野へ参詣。
(4)ある参詣のとき、上洛して妙満寺の修理料二〇〇貫文を寄進。そのときの宿所は綾小路西ノ洞院紅粉屋《べにや》。

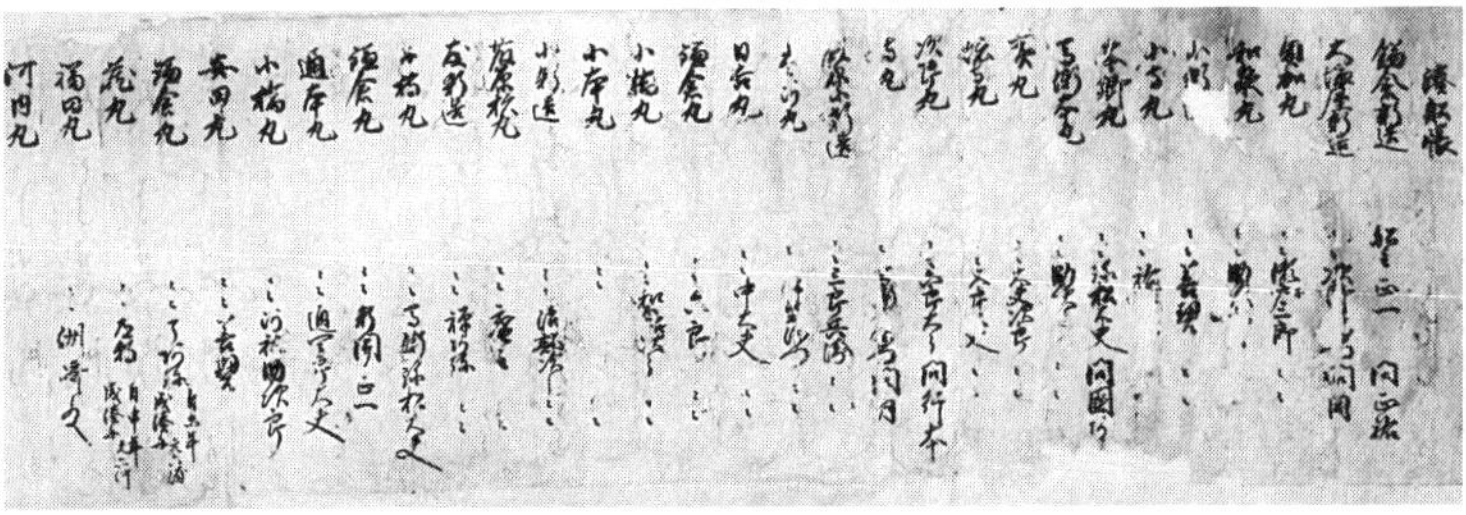

「武蔵国品河湊船帳」

(5)毎年六月の富士参詣に代官六人を派遣。
(6)伊勢神宮に灯明料を毎年一〇貫文寄進。
(7)品川の権現堂（熊野権現カ）で毎月祈禱の護摩《ごま》を焼かせて、毎年一〇貫文を支払う。
(8)鎌倉の宝戒寺《ほうかいじ》（天台宗）の中の塔頭と契約し、一年中の祈禱料として一〇貫文を支払う。

道胤は妙国寺のほか、常楽坊や妙満寺への援助など日蓮宗とのつながりが強いことがわかるが、それにかぎらず、諸宗の寺庵、宝戒寺、伊勢神宮、熊野権現、富士山など多彩な信仰をもち、多額の財を投入している。鈴木氏は熊野出身として伊勢・紀伊と関東を水運で結ぶ商品流通に経済活動の中心をおいていたと考えられ、(3)(6)(7)はそれとかかわるものであろうし、そのほかも経済活動から生じたことであろう。そうすると、鎌倉とのつながりの強さが注目され、関東では品川と鎌倉を活動拠点としていたとみられる。そこから関東公方との密接なつながりがうまれたのであろう。

品川とならぶ交易の拠点にある浅草寺にも、日恩院《にちおんいん》という武蔵国中に隠れなき有徳人が、むかいの隅田《すみだの》宿《しゅく》には浄土宗信徒の性阿弥陀仏という有徳人がいた。

## 品川宿●

品川は江戸湾内の往来をつうじて房総半島とも密接な交流があった。品川の妙国寺・海晏寺《かいあんじ》の鐘を鋳たのは上総《かずさ》国矢那《やな》郷（千葉県木更津市）の貞《さだ》（定）吉《よし》という鋳物師《いもじ》であった。明徳二（元中八＝一三九一）年日蓮宗の日什《にちじゅう》が京都から会津に帰るさい、鎌倉から池上《いけがみ》の日蓮の墓に詣で、品川から船で下総国府そばの真《ま》間《ま》弘法寺《ぐほうじ》へむかった。日什は品川で説法したとも伝え、この流派ゆかりの寺院も多い。品川の妙蓮寺二世日泰《にったい》が文明元（一四六九）年に千葉市浜野の本行寺《ほんぎょうじ》をたてたことや、それ以前、美濃という僧が日佑《にちゆう》とい

**中世品川概念図**（柘植信行「開かれた東国の海上交通と品川湊」『中世の風景を読む』2による）

う僧をおとしいれようとして発覚し、穂田《ほた》下浜（千葉県鋸南《きょなん》町）から船で品川に逃げようとした話も船による頻繁な往来を物語る。品川は日蓮宗の優勢な地であった。

神の勧請も交流の証である。品川神社や荏原《えばら》神社に神明社が勧請されているが、前者には安房の洲崎《すざき》明神も勧請されていた。同明神は神田、神奈川、江戸にもあったという（『永享記』）。

品川湊は、品川郷を南北の二つに分かつ目黒川の河口にあったと推定されているが、品川は港であると同時に東海道の宿場町でもあり、戦国期には南品川宿・北品川宿の二つがあった。町屋は河口付近と道路沿いにあったのであろう。住人たちの名は、伊勢外宮の御師《おんし》久保倉藤三《くぼくらとうぞう》が永正十五（一五一八）年に記した「道者《どうじゃ》日記」によってかなり知ることができ、鈴木氏、宇田川《おうしだがわ》氏、鳥海《とりうみ》氏等々、名字を名乗る有力者たちのほとんどが、伊勢神宮の信者（檀那）としても登録されている。

品川では前頁の図にみるように、こうした交通の要衝にいちはやく積極的に進出した時宗《じしゅう》や日蓮宗にかぎらず、さまざまな宗派の寺々がたちならんでいて、それらをささえた品川の住人たちの多様性と経済力とが想像される。北品川には御殿山《ごてんやま》という台地があり、この麓に寺がならんでいるが、御殿山自体が聖地であった。江戸時代末に品川台場をきずくためこの山を切りくずしたさいに、たくさんの板碑《いたび》、五輪塔《ごりんとう》、宝篋印塔《ほうきょういんとう》や人骨などが出土した。中世、ここに死者が葬られ、板碑など供養の塔が立ちならんでいたのである。この山は海からめだつため、船が寄港、航行のさいに目標とする「当《あ》て山《やま》」でもあったらしい。

聖地であったかは不明だが、南品川の南端、大井との境にも似たような山が張りだしている。この山の麓にある元臨済宗建長寺《りんざいしゅうけんちょうじ》派海晏寺（曹洞宗《そうとうしゅう》）は蘭渓道隆《らんけいどうりゅう》・北条時頼《ときより》によって開かれたという。同寺には竜燈松《りゅうとうまつ》とか千貫松《せんがんまつ》とよばれる松があり、海竜がこの松のうえに燈火をともしたという伝承があって、寺が灯台のような機能をはたしていた可能性も指摘されている。この寺に宝徳三（一四五一）年に梵鐘を寄進した檀越《だんおち》の榎本出雲守道琳《えのもといずものかみどうりん》も熊野出身とみられている。鈴木氏も榎本氏も鮫《さめ》の牙を形どった家紋をもつが、海晏寺の本尊は鮫の腹からでてきたという伝承をもち、寺のすぐそばにはその鮫がうちあがったという鮫洲《さめず》の地名もある。補陀落山《ふだらくさん》という山号も熊野信仰と関わりがあろう。南品川には道胤ゆかりの妙国寺や熊野堂もあり、とりわけ熊野との関係が強いかもしれない。

## 熊野信仰と板碑の造立●

関東と紀伊半島との活発な交流にのって、伊勢や熊野の御師は積極的な布教活動で檀那を広く獲得した。熊野は観音補陀落浄土への入口とされ、観音信仰といっしょになって鎌倉時代にまず武士のあいだに熊野信仰が浸透し、しだいに庶民にもおよんでいった。江戸・豊島氏らも一門あげて檀那となった。

御師は檀那と師檀関係を結び、檀那が参詣するさいの道案内や宿泊所の提供、祈禱や護符の配布などをし、それに対する対価を得たので、その権利を檀那職として売買した。そのため、江戸氏のところで述べたように武士の一門の名が御師の文書からわかるのである。

北区王子本町《おうじほんまち》にある王子神社は、鎌倉時代に豊島氏が熊野権現の御子《みこ》神の若一王子権現を勧請したもので、略称で王子神社とよばれるようになり、町名もそれに由来する。同社の別当寺金輪寺《きんりんじ》の大般若経の奥書に、文保二（一三一八）年「武州豊島熊野権現」とあるから、これ以前の勧請である。この王子社の下を流れる石神井川を音無川《おとなし》とよび、対岸の台地を飛鳥山《あすかやま》というのは、この一帯が熊野を模して霊場づくりが行われたからである。

熊野の神を勧請したもののなかに、一二の熊野の神々をまつった十二社《じゅうにそう》と称するものもある。角筈《つのはず》村の十二社はその一つで（今は西新宿の新宿中央公園のなかにある）、同社と本郷村（中野区）にあった別当寺の成願寺《じょうがんじ》は、馬をあきなって中野長者《ちょうじゃ》といわれた有徳人の鈴木九郎が創建したと伝え、社は応永十（一四〇三）年建立という。その名から、同人も道胤と同じ熊野出身者で商人であったとみられる。

品川の御殿山、江戸氏の墓地伝承もある光明寺境内、稲《いな》城《ぎ》市大丸《おおまる》城址などから何百基、何十基という板碑群が出土し、今や都内の板碑は一万点を超えるとみられている。以下、千々和《ちぢわ》到《いたる》氏らの研究によりつつみていこう。

都内で一番古い板碑の紀年銘は墨田の正福寺《しょうふくじ》にある宝治二（一二四八）年で、それから徐々に数がふえて南北朝時代、十四世紀後半にピークを迎え、十六世紀にはいると急減する。そのほとんどは青石塔婆《あおいしとうば》ともよばれる、秩父産緑泥片岩でつくられた武蔵型板碑である。しかし、それとは別に伊奈石《いないし》（あきる野市産出）を使って十五世紀の一〇〇年ほどのあいだにつくられた独特の様式をもつ板碑があきる野市を中心に多摩市辺りまで分布することが近年注目

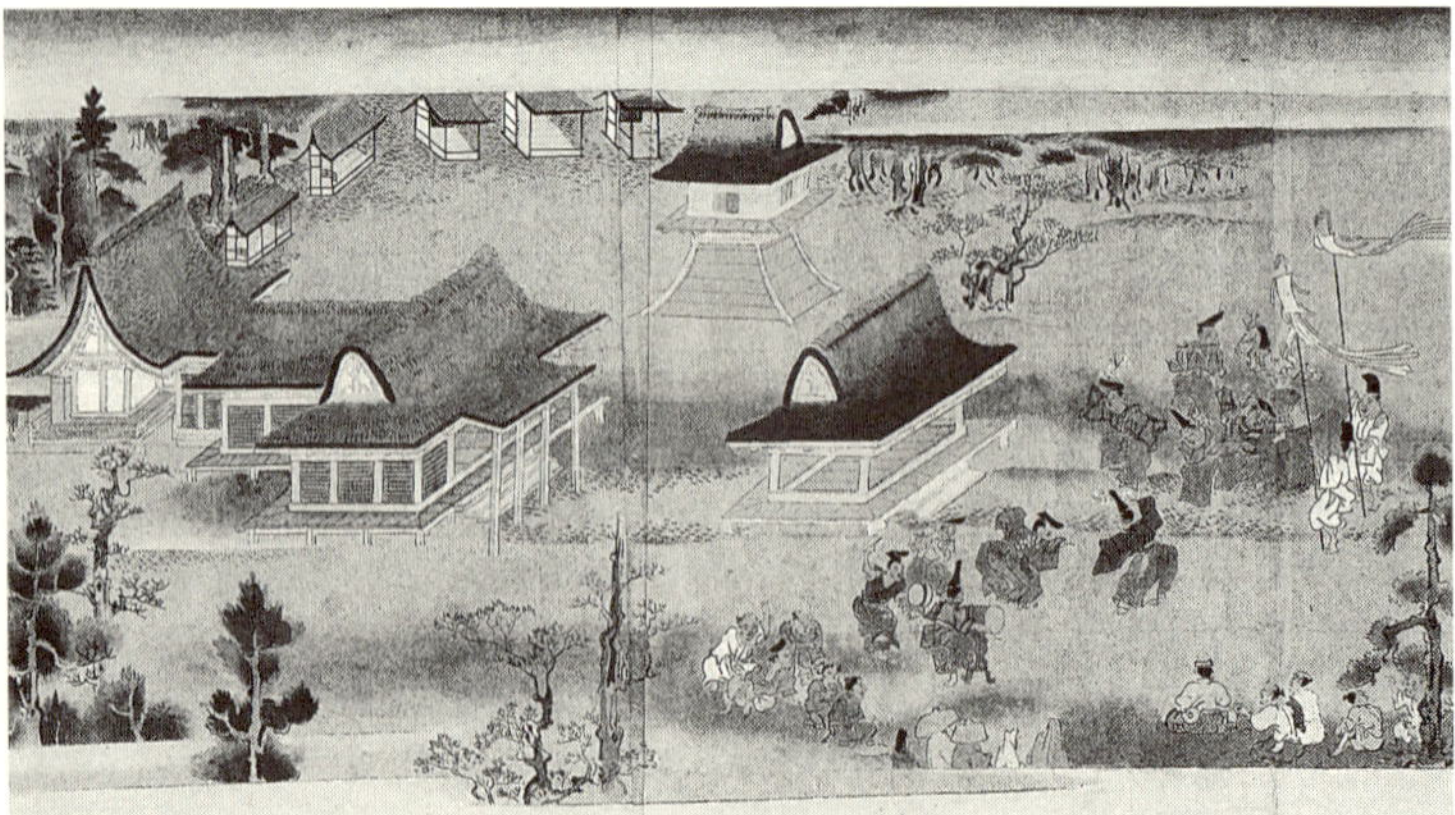

王子神社（『若一王子縁起』上巻，部分）

されている。

武蔵型板碑は荒《あら》川・古利根《ことね》川・入間《いるま》川を船で積出され各地に運ばれた。頭部を三角形にして二条線をきざみ、その下に仏をあらわす梵字（種子）や仏像、造立目的、造立者名、年月日などをきざむ。鎌倉時代は武士が中心で、死者の供養を目的とするものが多いが、南北朝時代からはそれに加えて生前に自分の死後の往生を願う逆修供養《ぎゃくしゅうくよう》がふえてくる。

きざまれる仏は阿弥陀如来が八割以上を占めると推定されるほど多く、これは宗派に関係なく阿弥陀信仰が広まっていたことを示している。ただし、日蓮宗だけは例外で、題目板碑を造立した。その最古のものは日蓮入滅の地・池上宗仲《いけがみむねなか》の邸宅址にたつ大坊本行寺《ほんぎょうじ》の正応三（一二九〇）年銘の大板碑である。題目板碑は都内では日蓮宗の有力寺院のあった練馬区・大田区・目黒区に多い。

**練馬区妙福寺の月待板碑**　六地蔵が描かれ，二郎四郎ら九人の結衆の名と，私年号の「福徳元年」がきざまれている。

十五世紀なかばの享徳の乱は東国社会の大変動を象徴する戦乱であるが、それを前後して板碑の世界でも、村々の農民たちが造立者となる月待板碑《つきまち》、庚申待板碑《こうしんまち》の出現という大きな変化がうまれる。前者は旧暦二十三日の夜に遅い月の出を待つ寄合い、後者は六〇日に一度の庚申の日の夜の寄合いに講をつくった村人が集まり、収穫を感謝したり、あるいは豊作や現世の安穏を祈り、それを板碑にきざんだものである。二郎四郎・彦五郎といった名字を名乗らない村人たちが、集落を単位に十数人、二十数人の結衆《けちしゅう》という講集団をつくり名をきざんでいる。このころ彼らは村を単位に年貢の減免を要求したり、納入拒否を主張したりするほどに団結し力を強めてきていたが、その結束はこうした信仰・祈りをつうじてもかためられたのである。

## 3　北条氏の江戸進出

**江戸城落ちる●**

長享の乱がおこった年、北条早雲は今川範満《いまがわのりみつ》を襲撃して甥の氏親を今川の家督にすえ、駿河《するが》守護家の家督争いに決着をつけた。そして、明応二（一四九三）年伊豆《いず》侵攻、同四年小田原《おだわら》城を攻略、永正十三（一五一六）年相模《さがみ》を平定し、あっという間に二カ国の戦国大名に成長した。

これに対し、扇谷朝興《おおぎがやつともおき》は江戸・川越・岩付の城を拠点として武蔵《むさし》を死守する腹づもりであったが、頼りは江戸太田《おおた》氏と岩付太田氏であった。江戸城の太田資高《すけたか》は道灌の孫にあたり、機をみて無力の朝興からの自立を企てていた。永正七年山内顕定《あきさだ》、同十一年長尾景春、同十五年扇谷朝良《ともよし》、同十六年早雲とあいついだ死は、一つの時代の終わりのようにもみえ、資高は好機到来とみた。

一方、早雲のあとをついだ氏綱《うじつな》は、深謀遠慮をめぐらして、古河公方足利高基《たかもと》に接近し、子の晴氏に自分の娘を嫁がせる約束をとりつけた。太田資高にも同様の約束をし、娘婿として相応の地位を保証し、味方にさそったに違いない。そのうえで、大永四（一五二四）年正月早々に氏綱は兵を動かした。品川の妙国寺と本光寺は、敵の北条軍の乱妨狼藉から寺をまもるため、正月十一日、十二日付で氏綱の制札を獲得している。

十三日、朝興はみずから打ってでて高輪原《たかなわはら》に北条軍を迎え討った。朝興方の先鋒曾我神四郎《そがじんしろう》の奮戦はめざましく、北条軍の進撃をよくおさえたが、氏綱が二手に分けて攻めたてる作戦にでたために、朝興方は江戸城に撤退した。そして、その夜、朝興は江戸城をすてて川越城に敗走したのである。こうして南武蔵で最大の軍事拠点が北条氏の手におちた。氏綱はこの前後に、伊勢《いせ》氏から北条氏に改姓している。それは鎌倉北条氏の名をうけて、上杉氏にかわって関東の覇者となることを表明したものであり、江戸の掌握が

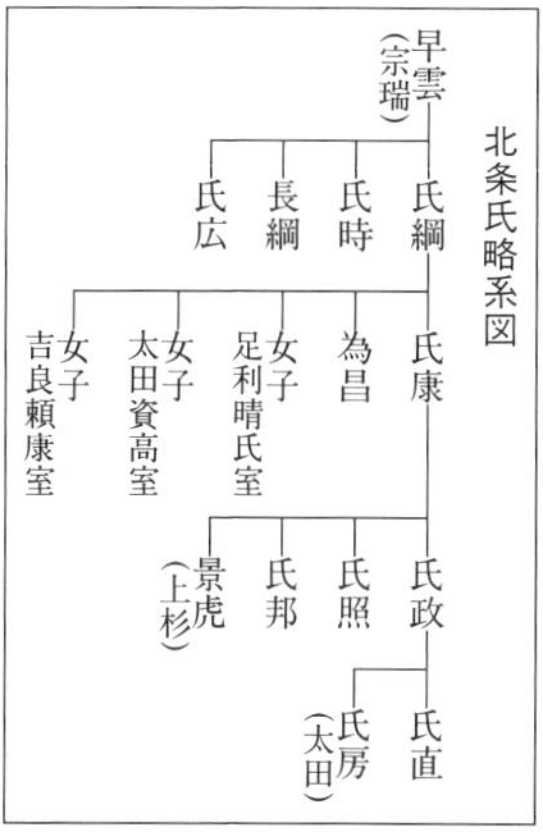

## 伊豆諸島代官奥山宗麟

伊豆諸島は伊豆国に属し、南北朝期に上杉氏が伊豆国守護になると、諸島も上杉氏の支配下にはいった。八丈島の旧家長戸路《ながとろ》家に伝わり、十七世紀末の書写とされる『八丈嶋年代記』には、神名川《かながわ》ノ領主奥山宗林《おくやまそうりん》、八丈嶋ヲ支配スル事六十余年、其後伊勢新九郎ト云仁《ひと》関東ニ下リ威勢漸《ようや》ク近国ニ振フ、法躰シテ北条早雲ト云フ、七嶋ぇ代官ヲ遣シ悉《ことごと》ク押領ス、故嶋々ノ人民事ノ外困窮ス、此代ニ飢饉度々也、公役ハケシクシテ旦暮ニ沙汰事多シ、という記事があり、上杉氏の代に奥山宗林が諸島の代官だったようである。同人は八丈島の式内社優婆夷宝明《うばいほうめい》神社の木造女神像に墨書銘で「旦那宗麟」とあるのと同一人物とみられている。

「神名川」は神奈川湊（横浜市）のことで、島の年貢も船でそこに運ばれたが、この湊には、領主の山内上杉氏の家宰長尾忠景の下で、代官に准ずる立場で関銭・地子などの徴収にあたった奥山式部丞なる人物がいた。これと奥山宗麟とは同一人物もしくは一族と考えられる。

山内上杉氏は、公方が品川湊を押さえたのに対抗して、神奈川湊を掌握して流通への支配をおよぼそうとした。そこが諸島支配の拠点でもあった。宗麟の子八郎五郎忠茂は八丈島で文明十六（一四八四）年に一二端帆の船を建造したが、父に進上する途中御蔵島《みくらじま》でしけのため船も荷物も流失したという。その子新五郎は八丈島にいく途中大風で帆柱がおれたが、島に到達できたともいう。奥山氏自身が廻船商人だったのであろう。

北条氏が相模に進出すると、奥山氏にかわって長戸路七郎左衛門が代官となり、さらに伊豆から

❖コラム

円明《えんみょう》なる人物が軍勢を率いてやってきて、北条氏の代官として支配するようになった。このころ八丈島では飢饉・海難・疫病などがあいつぎ、加えて北条氏の支配はきびしく年貢等も重くなって、冒頭のような窮状におちいったのであろう。

江戸時代、諸島には漁船のほかに多くの廻船があったが、中世にも諸島の人びとは黒潮をのりこえ廻船で遠隔地との交易に従事していたに違いない。八丈島特産の絹織物は黄八丈《きはちじょう》・「八丈嶋（縞）」などとよばれ、戦国時代には京都で珍重されているが、それらは年貢や商品として船で本土に運ばれたものであろう。また、他国船の漂着も多かった。弘治三（一五五七）年八丈島に紀州の三八人乗りの船が漂着すると、養真軒《ようしんけん》という人はその積荷を北条氏に進上し、褒美《ほうび》として、その船を修理して商売すれば税を免除されることになった。ある年の六月には薩摩の船が御蔵島に漂着した。北条氏は当時のルールに基づいて、積荷を神社の修理にあてた。

八丈島

いかに重要であったかを物語っている。江戸は房総《ぼうそう》と北関東へ侵攻する軍事拠点だからである。氏綱に内応した資高は膨大な本領を安堵され、氏綱の娘を妻として一応は好遇された。だが、氏綱は重臣の遠山直景と富永弥四郎を江戸城にいれ、江戸周辺を領国に組み込む政策をどんどん進めた。資高は江戸の地で実権を掌握するどころか、国人《こくじん》として、あるいは戦国大名として発展する道を完全にとざされてしまう。その不満が、資高の子康資《やすすけ》の代に「謀叛」となって表出することになるのである。

**葛西城落ちる●**

北条氏が江戸城をとったといっても、ほぼ荏原郡と豊島郡（今の東京都区部の過半）を支配下にいれただけで、まわりは上杉氏に連なる敵対勢力に取り囲まれていた。

翌大永五（一五二五）年二月、氏綱は江戸城から太田資頼の岩付城に出陣してこれをおとし（享禄三〈一五三〇〉年に奪い返される）、三月にはすぐ東の葛西《かさい》城を攻めた。葛西城には武蔵国の目代《もくだい》兼守護代家の大石石見守定重がおり、房総への出口をおさえていた。江戸を拠点にした一気の攻勢に驚愕した扇谷朝興は、「他国の凶徒、蜂起せしめ、関東破滅」となげいて、越後の長尾為景《ためかげ》（上杉謙信《うえすぎけんしん》の父）に援軍を要請した。上杉氏の支配する関東に、他国の凶徒＝北条氏が侵略してきて、「関東」が破滅するというのが、朝興の時代認識であった。関東の破滅ではなく、上杉氏の支配の破滅にむかって、時代は大きく転回していた。

朝興は、北条氏と敵対する甲斐《かい》の武田氏と同盟を結んで、享禄三年に反攻にで、府中の南、多摩川原《たまがわら》の小沢原で氏綱の嫡男氏康《うじやす》と対戦したが、大敗した。その後、一進一退の展開が続いたが、天文六（一五三七）年四月の朝興の死が大きな転機となった。あとをついだのは一三歳の朝定である。朝定は深大寺《じんだいじ》城

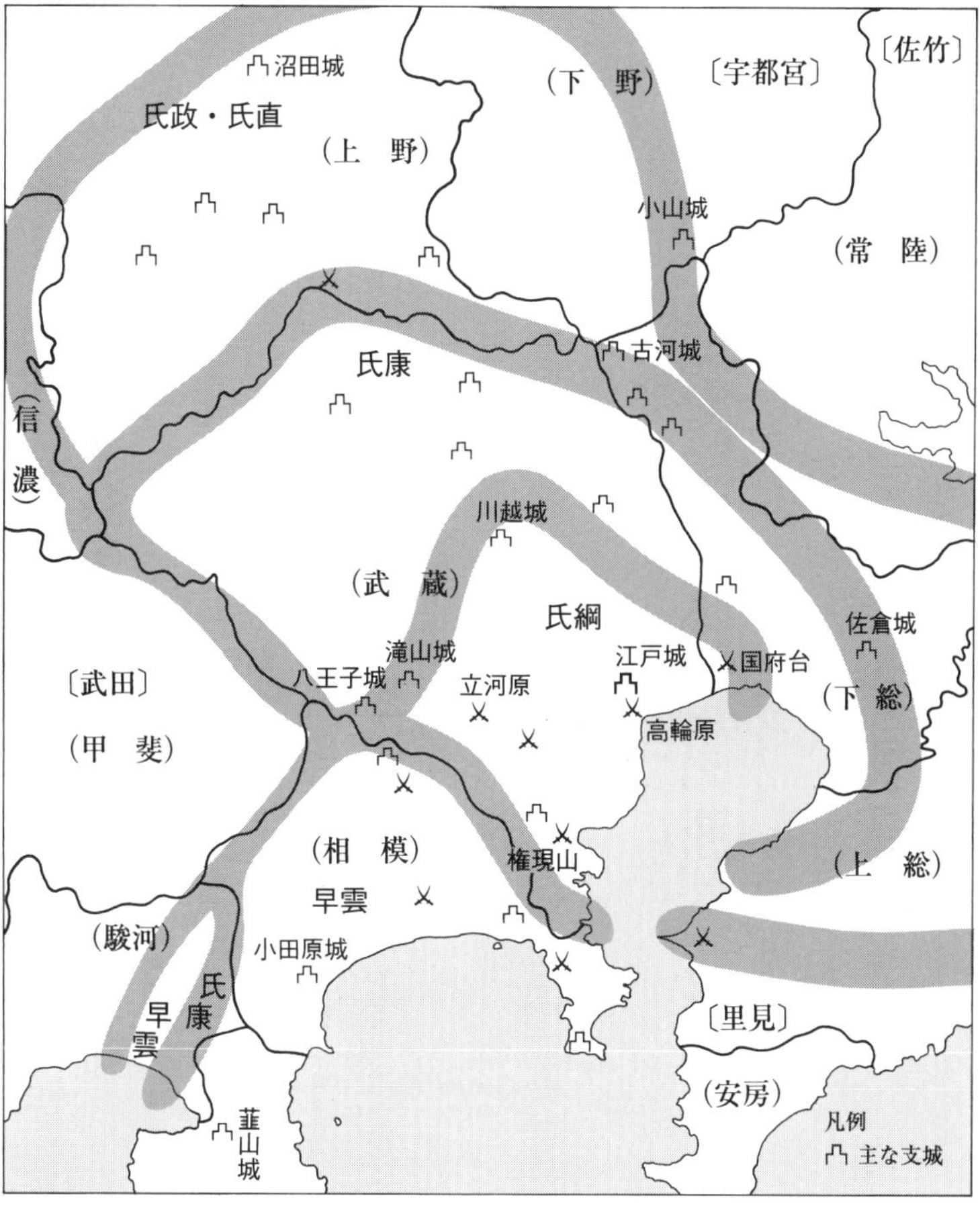


北条氏の勢力圏の拡大と主要支城（神奈川県立博物館編『後北条氏と東国文化』）

❖コラム

## 葛西城跡の発掘

環状七号線建設に伴い一九七二年から発掘が開始された葛西城跡は、葛飾区のほぼ中央、京成電鉄青砥《あおと》駅の北一キロほどのところにある。中川右岸に沿って標高一～二メートルの微高地上にあり、青戸八丁目宝持院《ほうじいん》辺りから同七丁目慈恵医大付属青戸病院付近におよぶものと推定されているが、全面発掘ではないため、その全貌はまだつかめていない。

しかし、上面の幅一七メートル、深さ一・八メートルの大きな堀跡、数十基の井戸跡、建物の柱穴などがみつかったほか、中国製の青磁・白磁・青花、国産の瀬戸・美濃・常滑の陶器類が大量に出土した。これらは東海地方・紀伊半島や西国との交易でもたらされたものであるが、伊勢でつくられた伊勢系土鍋の出土もその一つとして注目してよい。湿地のため、木製品がくちずに大量に出土したこともこの遺跡の特徴で、漆椀・箸・しゃもじ・折敷《おしき》・曲物《まげもの》・自在鉤《じざいかぎ》や下駄・櫛・扇の骨・建材・人形など多種類にわたっている。サイコロ・羽子板・将棋の駒・茶臼などもある。刀・鏃《やじり》・鉄砲玉・鎗先・刀装具・鎧の小札などの武器具類、馬の骨は戦国の世を象徴する。また、堀跡から成人前の女性の頭骨がみつかったが、刀傷が三カ所もあり斬首されたようである。井戸あとからは十五世紀後半に埋められたとみられる四七七一枚の銭貨も出土した。永享四（一四三二）年銘の文字瓦、金色にかがやく板碑、宝篋印塔などもでたが、それらは築城以前この地に寺院があったことを示しているとともに、信仰の対象であったものを築城の資材としてしまう意識が形成されてきたことを示してもいる（口絵参照）。

（三鷹市）を再興して北条氏にそなえたが、幼主の家督相続という、もっとも不安定なときをねらって、氏綱は攻勢にでた。七月十六日川越城をおとし、つづいて松山城をおとした。

翌七年二月には葛西城をおとした。これに危機感をもった安房《あわ》の里見義尭《さとみよしたか》が、古河公方《こがくぼう》の一族足利義明《よしあき》とともに北上してくると、十月、下総国府台《しもうさこうのだい》（千葉県市川市）でこれをさんざんに撃ち破り、義明とその子弟を討ちとった。この戦功によって氏綱は、かつて上杉氏の職であった関東管領職に、公方晴氏から任じられたという。晴氏は父が結んだ氏綱の娘との婚約を引きのばしできなくなり、翌年ようやく結婚にふみきった。名実ともに北条氏の傀儡《かいらい》となる道を選ばなければならなかった。

天文十四年、山内憲政《のりまさ》は扇谷朝定・足利晴氏によびかけ、反北条勢力を大動員して川越城を取り囲み、奪回をめざした。翌年四月、氏康は夜討をかけて一気にこれを討ち破った。扇谷朝定は戦死して同家は断絶、憲政は上野平井《こうづけひらい》城に、晴氏は古河城に逃げ帰った。朝興のいう「関東破滅」であった。

**大石氏服属●**

江戸落城後、荏原・豊島郡の武士たちや太田資高の配下にあった武士たちの多くが北条氏の家臣に編成された。そのようすは、北条氏が永禄二（一五五九）年に家臣ひとりひとりの軍役を確定するためにつくった『後北条氏家臣知行役帳』（通称『小田原衆所領役帳』、以下『役帳』と略記）から知ることができる。

しかし、広大な多摩郡には大石氏・三田《みた》氏の二大勢力を始めとして上杉氏に属する大小の武士が数多くいた。大石氏は葛西城を拠点に、今の葛飾《かつしか》区の辺りも支配していた。大石氏が葛西に拠ったのは、山内上杉氏の対房総・対古河公方戦略のためであった。大石定久《さだひさ》（入道して真月斎道俊《しんげつさいどうしゅん》）は、葛西城を追われたのち多摩に移った。道俊は天文十一（一五四二）年に入間郡の北野天神社（所沢市）の神主職を安堵したのを始め、長念寺《ちょうねんじ》（飯能市）、柚木《ゆぎ》（八王子市）、小和田《こわだ》の広徳寺《こうとくじ》（あきる野市）、案下《あんげ》の熊野神社（八王子市）などに関して文書を発給している。また、高月城《たかつき》・滝山城《たきやま》（八王子市）を始め、大石氏の属城や館跡と伝えるところも多い。府中の国衙《こくが》や武蔵の名神大社《めいしんたいしゃ》六社の祭神を合祀した六所宮《ろくしょぐう》の祭祀にも関係した。

山内上杉に属した大石氏は室町時代、何代かにわたって武蔵国目代として国衙機構を掌握するとともに守護代であったから、かつては武蔵国内に広く支配権をもっていたと考えられるが、戦国期には八王子市域を本拠地として、府中市からあきる野市・所沢市《ところざわ》・飯能市《はんのう》にわたる広大な地域を支配していた。その力は道灌のころ一時衰えたが、その死後勢力を拡大していったのであろう。

その大石氏がいつ北条氏の下位に立つようになったかははっきりしない。川越の合戦以後まもなくであったか、天文二十年九月、道俊が広徳寺に寺領を安堵した文書に、北条氏が虎印判を押してそれを保証したことは、大石氏の本領に北条氏の支配がおよんだことを示している。弘治元（一五五五）年以後は北条氏が大石領の寺社に単独で文書をだし、逆に道俊の文書はみえなくなる。ちょうどそのころ、道俊は、実子憲重にかえて、氏康の子氏照を養子に迎え、大石氏の名跡と旧領をゆずったのである。氏照の文書の初見は、永禄二年十一月十日に小宮（あきる野市）の宮本禰宜職《ねぎしき》を安堵した印判状である。氏照は滝山城にはいり、大石氏の旧領と、多摩郡から入間郡・高麗郡におよぶ滝山領を支配し、滝山衆を統率した。

### 勝沼三田氏の滅亡●

永禄二（一五五九）年の『役帳』に三田弾正少弼《だんじょうしょうひつ》（綱秀《つなひで》）は他国衆《たこくしゅう》として登録され、相模酒匂《さかわ》郷（小田原市）三〇七貫九〇〇文と、武蔵上奥泉《かみおくいずみ》（狭山市）八〇貫文ほか入間郡・高麗郡などに数多くの所領を北条氏からあたえられている。そのほかに境野越前守《さかいのえちぜんのかみ》・師岡山城守《もろおかやましろのかみ》・平山長寿《ひらやまながとし》・平山善九郎《ひらやまぜんくろう》も他国衆として名を連ねている。他国衆とは、北条氏の家臣ではない半独立的な存在で、北条氏の影響力をうけ、下位にあって所領をあたえられたり、本領を安堵されたりするかわりに、戦争には、家臣でなく協力者・下位の同盟者として参陣するような人びとをいう。

三田氏は勝沼《かつぬま》城（青梅《おうめ》市）を拠点に、多摩郡北西部の多摩川上流域から、高麗郡・入間郡（飯能市・日《ひ》高《だか》市・狭山市など）の三田谷《みただに》とよばれる広大な地域に勢力を張った。大石氏の領地ともいりくみ、大石氏と肩をならべる有力武士であった。三田氏が北条氏の勢力下にはいるようになったのは、かなりはやく、大永四（一五二四）年の江戸落城前後のことであった。同年十月、北条の属城毛呂《もろ》城（毛呂山町）が山内憲房《のりふさ》にせめられ、和議によって北条方が城を明け渡したときに、氏綱は勝沼に滞在している。毛呂氏の本拠毛呂城が北条の属城になったのも、三田氏・毛呂氏が北条配下になったからである。

また享禄四（一五三一）年七月、綱秀の父三田政定《まささだ》は小田原に滞在し、連歌師宗長《そうちょう》と和歌の交流をしている。政定と父氏宗《うじむね》は以前から宗長と交流があり、二二年前には勝沼の居館に宗長を迎えてたびたび連歌会をもよおしていた。北条氏に忠節を示すための屈辱的な小田原滞在の日々に、宗長との交流は政定にとってせめてものなぐさみであっただろう。こうして三田氏は半独立的な地位を保ち、北条氏の領国に完全に組み込まれるのをこばんできた。

だが、川越の合戦による旧勢力の没落は、三田氏の地位をもおびやかした。天文十八（一五四九）年、氏康は三田氏の本領三田谷の内から五〇〇貫文の土地を割きとって、重臣の松田左馬助にあたえた（『役帳』）。大石道俊の窮状をみるにつけ、三田氏の心中は動揺した。ちょうどそのとき、三田氏の旧主山内憲政を奉じて、越後の長尾景虎《かげとら》（上杉謙信）が関東に出兵してきた。憲政は北条氏の攻撃をうけて、天文二十一年越後に逃げ、関東の回復を景虎にたのんだのであった。永禄三年冬から翌年春にかけ、謙信は上野に滞在して関東一円の反北条勢力に北条討滅のための結集をよびかけ、小田原城を攻めた。北条氏が完全に掌握していた相模と武蔵南部をのぞいて、関東全域からぞくぞくと武士たちが集まった。三田綱秀と毛呂・岡部・平山・師岡・賀沼修理亮《かぬましゅりのすけ》らも勝沼衆として、北条攻撃軍に加わった。

数万の軍隊が小田原城を取り囲んだにもかかわらず、北条氏が完全な籠城策をとって、敵軍の撤退を待ったため、何の戦果もなく、この攻撃は失敗におわった。北条氏は、謙信の帰国を待って三田領に攻めこんだ。辛垣山《からかいやま》の要害（青梅市）に立て籠って最後まで抵抗をした末に三田氏が滅亡したのは、永禄四年秋のことであった。これによって、三田領は氏照支配下に組み込まれ、滝山領（のちの八王子領）支配が本格的に進むことになる。

ところで、この謙信の侵攻のとき、謙信方の軍勢が葛西城を奪いとった。このため北条氏は遠山綱景《とおやまつなかげ》・太田康資ら江戸衆を投入して奪回を急いだ。このとき北条方に参陣して活躍した本田正勝《ほんだまさかつ》は永禄五年三月、北条氏康から、城を攻略したさいには葛西のうちの金町《かなまち》・曲金《まがりがね》・東西小松川をあてがうと約束された。四月にはさらに

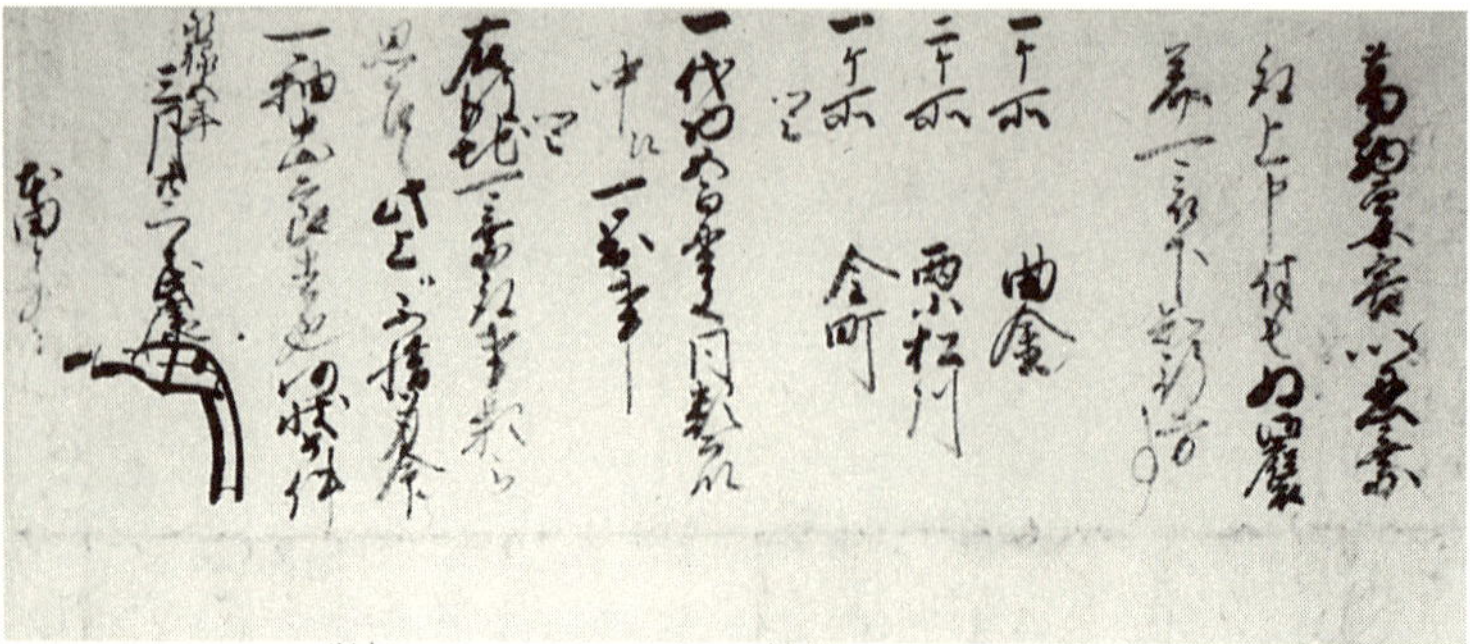
本田正勝宛北条氏康判物《はんもつ》　料紙を二つ折にする折紙《おりがみ》の様式を用いている。

飯倉（港区）も追加される。「忍をもって」とあることから、本田氏は忍者を率いていたとみられ、彼らには別に銭五〇〇貫文が約束された。奪回は四月二十四日に成功し、本田氏らは恩賞を手にした。これをもって東京地域は完全に北条領国にはいった。こののちは房総、北武蔵や上野・下野侵攻の兵站基地となる。

## 4　江戸衆と八王子衆

**江戸衆の構成●**

北条氏は小田原《おだわら》の本城《ほんじょう》のほか、各地に支城《しじょう》をおいて領国支配の拠点とした。本城・支城は、敵が侵入してきたときの防衛拠点であるとともに、城まわりの地域（城領）の行政を担当する役所でもあり、城ごとに家臣団が配置された。東京地域ではほぼ現在の都区部を江戸城が、西部の多摩地方を滝山城が支配領域とした。それとは別に、世田谷《せたがや》郷と蒔田《まいた》（横浜市）を領した世田谷城の吉良《きら》氏（蒔田殿とも）がいた。足利将軍家の一族という血筋をほこり、北条氏の娘を妻に迎えることで命脈を保った。戦国期、江戸氏一族に吉良家臣として登場するものがいる。

江戸城に配置された江戸衆は、永禄二（一五五九）年の『役帳』では八一人を数え、ほかの衆とくらべてもっとも多い。江戸衆の筆頭は遠山丹波守《たんばのかみ》綱景で、その所領二〇四八貫余は江戸衆のなかでももっとも多い。ついで多いのは、太田新六郎康資の一四一九貫余、富永弥四郎《とみながやしろう》の一三八三貫余である。

氏綱は大永四（一五二四）年に江戸城を攻略すると遠山綱景の父直景を二丸に、富永政直を本丸にいれたといわれるが、『役帳』その他からみて、遠山氏が江戸衆の統轄者で、城主の格にあったと考えられる。遠山氏の先祖は美濃《みの》の有力国人《こくじん》で室町幕府将軍の奉公衆《ほうこうしゅう》とみられ、幕府の財政をあずかる伊勢氏の一族の早雲とは京都で結びつきができ、外来者として関東にはいってきたのであろう。早雲からあたえられた相模西郡の松田《まつだ》（松田町）と曾比郷《そびごう》（小田原市）が北条家臣としての遠山氏の根本所領となった。江戸城攻略後に「江戸廻上平川」一〇一貫余と「江戸中藤」九貫余をあたえられて計九六三貫余の所領をもち、江戸城主となった。

　これに対し、富永氏は伊豆西土肥《とひ》（静岡県伊豆市）土着の武士であった。早雲にじきに臣従して同所に一〇〇〇貫の所領をあたえられ、その後、相模・武蔵で加増をうけ、江戸では牛島四カ村一五〇貫文をあたえられた。この時点では富永氏の方が貫高が多いが、北条氏としては本領に地盤をもったままの富永氏より、自分と同じくゼロから出発した遠山氏に信頼をおいたのである。

　こうした性格の違う二人を江戸城にいれ、たがいに監視・牽制させることで、新征服地への政策の急速な浸透をはかっ

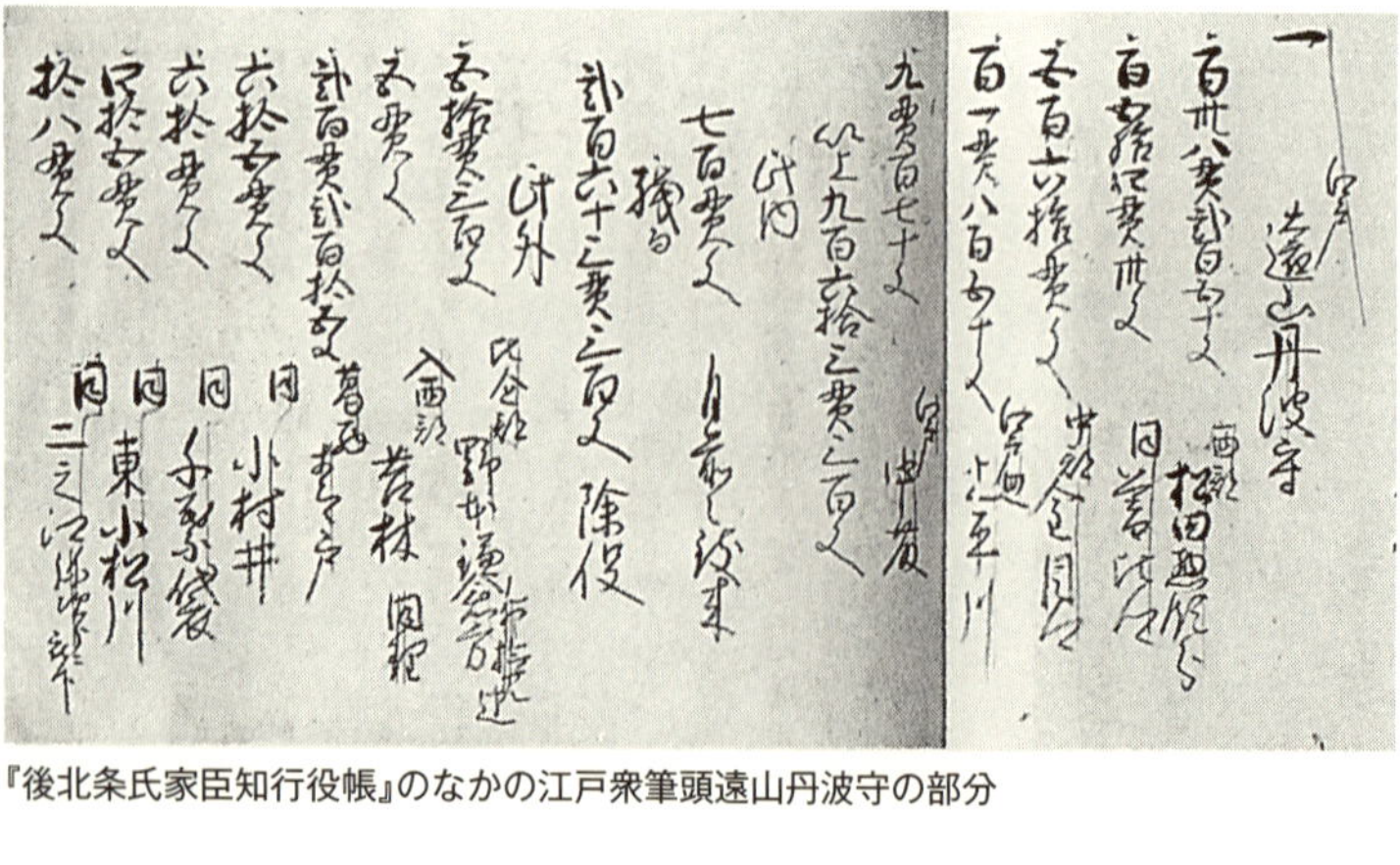

『後北条氏家臣知行役帳』のなかの江戸衆筆頭遠山丹波守の部分

た。他面でこの二人は武蔵土着でなく外来の支配者という共通点をもつ。江戸衆のなかには彼らのように東京地域・南武蔵出身者でないものが三〇人ほどはおり、北条氏は旧勢力を滅ぼし没収した土地に非土着武士を意図的にいれている。なかでも異色なのは、薩摩《さつま》守護の一族島津《しまづ》孫四郎《まごしろう》・同又次郎《またじろう》であろう。北品川・千駄ヶ谷《せんだがや》・小石河《こいしかわ》・豊島など江戸廻りにたくさんの所領をあたえられているが、同人の父が薩摩から下野の足利学校に勉学のため船でやってくる途中遠江《とおとうみ》で難破し、今川氏につかえたのち北条氏につかえるようになったのである。このほか江戸廻りには直轄領が相当設定された。

これに対し、土着武士を代表するのが太田新六郎康資であるが、そのほかに蒲田助五郎《かまたすけごろう》（江戸氏一族）、飯倉弾正忠《いいぐらだんじょうのちゅう》のように江戸廻りの地名を名乗るもの、会田中務丞《あいだなかつかさのじょう》・上原出羽守《うえはらでわのかみ》のように太田家臣だったもの、千葉氏などがいる。

### 太田康資の所領●

康資は母が北条氏綱の娘、妻が氏康の娘であるから、すっかり北条氏の経略のなかにからめとられていたともいえるが、それだけ大きな勢力を有してあなどりがたい存在だったことを示す。康資関係の記載は江戸衆の最後にあり、三種類に分類されている。①まず最初に、本人の私領として本人が申告した広沢《ひろさわ》・志《し》村《むら》・岩淵《いわぶち》など二八カ所、九三一貫余、②本人の私領であるが、寄子《よりこ》衆に自分で配当した地四八八貫余、③康資の同心《どうしん》方一四人の所領、の三種である。

③の同心は北条氏から所領をあたえられ北条氏の家臣になったが、戦時などには康資を寄親《よりおや》としてその指揮下にはいるものをいう。このなかに平塚・板橋氏など豊島氏一族の名がみえる。寄子には同心より小身のものがいるが、両者は基本的に同じで、③に属しながら②にも属しているものがいる。太田氏の勢力

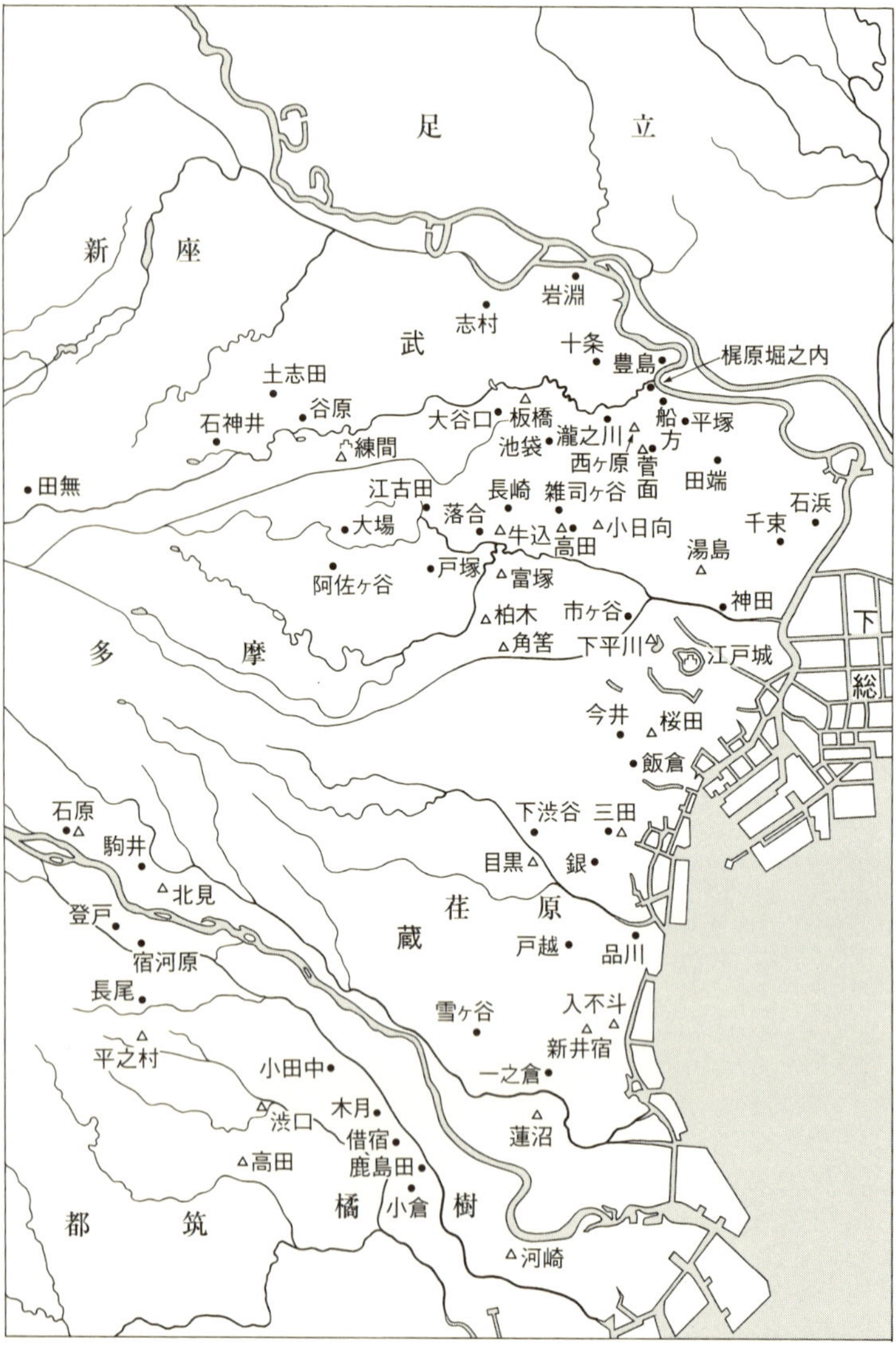


『後北条氏家臣知行役帳』にみえる太田康資の私領（•①②）と同人の同心方の所領（△③）
（杉山博校訂『小田原衆所領役帳』付図より作成）　この図外に潮田・小帷・長島などがある。

下に含まれながらもある程度独立性を保ちつつ、太田氏の軍事動員に応じてきた②の人びとのなかから、北条氏の家臣となっていったものが③といえよう。彼らの所領が康資の私領の分布範囲内にあることからみて、北条氏は彼らがもともと支配していた所領を安堵する方法で家臣に組み込んだのであろう。

そこで③と私領①②の分布をみると前頁の図のようになる。北は入間川まで、南は多摩川を越えて、一部は現横浜市域にまでおよんでいる。道真・道灌以後太田氏が獲得した所領のうち岩付太田氏分をのぞいた江戸太田氏の分である。

豊島氏は室町時代までに北区・荒川区・板橋区・練馬区に勢力を広げ、仙波《せんば》・前野《まえの》・滝野川《たきのがわ》・板橋・志村・尾久・練馬などを領し、それらを名字とする一族を分出した。長尾景春の乱で豊島氏を滅ぼすと、道灌はそれらを没収してほとんどを自己の所領に組み入れた。平塚《ひらつか》・豊島・滝野川・板橋・石神井等々がそれである。江戸氏一族の旧領も石浜《いしはま》・千束《せんづか》・下渋谷《しもしぶや》や稲毛《いなげ》、六郷《ろくごう》などにある。康資の同心として豊島一族の名を残す平塚藤右衛門は豊島氏の本拠地平塚で二〇貫文、板橋又太郎は板橋のうちで七貫文と小身であり、庶家の分家筋がわずかに生き残ったことを示す。

この康資の所領の分布範囲は多摩川以南をのぞいて江戸城が支配する江戸領の中心部分を構成している。武蔵の北条氏支城領は室町時代の国人の居城と国人領を中心に構成されていくが、江戸領の場合も江戸太田氏の江戸城とその所領を中核としたのである。

江戸領のなかで太田氏の勢力がほとんどおよんでいなかったのが葛西である。先述のようにここは大石氏が葛西城を拠点に支配し、太田氏の進出をはばんでいたのであろう。この葛西城をおとすと北条氏はこの地域を江戸領に組み込んで、城主の遠山綱景に一六カ所、一〇八五貫余をあてがった。その他の村々の多くも江戸衆にあてがわれ、葛西城には江戸城主の一族遠山弥九郎がはいっていた。当時ここと江戸城が北条氏の関東経略の前線基地であったから、江戸衆はきわめて緊迫した臨戦体勢のなかにあった。

こうしたなかで永禄七（一五六四）年安房里見《あわさとみ》氏が岩付太田氏などと結んで北条領侵攻をはかり北上してきて、葛西城に近接した下総国府台《しもうさこうのだい》で第二次国府台合戦がおきる。このとき康資は反北条方にくみし、やぶれて江戸から追われた。北条氏にとっては願ってもないことであった。江戸太田氏の広大な私領を没収し、その家臣団を解体して、あらたな江戸衆の編成を進めたことであろう。より強力に大名の政策が貫徹することになる。

**滝山衆の編成●**

北条氏三代氏康の子氏照《うじてる》は大石氏の名跡をついで滝山城（八王子市）にはいった。文書の初見が永禄二（一五五九）年十一月だから、それ以前のことになる。ところが、同年二月作成の『役帳』には滝山衆はみえない。滝山衆の編成がまだ完了していなかったのであろう。

滝山領は主に大石氏と三田氏の旧領を引きつぐことになるが、のちに滝山領に含まれる地域が、『役帳』ではどのようになっているかをみておこう。先述のように三田綱秀は他国衆としてみえ、入東《にっとう》郡と高麗郡の一部の所領貫高が登録されているが、高麗郡の五カ所と河越筋の亀井郷は貫高が登録されていない。北条氏は貫高に応じて軍役を課したから、貫高の申告さえなされていないということは、三田氏の独立性をあらわしている。この綱秀に続く境野・師岡・平山らは三田氏の勢力下にあると同時に、北条氏の戦争に参陣していた武士で、三田氏の同心衆に位置づけられていたものであろう。いずれも高麗郡・入西《にっさい》郡の所領が登録されている。この三田氏の家臣団・同心衆を勝沼《かつぬましゅう》衆といった。勝沼衆の前歴をたどれば、武州南一揆を構成した人びとも多く含まれているとみられる。

大石氏の関係では、他国衆のなかに「油井領《ゆい》」と大石信濃守の二つがみえる。信濃守はわずか六貫文であるが、氏照が名跡をつぐ大石氏の一族であろう。のちに氏照の奉行人の一人としてみえる。由井《ゆい》は現八王子市の地名であるが、由井領の所領は武蔵のうちの富部《とべ》（横浜市）・小山田荘《おやまだのしょう》（町田市）と相模東郡の上溝・下溝・座間《ざま》・粟飯原・落合で、相模川以東の比較的まとまった所領群を構成している。のちの文書から、氏照がこの由井領を引きついだことは確かで、かつ氏照は由井源三氏照とも称しているので、始め由井領の領主の名跡をつぎ、ついで大石氏にはいった可能性がある。

他国衆に甲斐都留《つる》郡の有力国人小山田弥三郎信有《のぶあり》の名がのる。小山田氏は江戸氏と同族の秩父流平氏で、名字の地小山田荘で一六カ村、計四一九貫八一二文の所領をあてがわれている。小山田氏は大名武田氏から独立性を保ち、かつ北条領国と境を接する都留郡にいて、相模の津久井地方にも勢力をおよぼしていた。永禄二年当時、北条氏と武田氏は同盟関係にあったから、小山田氏は北条氏の戦争にも参陣する関係にあり、それへの恩賞として、町田市から多摩市域の土地をあてがわれたのである。

府中市から西の多摩川流域が大石氏の勢力基盤とみられ、その地域は『役帳』には載っていない。また、大石氏も信濃守以外は記載がなく、もはや三田氏のように他国衆として独立した武将のあつかいをうけていない。この時点で、大石氏の名跡をついだ氏照のもと、滝山衆の編成が進行中であったのであろう。

これに対し、三田氏やその同心衆は、北条氏と完全な主従関係にはいるまでには至らない他国衆という立場にあったから、この時点では滝山衆とはまったく無関係のところにいたのである。すなわち、北条氏からみれば、現青梅市を中心とした多摩北西部は、永禄四年に三田氏を滅ぼすまで、衆編成がおよぼせない地域であった。江戸城攻略からすでに三〇年以上が経過している時点でなお、独立性を維持するための国人の最後の抵抗が続いていた。

滝山衆の全体像はわからない。しかし、氏照の奉行人が横地・布施・狩野のような、本城主の馬廻衆《うままわりしゅう》などの出身者と、大石・近藤のような滝山領出身者の二つから構成されているのと同じく、前からの北条氏家臣と、滝山領出身者との二つで構成されたであろう。

永禄七年に氏照が清戸《きよと》番所（清瀬市）守備のために編成した清戸三番衆には、三田治部少輔・師岡采女佑《うねめのすけ》ら四一人の名がみえる。このほかに、清戸一番衆・二番衆を構成した八〇人前後の人びとがいたであろう。彼らのほとんどは旧勝沼衆で、綱秀討死後、北条氏に臣従した人びとであろう。

**八王子城の築城●**

氏照の居城滝山城は永禄十二（一五六九）年九月、武田信玄《たけだしんげん》の大軍に攻められた。信玄は多摩川をはさんで城の対岸の拝島《はいじま》（昭島市）に陣取るとともに、都留郡からは小山田軍を小仏《こぼとけ》峠越えにいれて、両面から攻撃する作戦をとった。滝山衆は籠城策をとったが、大軍を投入して城にとりかかった武田軍は、滝山城の主郭部分にせまる

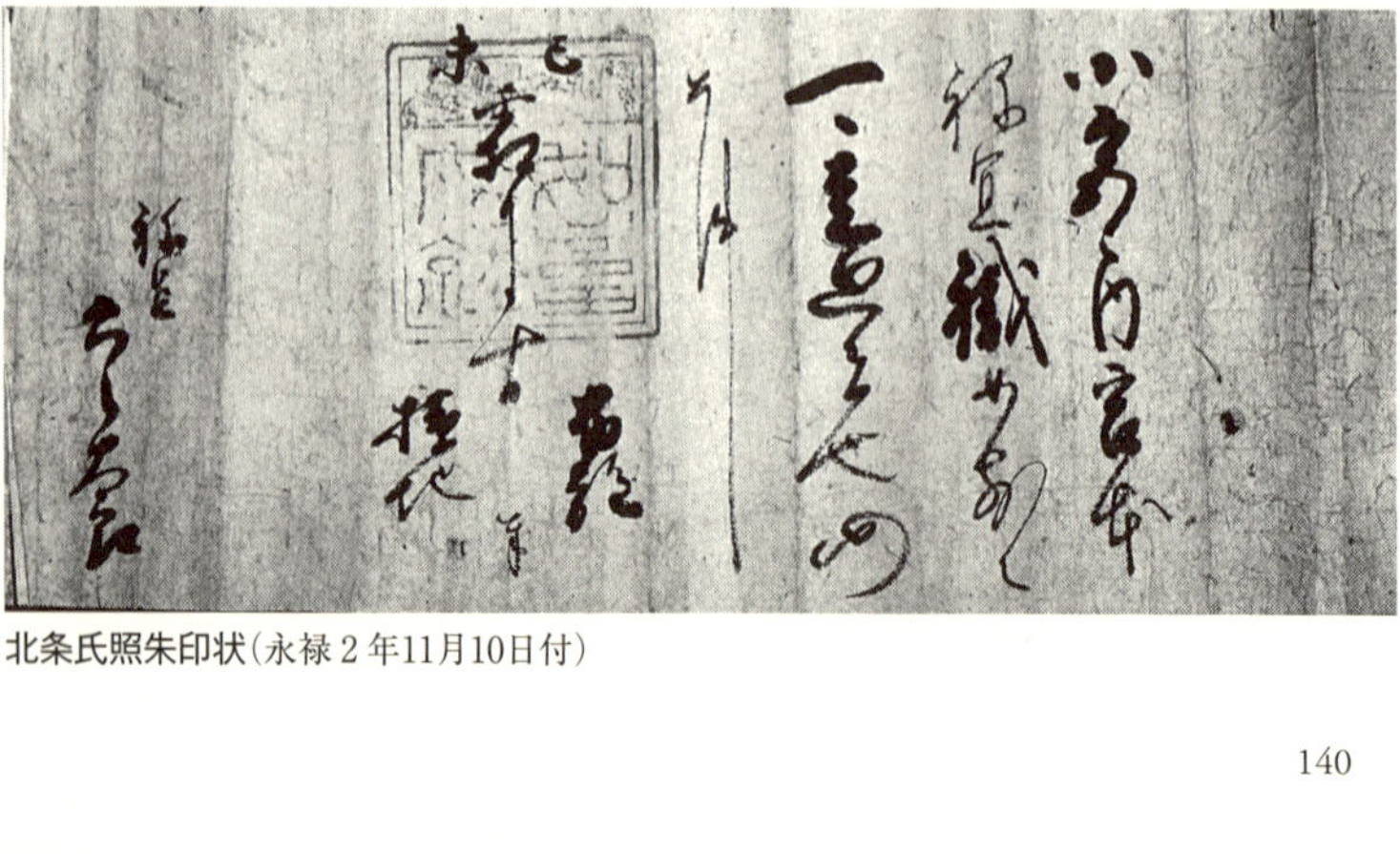

北条氏照朱印状（永禄２年11月10日付）

攻撃をみせた。落城は時間の問題ともみえたが、この出兵の主目的は小田原城攻めであったので、武田軍は攻撃の威力をみせつけたところで、兵を南に動かした。滝山城はどうにか落城の危機をまぬかれた。

滝山城は大石氏の属城を拡大増強したもので、東北方が多摩川にのぞむ天然の要害のうえに、八つの大きな曲輪と小郭・外郭を配した、東西・南北六〇〇メートルにおよぶ大城郭であった。しかし、城域が広大すぎ、かつ曲輪間の高低差が小さいため、守りにくいという弱点をもつことがあきらかとなった。氏照が八王子城築城を思いたつ背景の一つに、この経験があり、そのため、八王子城は山城となったのであろう。

氏照が八王子築城を開始した年は天正十（一五八二）年ごろと推定されている。築城は大石筑前守・横地与三郎・間宮若狭守を奉行として進められた。城は標高四七〇メートルの山城とその麓の御主殿《ごしゅでん》とよばれる地区の二つから構成され、国の史跡に指定されて、近年、発掘調査と整備事業が進められている。発掘ではおどろくべき発見があった。

八王子城御主殿跡

政庁である御主殿では、大型の礎石建物二棟、すなわち西側に一一間×六間の庭園をもつ建物が、その東側に一五間×九間ほどの主殿とみられる建物があったことがわかった。さらにいくつかの付属建物の存在も確認された。中国産および瀬戸・美濃産などの陶磁器類、焼けた米・麦・大豆など多様な出土品があったが、ベネチア産のレースガラスの出土も興味深い。ヨーロッパからはるばるやってきたこの珍品を八王子城の人はどのような思いでながめたことであろうか。

この御主殿に至るには城山川をはさんだ対岸から曳橋《ひきばし》を渡り石段を上るようになっているが、そのあいだには橋台をささえる石垣や門跡、虎口の堂々たる石垣などが発掘された。その構えは織田信長《おだのぶなが》の安土城の石垣を思わせるところがあり、八王子城が安土城をモデルとしてきずかれたことはまちがいなかろう。築城奉行の間宮若狭守綱信は氏照の使者として天正八年信長のもとを訪れ、京都と安土を実際にみている。氏照は四代氏政の弟として領国支配に重要な役割をはたした。御主殿地区の構えは、国家（領国）支配の政庁の新しい姿を追求した氏照の理念の具象化とみることができようか。

### 支配と抵抗●

北条氏が家臣に所領をあたえるとき、比々谷《ひびや》本郷六七貫七八〇文のように、所領の大きさを銭の単位の貫文で表示した。これを貫高《かんだか》といい、家臣の所領高であると同時に、百姓の年貢《ねんぐ》負担額でもあった。それは検地で面積を調べ、一反（＝三六〇歩、一〇アール）当り田五〇〇文、畠一六五文で算出したものであった。検地によって年貢は二倍、三倍になった。年貢以外にも、領民の負担（公事とか役という）は次頁の表のように多種多様で、貫高をもとにかけられる段銭《たんせん》・懸銭《かけせん》・大普請人足などが年貢増に伴ってふえるうえ、あらゆる生産と商売に役がかけられたから、戦国大名の支配は過酷であった。

領民の負担

| | |
|---|---|
| 田畠の貫高 | 反銭・懸銭・大普請人足・陣夫 |
| 家1棟当り | 棟別銭 |
| 宿場の町人 | 伝馬役 |
| 商　人 | 商品役 |
| 職　人 | 細工役 |
| 船持・船方(水主) | 船役銭，魚の納入，船方役 |
| 炭　焼 | 炭の納入 |
| 紙　漉 | 紙　〃 |

そのため国中諸郡で窮乏・離村がおこり、公事の減免を要求する運動がおきた。天文十九（一五五〇）年四月、北条氏は雑多な税を整理して懸銭にすることや、帰村した百姓には借銭借米の返済を免除する徳政《とくせい》条文をもりこんだ対策をうちださざるをえなかった。しかし、それで問題は解決せず、永禄三（一五六〇）年には徳政の要求がわきおこり、徳政令がだされたことがあきる野市網代《あじろ》の「網代文書」でわかる。

伝馬役《てんまやく》もつらい負担だった。街道沿いにできた宿場町の町人に、一日三疋～五疋ほどの馬と人を無償でださせ、公用の人や物資をつぎの宿《しゅく》まで届けさせるのである。関戸は三疋、葛西新宿は四疋、平井（日の出町）は三疋の義務があった。私用なのにいつわって駄賃をはらわない武士も多く、町人の不満は強かった。このため北条氏は新しい宿場町をつくるものに年季をかぎって年貢を免除したり、免税特権をあたえるなどの保護を加えた。このころ有力農民や商人はみずからの意志で田地の開発や新しい町の開設を推進しようとしていたから、大名の保護策はそれを促進する役割をはたした。葛西新宿や世田谷新宿はそうしてできた。世田谷新宿は天正六（一五七八）年に楽市《らくいち》として開設され、毎月一と六のつく日の六回開かれる六《ろく》斎市《さいいち》が立ったが、それが現在の世田谷ボロ市の起源といわれている。

関戸宿の問屋有山源右衛門《ありやまげんえもん》も多摩川の河原である中河原で開発を進め、

そこの正戒塚《しょうかいづか》に新宿を立てた。天正十四年、有山源右衛門・小磯三郎衛門ら関戸郷の有力な住人六人は代官森岡の不法行為を追及して免職に追い込み、年貢納入を請け負っている。

芝（港区）や羽田《はねだ》など湾岸の港（浦とよばれた）では、船乗りたちが水軍基地のある三浦半島の浦賀に一定期間水軍としてつめ、訓練をうけたり警護にあたるよう義務づけられていた。また戦時には実際に軍船にのりくんだり、船橋用に船を提供させられたりした。漁業や交易に従事する人や船を戦争のために動員するのに抵抗して、訓練を逃れようとするものが少なくなかった。

戦国大名は常に領土拡張をみずからの使命とし、そのために人を組織し、動員し、義務（役）を課した。前代とは比較にならないほど大きな力を結集することができるようになったが、その力は堤防工事よりは築城工事に振り向けられ、人を殺し、汗の結晶である作物をふみにじり、家を焼き、人びとの生活を破壊することに費やされた。天正十四年末から北条氏は豊臣秀吉《とよとみひでよし》との決戦に向け領民の総動員態勢をめざす。しかし、天正十八年七月、北条氏は秀吉に降伏し、関東の戦国時代に幕がおろされた。

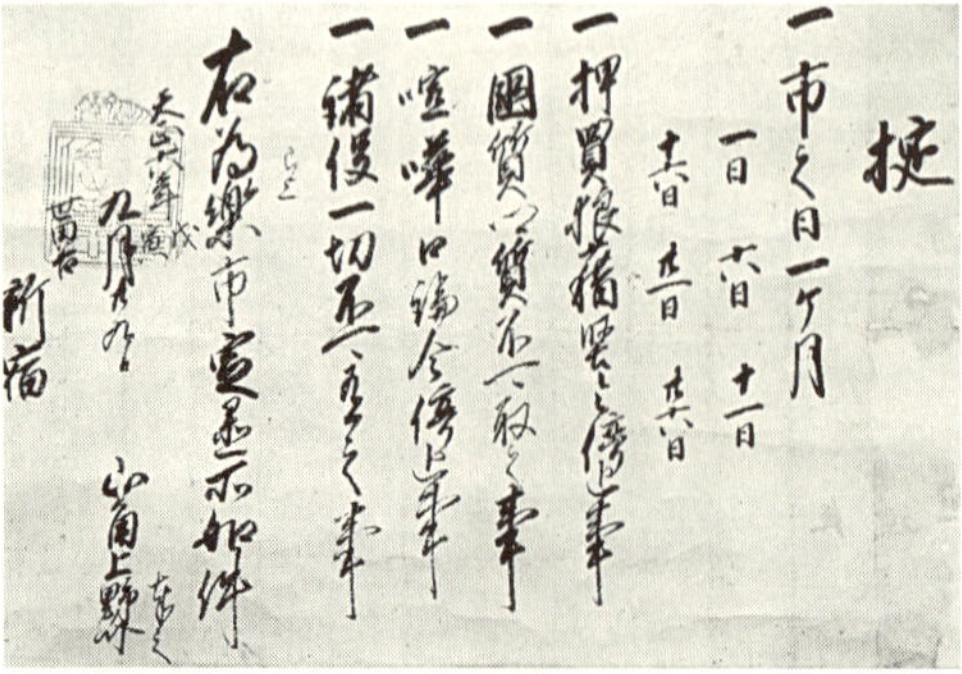
掟
一 市之日一ヶ月
　一日　六日　十一日
　十六日　廿一日　廿六日
一 押買狼藉堅令停止事
一 国質・郷質不可取之事
一 喧嘩口論令停止事
一 諸役一切不可有之事
右、為楽市定置所如件
天正六年戊寅
九月廿九日　山角上野介
　　　　　　　奉之
世田谷
新宿

世田谷新宿を楽市とした北条家掟書（「大場文書」天正6年9月29日付）

4章

# 天下の総城下町の建設

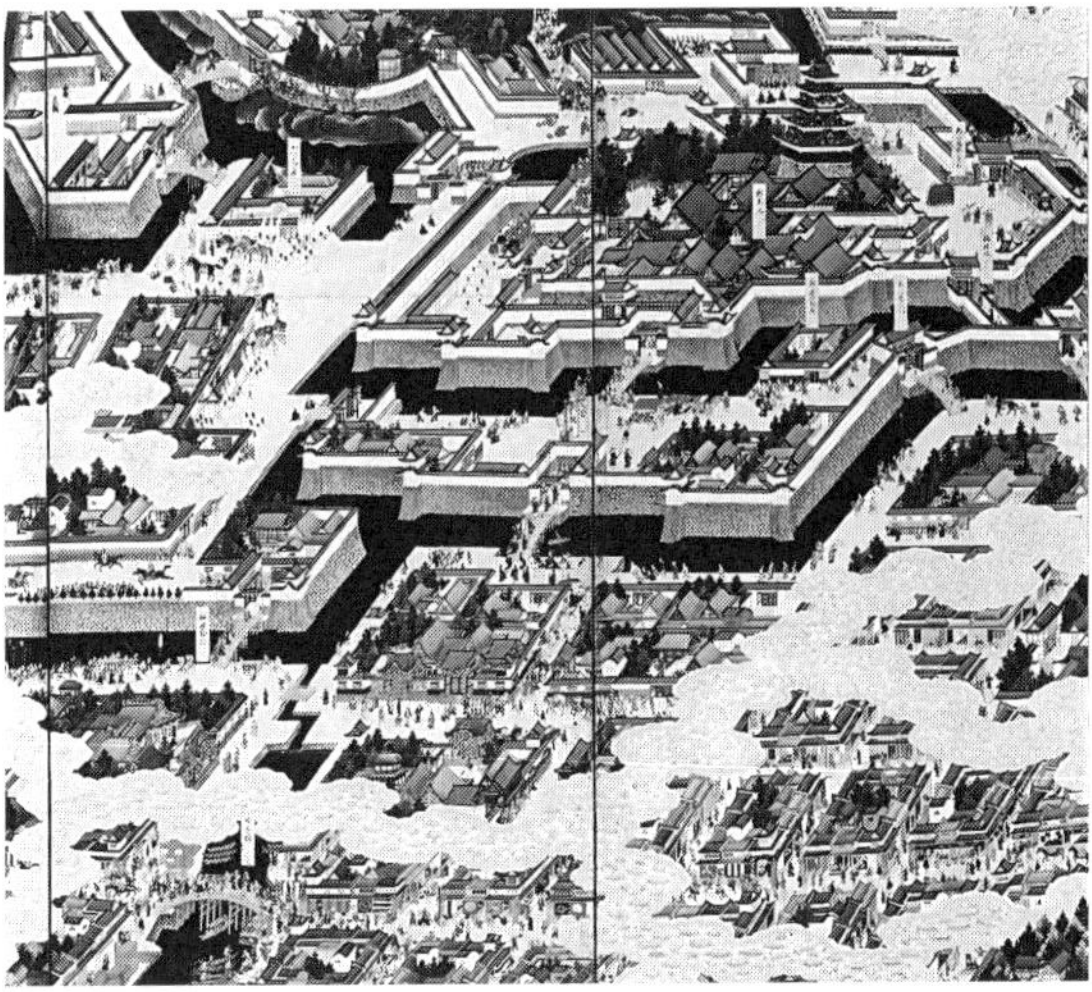
江戸城と日本橋(『江戸図屛風』)

## 1　家康の江戸入りと城下町建設

### 家康の江戸入り●

小田原攻め終了後、天正十八（一五九〇）年七月十三日に、徳川家康《とくがわいえやす》の関東転封が公表された。家康は、新領地の経営拠点を江戸に定め、事前に家臣を派遣して調査をしたうえで、八月一日に江戸へはいったという。家康がはいった当時の江戸城は、豊臣政権下で最大の大名の居城として不十分で、城下も西北の丘陵部をのぞけば、大部分が低湿地であり、大量の家臣団を居住させることができなかった。一方では、新領地としてあたえられた関東八カ国には、常陸《ひたち》に佐竹義重《さたけよししげ》、安房《あわ》に里見義康《さとみよしやす》、上野《こうづけ》に佐野富吉《さのとみよし》、下野《しもつけ》に宇都宮国綱《うつのみやくにつな》・佐野了伯《りょうはく》・那須衆などの大名・土豪がいたため、実質的には、伊豆《いず》・相模《さがみ》・武蔵《むさし》・上総《かずさ》・下総《しもうさ》・上野、それに下野の一部の七カ国で、合計二四〇万石余であった。家康は、新領地の体制をかためるため、家臣団の知行割を始め、新領地の経営を行うとともに、拠点である江戸城および城下の整備を進めていった。

江戸城については、城内にあった二、三の空堀を埋めて本丸の拡充を行い、西の丸築造の準備として寺院の城外移転を行った。文禄元（一五九二）年に西の丸築造工事が開始され、翌二年に完成した。

家臣団の屋敷割は、上級家臣は周辺部に、下級家臣は江戸城近辺の既開地に配置した。家康の江戸入り直後に、井伊直政《いいなおまさ》が外桜田《そとさくらだ》、青山忠成《あおやまただなり》が青山、内藤清成《ないとうきよなり》が内藤新宿、榊原康政《さかきばらやすまさ》が池《いけ》の端《はた》向カ丘へなど、奉行や侍大将クラスの重臣に広大な屋敷地が割渡された。また、家康の直属軍団である大番組は、文禄元年に江戸城の西北方の麹町《こうじまち》・市谷《いちがや》に六組の組屋敷が一番町から六番町まで屋敷割された。これらは、江戸城の防備が考慮されたという。ついで、湯島台《ゆしまだい》下の小石川《こいしかわ》の低湿地で宅地造成が行われ、二三二人の家臣に屋敷地が割渡された。神田台《かんだだい》には弓同心《ゆみどうしん》などの組屋敷が配置され、伊賀《いが》同心が四谷《よつや》伊賀町へ、鉄砲玉《たま》薬《やく》同心が四谷御箪笥町《おたんすちょう》へ、西の丸小十人が青山御掃除町《おそうじちょう》へというように、下級家臣の屋敷割も進められた。

町人地については、城下の大部分が低湿地であったため、排水を行い、同時に水運に利用するため堀を計画的に開鑿し、その掘土で市街地を造成していった。家康の江戸入り直後に道三堀が開鑿された。これは現在の呉服橋から大手門に至る辺りである。この船入堀の開鑿により、平川河口から船で蔵米《くらまい》などの物資を江戸城に直接搬入することが可能となった。この道三堀の両岸には、江戸で最初の町屋ができ、四日市町では定期市が開かれ、船町には運送業者が、材木町には材木屋が集まり、城下町建設のための物資を調達した。柳町には遊女屋が軒を並べた。これに続いて行われたのが、本町の町割で、ここには、町年寄役所や金座などがおかれた。町割は、一ブロックを京間六〇間（一間＝約一・九七メートル）四方とし、中央の二〇間四方の土地を会所地《かいしょち》といい、空地とした。町は道路をはさんだ両側町を基本とした。のちの日本橋地域の町割も同様の方式であった。文禄元年には、西の丸築造工事に伴う堀の揚げ土で日比谷入江の埋立てが行われ、そこに開鑿された掘割にできた八代洲《やえす》河岸沿いに町屋が開かれた。このような市街地の開発とは別に、家康の江戸入り以前から集落のあった大手門前《おおてもんまえ》・浅草《あさくさ》・麹町・赤坂《あかさか》一ツ木《ひとつぎ》・牛込《うしごめ》・芝《しば》なども町屋としての発展をみせていった。しかし、中心部で整然とした町割が行われたのに対して、周辺部では多くが武家屋敷・寺社地の割り残り地に不規則な形で町屋が形成されていった。

江戸城内の整備に伴って、城内にあった寺社が、神田台や下谷《したや》方面へ移転させられた。新寺の建立も行われ、麴町地域では、天正十八年から寛永三（一六二六）年までに約四〇カ寺が創建された。丸ノ内・桜田辺りでも、文禄～慶長年間（一五九二～一六一五）に新寺社の創建があいつぎ、門前町屋も形成されていった。

一方では、飲料水確保のため、家康は、大久保忠行《おおくぼただゆき》に命じて上水道を開かせた。これが神田上水のもととなった。赤坂溜池の水も利用された。このほかに、製塩地である行徳《ぎょうとく》から、塩を運送するために小名木川《おなきがわ》が開鑿された。江戸を中心とした交通路も整備され、文禄三年に荒川へ千住《せんじゅ》大橋を、慶長五（一六〇〇）年に多摩川へ六郷《ろくごう》橋を架橋し、翌年には東海道のルート変更を行った。こうして、江戸は、豊臣政権下の最大の大名の城下町としての体裁をととのえていった。

**総城下町の建設●**

慶長三（一五九八）年に豊臣秀吉が没し、同五年に関ヶ原の戦いに勝利した家康は、同八年に征夷大将軍《せいいたいしょうぐん》となり、江戸に幕府を開いた。これにより、江戸は、一大名の城下町から天下の総城下町としてあらたな展開をみせていく。人口も急増していったが、それは、(1)大名の集住、(2)将軍直属家臣団の集住、(3)江戸城と大量の武士団の居館建設や消費をまかなうための商工業者の集住などによっている。大名への賜邸と藩邸建設は、諸大名の妻子江戸在府制（証人《しょうにん》制度）と参勤交代《さんきんこうたい》制を契機とした。参勤交代は、慶長十年からはじめられ、寛永十二（一六三五）年の武家諸法度《ぶけしょはっと》で制度化された。また、将軍直属の家臣団である旗本《はたもと》・御家人《ごけにん》の集住は寛永年間に進展していった。

天下の総城下町江戸の建設は、家康・秀忠《ひでただ》・家光《いえみつ》の三代にわたるものであった。それは、江戸城の築造と市街地の開発が相互に関連しあって進められた。慶長八年三月から市街地の造成が、江戸城築造の準備作業として行われた。この工事では、神田山を切りくずし、水路を計画的に埋め残しながら、豊島洲崎《としますざき》（現在の日本橋浜町から新橋辺り）を埋め立て、市街地の造成をした。このときに、道三堀の延長に水路を開き、これを堀川（日本橋川）と名づけ、はじめて日本橋《にほんばし》が架けられたという。この工事は、千石夫《せんごくぶ》といい、石高一〇〇〇石について一〇人ずつの人夫をだす方式で、主として西国（中国・四国）の大名を動員した、いわゆる天下普請《てんかぶしん》として行われた。このとき埋立工事を担当した大名の国名を町名とした。尾張《おわり》町・加賀《かが》町・出雲《いずも》町などである。そして、江戸城下の中心が本町通りから日本橋通りへ移っていった。また、このときに、江戸城拡張の準備として、道三河堀沿いや八代洲河岸沿いの町屋が、あらたに造成された市街地に移転させられ、神田明神《かんだみょうじん》や芝《しば》崎道場《ざきどうじょう》 日輪寺《にちりんじ》などの大手門前にあった寺社も移転させられた。なお、慶長九年二月には、日本橋を起点として、東海・東山・北陸の三道を始め全国に一

**江戸の建設風景**（『築城図屏風』部分）　慶長12(1607)年にはじまった駿府城の築造と城下の景観を描いているとされ，江戸城の築造のときもこのようなようすであったと考えられる。

里塚をきずかせている。

江戸城の築造は慶長九年六月に発表され、同十一～十二年に大規模な工事が実施された。慶長十一年の工事は、西国の大名に課せられ、本丸の建物と石垣、二の丸・三の丸と外郭の石垣工事が行われた。本丸の天守は、土台の石垣工事だけで終わった。慶長十二年の工事は、関東ならびに信濃・越後・出羽・奥州の諸大名が担当し、五重の天守が建造され、石垣の修築が行われた。この工事で、城内に取りこまれた宝田村《たからだむら》・千代田村が日本橋・京橋に移転させられ、また、城内にあった平河天神は麴町貝塚（千代田区平河町）へ、山王社《さんのうしゃ》は麴町貝塚の三宅坂《みやけざか》へと城外へ移転させられた。慶長十五年から十六年にかけては、大御所家康の居館である西の丸の修築工事が行われた。

豊臣氏の滅亡後、元和二（一六一六）年四月に家康は駿府《すんぷ》で死去するが、江戸城と城下の建設は進められていく。元和年間（一六一五～二四）の工事は、まず江戸城の外郭工事を中心に進められ、湯島と神田台のあいだを掘り割り、平川の流路を変更し隅田川《すみだがわ》へそそぐようにし、江戸城と城下を水害から防護するとともに、江戸城北辺の防備を強化した。この工事は元和二年秋に完成した。ついで、同八年に本丸殿舎の改造と天守石垣の修築などが実施され、将軍居城としての体裁がととのえられた。なお、家康の死後、その家臣団を駿府から移住させ、新開地である神田台をあたえ、これを駿河台《するがだい》と称した。

元和九年に家光が三代将軍となり、江戸城の工事も最終段階を迎える。寛永六年正月から開始された工事は、御三家《ごさんけ》から一門《いちもん》・譜代《ふだい》・外様《とざま》の諸大名に小身の旗本まで加えた、役高三〇〇万石に達する大規模な手伝普請《てつだいふしん》で行われ、内郭の諸門・枡形や石垣を構築し、西の丸に山里《やまざと》庭園を築造した。同十二年には二の丸を拡張して三の丸をせばめ、翌十三年には城の西北部の外郭を強化するため、牛込―市谷―四谷―赤坂

—溜池《ためいけ》にいたる堀を開鑿して、これで江戸城の外堀は城を中心として右渦巻状に一周することになった。この工事で小石川門・筋違《すじかい》橋門・浅草橋門などの諸門も設けられた。

江戸城の城郭建設と並行して、大名や旗本への屋敷地の下賜と、割替えなども行われていった。その結果、寛永年間(一六二四〜四四)には、大手門西の丸下・大名小路や外桜田などに諸大名の屋敷が集中し、特に西の丸下には、老中《ろうじゅう》・若年寄《わかどしより》などの幕府重役の役宅が配置された。町屋の形成も、日本橋・京橋地域のほかに、慶長年間(一五九六〜一六一五)には神田地域も町屋として発展しはじめ、のちに青物市の開かれた多町《たちょう》も起立した。奥州街道沿いの地域には同職集住の職人町が形成された。こうして、江戸の城下町は、寛永年間に町数が約三〇〇町に達し、これらは古町《こちょう》とよばれた。このころには、町人地に自身番、武家地に辻番も設けられた。寺社も、江戸城の築造工事に伴って周辺部に移転させられ、寛永年間までに、神田・麴町・桜田・八丁堀などに寺町《てらまち》が形成された。

こうして完成した天下の総城下町江戸の範囲は、ほぼ外郭の内側であった。もちろん、部分的には外郭外の浅草や芝などの主要街道沿いにも町屋が成立していった。

## 初期の江戸町人●

初期の江戸の町人には、旧領地から家康にしたがってきたもの、旧来の家康との関係により、京都・伏見・堺など畿内から家康によびよせられたもの、新興都市江戸に可能性を求めて来住したもの、北条氏《ほうじょうし》時代から江戸に居住していたものなど、さまざまであった。

本町の町割を担当したのは、徳川氏の普請方などの役人であったが、京都の貿易商人であった茶屋四郎次郎《ちゃやしろうじろう》や江戸の町年寄に任命された樽屋藤左衛門《たるやとうざえもん》・奈良屋市右衛門《ならやいちえもん》・喜多村彦兵衛《きたむらひこべえ》も関与したといい、奈良屋は本町一丁目、茶屋・樽屋は同二丁目、喜多村は同三丁目に屋敷地を拝領した。三人の町年寄は、江戸の総町を支配するとともに、さまざまな特権があたえられた。樽屋は、東日本三三カ国通用の枡に極印を押す枡改め役を、喜多村は、北条氏時代に小田原の商人益田友喜《ますだともよし》が管轄していた関八州《かんはっしゅう》の町人連雀《れんじゃく》商札座《ふだざ》をゆずられ、連雀商人（行商人）に鑑札を交付して運上《うんじょう》を徴収し、彼らを定住させるため神田誓願寺《せいがんじ》の焼跡に連雀町を起立させた。また、のちには長崎糸割符《いとわっぷ》年寄の特権もあたえられた。旧領で分国中通用の秤《はかり》を製造した守随彦太郎《しゅずいひこたろう》は、家康の江戸入り後も引きつづき関東でも同じ特権が認められ、神《じん》氏の京都秤座に対する江戸秤座の起源となる。

幕府は全国貨幣の鋳造を行ったが、京都から彫金師の後藤光次《ごとうみつつぐ》を招き、武蔵小判を鋳造させ、慶長六（一六〇一）年には慶長小判・一分判を鋳造させ、御金改役に任じ、役宅を本町一丁目にあたえたのが江戸金座のはじまりである。また、慶長十七年に銀座を駿府から移し、江戸へ移住した銀座の座人へ京橋の南四町に屋敷地をあたえた。江戸銀座吹所《ふきしょ》を支配・監督する大黒屋長左衛門《だいこくやちょうざえもん》は、そのほぼ中央の新両替町二丁目に屋敷を拝領し、その隣に江戸銀座役所がおかれた。

このほかにも、江戸城を始め武士の消費生活をささえるために商人・職人が集められ、商人頭・職人頭に一町から数町規模の屋敷地があたえられ、そのもとに紺屋《こうや》町・鉄砲町・鍛冶町・畳町・桶町・伝馬町などの同職集住の町が形成され、人足をだす公役や、染物・鉄砲・鍛冶・畳・桶・伝馬などを調製・調達する国役を負担した。

摂津《せっつ》国西成《にしなり》郡佃《つくだ》村（大阪府大阪市西淀川区）の森孫右衛門《もりまごえもん》は、家康に招かれ、一族・村民を率いて、先進地の漁法を導入して漁業を行い、漁獲物を幕府へ上納し、その残余の販売を認められ、資力を持ったものが魚問屋となり、のちに日本橋魚市場を開いた。初めは小網町などに居住したが、寛永年間（一六二四〜四四）に鉄砲洲《てっぽうず》へ、さらに正保年間（一六四四〜四八）にあらたな造成地へ移り、出身地名から佃島と命名した。また、佃島の漁民は、将軍へ上納を名目に白魚漁を独占的に行った。本芝・金杉辺りの漁村では、家康の江戸入り以来魚類の上納を行い、往還で魚類の販売をはじめ、魚問屋となったものが、寛永年間に御用撰立残魚売捌《ごようえらみたてのこりうおうりさばき》場所と称し魚市場を開いた。あつかうのが雑魚であったので俗に雑魚場《ざこば》とよばれた。さらに、寛永六年には深川猟師町《ふかがわりょうしまち》が開かれたといい、主として貝類の調達や御用人足をつとめた。野菜・果物類の販売は、八辻《やつじ》が原《はら》（千代田区須田町辺り）に開かれた青物市場で行われた。初めは、農民がもちこんでくる野菜類を預かって販売したが、のちに問屋となり、幕府御用もつとめ、神田青物市場へと発展していった。

江戸の発展を期待して来住する商人も増加していった。徳川氏の旧領地である駿河を始めとして、すでに全国的に活発な商業活動をしていた伊勢・近江《おうみ》商人なども進出してきた。近江屋伴伝兵衛《ばんでんべえ》が通一丁目に出店したのは慶長十五年、近江屋西川甚五郎《にしかわじんごろう》が日本橋に開店したのは元和元（一六一五）年と伝えられ、それぞれ近江特産の畳表《たたみおもて》や蚊帳《かや》を販売した。

江戸城の拡張や大名屋敷の建設が行われた結果、それまでそこに居住していた農民は、御用地として土地を取りあげられた。伝馬役《てんまやく》をつとめた宝田村・千代田村の場合は日本橋近辺に替地があたえられ、大伝馬町・南伝馬町・小伝馬町として発展していった。その一方では、桜田村・今井村のように、収公された土地の取りもどしや替地を要求して、老中に駕籠訴《かごそ》するなどして、規模を縮小しながらも、なんとか農業や漁業を続けていくか、わずかな土地を町屋にして店賃収入によって生計を立てるか、あるいは零細な経営の商人となっていった。こうしたことは、駒込《こまごめ》村や南本所《みなみほんじょ》村などでもみられた。また、江戸の建設工事のために諸国から夫役《ぶやく》人足として大名から動員されてきた農民たちのなかに、工事が終わっても、そのまま江戸に残り、他の大名家や商家に奉公したり、日雇となるものも多かった。

## 2 寛永の江戸

### かぶき者●

前期の江戸には、新興都市としての活気にあふれ、喧騒《けんそう》とした猥雑《わいざつ》さがあり、反面では喧嘩《けんか》沙汰もたえず、盗賊・辻斬《つじぎり》も横行するという殺伐とした面もあった。こうした前期の江戸の風俗を特徴づけた一つに、かぶき者がある。「かぶき」という言葉の意味は、「傾《かぶ》く」であり、片よった異様な行動や風俗をさし、戦国時代から流行した。演劇としての歌舞伎は「かぶく」から転じたもので、慶長八（一六〇三）年に出雲の阿国《おくに》が京都で演じた「かぶきおどり」がその起こりとされる。

かぶき者は、慶長年間（一五九六～一六一五）に京都で、ついで江戸で、幕府の統制の対象となった。このころのかぶき者の首領として知られたのは、大鳥居逸兵衛《おおとりいいっぺえ》・大風嵐之介《おおかぜあらしのすけ》・大橋摺之助《おおはしすりのすけ》・風吹散右衛門《ふぶきちりえもん》・天狗魔右衛門《てんぐまえもん》などの醜名《しこな》（異名）をもったもので、諸国にいる配下をあわせると三〇〇〇人以上にも達したという。彼らは血判をして組をつくり、もし仲間に災難が起きたときは、相手が君父であっても力をあわせ身命をすてて救うことを申しあわせた。慶長年間のかぶき者は、武家奉公人を主体としつつ、牢人《ろうにん》もこれに加わり、君臣関係を超えた天命にもとづく血盟を結び、衆道《しゅうどう》がその連帯をさらに強め、独特の異装風俗・行動様式をもつという、反体制的なエネルギーを内包していた。そのため幕府から弾圧されたのである。

寛永年間（一六二四〜四四）になるとかぶき者の風俗化が進展し、江戸では旗本奴《はたもとやっこ》・町奴《まちやっこ》が登場してくる。旗本奴も組をつくり、鶺鴒《せきれい》組・吉屋《よしや》組・鉄拳《てっけん》組・白柄《しらつか》組・大小神祇《じんぎ》組などが知られる。旗本奴は、若干の上層旗本をのぞけば、ほとんどが中下層の旗本・御家人であった。町奴は、旗本奴を模倣しつつ、それに対抗して町民のなかから生じ、旗本奴と同様に唐犬《とうけん》組などの組をつくり、その首領として幡随院長《ばんずいいんちょう》兵衛《べえ》・唐犬権《ごん》兵衛《べえ》・夢野市郎《ゆめのいちろ》兵衛《べえ》・放駒四郎《はなれごましろ》兵衛《べえ》などが知られる。彼らは武家屋敷に奉公人を周旋する人宿をいとなむものが多く、多数の子分をかかえた。また、町奴や旗本奴のなかには牢人も多く含まれており、かぶき者の統制は牢人問題と不可分の関係にあった。

旗本奴・町奴は、紗綾縮緬《さあやちりめん》・ビロードを着し、長刀《ちょうとう》・大《おお》脇差《わきざし》を帯び、大額《おおびたい》・大なでつけ・立髪《たてまげ》・大髷《おおまげ》、あるいは糸《いと》鬢《びん》・下鬢《さげびん》・釣鬢《つりびん》とか、釣髭《つりひげ》・もみ髭《ひげ》の異風をし、醜名を名乗るなど独特の風俗をもっていた。彼らは賭博《とばく》をしたり、町中

かぶき者の喧嘩（『江戸名所図屏風』）

でねだり・たかりなどをし、遊里・風呂屋・芝居町などの盛り場を横行し、縄張り争いや意地の張りあいから、旗本奴と町奴はたびたび争いをおこした。そのなかでも有名なのは、旗本奴の首領水野成之《みずのしげゆき》と幡随院長兵衛の対立である。二人の対立は、明暦三(一六五七)年七月に、長兵衛が水野に殺害され決着するが、水野も幕府から不行跡をとがめられ、寛文四(一六六四)年に切腹させられた。

こうしたかぶき者の実態とは別に、武士に対する町民の抵抗意識がさまざまな伝説をうみだし、のちに芝居や講談で美化され、町奴をヒーローに仕立てていった。歌舞伎役者初代市川団十郎《いちかわだんじゅうろう》の父は「菰《こも》の重《じゅう》蔵《ぞう》」とよばれる町奴で、団十郎の芸風にはかぶき者の影響があるという。

かぶき者の行動は、幕府の風俗統制強化に対する抵抗という性格が強くなり、個人的な体面意識の執着に矮小《わいしょう》化し、道徳的退廃も顕著となり、無頼の徒と化していった。また、慶安四(一六五一)年四月に三代将軍家光が病死すると、七月に由井正雪《ゆいしょうせつ》一党の慶安事件、翌承応元(一六五二)年に別木庄左衛門《べつきしょうざえもん》らの老中暗殺の陰謀など、牢人を主体とした反幕府事件があいついだ。このため、かぶき者の取り締まりがいっそう強化され、火付盗賊改《ひつけとうぞくあらため》の中山直守《なかやまなおもり》はかぶき者の検挙に敏腕をふるった。こうしてかぶき者は、幕府から徒者《いたずらもの》として再三にわたる弾圧をうけ、十七世紀末には消滅していった。

### 記録された前期の江戸●

前期の江戸について記録類からみていくことにする。まず、慶長十四(一六〇九)年九月に上総国夷隅《いすみ》郡岩和田《いわわだ》(千葉県御宿町)の海岸に漂着し、その一、二カ月後に江戸を訪れたフィリピン臨時総督ロドリゴ＝デ＝ビベロの見聞記録をみると、江戸の人口は一五万人で、「海水は河口から町中に奥深く入り込み、水量豊かな川は町の中央を走っている。その川の大部分を小舟で往来できるが、帆船の航行はできない。

多くの掘割がこの川につながっているので、物資の運搬は容易でその価格も安くなる」というように、水路が整備され物資の運送に利用されていたことにまず注目している。道路はすべて「同じ道幅と長さ」に整備されていて、その清潔さに驚嘆させられている。町人地の住民は、「職業や階層によって市街門ではっきりと区別され」ていて、同職のもので町が形成されていたこと、魚市場や青物市場の賑わいにも目をむけている。また、木戸がこの当時すでに設けられていたようで、「それぞれの町には二つの門があり、一つは町への入口の門で、もう一つは出口となっている。町の門は夕刻に閉鎖され、昼も夜も常に番兵が門を警護する。犯罪があった場合には、声や言葉を掛け合い、瞬時に町を閉鎖し、罪人を処罰するために監禁する」と指摘している。武家地についても、「武士は離れた地区に居住しており、庶民や地位の釣り合わない人とは交流することがないようになっている。よく知られていることだが、彼らは屋敷の正門上部に塗りや金箔の家紋を置く。中には二万ドゥカド以上する門構えもあった」と、よく観察している（大垣貴志郎監訳『日本見聞記　ロドリゴ・デ・ビベロ一六〇九年』）。こうしたロドリゴの見聞は、外国人ならではのものもあり、当時の江戸のようすをよく伝えている。

つぎに、慶長年間（一五九六～一六一五）から寛永前期ごろまでの江戸の変遷を記した「慶長見聞集」をみてみよう。著者の三浦浄心《みうらじょうしん》は、北条氏の牢人で、一時相模国三浦（神奈川県三浦市）に住んだが、慶長初年に江戸伊勢町に居住し、塩物店を営み、正保元（一六四四）年に八〇歳で没した。初期の下町では、低地を造成したため、「土くじり」といって、突風が吹いて土を空へ舞いあげると、黒煙のようになり、火事かと見間違えたという。のちには家もたちならび、道には真砂《まさな》がまかれるようになったので、土くじりもなくなった。また、日本橋については、昼夜の区別なく市中の人びとが集まり、市がいくつも立っているようで、人馬の足音は雷電のようだと、その繁昌のようすが記される。さらに、江戸が繁栄していくにしたがって、屋敷地の売買価格が一〇〇倍にもなり、一寸の違いであっても境界争論がおきたという。町屋は草葺《くさぶき》屋根であったが、慶長六年の火災後に板葺《いたぶき》が命じられた。本町二丁目の滝山弥次兵衛《たきやまやじべえ》は、表通り側の棟半分を瓦葺《かわらぶき》としたため、「半瓦《はんがわら》弥次兵衛」とよばれ、これが町人地の瓦葺の最初で、のちに江戸の繁栄とともに、中心部ではすべて瓦葺となったという。市街地の造成によって町並が続いていくようになり、南は品川《しながわ》、西は田安《たやす》の原《はら》、北は神田《かんだ》の原、東は浅草《あさくさ》まで広がったという。また、江戸の出口として、品川口・田安口・神田口・浅草口・舟口《ふなぐち》の五口があったという。これが当時の江戸市街の範囲であろう。こうした「慶長見聞集」の記事は、江戸の発展のようすをよく伝えている。

寛永年間（一六二四〜四四）の江戸市街を描いた版行絵図「武州豊嶋郡江戸庄図」は原版が失われ、部分的に異同のみられるいくつかの写本で伝わるが、町人地では、箱崎《はこざき》・霊岸島《れいがんじま》はまだ整備されず、築地《つきじ》から浜御殿《はまごてん》に至る地域は海浜で、わずかに木挽《こびき》町辺りと八丁堀の船入堀に沿って町屋が形成されている。武家屋敷については、御三家はじめ諸大名の蔵屋敷が隅田川畔や江戸湾岸に配置されていること、寺社地については、八丁堀に寺院が集団的に存在している点が注目される。

### 描かれた寛永の江戸●

寛永ごろの江戸の繁栄を極彩色で描いた二つの屏風がある。一つは出光《いでみつ》美術館所蔵の『江戸名所図屏風』であり、一つは国立歴史民俗博物館所蔵の『江戸図屏風』である。『江戸名所図屏風』は、上層町人が発注主で、町絵師の工房で製作され、『江戸図屏風』は、三代将軍家光の事績を顕彰することを目的とし、発注主は将軍にごく近い存在で、御用絵師系の工房で製作されたと考えられている。

❖コラム

## 天下祭

山王権現と神田明神の祭礼を天下祭といったが、これは天下晴れての免許を得た祭礼であるからという。天下祭となったのは慶長・元和年間（一五九六～一六二四）といわれ、山王祭は六月十五日、神田祭は九月十五日に執行された。天和元（一六八一）年からは、山王・神田祭を隔年の執行とした。天下祭のハイライトは、祭列の江戸城入城と将軍の上覧にあった。はじめて祭列が城内にはいったのは、山王祭は寛永十二（一六三五）年から、神田祭は元禄元（一六八八）年からという。山王祭の祭列は、未明に出発して山下門をはいり、内堀の外を南にまわり、半蔵門から城内にはいり、上覧がすむと、竹橋門から常盤橋門にでて、神輿《みこし》のみが行列のまま茅場町《かやばちょう》の旅所へ行き、本社へ戻った。神田祭の祭列も、未明に桜の馬場から出発し、筋違橋門をはいり、護持院原北側をすぎて、田安門から城内にはいり、上覧がすむと、竹橋門をでて、旧社地である一ツ橋邸にはいり奉幣した。それから常盤橋にでて神輿のみが行列をそろえて日本橋・京橋辺りをまわって本社に戻った。祭列には山車《だし》・神輿のほかに、山車にそえてだした踊り・ねり物・曳物である付祭もあり、これに町人たちは趣向をこらした。将軍の上覧は、初めは江戸城の諸櫓で行われたが、正徳二（一七一二）年に北桔橋《きたはね》の東へ上覧所が設けられた。祭列が上覧所前に進むのは、ほぼ五ツ半（午前九時ごろ）であった。上覧の中心は付祭にあり、演目が多いと昼すぎまでかかった。正徳三年に、六代将軍家宣《いえのぶ》の産土神《うぶすな》・根津《ねづ》権現の祭礼を天下祭に加えて、三年に一度としたが、享保二（一七一七）年に旧に復したため、正徳四年の一回限りにおわった。江戸城内にはいるコースは神田祭と同様である。

『江戸名所図屏風』は、右隻に、寛永寺《かんえいじ》と上野東照宮《うえのとうしょうぐう》、不忍池《しのばずのいけ》、浅草寺《せんそうじ》と三社《さんじゃ》祭、湯島天神、神田明神と神事能、日本橋などを描き、左隻に、江戸城天守、中橋、京橋、新橋、山王権現社、愛宕《あたご》権現社、増上寺、歌舞伎・軽業《かるわざ》の小屋、吉原《よしわら》遊郭、湯屋《ゆや》などを描いている。この屏風の特色は、芝居小屋・遊郭・湯屋などの歓楽街、浅草寺の三社祭や神田明神の神事能などの寺社の祭礼のようすなど、江戸の賑わいと、そこで暮らす人びとのエネルギーを、いきいきと描いているところにある。たとえば、かぶき者たちの喧嘩の光景からは殺伐とした雰囲気が、大工や鳶・屋根屋などがいそがしげに働く町屋の普請の場面からは活気が感じられる。

『江戸図屏風』は、右隻で、神田川の北側から江戸の北郊の地域、つまりお茶の水、水戸《みと》徳川家の下屋敷、加賀前田家の下屋敷、神田明神、湯島天神、不忍池、上野の東照宮、寛永寺、浅草寺、王子《おうじ》、谷中《やなか》、板橋、三芳野《みよしの》天神、川越城、鴻巣《こうのす》などが描かれ、左隻では、江戸城が大きなウエイトを占め、御三家を始めとした諸大名の屋敷、日本橋か

町屋の建設風景(『江戸名所図屏風』)

ら中橋・京橋・新橋をへて高輪《たかなわ》までの町屋、山王権現社・愛宕権現社・増上寺などの寺社、目黒・碑文谷《ひもんや》の近郊地域が描かれている。江戸近郊にわたる広い範囲となったのは、右隻の三宮司《さんぐうし》(三宝寺カ)の鹿狩、洲渡谷《すどのや》の猪狩、鴻巣の鷹狩、川越の川狩など、左隻の江戸城に登城する朝鮮使節の行列や徳川家菩提所の増上寺への将軍参詣のようす、目黒の追鳥狩《おいとりがり》、碑文谷の鞭打《むちうち》、江戸湾の船行列など、家光の事績を描くためであった。そして、『江戸図屏風』は、家光の事績を顕彰しつつ、芝居小屋や遊郭などの無秩序で猥雑なものを排除して、まさに将軍を頂点としてあらたにつくりあげられつつある徳川の世の理想を、その中心である江戸をつうじて空間的に表現したものといえよう。

この二つの屏風から寛永の江戸の特徴をあげると、まず、江戸城内に天守が描かれていることである。天守は明暦の大火で焼失し、その後再建されることはなかった。まさに寛永の江戸を象徴する建造物といえる。また、大名屋敷では、とくに御成門《おなりもん》にはなやかさがみられ、「日暮門」といわれたように、一日みてもあきない精密華麗な彫刻と金箔などの彩色でかざられていた。これも同様に明暦の大火で焼失し、大火後は白木づくりの簡素なものにかわった。さらに、町屋のメイン・ストリートの角に、三階櫓とよばれる城郭風の三階建ての建物がみられる。この三階櫓は、明暦の大火前後の建築規制で姿を消していったので、やはり前期の町並を特色づけた一つといえる。

## 3　広がる江戸

**明暦の大火●**

寛永年間（一六二四〜四四）までに天下の総城下町江戸の基本的な骨格はできあがり、それからは周辺部へ市街地を拡大させていった。その大きな画期となったのが、江戸市街の過半を焼失させた明暦三（一六五七）年の大火とその後の都市改造である。

明暦三年正月十八日未《み》の刻（午後二時ごろ）に、本郷丸山の本妙寺《ほんみょうじ》から出火し、西北風にあおられて、本郷から湯島一帯を焼きつくし、堀を越えて駿河台に延焼し、湯島天神・神田明神や駿河台下の大名屋敷を焼き払い、そこから火は二手に分かれた。一手は南下して本鷹師町《ほんたかしちょう》（千代田区神田小川町辺り）から鎌倉河岸までの武家屋敷・町屋を焼き、さらに西風にあおられ一石橋《いっこくばし》・鞘町《さやちょう》辺りから、八丁堀・霊岸島・佃島に至る下町一帯を焼野原にした。火をのがれて霊巌寺の境内に避難した人びとは、寺の堂塔に火が燃え移ったため、火の粉をあびて焼死したり、火をさけて海にとびこんで凍死するものが九六〇〇人余もいたという。もう一手は西風にあおられ、北は神田柳原から浅草橋見附、さらに隅田川を越えて牛島新田まで焼き、東は深川、南は京橋・鉄砲洲辺りまで延焼した。小伝馬町の牢屋敷を管理する囚獄《しゅうごく》の石出《いしで》帯刀《たてわき》は、火がせまると囚人を解放した。ところが囚人の脱走と誤解した役人によって浅草橋門が閉鎖されたため、逃げ場を失った群集二万三〇〇〇人ほどが付近一帯で焼死する大惨事が起きた。この猛火は翌十九日寅《とら》の刻（午前四時ごろ）にようやくおさまった。

ところが十九日巳《み》の刻（午前一〇時ごろ）に、再び小石川伝通院表門下の新鷹匠町（文京区小石川五丁目辺り）の大番与力の屋敷から出火し、北風にあおられて二〇カ所余に飛火し、御茶の水の吉祥寺《きちじょうじ》から小石川の水戸藩邸を始め、飯田町《いいだまち》から前日の火事で焼け残った神田一帯を焼き払い、堀を越えて郭内の大名屋敷や両町奉行所などを焼き、さらに、竹橋付近から江戸城内へも延焼し、ついには本丸と天守が焼けおち、二の丸・三の丸もほとんど焼失した。西の丸だけが焼け残った。飯田町・市谷・番町《ばんちょう》の旗本屋敷や江戸城周辺の大名屋敷も焼失した。

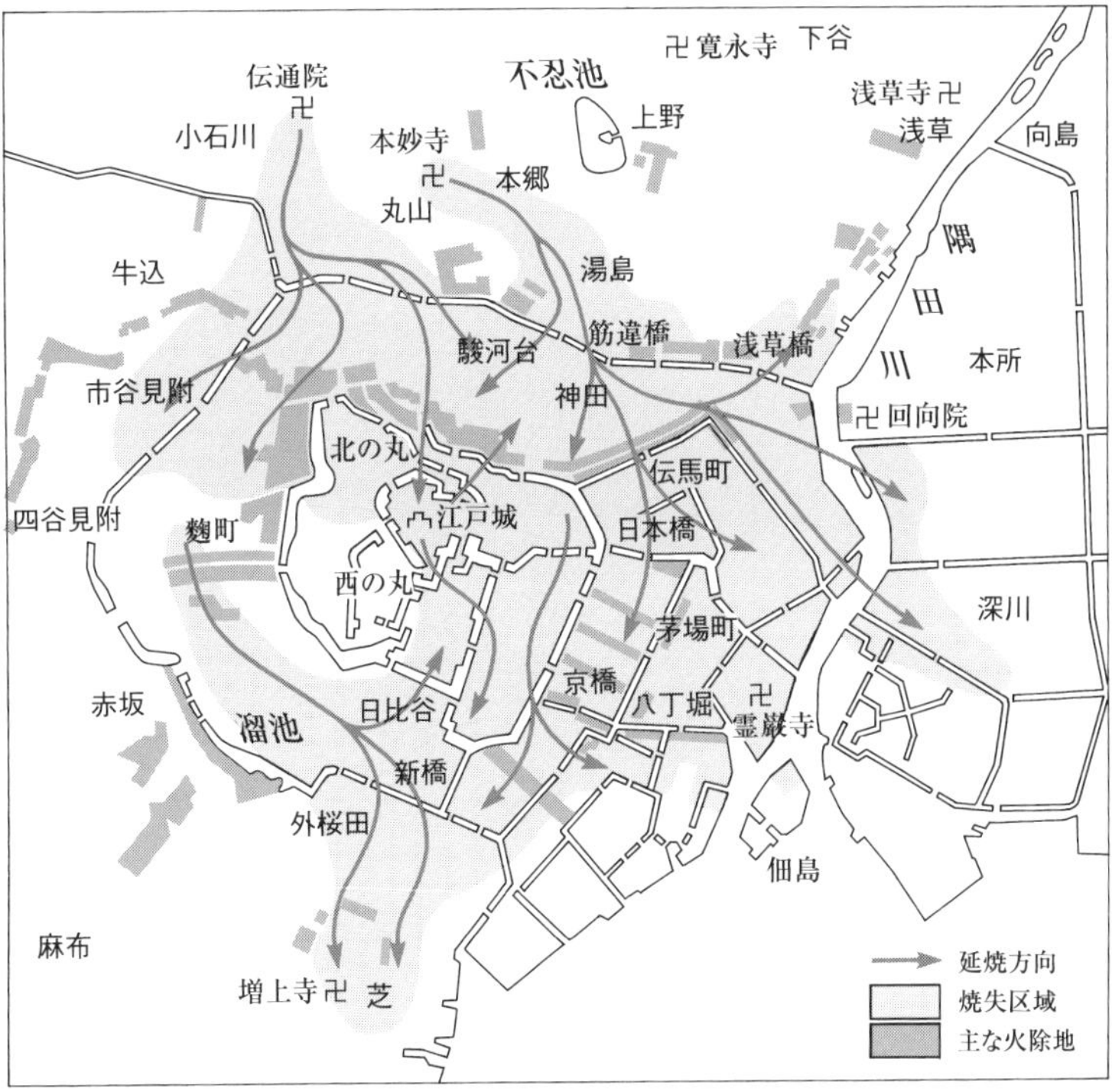


明暦大火の焼失範囲（吉原健一郎・大濱徹也『江戸東京年表』による）

申《さる》の刻（午後四時ごろ）から西風にかわり、東に燃え移り、前日焼け残った八重洲河岸から東の京橋・中橋までの町屋を焼き払い、京橋から鉄砲洲まで焼いた火は、酉《とり》の刻（午後六時ごろ）に海際でとまった。また、申の刻に麴町五丁目の町屋から出火し、西風にのって東へ江戸城際まで延焼し、北風にかわったため火の手は堀端にそって南下し、山王権現や外桜田一帯の大名・旗本屋敷、西の丸下の大名小路から日比《ひび》谷《や》・愛宕下・芝方面にのびて増上寺の一部を焼き海岸で火はとまった。こうして十八日からはじまった大火は、二十日辰《たつ》の刻（午前八時ごろ）に至ってようやく鎮火した。さらに、鎮火した二十日の明方から大雪がふりはじめ、火災で家を失い野宿していた被災民のなかから多数の凍死者がでた。

一説によると、本妙寺《ほんみょうじ》の檀家の娘が三人、偶然にも同じ振袖《ふりそで》を手にして亡くなったため、娘たちの供養のためにその振袖を焼いたところ、おりからの烈風にあおられて本堂に燃え移ったのが大火の原因であったという。そのためこの大火は「振袖火事」とよばれた。被害状況は諸書によってまちまちで詳細はあきらかでないが、江戸の六割以上が焼失し、一〇万人以上の焼死者をだしたといわれている。

幕府は応急措置として、被災した町民に対して、浅草米蔵の米六〇〇〇石を放出し、市中に救小屋《すくいごや》をたて、二十日から二月二日まで粥《かゆ》の施行を行った。正月二十四日ごろから、市中各所に放置されていた犠牲者の遺体を、船に積んで牛島新田に運ばせ、そこに二〇間（約三六メートル）四方の大穴を掘って埋葬して塚をきずいた。これを万人塚《まんにんづか》（無縁塚）とよんだ。二十九日には増上寺の森蓮社《しんれんしゃ》遵誉《じゅんよ》貴屋《きおく》へ三〇〇両を下賜し、千部経供養を行わせた。貴屋はここに一寺を創建し、諸宗山無縁寺（回向院《えこういん》）と称した。

幕府は、市中の復旧対策として、旗本・御家人には給米の前借を許し、罹災した大名・旗本に対して、石高に応じて金銀の下賜あるいは貸付を行った。一〇万石以上の大名に対しては、江戸藩邸の焼失に伴う帰国の許可や参勤の延期、あるいは献上物の軽減などの措置もとった。市中の家持《いえもち》へは銀一万貫をあたえて家屋の再建にあてさせた。また、大火後の諸物価や職人手間賃の騰貴を抑制するための町触も発令した。

## 大火後の都市改造●

明暦大火後の都市改造は、江戸の防災都市化を主眼として行われた。まず、都市改造の基礎資料とするため、大火直後の正月二十七日から実地測量にもとづく絵図の製作を行った。大目付《おおめつけ》北条正房《ほうじょうまさふさ》・新《しん》番頭《ばんがしら》渡辺綱貞《わたなべつなさだ》が担当した。この図は、京間五間（約九・

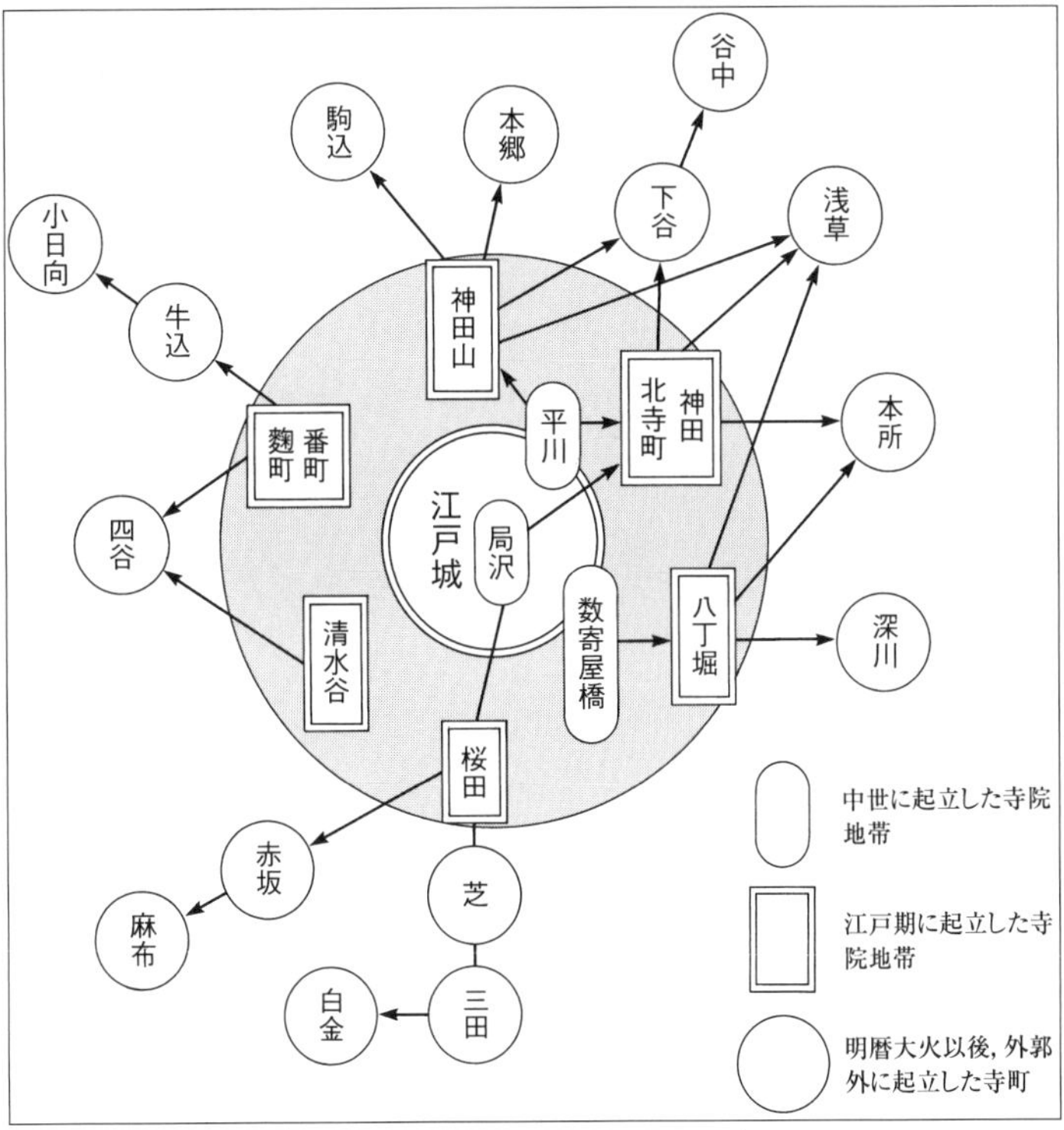

寺社移転の概念図（高橋康夫他編『図集日本都市史』による）

八メートル）を一分で、縮尺三二五〇分の一とし、その範囲は当時の江戸市中だけでなく、深川・本所・浅草・本郷・下谷・小石川・小日向《こひなた》・牛込・四谷・赤坂・麻布《あざぶ》・芝までを含んだ。

武家屋敷については、それまで郭内にあった御三家の藩邸を郭外に移転させ、跡地は吹上《ふきあげ》の庭として、馬場・薬園などを設け、延焼防止帯とした。尾張・紀伊は麴町に、水戸は小石川に屋敷地を拝領した。また、龍ノ口内・竹橋内・常盤橋内・代官町・雉子橋《きじばし》内にあった大名屋敷を郭外に移転させ、跡地は明地を十分にもった幕府御用地とした。さらに、諸大名へ火災時の避難所として下屋敷を下賜していった。下屋敷を下賜されない大名・旗本は、農地を購入して抱屋敷とし、避難所を確保した。

江戸城近辺にあった寺社も、城内への延焼をふせぐため郭外に移転させられた。山王権現は三宅坂から赤坂へ、西本願寺は日本橋横山町から築地へ、東本願寺は神田明神下から浅草へ、吉祥寺は水道橋から駒込へというように、周辺地域へ移転させられた。そして、江戸市街の周辺部である三田・芝・赤坂・牛込・四谷・浅草・谷中・下谷・本所などに寺町が成立した。

武家屋敷・寺社の移転に伴い、門前町屋も霊岸島・築地・本所などへ移転させられた。吉祥寺門前は、寺は駒込へ移転したが、門前の住民は五日市街道沿いの多摩郡野方《のがた》領に移住させられ、吉祥寺村を開発した。

こうした武家屋敷・寺社や町屋の移転に伴って、移転先確保のために市街地があらたに造成された。焼土を利用して赤坂・牛込・小石川の沼地の埋立て、赤坂の溜池の一部埋立て、京橋木挽《こびき》町東側の海浜の埋立てが行われ築地となった。また、本所・深川一帯が旗本屋敷・町屋の用地として開発され、万治二（一六五九）年には隅田川に両国橋が架橋された。始め大橋といったが、のちに武蔵と下総の両国にまたがることから両国橋と改名された。これ以外にも隣接農村では、武家屋敷化・町屋化が進行していき、江戸はその範囲を拡大していった。たとえば、小石川村では、正保・慶安年間（一六四四〜五二）ごろは村高五八七石余のほとんどが農地であったが、元禄年間（一六八八〜一七〇四）には四〇〇石余の農地が武家屋敷・寺社地や、音羽《おとわ》町などの町屋にかわった。吉原遊郭は浅草田圃《たんぼ》（新吉原）へ移転させられた。

防火施設としては、火除地《ひよけち》が設置された。火除地とは、市中に明地や土手を設けて、延焼を防止するためのものである。江戸の大火は南北方向に延焼するので、この延焼方向と直角をなすようにほぼ東西に設けられた。また、江戸城北部から西北部に集中して配置された。武家地と町人地の境では、神田 銀《しろがね》町七丁の町人を移転させ、浅草見附に至るあいだに土手をきずいて火除土手とした。日本橋四日市にも日本橋川にそって火除土手がつくられた。火除明地としては上野広小路・中橋広小路などが新設された。なお、筋違橋門内にあった神田連雀《れんじゃく》町は、橋を火災からまもるために火除明地とされ、住民は多摩郡野方領に移住させられ、連雀新田（三鷹市）を開発した。なお、飛火による類焼を防止するため、耐火建築である土蔵造・塗屋《ぬりや》造も奨励された。

消防組織の整備も行われた。明暦の大火以前の江戸の消防組織は、寛永年間（一六二四〜四四）にはじめられた、大名が家の役としてつとめた大名火消だけであった。しかし、明暦の大火によって、大名火消だけでは不十分であることがあきらかとなった。そこで、明暦大火の翌年、万治元年に、秋山正房《あきやままさふさ》など四人の旗本に対して、江戸中定火《じょうび》の番を命じ、各与力《よりき》六騎・同心《どうしん》三〇人を付属させた。これが定火消《じょうびけし》のはじまりである。このときに定火消は、役屋敷に妻子・与力・同心や、直接の消火活動にあたる臥煙《がえん》を同居させ、消火だけでなく火事場の治安維持にもあたらせ、そのために鉄砲を使用してもよいと申し渡された。

その後組数に増減があったが、宝永元（一七〇四）年に一〇組となり、定火消は十人火消ともよばれた。

　このような都市改造により、江戸城が将軍居館と幕府政庁としての機能に純化されていく一方では、市街地が周辺部に拡大していき、人口も増加していった。こうして江戸は、面積的にみても、人口的にみても、巨大都市となっていった。

**江戸の範囲●**

江戸は御府内《ごふない》ともいったが、その範囲は、時期により、幕府部局により異なっていた。十七世紀には外郭の内側が御

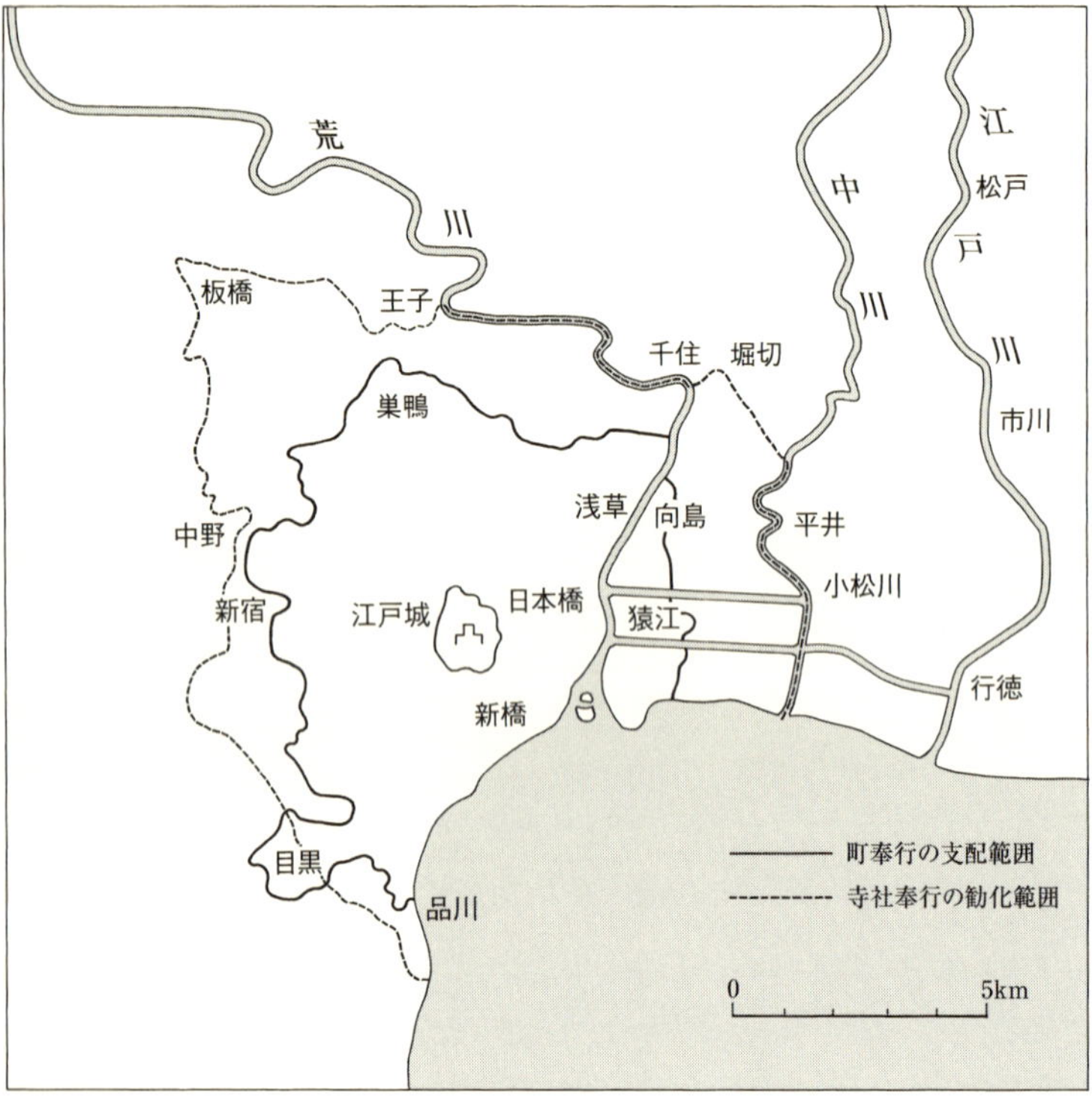

江戸の範囲

府内の範囲とされた。承応四（一六五五）年三月の町触《まちぶれ》によると、農民が馬にのってきた場合、江戸市中では下馬するように命じられ、その範囲はほぼ外郭の内側であったが、時期が下るにしたがって、周辺へと広がっていった。

一般に江戸の範囲というと、町奉行の支配範囲と理解されている。この範囲も市街地の拡大に伴って、周辺の農地を町並地として支配に組み入れ拡大していった。町奉行の支配は町人地に限定されるが、当初はほぼ外郭内の古町《こちょう》三〇〇町とよばれる範囲であった。しかし、寛文二（一六六二）年に芝・三田・飯倉から下谷・浅草に至る街道筋の代官支配の町屋三〇〇町が町奉行支配に編入され、正徳三（一七一三）年に本所・深川・浅草・小石川・牛込・市谷・四谷・赤坂・麻布辺りの代官支配で町屋の成立した場所二五九町が町奉行支配に編入され、従来の六七四町とあわせて九三三町となった。町並地の年貢徴収は依然として代官が行ったため、二重の支配関係が生じた。また、万治二年に設置され、本所・深川の開発にあたった本所奉行が、享保四（一七一九）年に廃止され、本所・深川地域がすべて町奉行の支配に移管され、延享二（一七四五）年には寺社門前地四四〇カ所、境内二二七町が町奉行支配に移管された。こうして町奉行の支配範囲は、下高輪《しもたかなわ》、白金台《しろがねだい》町、目黒、白金、渋谷《しぶや》、千駄ヶ谷《せんだがや》、巣鴨《すがも》、駒込、谷中、坂本、箕輪《みのわ》、橋場《はしば》、本所、小梅、深川猿江《さるえ》、永代《えいたい》・平野両新田の内となった。

この町奉行支配範囲とは別に、江戸、あるいは御府内の範囲とされたのは、(1)寛延元（一七四八）年に決められた、追放刑の江戸払で、立ち入りを禁じられた御構場《おかまいば》の範囲は、品川・板橋・千住・本所・深川・四谷大木戸より内側であった。(2)寺社が堂塔・社殿を普請・修復するためなどの寄付を一般に募ることを勧化《かんげ》というが、寺社奉行が江戸府内で勧化を許可する範囲は、東は砂村・亀戸《かめいど》・木下川《きげがわ》・須田村限り、西は代々木村・角筈《つのはず》村・戸塚村・上落合村限り、南は上大崎村より南品川宿まで、北は千住・尾久《おぐ》村・滝野川村・板橋の川限りである。(3)芝口の塗高札場《ぬりこうさつば》で変死者・迷子の年齢・衣服などを掲示したが、その対象範囲は、南は品川より長峰六軒茶屋町限り、西は代々木村・上落合村・板橋限り、北は下板橋・王子川・尾久川限り、東は木下川村川通・中川通・八郎右衛門新田限りである。(4)旗本・御家人が御府外にでるときは届出が必要とされたが、この御府内は、寛政三(一七九一)年の老中の指示では、江戸曲輪《くるわ》内(東は常盤橋門、西は半蔵門、南は外桜田門、北は神田橋門)から四里以内としている。

それぞれの範囲には出入りもあるが、町奉行支配範囲が一番せまく、これよりやや広げたのが(1)である。(2)(3)の範囲はほぼ同じで、さらに周辺部を含み込み、(4)が一番広い範囲であった。こうした御府内の範囲に異同が生じたのは、身分別に支配系統が異なっていて、統一的な行政区域がなかったからであろう。そこで御府内の範囲の異同を是正するため、文政元(一八一八)年に老中の決定として、絵図面に朱線を引き、御府内の範囲を確定した。これにより御府内を朱引内《しゅびきうち》とも称することになった。この範囲は、(2)(3)の範囲にほぼ一致している。このときに同じ絵図面へ町奉行支配範囲も黒線で示された。一部に出入りがあるものの、朱引内はこれより広い範囲であった。これは町人地の外延部に、さらに武家の屋敷地が拡大していった結果を示すものであろう。

# 5章

# 百万都市江戸の出現

菱垣廻船（天明9〈1789〉年奉納の絵馬）

## 1 消費都市江戸の経済

### 綱吉の政治●

五代将軍徳川綱吉《とくがわつなよし》は、神仏を深く尊信し、儒教を重視したため、多くの寺社などの建立・修復を行った。江戸では、天和元（一六八一）年に護国寺《ごこくじ》、貞享五（一六八八）年に護持院《ごじいん》の建立、元禄十（一六九七）年に寛永寺《かんえいじ》根本中堂の再建、元禄三年には上野《うえの》の林家《りんけ》の屋敷内にあった孔子廟《こうしびょう》を神田台《かんだだい》へ移しあらたに造営した（湯島聖堂《ゆしませいどう》）。このような幕府の土木・建築事業に便乗して、紀伊国屋文左衛門《きのくにやぶんざえもん》・奈良屋茂左衛門《ならやもざえもん》のように、一代のうちに膨大な富をきずきあげた商人たちもいた。

こうした造営費用は莫大なもので、幕府財政を悪化させていった。そこで元禄八年から正徳初年にかけて、幕府は大量の金・銀貨の改鋳を行った。これは貨幣の品位をおとし、そこから生じる利潤を、幕府財政の補塡にあてることを一つの目的とし、関係役人らの不正もあったため、当時から批判のまととなった。一方では、全国的な商品経済の展開のなかで貨幣需要が増大していき、貨幣の増鋳がのぞまれていたことも確かである。しかし、結果は江戸を始めとする全国の相場を混乱させ、活発になっていた商品の流通を阻害することにもなった。そこで正徳四（一七一四）年新井白石《あらいはくせき》の建議により、慶長金・銀貨の品位に戻す改鋳が行われた。

綱吉の政治で、批判が多いのは生類憐《しょうるいあわれ》みの令で、綱吉が戌《いぬ》年生れのため、とくに犬の愛護が強調された。このため、人びとは綱吉を「犬公方《いぬくぼう》」とよんだという。生類憐みの令は全国におよぼされたが、将軍のお膝元の江戸はもっともきびしかった。しかし、当初は犬を疵《きず》つけたり、殺しても厳罰には処せられなかったが、戌年の元禄七年から犬の愛護令が強化・頻発され、ついには飼犬をすてたり殺したものが死刑に処せられた。また、犬を飼うわずらわしさに犬をすてるものが多くなり、江戸市中に野犬が増加した。このため幕府は犬小屋をつくって野犬を収容した。喜多見《きたみ》村の犬小屋には、元禄五年に延べ一万三八七八匹が収容された。同八年には、大久保・中野に犬小屋が設置され、大久保は二万五〇〇〇坪（一坪＝約三・三平方メートル）、中野は一六万坪の敷地であった。中野では多いときで八万二〇〇〇匹におよび、その費用は一年に金九万八〇〇〇両もかかった。犬小屋

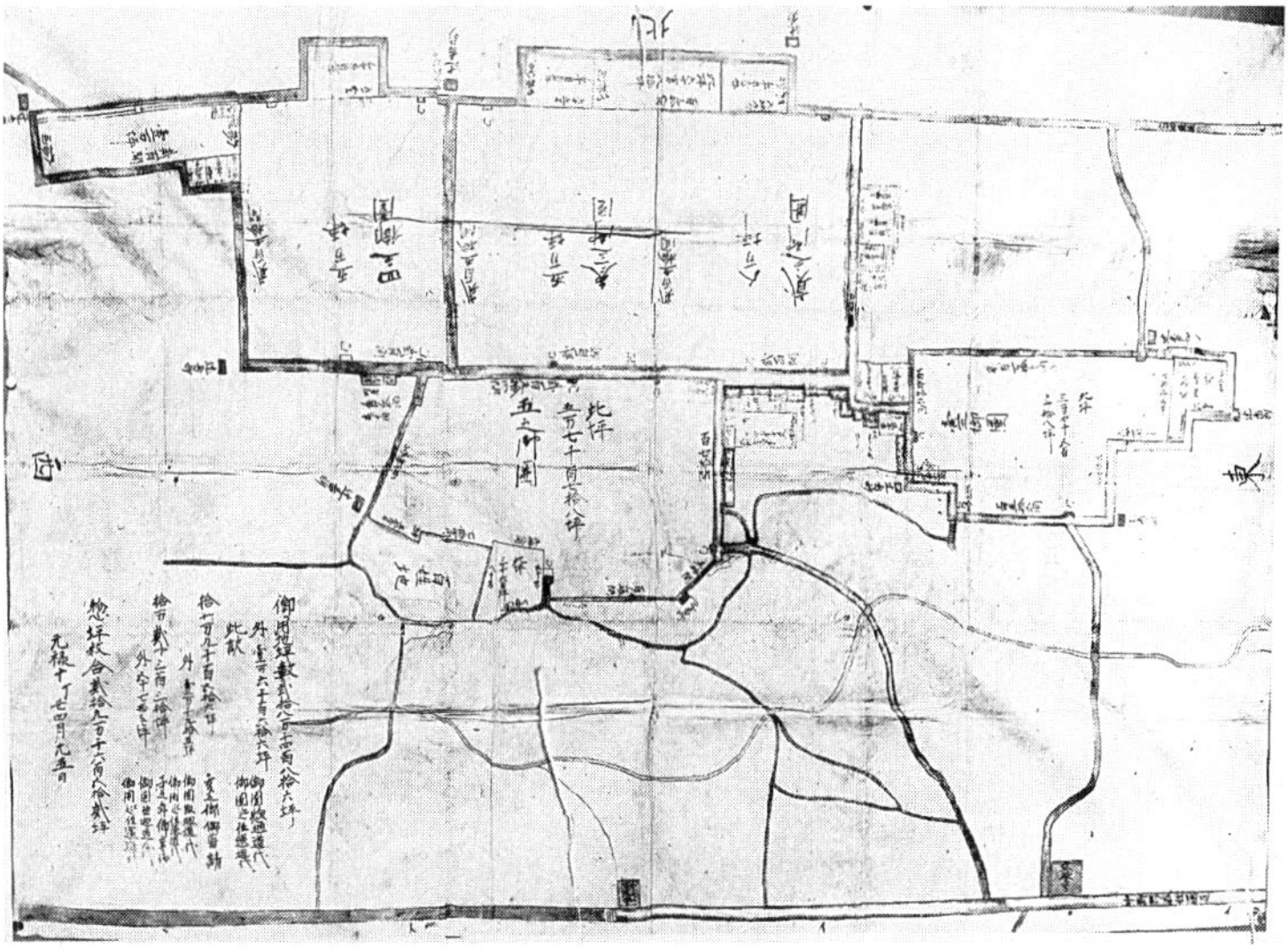

**中野の犬小屋**（御囲平面図，元禄10〈1697〉年）　中野の犬小屋の敷地平面図で，壱から五までの５つの御囲に分かれていたことがわかり，総坪数は29万1652坪とある。弐・参・四之御囲と五之御囲のあいだの道路の辺りをJR中央線が走っており，壱之御囲の東端辺りが中野駅にあたる。

の運営費用として、江戸町人へ小間《こま》一間に金三分ずつを割当て、関東農村へも犬扶持として高一〇〇石に一石ずつをださせるなどした。

こうした綱吉政治に対して、さまざまな批判がみられた。歌人戸田茂睡《とだもすい》は『御当代記《ごとうだいき》』で、「慈悲のやうにて、諸人めいわく困窮して、その慈悲もかへつて無慈悲になるやうなるは、あしき御仕置故也」と痛烈な批判をした。また、浪人筑紫園右衛門《つくしそのえもん》が、鳥獣の座談会形式をとりつつ、生類憐みの令をはじめとする綱吉政治を諷刺《ふうし》した「馬のものいひ」という刷物を配布したため、元禄七年に死刑に処せられた。さらに、元禄十四年に勅使接待役の浅野長矩《あさのながのり》が、江戸城本丸松之廊下《まつのろうか》で、高家《こうけ》の吉良義央《きらよしなか》に切りつけ、浅野は切腹、赤穂《あこう》藩は改易《かいえき》となり、翌十五年十二月に大石良雄《おおいしよしお》ら旧赤穂藩士が吉良邸に討ち入る事件がおきた。この赤穂事件に江戸市民が大きな共感をよせたのは、そこに綱吉政治に対する批判・抵抗がみられたからである。宝永六（一七〇九）年正月十日に綱吉が、生類憐みの令の永続を遺言して死んだが、六代将軍に就任した家宣《いえのぶ》はこれを停止し、この令により処罰された人びとへの大赦を行い、中野などの犬小屋も廃止した。

### 十組問屋の成立●

綱吉による建築景気や行きすぎた動物愛護政策が実施された一方では、江戸が百万都市となり、その消費をささえるため流通機構も整備されていった。

江戸の町方人口は、寛永年間（一六二四～四四）に約一五万人あったといわれ、それが享保六（一七二一）年には五〇万一三九四人となった。武家人口は、大名とその家臣団が二〇万人前後、旗本《はたもと》・御家人《ごけにん》が二〇万人前後と推計され、十八世紀までに江戸の人口は一〇〇万人を超えたという。また、江戸の経済にとって、武家の消費経済が大きな意味をもっていた。伊達研次氏の推計によれば、幕府や大名・旗本の支出額の合計は一カ年約一〇〇〇万両にも達したという（「江戸に於ける諸侯の消費的生活について」『歴史学研究』四巻四号〜六巻五号）。さらにこれに武士の消費生活をささえた多くの商工業者や、寺社の消費が加わった。

　この膨大な江戸の消費経済をささえるには、後背地である関東農村の生産力がまだ低かった。わずかに穀類・生鮮食品・薪炭などが関東農村から移入されたにすぎない。また、江戸には注目すべき加工業も存

江戸町人人口の変遷

| 年代 | 人口 | | |
|---|---|---|---|
| | 総数 | 男 | 女 |
| | 人 | 人 | 人 |
| 寛永11(1634)年 | 148,719* | | |
| 明暦3(1657)年 | 285,814* | | |
| 元禄6(1693)年 | 353,588** | | |
| 享保6(1721)年11月 | 501,394 | 323,285 | 178,109 |
| 享保18(1733)年9月 | 536,380 | 340,277 | 196,103 |
| 寛保2(1742)年9月 | 501,346 | 316,357 | 184,989 |
| 延享4(1747)年9月 | 513,327 | 322,752 | 190,575 |
| 宝暦12(1762)年 | 505,858 | | |
| 安永3(1774)年 | 482,747 | | |
| 9(1780)年 | 489,787 | | |
| 寛政3(1791)年 | 535,710 | | |
| 文化元(1804)年 | 492,053 | | |
| 7(1810)年 | 497,085 | | |
| 文政5(1822)年 | 520,793 | | |
| 天保3(1832)年5月 | 545,623 | 297,536 | 248,087 |
| 11(1840)年4月 | 551,369 | 296,414 | 254,955 |
| 嘉永3(1850)年4月 | 559,115 | 288,362 | 270,753 |
| 万延元(1860)年4月 | 557,373 | 282,924 | 274,449 |
| 慶応3(1867)年4月 | 539,618 | 272,715 | 266,903 |

＊は推計値，＊＊は参考値である。
柚木重三・堀江保蔵「本邦人口表」(『日本経済史研究』7号)，『幸田成友著作集』第2巻，中部よし子『近世都市の成立と構造』，南和男『幕末江戸社会の研究』などから作成した。

在しなかった。このため京都や大坂から物資の移入が必要であった。京都からは、武具や絹織物・小間物などの高級加工品類が、大坂からは、全国から集荷された物資と、周辺農村で生産される綿・菜種などを加工した繰綿《くりわた》・油を始め、酒・醤油類といった、主として日常生活物資が移入された。これらの諸商品はいわゆる「下《くだ》り物」とよばれて高級なものとされた。こうした上方と江戸との物資輸送のため、大坂と江戸とのあいだに、元和五（一六一九）年には菱垣廻船《ひがきかいせん》による商品輸送がみられ、寛永年間には大坂に菱垣廻船問屋《といや》が開店した。その後、樽《たる》廻船も就航するようになった。そして、河村瑞軒《かわむらずいけん》により、寛文十一（一六七一）年に東廻り航路が、同十二年に西廻り航路が整備され、全国的な海上輸送ルートが確立した。

江戸は、関東・東北地方に対する中央市場、あるいは上方とそれらを結ぶ中継市場としての位置ももった。仙台藩では慶長～元和年間（一五九六～一六二四）、南部藩では慶長末年、津軽藩では寛永二（一六二五）年、秋田藩では明暦元（一六五五）年、米沢藩では万治二（一六五九）年から、江戸への廻米が開始されたという。とくに仙台米ははやくから江戸の米相場を左右するほど大量に移入されており、江戸には大坂堂島《どうじま》の米穀市場とは別個に米穀市場が形成されていった。

こうして全国的に商品流通が活発になると、江戸商業の中心をなす問屋商人の営業形態が、荷受問屋から仕入問屋へと変化していった。荷受問屋は、生産地の荷主と注文主とのあいだを仲介するもので、各地の荷主から送ってくる委託荷物の引受・保管・販売を行い、口銭《こうせん》（販売手数料）や蔵敷料《くらしき》（荷物保管料）を収益とした。しかし、十七世紀中期ごろには、全国的に特産物生産が進展し、商品流通機構が整備され、特定の商品が大量かつ恒常的に供給されるようになると、自己資金で商品を仕入れ、仲買や小売商人へ卸売する仕入問屋のほうが、より大きな利益をあげられるようになった。こうして、自己資金を才覚によって運用して利益をあげる仕入問屋へと問屋の主流が変化していった。こうした変化をよく示す事例として、大伝馬町《おおてんまちょう》の木綿問屋があげられる。大伝馬町で寛永初年に、荷受問屋として四軒の木綿問屋が成立した。彼らは、木綿を取りあつかい、主として三河《みかわ》・伊勢《いせ》・尾張《おわり》などの東海地方と江戸・関東・東北を結ぶ役割をはたした。ところが貞享三（一六八六）年に、それまで四軒の問屋の系列下にあった七〇軒の木綿仲買がすべて問屋となった。この七〇軒の木綿問屋は、直接生産地から木綿を仕入れ、それを江戸市中や関東・東北に販売する仕入問屋の営業形態をとった。やがて旧来の四軒問屋が没落・衰退していったのに対し、七〇軒の木綿問屋の多くは経営を拡大していった。また、荷受問屋から仕入問屋への変化と並行して、米問屋・油問屋・炭問屋というように、特定の商品のみを取りあつかう専業問屋も増加し、十七世紀中期には業種ごとに、あるいは地域的なつながりによって問屋仲間も結成された。

こうした問屋仲間の存在を前提として、元禄七（一六九四）年に、大坂屋伊兵衛の主唱により、上方からの下り荷を主にあつかう江戸の問屋仲間の連合体として十組問屋仲間が結成された。このころ、上方から商品を海上輸送する廻船業者や船頭・水主《かこ》のなかには、海難事故後の積荷の処理などに不正を行うものがいて、荷主が損害をこうむることが多かった。自己資金で商品を仕入れる仕入問屋にとって、海上輸送に伴う損失を極力おさえたいのは当然であろう。伊兵衛のよびかけに応じたのは、本船町《ほんふねちょう》の米問屋、室町《むろまち》の塗物《ぬりもの》問屋、通町《とおりちょう》の畳表《たたみおもて》問屋、中呉服町の酒問屋、本町《ほんちょう》の紙問屋、大伝馬町の綿問屋、同町の薬種問屋、通町の小間物諸色問屋で、のちに本町四丁目の内店組《うちだなぐみ》と日本橋の釘《くぎ》問屋が加わり、十組となった（「大坂屋伊兵衛覚書」『新修日本橋区史』）。十組では、海上輸送による損害を最小限にくいとめるため、行事を定め、それまで廻船問屋にゆだねていた難破事故の処理を、すべて当番行事が行った。そして、十組の支配下に菱垣廻船問屋がおかれることになった。なお、享保年間（一七一六〜三六）には、塗物店組・表店組・酒店組・紙店組・綿店組・薬種店組・通町組・内店組・釘店組・河岸組で十組を形成した。十組は大坂と江戸とを結ぶ菱垣廻船への積合い仲間であったので、菱垣廻船積仲間とも称した。

こうした江戸商業の変動のなかで、十七世紀後期に経営基盤を固めていったのは、いずれも仕入問屋であった。このなかには江戸生れの商人も多くいたが、のちに「大店《おおだな》」といわれる江戸屈指の商家となったのは、江戸店持《えどだなもち》の上方商人であった。

また、江戸には店舗をもたずに、さまざまな仕事をする人びとがいて、市民の消費生活をささえていた。たとえば、多様な商品を行商して歩く棒手振《ぼてふり》、建築・土木現場での単純作業にあたる日雇《ひよう》などである。幕府は慶長十八（一六一三）年に、棒手振に町奉行の発行する鑑札所持を命じ、万治二年には改めて鑑札を発行し、統制を加えた。日雇については、承応二（一六五三）年までには日雇頭からの鑑札所持が命じられ、寛文五年三月には、日雇座が開設され、町中の日雇は会所で札銭をだして鑑札を受けることとされた。

**江戸店の暮らし●**

江戸で大店とよばれたのは、江戸店持の上方商人が多かった。江戸店とは、江戸出店のことで、たとえば、呉服・両替商の三井越後屋《えちごや》、呉服・小間物商の大村白木屋《しらきや》は京都に本店があり、木綿商の長谷川丹波屋《たんばや》は伊勢に本店があった。主人は本店にいたので、江戸店は奉公人によって運営された。奉公人は男子に限定され、その採用は本店で行った。採用時の年齢は一一〜一四歳で、採用地域は、本店もしくは本家の出身地周辺であった。三井は京都と出身地の伊勢から、白木屋は出身地の近江《おうみ》と京都から、長谷川は伊勢からの採用が多かった。

奉公人の昇進過程は、子供（丁稚《でっち》）～手代《てだい》～支配人の三過程が基本であり、店によってさらにこまかく分かれており、昇進は年功序列と業務成績によった。入店した子供は、昼は手代の使走《つかいばし》りや雑用に毎日をおくった。夜ものんびりできず、習字や算盤《そろばん》の習得を命じられた。手代になると、諸種の業務をつぎつぎと担当させられ、責任も増した。支配人は江戸店の最高役職で、その筆頭のものが江戸店を代表する立場にあった。支配人をつとめあげると別家《べっけ》となり、主家の暖簾《のれん》をわけてもらい、屋号の使用を許されることもあり、妻帯し独立した経営をいとなむことができた。ここまで入店してから三〇年ほどで、四〇代なかばになっていた。これらの店の経営にかかわる奉公人とは別に、男衆《おとこしゅう》とよばれた奉公人がいて、台所の賄い、荷物の包装や使番《つかいばん》、そのほか雑役に従事し、これには中年奉公のものも多く、短年季での移動もしばしばみられた。

支配役から子供まで、数多くの奉公人が起居を共

**三井越後屋**（鍬形蕙斎筆「駿河町三井越後屋・両替店図」）　天和 3（1683）年に駿河町へ移転した三井越後屋の店舗を描いたもので，19世紀前期の景観だが，道をはさんで右が呉服店，左が両替店である。

にする江戸店の経営と日常生活には、一定の秩序・規制が必要であり、仕事のことから防火など日常生活に至るまでを規定した店掟《たなおきて》が定められていた。奉公人の仕事のなかでもっとも重要とされたのは、商品の仕入れと売捌き、代金の集金であった。また、江戸店のなかには「登り」制度を設ける店が多かった。入店後の年数に応じて一、二カ月ほどの休暇をあたえ、本店に登らせて主人へ挨拶させ、帰郷を許すものである。登りをすますことが、店内での昇進過程の一つの区切りとなった。通常ではこれだけまとまった休暇をとることができなかったから、奉公人にとっては大きな楽しみであったが、一方では商売に不向きとして退職させられるきびしいふるいおとしのときでもあった。

江戸店の食生活は、概して質素なもので、白米多食の傾向が共通してみられ、副食には青物が少なく香物が多かった。こうした貧しい店の食生活をおぎなうため、白木屋では、小遣いのある手代以上の奉公人は、台所で料理や果物・菓子などを注文でき、得意客の接待に相伴する機会もあり、外出先で昼食をとることもできた。子供はこうした機会もなかったため、店の金をごまかして、菓子・団子・果物・蕎麦《そば》・うなぎ飯・すしなどを買食いした。

江戸店の生活で、娯楽といえるものは少なかった。白木屋の例では、奉公人が店の金品を着服して費消したのは、酒肴・食事以外では、芝居や相撲見物、寺社参詣、郭《くるわ》遊びであった。そして、手代以上の奉公人の使込みの大部分は、郭遊びによるものであった。

## 2　都市行政と施設の整備

### 江戸の行政組織●

江戸では武士・寺社人・町人などが、身分に応じて居住区域を明確に区分されており、武家地は、大名の場合は老中《ろうじゅう》・大目付《おおめつけ》が、旗本・御家人の場合は若年寄《わかどしより》・目付が、寺社地は寺社奉行が、町人地（町方ともいう）は町奉行が支配するというように、身分によって支配系統も異なっていた。町奉行が支配したのは、人口では約半分の五〇万人、面積でいうと江戸全体の約一五％ほどの町人地だけであった。この町方の行政組織をみると、町奉行所には、長官である町奉行のもとに与力《よりき》・同心《どうしん》がいた。また、町奉行のもとに三人の町年寄がいて江戸総町《そうちょう》を統轄し、町年寄のもとには二百数十人の名主《なぬし》がいて町々を支配した。

　町奉行は、旗本のなかから選任され、定員は二人で、月番《つきばん》で職務をはたした。二人の町奉行を、北町奉行・南

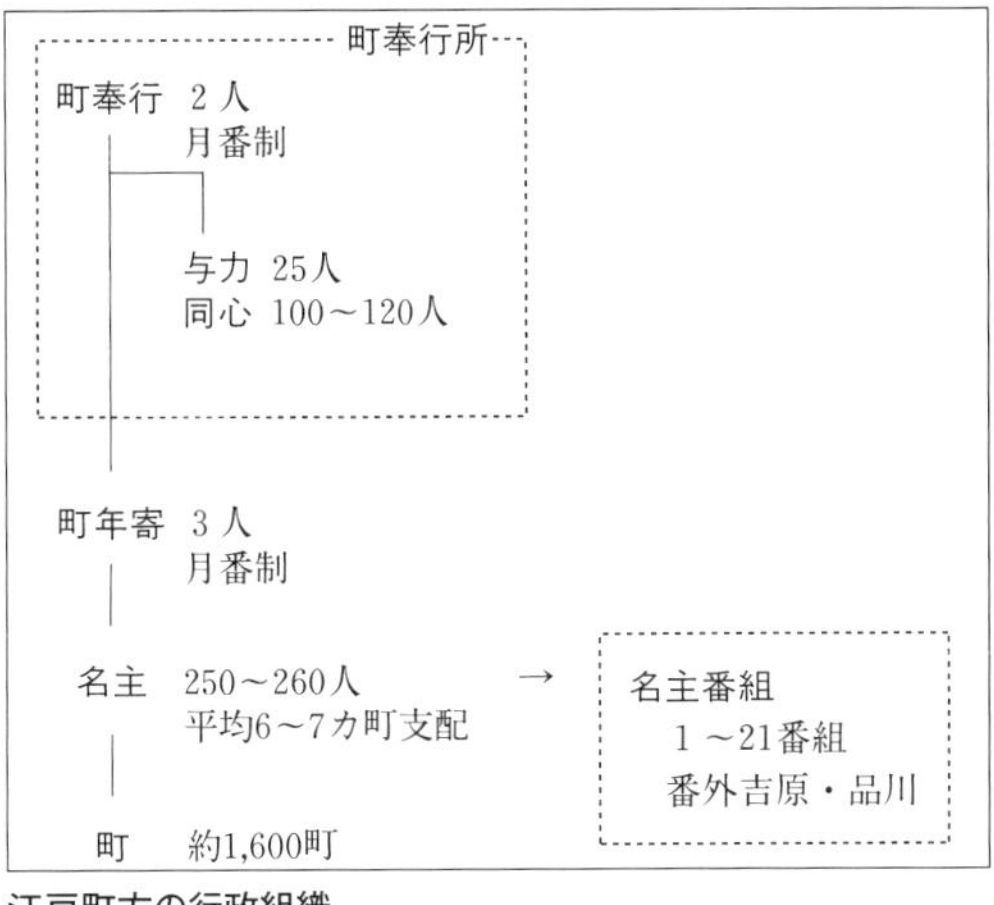

江戸町方の行政組織

町奉行とよぶのは俗称で、町奉行所の相対的な位置関係からきている。町奉行の職務は、町方の行政・司法・立法・警察・消防などをつかさどることにあった。町奉行のなかでは、後世の脚色もあるが、大岡忠相《おおおかただすけ》や遠山景元《とおやまかげもと》がよく知られている。なお、元禄十五（一七〇二）年から享保四（一七一九）年のあいだは、中町奉行所が設けられ、三奉行体制であった。

町奉行のもとで都市行政を行ったのは、与力・同心である。時代によって増減があるが、南北町奉行所に、与力は各二五人、計五〇人、同心は各一〇〇から一二〇人、計二〇〇から二四〇人であった。町奉行所以外に転役することはほとんどなかったので、職務にはよく精通していた。与力・同心の職務分掌である役掛《やくがかり》は、享保改革以前では歳番《としばん》（年番）・牢屋見廻り・町廻りにすぎなかったが、享保改革以降に多様化する行政課題に応じて増設されていった。役掛のなかでは町奉行所全体を取り締まる歳番と裁判を担当する吟味方《ぎんみかた》（詮議方）がもっとも重要視された。また、三廻り（隠密廻り・定《じょう》廻り・臨時廻り）は同心だけで構成された。なお、同心は犯罪者の捜索・逮捕にあたり、私的にやとった小者《こもの》（手先・目明《めあかし》・岡引《おかっぴき》ともいう）を利用した。

町年寄は、樽屋《たる》・奈良屋《なら》・喜多村《きたむら》の三家が世襲でつとめた。その職務は、⑴町触《まちぶれ》の名主への伝達、⑵新開地の地割り・受渡し、⑶人別の集計事務、⑷名主の任免、⑸組合名簿の保管など商人・職人の統制、⑹公役《くやく》・冥加《みょうが》・運上《うんじょう》の徴収・上納、⑺町奉行の諮問に対する調査・答申、⑻町人の諸願出に関する調査、⑼民事関係の訴訟の調停などであった。

名主は、町年寄のもとで町方支配にあたる反面、支配町民の代表者としての役割もはたした。名主数は、享保七年に二六四人、天保二（一八三一）年に二四六人であった。一人の名主の支配町数は、平均すれば

六、七カ町であった。名主の職務は、(1)町触の伝達、(2)人別改《にんべつあらため》、(3)忠孝奇特者の取調べ、(4)火の元の取り締まり、(5)火事場での火消人足の差配、(6)町奉行や町年寄の指令による諸調査、(7)町奉行所への訴状や

与力・同心役掛の変遷

| 享保14(1729)年 | 寛政5(1793)年 | 天保13(1842)年 | 慶応元(1865)年 |
|---|---|---|---|
| 年　番 | 年　番 | 年　番 | 年　番 |
| 本所見廻り改 | 本所見廻り | 本所見廻り | 本所方 |
| 牢屋見廻り | 牢屋見廻り | 牢屋見廻り | 牢屋見廻り |
| 養生所見廻り | 養生所見廻り | 養生所見廻り | 養生所見廻り |
| 出火之節人足改 | 町火消人足改 | 火事場人足改 | 人足改 |
| | 吟味方 | 吟味方 | 御詮議方 |
| | 赦帳弁撰要方 | 赦帳撰要方 | 赦帳撰要方 |
| | 例繰方 | 例繰方 | 例繰方 |
| | 江戸向橋懸 | 定橋懸 | 定橋懸 |
| | 籾蔵定掛 | 町会所掛 | 町会所掛 |
| | 浅草会所見廻り | 猿屋町会所見廻り | 猿屋町会所見回り |
| | | 古銅吹所見廻り | 銅座出張役所見廻り |
| | | | 硝石会所見廻り |
| | | 市中取締役 | 市中取締諸色掛 |
| | | 十組跡調掛 | 諸問屋組合再興掛 |
| | | 市中沽券同人別掛 | |
| | | 諸書物編集掛 | |
| | | | 外国掛 |
| | | | 箱館産物会所取締掛 |
| | | | 海陸御備向御取扱掛 |
| 地方役 | | | |
| | 隠密廻り | 隠密廻り | 隠密廻り |
| 町廻り役 | 定廻り | 定廻り | 定廻り |
| | 臨時廻り | 臨時廻り | 臨時廻り |

点線以下は同心のみの役掛である。南和男「町奉行—享保以降を中心として—」(西山松之助編『江戸町人の研究』第4巻)による。

届書への奥印《おくいん》、⑻沽券状《こけん》（家屋敷の売買・所持に関する証文）その他の諸証文の検閲・奥印、⑼支配町内紛議の調停、⑽失行者の説諭、⑾町入用《まちにゅうよう》の監査、⑿祭礼の監督・執行などで、支配町のすべての町用と公用に関与した。名主はこうした職務をはたすため一般町人には禁じられていた玄関構《げんかんがまえ》を許されていたので、町民は名主のことを「玄関《げんか》」とよんだ。名主は名主役専業で御用達という特例をのぞけば他業を兼業することは禁じられていたため、支配町内から役料を徴収して収入とした。幕末の例では最低で一、二両、最高で三〇〇両に達するものもあったが、平均して六〇両ほどであった。

町の住民は、家持《いえもち》、家主《いえぬし》、地借《じがり》・店借《たながり》の三つに分けられる。家持は、地主として所持する家屋敷に居住するものをいう。家主は、地主から家屋敷の管理をまかされ、地主に対しては地代・店賃徴収と家屋敷の管理・維持を行い、幕府に対しては管理下にある家屋敷とその住民のすべてについて責任を負い、家守《やもり》・大屋《おおや》ともいった。地借は土地を借りて家屋は自己資金でたて地代を支払ったもので、比較的生活基盤の安定した中層以上の商人が多かった。店借はさらに表通りに面した店舗を借りる表店借と、表通りから路次をはいった棟割長屋を借りる裏店借に分けられる。表店借は地借と同様に中層以上の商人が多かったが、裏店借は日雇・棒手振・小職人などのその日稼ぎの下層民が多かった。地借・店借は、公役・国役や町入用の負担を免除されたが、町政に関する発言権はいっさい認められず、公私にわたり家主の世話になったので、「大屋《おおや》といえば親も同然、店子《たなこ》といえば子も同然」といわれた。

家主によって五人組が結成され、五人組員のなかから毎月交代で町用や幕府の公用をつとめるものをだした。これを月行事《がちぎょうじ》という。月行事の職務は、⑴名主からの町触の町内への伝達、⑵町内訴訟・願届への加判および町奉行所への付添、⑶町奉行所などからの検使見分《けんしけんぶん》の立会、⑷罪囚の保留、⑸名主の指揮の

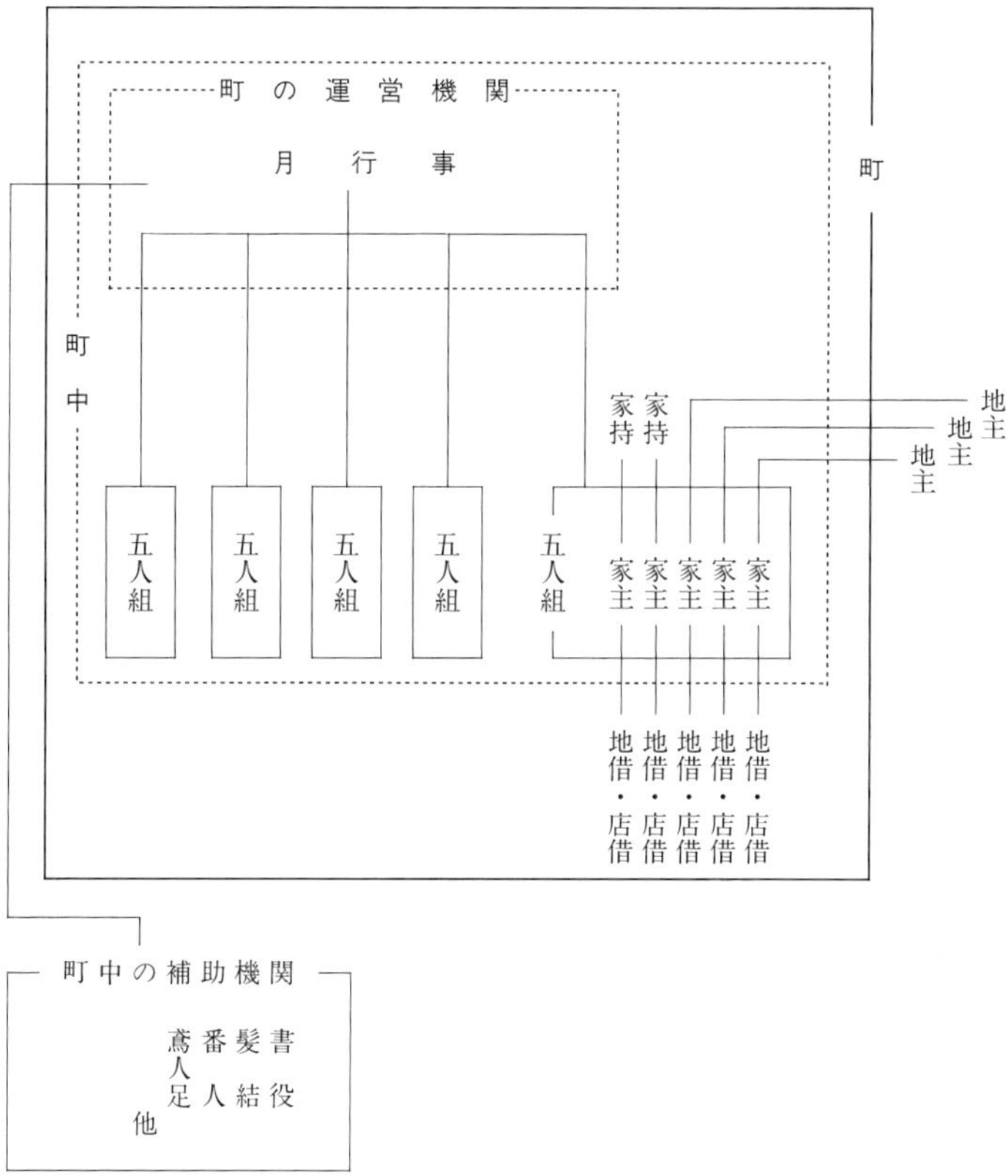
町
町の運営機関
月行事
町中
五人組
五人組
五人組
五人組
五人組
家持
家持
地主
地主
地主
家主
家主
家主
家主
家主
地借・店借
地借・店借
地借・店借
地借・店借
地借・店借
町中の補助機関
書役
髪結
番人
鳶人足
他

町の構成

もとでの火消人足の差配、(6)冬から春にかけての火の番・夜廻り、(7)喧嘩口論の仲裁、(8)捨子・行倒人の世話、(9)キリシタン宗門や浪人の取り締まりなどで、町内にかかわるすべてのことを処理した。月行事はこうした職務を町内の自身番につめて執行し、自身番には月行事の補助員として書役《かきやく》がいた。

**都市施設と町人の負担●**

江戸市民の生活を安定させ、かつ安全に暮らすためには、上水道などの都市施設の整備も重要であった。神田上水《かんだじょうすい》は、家康の江戸入り前後に開発されたとも伝えられるが、玉川《たまがわ》上水とともに、町方にまで給水されるようになったのは十七世紀中期であった。また、続いて玉川上水の分水として、青山《あおやま》・三田《みた》・千川《せんがわ》の各上水が開かれ、別に亀有《かめあり》（本所《ほんじょ》）上水も開発されたが、この四上水は享保七年に上水としての利用を停止した。上水を管轄した幕府部局は、初めは町奉行であったが、その後上水奉行～町年寄～道奉行（江戸市中の道路を管理）～町奉行と変遷し、明和五（一七六八）年に普請奉行へ移管されて幕末に至る。実際の上水の維持・管理は、享保年間（一七一六～三六）に整備された上水管筋ごとに武家屋敷や町を組み合わせて組織した上水組合によって行われ、水道の使用料とでもいうべき水銀や、上水管の敷設などに関する費用である普請金も、武家地は石高割（知行高の大小）、町人地は小間割（町屋敷の規模の大小）に応じて、組合ごとにまとめて徴収された。上水道の局地的な修理は、組合によって行われ、上水全体にかかわる修復は、その費用を幕府が立て替え、幕府の手によって行われた。これを仕越普請《しごしぶしん》といい、その費用は八カ年か一〇カ年ごとに組合に割り当てて、幕府金蔵に収納した。

都市施設の整備とともに、都市生活上で欠かすことができないのが、生活環境の整備である。人口の増加や生活の多様化によって増大化していくゴミや糞尿の処理が問題となる。糞尿は肥料として近郊農村に

❖コラム

## 自身番・木戸番・辻番

江戸市中の治安維持施設として、武家地には辻番、町人地には木戸・自身番があった。寛永六（一六二九）年に辻斬《つじぎり》防止のために江戸市中各所に番所を設けたのが辻番の起源といい、自身番もこのころに設置されたという。辻番は維持方法によって、⑴幕府が関係施設のある場所に設けた公儀辻番、⑵大名一家で設け家中から番人をだした大名辻番（一手持辻番）、⑶近隣の大名・旗本が共同で設け、すべて請負制をとる組合辻番（寄合辻番）の三つに分けられる。辻番人の職務は、昼夜交代で勤務し、夜中でも戸をしめず不寝番をする。ときどき受持範囲を巡回し、狼藉者や負傷者、挙動不審者を捕縛し、捨子・迷子・病人・酒酔人の世話、変死人・病死人の届出などであった。自身番は木戸際などに治安維持、消防、町内事務の処理や寄合のために設けられた番屋で、その維持費用は町入用から支出された。はじめは各町の地主自身が当番でつめたことから自身番の名称があるが、のちには家主・番人（月一両ほどで町でやとったもの）・店番（地借・店借）がつめた。また、自身番には町でやとった書役がつめ、町触の筆写や町入用の計算など町内事務を取りあつかった。町奉行所役人が捕縛した犯罪者の一時拘留の場であり、消防用具が配備され出火時の火消人足や町役人の集合場所でもあり、捨子・行倒・病人・酒酔人の世話なども行った。木戸は町の出入口に設けられ、木戸際には木戸を開閉する木戸番人がつめる木戸番があった。木戸や木戸番の経費も町入用から支出された。木戸は昼に中央二間半の大木戸を開いて通行自由であったが、非常の時や夜四ツ時（一〇時ごろ）から朝六ツ時（六時ごろ）まで閉鎖し、脇の小木戸（潜《くぐり》）から通行させた。

引き取られていったので問題はなかったが、十七世紀中期ごろから、ゴミ処理が大きな問題となり、幕府は、ゴミの処理場を江戸湾岸の永代島《えいたいじま》に指定し、ゴミ収集のため町に大芥溜《おおあくただめ》を設けさせた。大芥溜から永代島への運搬・投棄は特定の請負人にゆだね、ゴミ処理費用は町から請負人へ支払うこととした。このゴミ投棄によって永代島やその近辺の海は、しだいに埋め立てられていき、木場《きば》町・六万坪《ろくまんつぼ》町・千田《せんだ》新田・石小田《いしおだ》新田・平井新田などが成立した。享保十九（一七三四）年には、ゴミ捨請負人七六人が株仲間を結成した。これは江戸城の堀の浮芥《うきあくた》を無償で除去することを条件に認められたため、御堀浮芥浚《おほりうきあくたさらい》請負人組合とよばれた。一方、武家屋敷では、出入りの農民に屋敷内の掃除とゴミ処理を請け負わせた。ゴミは農民が村へ運んで肥料にしたり、町方と同様に永代島へ船で運んで処分したりした。このほかに屋敷内にゴミ穴を掘って埋めても処理した。

町人は幕府から公役・国役《くにやく》を賦課された。公役は、地主負担の労働奉仕の人足役で、これを負担した町を公役町といい、文化年間（一八〇四〜一八）に七二八町あった。国役は主として技術奉仕の職人役で、これを地主が負担した町を国役町といい、

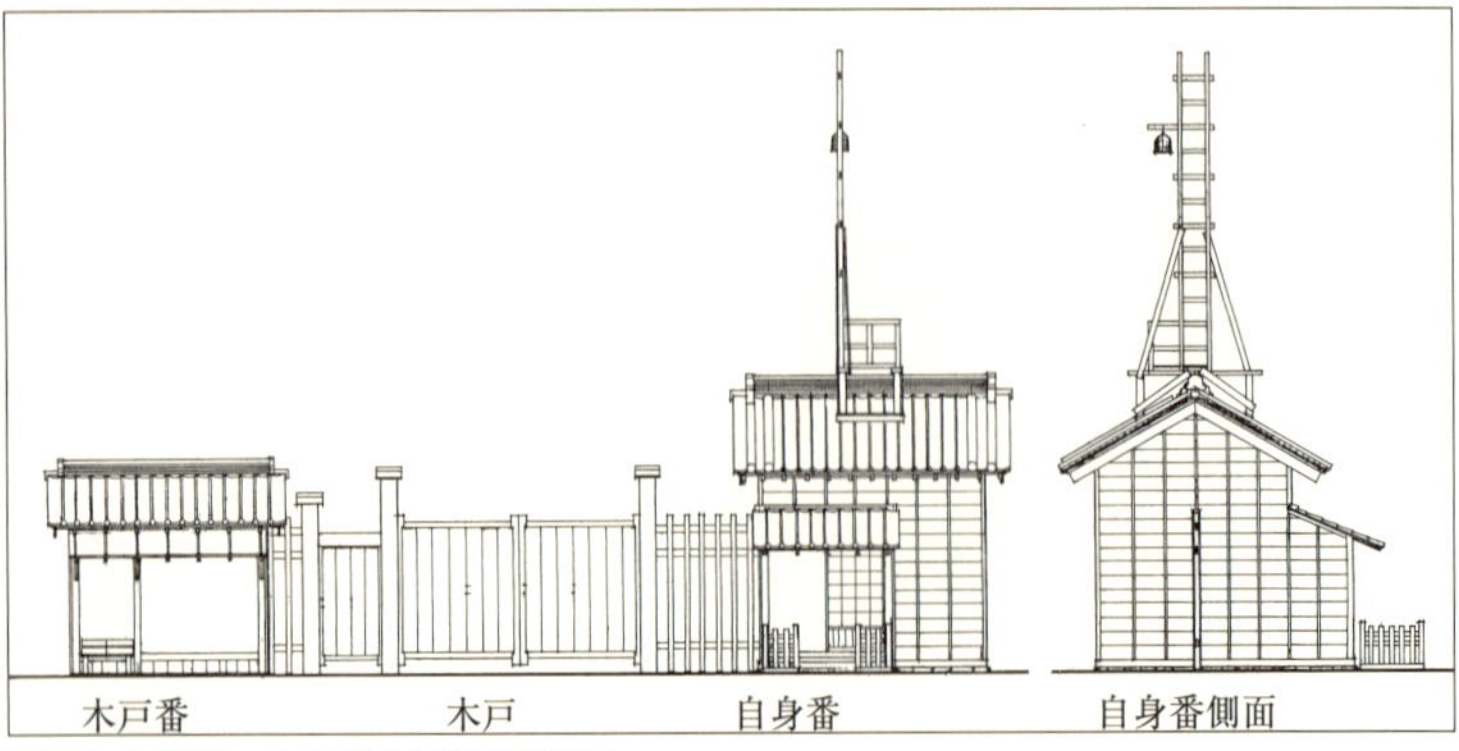


木戸と木戸番・自身番（波多野純制作）

初期には六一町あった。公役・国役ともに代銀納化していくが、とくに伝馬役は過重な負担であった。この公役・国役や、町政にかかわる経費である町入用は、地主がその所持家屋敷の規模に応じて出金してまかなわれた。町入用の費目は、(1)自身番の維持・管理費や番人の給金、(2)木戸・木戸番の維持・管理費や木戸番人の給金、(3)橋の維持・管理費、(4)町内道路の修繕費、(5)上水道の水銀・普請金、(6)下水の維持・管理費、(7)ゴミ捨賃、(8)町火消の維持費、(9)防火施設・用具費、(10)捨子・捨物・行倒人や喧嘩の処理費、(11)祭礼の執行費、(12)町内の雑用をさせるためにやとった定使・小使の給金などであった。とくに、地主の三厄といわれたように、防火・上水・祭礼に関する費用が大きな部分を占めた。また、町では、町政を執行するために、さまざまな取決めをした。これを町法《ちょうほう》、あるいは町掟《ちょうおきて》・町式目《ちょうしきもく》といった。

## 3 享保の改革

### 改革の諸政策●

江戸は十八世紀前期には、面積・人口ともに巨大都市となった。幕府は、その結果うみだされたさまざまな都市問題・社会問題に対処しなければならなかった。

享保元（一七一六）年四月に八代将軍となった徳川吉宗《よしむね》は、翌二年二月に大岡忠相を南町奉行に任命し、町奉行所の機構改革を始め、江戸の市政改革にあたらせた。町奉行所については、享保四年四月に中町奉行所を廃止し、南・北の二奉行体制へ戻した。また、同月には、本所奉行の廃止に伴い、本所・深川地域が町奉行支配に編入された。町奉行所の与力・同心の掛役は、あらたな都市政策の展開に伴って、本所見廻り・養生所見廻り・町火消人足改などが新設された。

法典については、幕府では、刑法典である「公事方御定書《くじがたおさだめがき》」や、幕府法令集である「御触書集成《おふれがきしゅうせい》」の編纂を進めたが、町奉行所でも、大岡の命により、享保十年ごろから、都市行政を行ううえで先例として重要と思われる町触や、政策実施にかかわる書類を事項ごとに分類・整理した「撰要類集」の編纂がはじめられた。また、吉宗は、広く民衆の意見をききだし政策の参考とするため、享保六年閏七月に目安箱《めやすばこ》を設けたが、その成果に、防火のための火除地《ひよけち》設置や家屋の瓦葺《かわらぶき》推進、養生所設立などがある。

全国の人口調査が享保六年六月に初めて行われ、五年後の享保十一年に第二回が行われ、これ以降六年に一度ずつ実施されたが、江戸でも、享保六年十月を最初として、毎年四月と九月の二回、名主をつうじて人口調査が行われた。

町政機構については、享保六年九月に町代《ちょうだい》が廃止された。町代とは、町が町政事務処理のためにやとった書記役であったが、しだいに町政上に大きな権限をもつようになり、不正や弊害が生じていたからである。享保七年には、名主を地域的に編成して一七組の組合を結成させ、町触の伝達を始め、名主職務の相互監督などを行わせた。のちには、二一組と番外吉原・品川の二組で、合計二三組となった。

町人が負担した公役については、それまで賦課基準・賦課量が一定していなかったが、享保七年に賦課基準・量を統一して代銀納とした。また、従来無役であった拝領町屋敷・組屋敷にも賦課した。これによって公役の賦課方法の簡素化と負担の均等化がはかられた。

吉宗による倹約政策にもとづく奢侈《しゃし》禁止令の一環として、「新規仕出し物」が禁止され、その取り締まりに利用するため、享保六年八月に仕立屋・太物問屋・蒔絵師・小間物問屋・瀬戸物問屋など九六業種の商人・職人に、問屋・仲買・小売の区別なく業種ごとに組合を結成させた。この関連で、出版統制も強化され、同年に本屋仲間が公認され、仲間行事によって新規出版物の検閲が行われた。

貨幣政策については、白石の政策を引きつぎ、正徳金銀貨と同品位の貨幣を鋳造し、享保三年に新金銀通用令をだして新貨幣に統一し、通貨量の縮小をはかった。このため、一般に物価は下落したものの、社会に深刻な不況をもたらした。一方では、旧貨幣の使用停

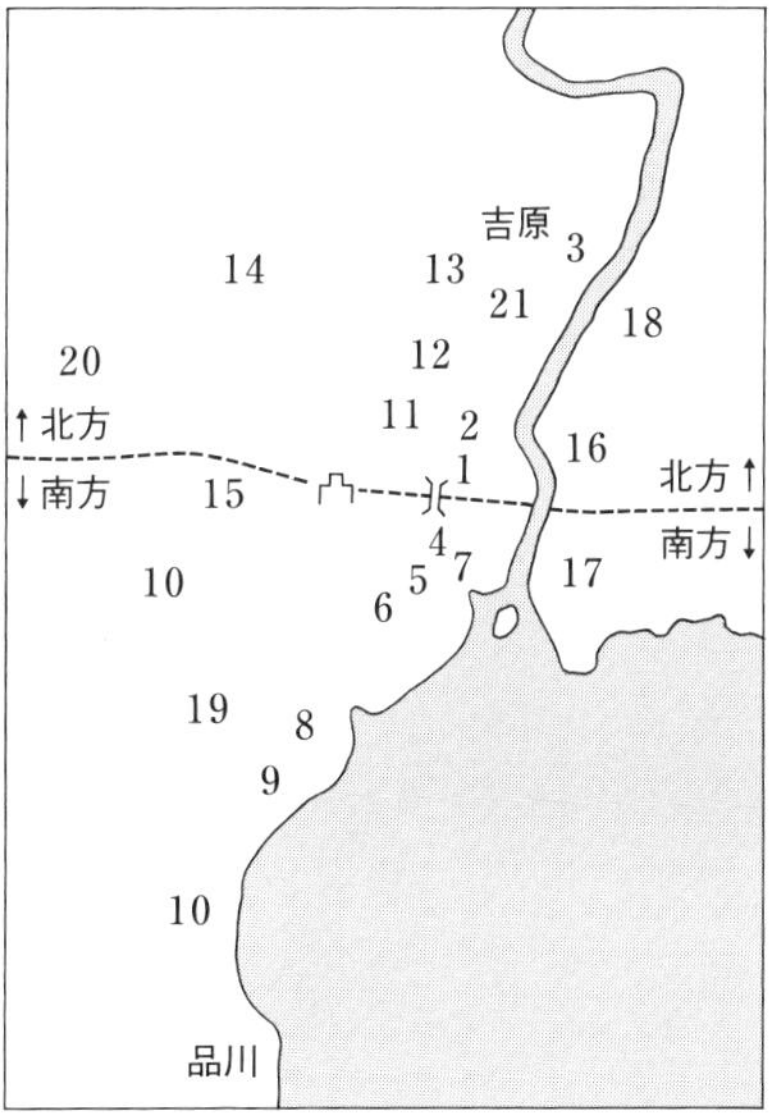

名主番組略図

| 名主番組 | 地　　　域 |
|---|---|
| 1 | 本町・大伝馬町辺 |
| 2 | 横山町・小伝馬町辺 |
| 3 | 浅草辺 |
| 4 | 通町辺 |
| 5 | 南伝馬町辺 |
| 6 | 木挽町・新両替町辺 |
| 7 | 八丁堀・霊岸島・佃島辺 |
| 8 | 芝口辺 |
| 9 | 芝金杉・三田・飯倉・麻布辺 |
| 10 | 高輪・麻布・渋谷・青山辺 |
| 11 | 内神田辺 |
| 12 | 外神田・本郷辺 |
| 13 | 湯島・下谷・池之端・上野辺 |
| 14 | 小石川・駒込・巣鴨・谷中辺 |
| 15 | 小日向・牛込・市谷・四谷・赤坂・鮫ケ橋・麹町辺 |
| 16 | 南本所辺 |
| 17 | 深川辺 |
| 18 | 北本所辺 |
| 19 | 芝二本榎・下高輪辺 |
| 20 | 牛込・高田・四谷・千駄ヶ谷・雑司ヶ谷辺 |
| 21 | 浅草阿部川町辺 |
| 吉原 | 新吉原 |
| 品川 | 南品川 |

止に伴い、借金や地代・店賃をめぐる訴訟が多発したため、享保四年に幕府は、借金銀などの訴訟を受理しないという相対済《あいたいすま》し令をだした。また、享保六年には、町民の訴訟にさいして名主の奥印《おくいん》を義務づけるとともに、訴訟はできる限り名主に和解調停させようともした。

物価政策は、なんといっても米価が下落し、その他の物価が高騰する「米価安の諸色高」という状況の解消にあった。これは、年貢米を売って諸物資を購入する武士の生活窮乏をもたらし、武家経済に大きく依存する江戸経済の低落を引きおこすことになる。幕府は、米価を引き上げるため、米の空米《からまい》取引（信用取引）を解禁して米の需要を増大させ、一方では諸藩の江戸・大坂への廻米を制限して流通量を減らそうとした。しかし、米価は下落し続けていく。享保二十年には、江戸で金一両につき米一石四斗以下という公定価格を決めるまでになった。

また、諸物価高への対応として、幕府は、享保九年から同十一年にかけて、江戸市民の生活必需物資である水油・魚油・繰綿・真綿・酒・炭・薪・木綿・醤油・塩・米・味噌・生蠟・下《くだり》蠟燭・紙の一五品をあつかう問屋に組合を結成させ、この問屋組合をつうじて、物価高の理由、江戸への入荷量、営業方法、産地からの流通ルートなどを調査した。一方では、享保八年十月から江戸湾の入口に位置する浦賀奉行所で、生活物資の江戸への流入量を調査させてもいる。なお、享保九年五月には、旗本・御家人の給米の売却を請け負う札差《ふださし》の組合が公認されてもいる。このように、この時期の特色として、組合を利用して都市政策が実施されたことを指摘できよう。

物価政策の一環として、幕府は、享保十四年十二月に、米価安を理由に地代・店賃や奉公人給金の引下げを命じてもいる。結局、物価問題を決着させたのは、貨幣の品位をおとしての改鋳であった。元文元

（一七三六）年五月に金銀貨の改鋳が行われ、貨幣の品位をおとし、流通量を増加させた。改鋳直後は、一時的な通貨相場の混乱もみられたが、社会に新金銀貨が流通するにつれて物価も安定していった。

教育面では、儒学にもとづく教育の推進がはかられ、儒学の徳目を室鳩巣《むろきゅうそう》がまとめた『六諭衍義大意《りくゆえんぎたいい》』を出版し、享保七年に町奉行から市中の手習いの師匠に配布し、手本として用いさせた。

なお、享保改革期に、江戸の近郊へ市民のための行楽地が創設されたことが注目される。東郊の隅田《すみだ》川堤には桜樹や柳・桃が植えられ、南郊の御殿山《ごてんやま》には黄櫨《はぜ》や紀州吉野山の桜の種子が植えられ、北郊の飛鳥《あすか》山《やま》には桜の苗木を始め松・楓《かえで》が移植された。西郊の中野村には、綱吉のときに設けられた犬小屋の跡地に、紅桃・白桃などが植樹され桃園が開かれた。これらの場所には水茶屋の設置も認められ、江戸市民の行楽地として、花の季節には多くの人びとで賑わいをみせた。

**消防制度の整備●**

江戸では、とくに火災による被害が大きく、江戸市民へ物心両面にわたり大きな打撃をあたえた。そのため、享保の改革では、さまざまな火災への防災対策が実施された。

享保三（一七一八）年十月に、町奉行は、出火時に火元から風上二町、風脇左右二町ずつ計六町がそれぞれ一町に三〇人ずつ、計一八〇人の人足をだして消火するように命じた。さらに、十二月には、火消組合を編成し、組合ごとの分担区域を定めた。しかし、この地域割が機能的でなかったので、享保五年八月に、組合の再地域割が行われた。隅田川の西を、ほぼ二〇町を一組とし、四七組とした。この組合は、いろは四七文字を組の名としたが、へ・ら・ひの三字はのぞき、かわりに百・千・万を加えた。隅田川より東、本所・深川地域は、別に一組から一六組までの一六組合に編成した。

享保十五年正月になると、右の四七組を、一番から一〇番までの一〇の大組のもとに編成した。これによって、従来よりもはるかに多くの人足を火事場に集めることが可能となった。そのため、従来は人足を一町から三〇人ずつだしたが、一五人に半減し、町の負担を軽くした。その後、いろは四七組のほかに本組が新設されて三番組に編入され四八組となった。元文三（一七三八）年には、四番組と七番組の文字は縁起が悪いとして、四番組は五番組に、七番組は六番組に編入し、大組は八組となった。また、このころまでに、本所・深川の一六組も南・中・北の三大組に編成された。

町火消は、設置当初、町人地のみの消火にあたり、武家地での消火活動は禁止されていた。しかし、享保七年十一月に、受持区域の二町内外の武家屋敷の火災のさいには、とくに立ち入りが許され、さらに、享保十七年四月に、定火消にかえて、ろ・せ・も・百・千の五組に、浅草の幕府米蔵の火消が命じられた。こうして、町火消は、江戸城曲輪《くるわ》外の消防に中心的役割をはたすようになった。

町火消は、初めは店人足《たなにんそく》といい、町の住民が消防にあたったが、当時は破壊消防が中心で、これになれない素人があたるため怪我人《けがにん》もでたりしたので、のちには破壊消防になれた鳶職が町火消の主体となり、町では鳶人足を町抱《まちがか》え、または組抱えにして常備した。天明七（一七八七）年二月には、駈けつける人数を大幅に減らし、鳶職だけで町火消を組織することが認められた。なお、消火した跡には各組の消口《けしくち》を示す消札《けしふだ》を立てることになっていた。そのため、火事場では消口を争って、火消同士の喧嘩も発生した。消防道具の主なものは、纏《まとい》・龍吐水《りゅうどすい》・水鉄砲・玄蕃桶《げんばおけ》・水籠《みずかご》・竹梯子《はしご》・鳶口・指又《さすまた》・団扇《うちわ》などである。こうした町火消の装備や鳶人足の賃銭は、地主が負担する町入用から支出され、町火消が江戸の消防組織の中心となっていくと、その費用も増大していった。

町火消のほかに、享保二年から四年にかけて、延焼防止帯としての火除地の設置が行われ、最大時には九〇カ所ほどにも達した。また、享保五年には塗屋《ぬりや》造・土蔵造・瓦葺の耐火建築が奨励され、同七年以降は強制となった。こうして塗屋造・土蔵造・瓦葺という特色ある町並が形成された。享保八年八月には、火災報知施設として火の見櫓《やぐら》の設置が命じられてもいる。

## 養生所の創設●

江戸の大きな社会問題となってきたものに、増大しつつある下層民の生活保障の問題があった。享保六(一七二一)年に町奉行所では、火災にあうと生活困窮におちいるものを調査し、彼らが類焼したさいに、数日間の扶持米《ふちまい》をあたえるとした。また、家族に疾病者がいる困窮者へも扶持米をあたえるとしている。この調査は、同七年、八年にも行われた。

また、当時の医療費は高いものであり、下層民は医者にかかることもできず、薬種屋で売られる売薬を手にすることもできなかった。そのため、下層の町民たちは、大病になると、まともな医療がほどこされないまま、病床に苦しみ、ときには家族離散、一家破産という事態におちいった。こうした医療環境の改善のために、享保の改革では、朝鮮人参を始めとする高価な輸入薬種にかわって、国産薬種を開発し、これを安価で潤沢《じゅんたく》に供給しようとするとともに、江戸では、江戸時代で唯一の入院加療施設である養生所《ようじょうしょ》が創設された。

養生所は、幕府が小石川《こいしかわ》薬園(東京大学付属小石川植物園)内に、江戸町中の貧窮病人のために設けた無料の施療院《せりょういん》で、享保七年正月、麹町《こうじまち》一二丁目三郎兵衛店の町医師小川笙船《おがわしょうせん》が、施薬院《せやくいん》設立を願って目安箱に投じた上書が採用され、同年十二月に開設された。

開設当初は、薬園で栽培された薬草の効果をためすための施設だという噂《うわさ》が広まり、入所するものが少なかった。そのため、町奉行は市中の名主を養生所に集め、施設の内容を説明した。こうした努力によって、入所者も増加していった。

養生所の入所者は、初めは看病人のない貧窮病人に限定されていたが、享保八年二月に、看病人があっても、貧窮病人であれば入所できることにした。享保十年からは、無宿などをのぞいた行倒人や寺社門前地の町民でも入所できるようになった。入所定員は、初め四〇人であったが、入所制限の緩和に伴い、享保八年に一〇〇人、同十四年に一五〇人となったが、同十八年からは一一七人とし、以後幕末に至る。なお、享保八年八月以降は、医師不足のため通院加療を廃止した。

病人は養生所に入所すると、夏は帷子《かたびら》、冬は布子《ぬのこ》の仕着があたえられ、食費・医療費は無料であった。夜具蒲団を始め入所生活に必要な物も貸与された。入所期間は、初めはとくに制限はなかった。享保十一年から二〇カ月、同十五年から一二カ月、同十八年から八カ月と期間が短縮されていった。これは入所を望むものが多く、すべてのものを全快するまで入所させておけなかったためである。享保十八年以降では八カ月を過ぎると重病者であっても退出しなければならず、しかも一度退出したものは同じ病のため再度の入所は許されなかった。病死者は宿元《やどもと》で引き取り、無縁のものは回向院《えこういん》に葬られた。

養生所は幕末まで町奉行の支配のもとで維持・運営され、与力・同心が直接の取り締まりにあたった。養生所の医師は、設立当初から天保十四（一八四三）年三月に町医師と交替するまでは、若年寄《わかどしより》支配の寄合医師・小普請医師が出仕した。医師は本道・外科・眼科に分かれていた。なお、小川笙船の子孫が代々養生所の肝煎《きもいり》をつとめた。

## 享保の江戸打ちこわし●

享保の改革において、吉宗が「米将軍」とよばれたように、幕府は米価安《べいかやす》への対応に四苦八苦させられた。ところが、享保十七（一七三二）年夏に、瀬戸内海沿岸を中心とする近畿・中国・四国・九州地方に、イナゴが大発生し大被害を受けた。江戸でも米が払底し、米価は一時的に高騰し、町民の生活をおびやかした。

同年十二月、米価高騰で町民の困窮が著しく、餓死者もでている緊迫した状況のなかで、町火消のい・ろ・せ・す・百・千組の町々（日本橋・京橋・築地辺り）の家主たちは、名主奥印《おくいん》がないまま、町奉行所へ米価引下げを願いでた。町奉行所では訴状を受理したが、倹約して生活を切り詰めるよう指示しただけで、有効な対策をとらなかった。翌享保十八年正月になると、十七日にろ組以下五組の名主は、町奉行所へ米価引下げを願う訴状を提出した。さらに、十九日に百・千・す組の町民が集団で町奉行所に押しかけ、米価引下げを嘆願し、その方策として、⑴享保十六年八月の江戸への白米輸送禁止令を解除し、⑵米の自由売買を認めることを要求した。幕府はこの要求の⑴を認め、二十一日に江戸への白米輸送禁止令を解除するとともに、米の隠匿を禁じ、問屋・仲買・小売に対して、手持ち米の売出しを指示した。幕府もようやく米価引下げに本腰を入れはじめた。また、二十三日に町奉行は、市中の困窮者に対して、二〇〇〇石の救米《すくいまい》を支給することを公表した。二十五日には、百組の町民たちは、ふたたび町奉行所へ、米の自由売買と、隠匿米摘発のため各所の蔵の調査を要求する訴状を提出した。この日の夜、高間伝兵衛《たかまでんべえ》宅が打ちこわされた。

高間伝兵衛は、日本橋本船町の米河岸に店を構えた下り米問屋であった。幕府は米価調節のため、享保十五年に江戸で上方米を引き受けることができる米問屋を八人に限定したが、伝兵衛はその一人であった。また、翌十六年に伝兵衛は、幕府から巨額の資金を貸しあたえられて、大坂で買米を行ってもいる。このように、伝兵衛は、幕府の米価調節に協力する特権的御用米商人であった。そのため、市中に伝兵衛が米を買い占めて米価をつりあげているとの風評が広まった。そこで、伝兵衛は享保十八年正月に、二万石の米を米価引下げのため相場より五升安で売りだすことを願いでて、幕府も二十三日に許可した。しかし、この大量の米の売りだしがはじまる前に伝兵衛宅が打ちこわされた。

正月二十五日の夜、困窮民が伝兵衛宅に押しかけ、伝兵衛を非難するなどのさわぎとなり、それを聞いた困窮民がぞくぞくと集まり、二〇〇〇人ほどとなった。そして、ついに家屋・家財をこわし、前の川に投げ込み、帳簿などを破りすてるなどの事態となった。これが江戸における打ちこわしの最初である。

さて、打ちこわしのあった四日後の二十九日に、幕府は市中の米屋・米問屋が所持している米を、すべて町民に売りだすように命じた。これによって、幕府は、町民たちが要求した米の自由売買を一応は容認したことになる。困窮民の救済については、すでに正月二十一日に、町奉行は、救米の支給と川浚《さら》い普請という救済事業の実施を提案していたが、川浚い普請の実施は正月二十五日から、救米の支給は正月晦日に実施された。また、三月三日には名主の要望にもとづき、一部困窮者の地代・店賃を免除するよう命じてもいる。こうした対策より、ともかくも、打ちこわしを高間伝兵衛一軒にとどめることができた。

## 4 武蔵野新田の開発と周辺農村

### 武蔵野新田の開発●

享保の改革の重要課題に悪化した幕府財政再建があり、一時的な方策として上米令《あげまいれい》が発せられたが、基本的には年貢収納量の増加が目指された。一定期間年貢率を固定する定免法《じょうめんほう》や、農民の手元から全剰余を収奪する有毛検見取法《ありげけみどりほう》の採用により年貢増徴をはかるとともに、新田開発が実施され、年貢量は増加し、幕府財政は一応安定した。

幕府は享保七（一七二二）年七月に、新田開発に関する高札《こうさつ》を日本橋《にほんばし》に建てて、新田開発の請負人をつのった。その結果、下総《しもうさ》国の飯沼《いいぬま》新田、越後《えちご》国の紫雲寺潟《しうんじがた》新田、武蔵《むさし》国の見沼《みぬま》新田など、各地に新田が開発された。江戸の周辺では、武蔵野新田の開発がよく知られるが、これを推進したのは、同年六月から地方御用掛を兼任した町奉行の大岡忠相とその配下の役人たちであった。

新田開発の高札が建てられた享保七年秋に、開発願が武蔵野台地周縁諸村を中心に多くの村・百姓仲間・個人から提出された。翌八年五月に町奉行所から、入会地である武蔵野芝地を収公し、開発を希望する村に割渡すことなど、武蔵野台地開発の具体的方針が公表され、開発地の割渡しが行われた。そして享保九～十一年(西武蔵野は享保十～十二年)の三カ年の鍬下年季《くわしたねんき》が設定され、開発がいっせいにスタートした。

開発主体は多様であったが、ほぼ村請《むらうけ》新田と百姓仲間の協同請負による百姓寄合《よりあい》新田の二つに分けられる。村請新田は、入会権をもち、開発を請け負った親村の持添《もちぞえ》新田として、耕地拡大を目的として開発されたもので、これが半数以上を占め、砂川・小川・廻《めぐ》り田《た》・大沼田新田などがこれにあたる。百姓寄合新田は、開発した新田地を出百姓《でびゃくしょう》（入植農民）に分譲して利益を得ることを目的としており、野中・長谷部新田などがこれにあたる。

開発当初は、実際の開発にあたる出百姓がきわめて少なかった。そこで、享保十二年十月に幕府は、出百姓に家作・農具料を下付することにした。これにより、出百姓は激増した。しかし、家作・農具料の下付は、享保十三年十月と同十四年正月に行われたものの、それ以後は新田百姓が年貢を完納しないことを理由に下付が停止された。幕府は、鍬下年季が切れた享保十二、三年に、一率で高額の新田年貢を賦課したが、この高額の年貢を、経営基盤の不安定な新田農民には負担しきれなかった。そこで、享保十五年に新田農民たちは、家作料下付と年貢減免を請願した結果、家作料が下付され、年貢も大幅に減額された。こうした措置により、武蔵野新田は一応は安定し、わずか六年で新田検地が可能となった。元文元（一七三六）年に、大岡忠相を奉行として、武蔵野新田の検地が行われた。この検地により、新田村落の石高が確定し、多摩郡四〇カ村、新座《にいざ》郡四カ村、入間《いるま》郡一九カ村、高麗《こま》郡一九カ村で、総計八二カ村が成立し、その総石高は一万二六〇〇石余であった。なお秣場《まぐさば》などを潰して新田が開発されたため、肥料は購入肥料にたよることになった。

武蔵野新田は、生産力が低く経営も不安定で、新田農民の生活も窮乏していた。そして、元文三年の大凶作も加わり、潰《つぶれ》百姓が発生し、江戸や周辺の町場へ出稼ぎにでたり、離村する農民も少なくなかった。そこで、新田の安定のため、幕府はさまざまな保護策をとり、元文四年八月に、新田世話方に多摩郡押立《おしたて》村（府中《ふちゅう》市）の名主川崎平右衛門《かわさきへいえもん》を登用した。平右衛門は、新田農民の経営を安定させるために、食料の欠乏する春には用水・溜池の修理を行い、賃銭のかわりに食料を支給し、凶作に備えて貯穀をさせ、その一方では、離村した農民に補助金をあたえて帰村させるなどした。こうした保護策により、新田の安定がもたらされ、武蔵野新田では、十八世紀後期に穀物を中心とした畑作生産が急速に上昇していった。また、村内の名主・年寄を始めとする村政運営組織も独自に整備されていき、寺や神社が勧請され、新田村落の生活も安定していった。

なお、武蔵野新田の村落景観は、村落の中央を直線の道路が走り、道路の両側に短冊状に地割りされ、屋敷は道路に面する位置に、耕地はその裏にまとめて配置され、屋敷ごとに防風林としての屋敷林が植えられ、道路にそって長く続き、とくにそびえたつケヤキの巨木が武蔵野新田の象徴となっていた。

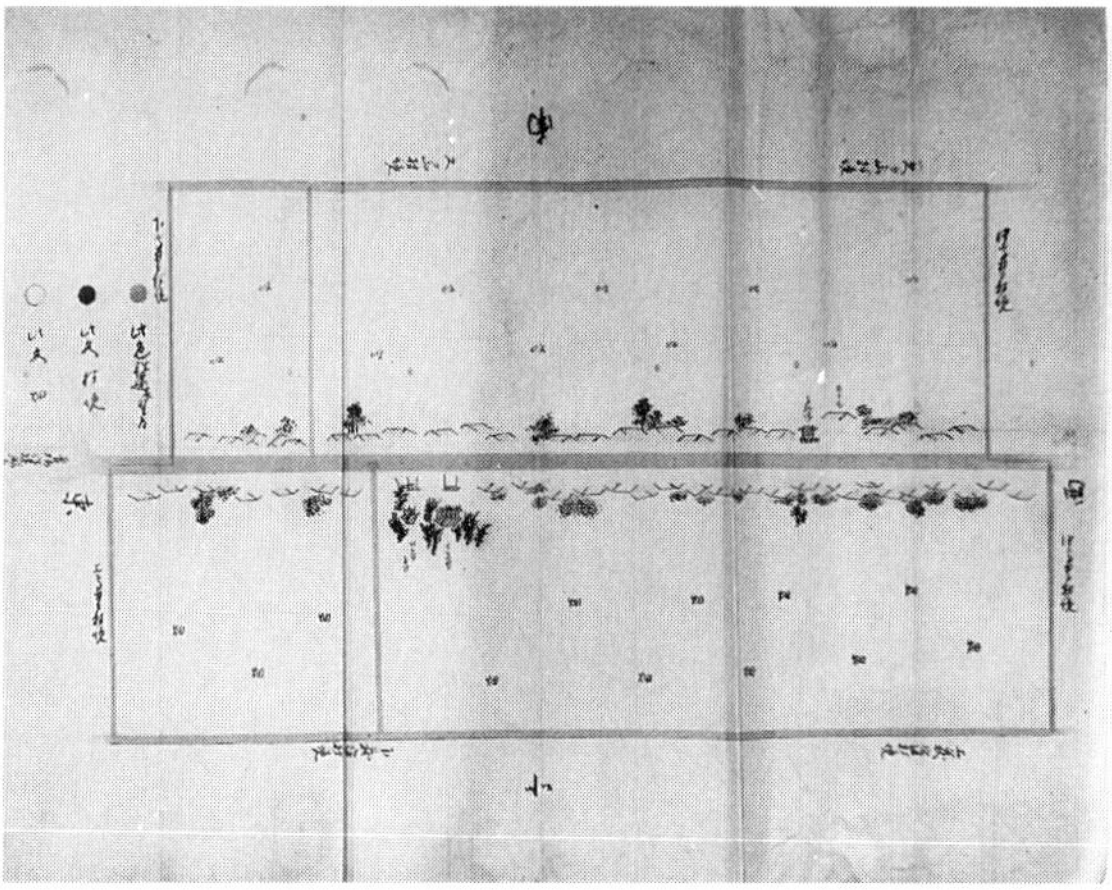

**大宮新田の景観**(「大宮前新田絵図」天保８〈1837〉年)　村は東西に走る青梅街道脇道(五日市街道)の両側に南北へ規則正しく長方形をなす，新しい計画的な村の形になっており，農家は街道に沿ってならび，その裏に畑地が配置されている。

## 周辺農村の生産物●

江戸の巨大な胃袋を満たすために、近郊農村から野菜類が供給されるようになり、十八世紀には特定野菜の名産地も形成された。近郊農村への野菜栽培技術の導入には、幕府が府中宿（府中市）に瓜《うり》の栽培場を、葛飾《かつしか》郡隅田村（墨田区・葛飾区）に御前栽畑《ごぜんさいばた》を設け、生産物を将軍に献上させ、また、江戸城内の野菜畑で栽培するためのナス苗・種物を多摩郡中野村(中野区)の名主堀江家に毎年上納させ、柏木成子《かしわぎなるこ》町の名産である鳴子瓜を毎年献上させるというように、幕府による栽培強制がきっかけとなったものもあるという。

この一方では、江戸の消費需要の高まりに応じて、農民自身の手で、品種の改良や新作物の導入、栽培技術の向上がはかられてもいった。練馬《ねりま》大根は、江戸時代中期に、練馬地域の農民の品種改良の努力によって、上質の大根につくりだされたものである。さらに、中田新田（江東区）の松本久四郎《まつもときゅうしろう》が工夫して、季節にさきだってナス・キュウリ・菜豆《なまめ》などを生産し、江戸へ出荷したという。しかし、野菜類の生産は肥料が大量に必要なうえ、価格が不安定で、下落したときには大きな損害をこうむった。そのため、農業経営の中心は、江戸の東郊では水田稲作に、西郊では畑作の大麦におかれていた。ただ、現金収入のために野菜生産が大きな魅力をもっていたことも確かで、経営のバランスのなかで、農民たちは野菜生産にも力をいれていき、十九世紀になると、生産される野菜の種類、生産地ともに増加していった。なお、野菜生産には、肥料として下肥《しもごえ》が多く使われた。

江戸近郊の江戸向け野菜の産地は二つに分けられ、第一は、東部から北部にかけて広がる葛西《かさい》・埼玉・足立《あだち》郡などの水田地帯で、葉菜類の生産が中心に行われた。とくに、江戸市中に隣接する葛西は、この地域の代表的な水田蔬菜地帯で、舟運の便により、大量に荷傷みも少なく、低運賃で野菜を出荷することができ、肥料としての江戸の下肥輸送も容易という有利さがあった。第二に、西部一帯に広がる武蔵野台地の豊島《としま》・多摩・荏原《えばら》郡などの畑作地帯で、大根を主とする根菜類の生産が行われた。とくに、豊島郡ではさまざまな名産野菜をうみだし、江戸の隣接地域では漬菜・蕃椒《ばんしょう》・ナスなど、その外側では大根などが生産された。新座郡では幕末に、柳瀬《やなせ》川・新河岸《しんがし》川などの水運を利用して、芋《いも》・根菜類の出荷を行った。多摩郡では人馬による小規模な陸上輸送にたよらざるをえなかったため、生産コストの低いものか、果実・瓜などの高単価なものが出荷された。また、野菜生産地帯の外側の多摩山地は、燃料である薪炭や、用材を供給する地域であった。

**鷹場としての周辺農村●**

江戸の周辺農村は、鷹場《たかば》に編成されていた。鷹場は、領主が鷹狩を行う場所で、そのため禁猟区に指定され、実際には鷹狩を行わない地域も含まれ、この地域の農民にはさまざまな規制や負担が課せられた。

徳川家康《いえやす》は鷹狩を好んで行ったが、その目的は民情視察・農民統制・家臣団統制・軍事訓練などにあったという。家康は関東へ転封後、東金《とうがね》・忍《おし》・鴻巣《こうのす》・越谷《こしがや》・中原《なかはら》など江戸周辺の要衝の地に鷹場を設定したが、それは諸地域に散在するものであった。寛永年間（一六二四〜四四）になると鷹場制度が整備され、寛永五（一六二八）年に、江戸からほぼ五里以内の沼辺《ぬまべ》・世田谷《せたがや》・中野・戸田《とだ》・平柳《ひらやなぎ》・淵江《ふちえ》・八条・葛西・品川の九カ領にわたる地域に鷹場が設置され、各領内に触村《ふれむら》をおき、幕府代官による鷹場法令の伝達機構が整備された。寛永十年には、御三家へ江戸から五〜一〇里のあいだに鷹場があたえられた。こうして、江戸の周囲に、幕府・大名・旗本領などの区別なく、一円的に鷹場が設置された。この時期には、鷹匠・鳥見などの鷹場関係役人の職制も整備された。しかし、四代家綱《いえつな》・五代綱吉の時期には鷹場制度の縮

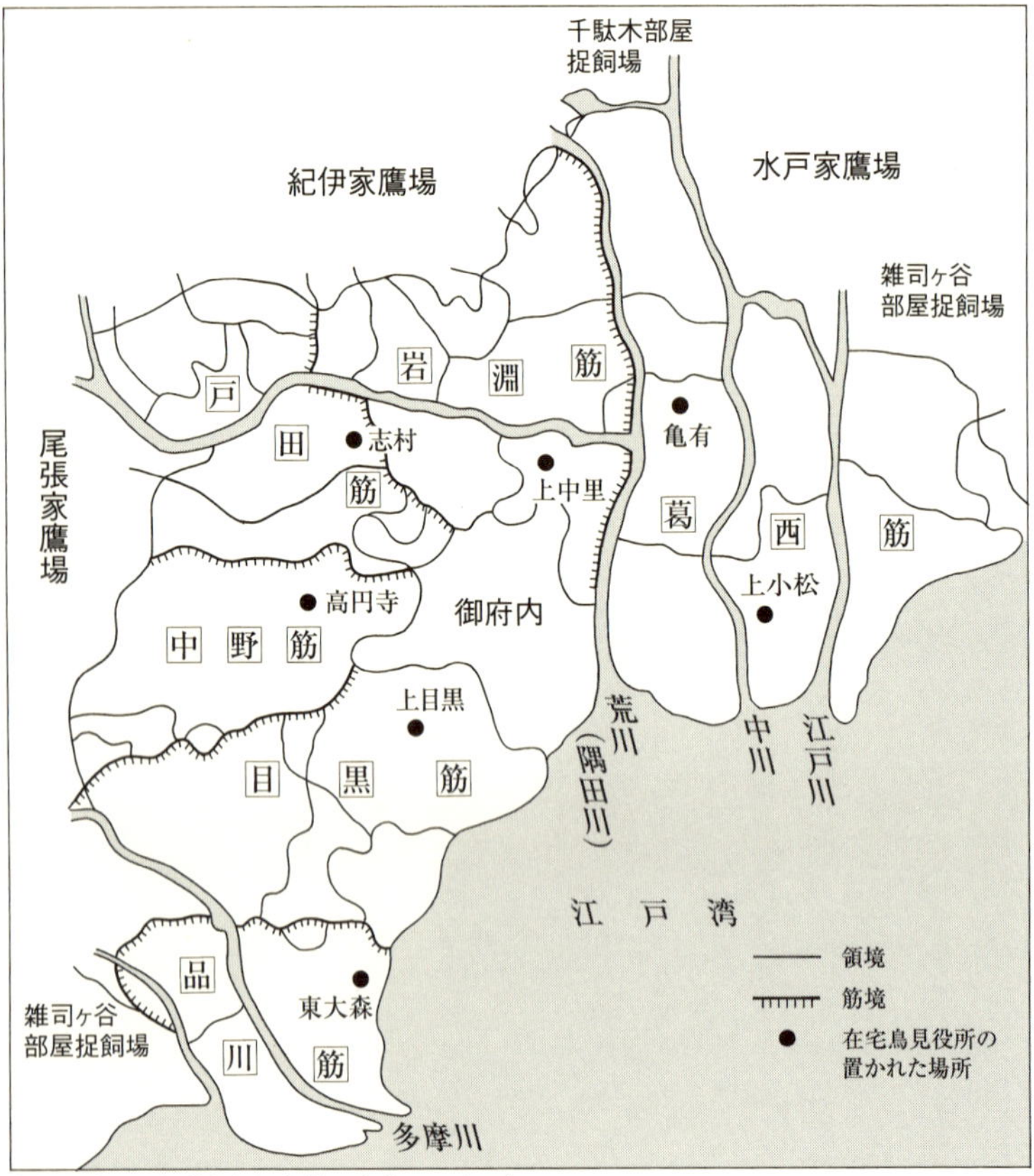

鷹場図(大石学『吉宗と享保の改革』による)

小・廃止の方向にむかい、六代家宣・七代家継《いえつぐ》の時期にも継承されたが、江戸周辺の鷹場では、鷹狩が中止されただけで、従来どおり禁猟区のままで農民負担も継続した。

享保元（一七一六）年に吉宗が八代将軍となると、鷹場の復活・再編成が行われ、同年九月に、従前の九カ領に鷹場を再置したが、翌二年二月に、この九カ領を葛西・岩淵《いわぶち》・戸田・中野・品川・六郷《ろくごう》の六筋に編成しなおした（享保十年に六郷筋は品川筋、品川筋は目黒筋と改称）。同三年には、鷹場農村の負担を均等化し、共同負担させるために、ほぼ二〇〜四〇カ村で組織した鷹場組合が結成され、組合惣代として触次《ふれつぎ》がおかれ、触次をつうじて鷹場法令の伝達や鷹場役の徴収を行った。また、各筋には鳥見役所が設置された。この外側の江戸から五〜一〇里の地域に、御三家の鷹場も再置され、捉飼場《とらえかいば》も設置された。

江戸周辺に設置された鷹場はつぎの三つからなっていた。(1)拳場《こぶしば》は将軍が鷹狩を行う場所で、江戸から五里の範囲にあり鳥見の管轄下におかれた。(2)捉飼場は拳場の外側に位置し、鷹匠頭の管轄下におかれ、鷹匠が鷹の訓練をする場所であるが、日常の実質的な管理は、有力農民から抜擢された野廻り役によって行われた。(3)借場は御三家始め諸大名が幕府から拝借した鷹場で、拳場の外側の江戸からほぼ五〜一〇里のところに位置した。

幕府の鷹場関係役人は、つぎの三系統に分けられる。(1)鷹匠頭二人が千駄木《せんだぎ》・雑司ケ谷《ぞうしがや》の鷹部屋や捉飼場を管理し、そのもとに鷹匠がいて、鷹部屋で鷹の飼育にあたり、捉飼場で鷹の訓練を行い、将軍の鷹狩に随行して奉仕するなどした。(2)鳥見は鷹場の管理を行い、鷹場農村を巡回して野鳥の繁殖状況や鷹場の整備状況などを視察した。六筋の鳥見役所は、上目黒村（目黒筋）、東大森村（品川筋）、志村《しむら》（戸田筋）、上中里村（岩淵筋）、高円寺村《こうえんじ》（中野筋）、亀有村・上小松村（葛西筋）の七カ所に設置された。この鳥見役所にいて、鷹場を管理したのが在宅鳥見《ざいたく》である。このほかに府内につめる筋掛《すじがかり》鳥見があり、将軍の鷹狩に関する庶務を担当した。農民から抜擢された綱差《つなさし》役は鳥見に付属し、将軍の鷹狩に際して獲物を捕獲しやすいように諸鳥を確保する役割をはたした。(3)鷹野役所は、鷹場にかかわる法令や諸事項の伝達、将軍の鷹狩にさいしての諸事務や、鷹場役の徴収などを行った。こうした職務は、関東郡代伊奈《いな》氏の馬喰《ばくろちょう》町役宅の鷹野御用掛が処理していたが、寛政四（一七九二）年に伊奈氏が失脚すると、幕府勘定所に新設された鷹野役所で取りあつかい、文化三（一八〇六）年に関東郡代制が廃止されると鷹野方と改称された。

鷹場農村では、家作の新増築・屋根の葺替や水車の設置を始めとして、苗木の植付や立木の伐採、案山子《かかし》を立て、堀浚いや土砂採取などを行うのも鳥見の許可が必要で、さらに、火災など変災があったときの報告や農間余業の届出も義務づけられ、田への水掛け・種まきなど耕作時期まで指示された。祭礼などの行事や相撲・芝居の興行を行うのも鳥見の許可が必要であった。つまり、少しでも鷹場の現状を変更する場合には、鳥見の許可を必要とし、生活のあらゆる面で規制されたのである。

鷹場農村の負担は、将軍の鷹狩のときや、鷹匠・鳥見役などの廻村のさいの伝馬人足・水夫人足・御場《ごば》拵《こしらえ》人足・鷹番人足があげられる。このうちで大きな負担となったのは御場拵人足役であった。これは鷹狩時期が近づくと、鷹場の立木を切ったり小道をつくったりするものであった。鷹狩当日は御場拵人足のほかに、獲物を追いだす勢子《せこ》人足にもかりだされた。これに加えて、鷹野役所用命の諸品納入とそれに伴う持送り人足があった。これには鷹の生餌であるケラ・ドジョウなどの上納を始め、鷹場とは直接関係ない上ケ物《あげもの》とよばれる、江戸城内などで使用される杉の葉・ヨモギ・野菜・種物・魚介などで、府中領からは瓜、多摩川流域の稲毛領・世田谷領からはアユが上納された。

6章

# 江戸っ子の登場

おらんだ正月(市川岳山画『芝蘭堂《しらんどう》新元会図』)

# 1　大江戸意識の成立

## 大江戸と江戸っ子●

「花の大江戸」とか「大江戸《おおえど》八百八町」という言葉をよく耳にする。この「大江戸」とは都市江戸の美称である。江戸は日本第一の大都市として、近世前期から大江戸といわれていたように思われがちであるが、大江戸という言葉は十八世紀後半になってからのようである。

たとえば、寛政元（一七八九）年刊の山東京伝《さんとうきょうでん》の洒落本《しゃれぼん》『通気粋語伝《つうきすいごでん》』に、「夫諸白《それもろはく》の名に流れたる隅田川の景色は、大江戸の隅におかれず」とあるのが、比較的早い時期の用例である。そしてこのころ以降、諸文献に盛んに登場するようになる。享和二（一八〇二）年刊の十返舎一九《じっぺんしゃいっく》の『東海道中膝栗毛《とうかいどうちゅうひざくりげ》』に、「地主唯《ただ》は通さぬ大江戸の繁昌」とあり、文政七（一八二四）年刊の『江戸買物独案内《えどかいものひとりあんない》』の大田南畝《おおたなんぽ》の序文には、「広大なる大江戸の繁昌」とみえる。また小林一茶《いっさ》の句に、「大江戸や芸なし猿も花の春」というのがある。

このほか、書名に大江戸とあるのを例示すると、『大江戸春秋《しゅんじゅう》』（文化三〈一八〇六〉年）、『大江戸長《ちょう》者番付《じゃばんづけ》』（嘉永四〈一八五一〉年）、『大江戸倭歌集《わかしゅう》』（安政五〈一八五八〉年）、『大江戸割烹家献立《かっぽうやこんだて》くらべ』（安政六年）というように、化政期から幕末期に多い。

このように大江戸という言葉は、十八世紀後半に登場し、十九世紀にはいって盛んに使用されるようになった。言葉や概念があらたに成立するためには、それなりの社会的背景、つまり江戸の社会構造や住民意識などの変化があったはずである。

その変化の一つは、十八世紀後半に江戸が地理的にますます拡大し、文字通り空間的に江戸から大江戸になったことである。用例にも「広大なる大江戸」とある。そして地域的拡大に伴い、当然のことながら住民が増加し、人口的にも江戸から大江戸になったものと推定される。

変化の二つは、十八世紀後半に大消費都市として江戸経済がいっそう伸長し、江戸に進出している上方《かみがた》資本に対抗できるような江戸資本が形成されたことである。江戸に生まれ育った商人のあいだにも、後述の勘定所御用達《かんじょうしょごようたし》のような金持ちが輩出し、江戸の繁栄を謳歌するようになった。用例にも、「大江戸の繁昌」とある。

変化の三つは、それまで上方文化に圧倒されていた江戸文化が、十八世紀後半には上方文化に追いつき追いこし、みごとな江戸町人文化を開花させたことである。文化面ではローカルであった江戸から、全国的な文化センター都市江戸に成長をとげたのである。

この時期、江戸に山東京伝、恋川春町《こいかわはるまち》らがでて、遊里を題材とした洒落本や、大人の絵本である黄表紙《きびょうし》をつぎつぎにあらわし、非常な人気を博した。「いき」や「通」といった美意識や美的行動理念も、この時期に形づくられた。また柄井川柳《からいせんりゅう》・大田南畝らの登場により、世態・人情を滑稽《こっけい》に風刺した川柳《せんりゅう》・狂《きょう》歌《か》が、人びとにもてはやされた。さらに多色摺版画の錦絵《にしきえ》を創始した鈴木春信《すずきはるのぶ》をはじめ、喜多川歌麿《きたがわうたまろ》・東《とう》洲斎写楽《しゅうさいしゃらく》らがあらわれ、浮世絵《うきよえ》の黄金時代を現出した。

このように十八世紀後半に生じた江戸の諸変化は、地理面・人口面における量的な拡大・増大のみならず、経済面・文化面における質的な高まりをも包含していた。根生《ねお》いの江戸町人であることを強烈に主張した一種の社会意識である「江戸っ子」意識も、実はこうした江戸の諸変化を背景に成立したといえよう。江戸っ子意識の成立が、大江戸意識の成立とほぼ時を同じくしていることは、きわめて示唆的である。

「江戸っ子」とは、将軍の膝元の江戸下町に生まれ育ち、金ばなれがよくて正義感にあふれ、「いき」と「張り」に生きた人びとである。そこには、地方出身の江戸住民とは違う、生粋《きっすい》・はえぬき＝根生いの江戸住民としての強烈な自意識があった。

このような特徴をもつ江戸っ子意識は、もちろん江戸時代の初めからあったわけではない。江戸っ子という言葉の文献上の初見は、管見の範囲では明和八（一七七一）年の川柳「江戸っ子のわらんじをはくらんがしさ」である。ついで安永二（一七七三）年の「江戸っ子の生《うまれ》そこない金をもち」、天明三（一七八三）年の「江戸っ子の妙は身代《しんだい》つぶすなり」と続く。そしてこのころになると、川柳のみならず、洒落本・黄表紙などの小説や、歌舞伎の台詞《せりふ》などにつぎつぎと江戸っ子が登場するようになる。すなわち、江戸っ子意識は十八世紀後半（田沼期）に成立したのである。

こうして成立した江戸っ子意識は、十九世紀にはいってますます江戸住民のあいだに広く定着した。幕末には、江戸っ子を自称する者が多くなりすぎたせいか、西沢一鳳《いっぽう》はその著『皇都午睡《こうとごすい》』において、江戸っ子をつぎのように整理・分類している。

すなわち、両親ともに江戸生まれの子は「真の江戸っ子」、両親のいずれか一方が江戸生まれでも一方が田舎《いなか》生まれの場合は「斑《まだら》」、いくら江戸で生まれても両親ともに地方出身の場合は「田舎子《いなかっこ》」というべきであり、江戸生まれ住民のその比率は、真の江戸っ子一割、斑三割、田舎子六割と指摘している。しかもその六割にのぼる田舎子が成長すると、「おらァ江戸子《えどっこ》だ〳〵といふから、イヤハヤ何とも詞《ことば》なし」となげいている。

## 「いき」と「通」●

「いき」という美意識は、十八世紀後半の都市江戸で、江戸っ子意識の成立と平行して創造された。いきとは、非常に洗練された心意気と色気があることであり、その反対は野暮《やぼ》である。当時のいきという字は、意気をはじめ趣向・程・粋・当世など、さまざまな漢字があてられた。

洒落本『大通法語《だいつうほうご》』（安永八〈一七七九〉年刊）に、「趣向《いき》といふ事は、俗にゐゝ思ひつきといふ義也」とあり、いきは新趣向を考案する知恵の意であった。新趣向とは当世風である。したがって、流行の先端をゆく当世風の自負が、いきという美意識には込められていた。洒落本『彙軌本紀《いきほんぎ》』（天明四〈一七八四〉年刊）は、江戸の流行風俗を網羅し讃美したものであるが、書名の「彙軌」はもちろん、美意識としての「いき」にかけている。

「野暮と化け物は箱根より東に住まぬ」ことを、江戸っ子は誇りにした。そしていきは、彼らの日常的な生活スタイルのなかにも、深く溶け込んでいった。

当時は、「いき」という美意識にもとづく行動原理を「通《つう》」といった。通とは、世態・人情や色ごとなどの機微につうじることを意味し、その機微によくつうじている人を通人《つうじん》といった。しかし、つうじてもいないのにつうじているような振りをするのが半可通《はんかつう》である。さらにこうした機微をまったく解さないのを野暮とか不通といった。

洒落本『一目土堤《ひとめつつみ》』（天明八年刊）によれば、通という語は明和六、七（一七六九、七〇）年ごろから盛んに使われはじめたという。また大通という語は、安永六（一七七七）年ごろから江戸中に流行したと記されている。この大通とは、「大いに人情に通じたるを称したる、字の通りの詞《ことば》」（『蛇蛻青大通《ぬけがらあおだいつう》』天明二年刊）である。大通は、通のなかの通であった。

このように十八世紀後半に、通や大通が江戸で大流行した。その背景に遊里小説の洒落本があった。遊里の風俗やしきたりを細密に描いた洒落本を読めば、遊里の事情に精通し、人情の機微にもつうじるようになる。洒落本は、通の教科書として多くの読者に親しまれた。その結果、この時期に吉原通《よしわらつう》とか、深川《ふかがわ》通とか、芝居通とか、風俗通というように、その道々をよく心得た通人が輩出した。まさに、通の時代であった。

**札差の活躍と十八大通●**

幕府の浅草御米蔵《おこめぐら》は、隅田《すみだ》川の西岸、現在の台東区蔵前《くらまえ》にあった。総面積は三万六六四八坪、川からの舟入り堀が一番堀から八番堀まで八本掘られ、この掘割に櫛の歯状にはさまれた土地に当初は五一棟、幕末には六七棟の倉庫が建ちならんでいた。ここには各地の幕領から運ばれてきた年貢米《ねんぐまい》が、常に四〇〜五〇万石は詰められていた。

この御米蔵のすぐ前の町々に、札差《ふださし》という商人たちが店をならべていた。別名、蔵宿《くらやど》とも称した。彼らは浅草御蔵から支給される旗本《はたもと》・御家人《ごけにん》の俸禄米《ほうろくまい》を、旗本らにかわって受け取ったり販売したりする請負業者である。

本来、旗本たちは俸禄米支給の当日、御蔵役所の入口付近に立つ大きな藁束《わらたば》の棒（藁苞《わらづと》という）に、自分が受け取る米量や氏名などを記した手形（札）を竹ぐしにはさんで差しておき、順番を待たねばならなかった。この「差し札」の方法は、のちに「玉落ち」というくじ引同様の方法で支給の順番をきめるようにかわったが、長時間待たされることにかわりはなかった。しかも支給は一年に、春（四分の一）、夏（四分の一）、冬（二分の一）の三回あった。

札差という商売は、こうした旗本らの面倒な手間をすべて請け負い、その手数料稼ぎを目的に発生した。彼らは旗本らにかわって藁苞に札を差し、俸禄米を受け取って米問屋に売却することを代行したので、札差とよばれた。また札差からみて客である旗本たちは、札旦那《ふだだんな》とよばれた。

札差がおおいに金を儲けたのは、俸禄米換金化の手数料稼ぎもさることながら、実は俸禄米という堅実な抵当をとって、旗本らに金貸しをしていたからであった。しかも享保九（一七二四）年には株仲間の公認を受け、以後、人数を一〇九人に限定し、当該営業を独占したので、彼らの蓄財はいっそう巨額化した。当然のことながら、やがて札差の株（営業権）の売買は非常な高値をよび、文字通り千両株といわれた。

札差がもっとも羽振りのよかった時期は田沼時代である。札差業は、大坂・京都などにはみられず、いかにも江戸ならではの業種（ただし、甲府に小規模ながら同業がある）であり、この時期、上方商人に対抗できるような豪商に成長し、江戸経済界の中核として活躍した。

このころ、みずから大通人と称して吉原などで豪遊し、派手な身なりと大げさな行動で人目をひく一群の富裕町人があらわれた。世に「十八大通《じゅうはちだいつう》」という。「十八」の数は、歌舞伎十八番とか十八大師などに因んだものと思われ、一八人にかぎらなかった。また諸書によってメンバーにも多少の異同がみられる。

一般に十八大通としてその名を知られているのは、大口屋治兵衛《おおぐちやじへえ》（暁雨《ぎょうう》）、利倉屋庄左衛門《としくらやしょうざえもん》、大口屋八兵衛《はちべえ》（金翠《きんすい》）、伊勢屋宗三郎《いせやそうざぶろう》（珉里《みんり》）、下野屋十右衛門《しもつけやじゅうえもん》（祇蘭《ぎらん》）、近江屋佐平次《おうみやさへいじ》（景舎《けいしゃ》）、下野屋十兵衛《じゅうべえ》（むだ十）、伊勢屋喜太郎《きたろう》（百亀《ひゃっき》）、笠倉屋平十郎《かさくらやへいじゅうろう》（有游《ゆうゆう》）、伊勢屋宗四郎《そうしろう》（金吏《きんり》）、大内屋市兵衛《おおうちやいちべえ》（じゅんし）らである。実はいずれも札差であり、十八大通のほとんどを札差が占めていた。

彼らは、その巨額の蓄財を背景にして、豪奢《ごうしゃ》な遊びに金を費やし、髪形や衣服、それに金銀の煙管《キセル》などにも贅《ぜい》をつくした。蔵前に住む札差が主要メンバーだったので、十八大通の風俗を「蔵前風」とも称した。

彼らは、歌舞伎の花川戸《はなかわど》の助六《すけろく》とか髭《ひげ》の意休《いきゅう》の所作や持ち物をまねて吉原を闊歩《かっぽ》したり、歌舞伎役者に経済的援助をしたりした。また河東節《かとうぶし》や一中節《いっちゅうぶし》などの芸事にも力を入れ、そのパトロンになるなど、江戸文化にも少なからぬ影響をあたえた。

しかし十八大通は、みずからの行動を人に誇示し、みせびらかしたがる点において、通や大通の本来的な理念から、いささかはずれていたようだ。「寔《まこと》の通といふものは、面《おもて》に通をぶら付かせず」（『蛇蜺青大通』）を真髄としたからである。幕末に三升屋二三治《みますやにそうじ》があらわした『十八大通』という書は、別名を『御蔵前馬鹿物語』と称した。

助六《すけろく》（歌川豊国画『助六由縁《ゆかりの》江戸桜』文化８〈1811〉年）　歌舞伎の助六の舞台は，衣装・小道具などにも贅《ぜい》をつくしたものであり，十八大通の風俗にも影響をあたえたという。

## 2 花ひらく江戸文化

### 錦絵の誕生●

十八世紀後半の田沼時代には、都市江戸ならではの独特の文化の花が開いた。たとえば黄表紙や洒落本という新しい小説のジャンルがうまれ、読者の人気を博した。川柳も江戸で新しくうまれた。今日、日本文化を代表する一つとして、世界的に評価されている錦絵もまた、この時代に江戸で誕生した。

町人の風俗画である「浮世絵」には版画と肉筆画とがあった。もちろん版画の方が安価で多数の鑑賞者の需要にこたえることができた。したがって浮世絵隆盛の歴史は、ある意味で版画技術の発達にささえられた歴史でもあった。

浮世絵を江戸の地に誕生させたのは元禄時代に活躍した菱川師宣《ひしかわもろのぶ》・杉村治兵衛《すぎむらじへえ》らであった。菱川らは絵本から挿絵を独立させ、純粋の鑑賞用版画に育てる努力をした。元禄以後も、江戸では鳥居清信《とりいきよのぶ》・鳥居清倍《きよます》・奥村政信《おくむらまさのぶ》・西村重長《にしむらしげなが》らがあいついで活躍し、版画表現も墨一色の墨摺絵から、やがて丹絵《たんえ》、紅絵《べにえ》、漆絵《うるしえ》へと、肉筆で色を加える技術が進んだ。さらに延享元（一七四四）年には、紅と黄と草色など二、三の色を摺り重ねる紅摺絵が版行された。

しかし、まだまだ部分的な彩色しかできなかった。絵師に自由に色彩を駆使してもらうことができるような版画をつくるには、何色でも摺り重ねられる多色摺技法の開発が必要であった。

明和二（一七六五）年ごろ、浮世絵の歴史のうえで大きな画期となる現象がおこった。江戸の俳諧趣味の好事家《こうずか》たちによる絵暦《えごよみ》交換会の大流行である。多色摺版画の技法は、この絵暦の競作の過程でうみだされた。

江戸時代の暦は、大の月は三〇日、小の月は二九日で、大小の月の配列も年ごとにかわって一定していなかった。したがって、その年の各月の大小の別を知ることは、晦日払いの商習慣などをもつ江戸の日常生活に欠かせなかった。絵暦は、各月の大小を版画で表現した一枚摺物である。江戸人が私的につくり、年始の挨拶にそえて知人や得意先にくばったという。

その絵暦の交換会が明和二年ごろ爆発的に大流行した。当時、絵暦のことを大小ともいったので、その交換会のことを大小会といった。大小会はだんだんエスカレートし、彼らは豊かな財力を惜しみなく投入

**明和 2**(1765)年の大小暦(「見立寒山拾得図」)　旗本大久保巨川と鈴木春信の落款がみられる大小暦で，書簡中に仮名文字で明和 2 年の大の月を示してある。

し、より美しい、より豪華な絵暦をきそいあった。大小会のリーダーは、旗本の大久保忠舒《おおくぼただのぶ》（一六〇〇石）と阿部正寛《あべまさひろ》（一〇〇〇石）であった。大久保は菊簾舎巨川《きくれんしゃきょせん》と号し、阿部は水光亭莎鶏《すいこうていさけい》と号し、ともに巨川連とか莎鶏連と称する俳諧グループの中心人物でもあった。

牛込《うしごめ》にあった大久保巨川の屋敷には、日頃から武士・町人を問わず多くの文人たちが集まっていた。そこに絵師の鈴木春信や、専門の彫師・摺師らも集まり、大小会にだす絵暦についての研究を重ね、ついに十数色にもおよぶ多色摺技法を完成した。いわゆる錦絵の誕生である。

用紙は、いままでの西内紙《にしのうちし》よりずっと上質で厚手の越前奉書《えちぜんほうしょ》が用いられた。色彩も、微妙な中間色が色の摺り重ねによって表現できるようになった。なかでも鈴木春信の作品は絶大な評価を得たという。春信が錦絵の創始者といわれるゆえんである。浮世絵の出版元は、この多色摺技法による版画を、中国の蜀《しょっ》江錦《こうのにしき》に比して「吾妻《あづま》錦絵」と名づけ、早速に売りだした。

以後十八世紀末の寛政期にかけて、鈴木春信のほか、磯田《いそだ》湖竜斎《こりゅうさい》・勝川春章《かつかわしゅんしょう》・北尾重政《きたおしげまさ》・鳥居清長《きよなが》・喜多川歌麿・東洲斎写楽などの巨匠が輩出し、錦絵時代という華麗な浮世絵全盛期を迎えた。その芸術味豊かな作品の数々は、江戸文化の世界的普遍性を証明している。しかし当時としては、錦絵は実用的な日常品であった。そのことは、錦絵が暦の情報である絵暦に発していることからも理解できよう。錦絵には役者絵・美人画・相撲絵などが多い。今日でいう一種のブロマイドの役割をはたしていた。値段も細判の役者絵は一枚一二文、大判錦絵でも二四文程度であった。

また錦絵はコマーシャル用としても利用された。美人を描きつつ、いま流行の髪形や着物の柄や着付けなどを、ひろく世間に伝え、その購買意欲を刺激した。さらに江戸土産《みやげ》として、盛んに地方に持ち帰られた。このことは、地方への情報伝達を考えるうえで、もっと注目してよいであろう。

**黄表紙と洒落本●**

この時期、文芸界にも大きな変化がおきた。上方の浮世草子《うきよぞうし》類が衰え、かわって黄表紙や洒落本など江戸の小説類が人気を博すようになった。

黄表紙の『御存知商売物《ごぞんじしょうばいもの》』(天明二年刊)は、こうした変化をみごとにとらえた作品である。作者は、文も挿絵も北尾政演《まさのぶ》すなわち山東京伝である。

物語は、「さて〳〵、貴公(行成《こうぜい》表紙の下り絵本)も、わし(八文字屋《はちもんじや》の読本《よみほん》)も、上方より下り、御当地(江戸)に時めきし身の上が、近年青本《あおほん》(黄表紙)はやり、ことに洒落本なぞというたわいもなきもののために、世をせばめられ、いかにも口惜しきこと也、どうぞして、青本その外の地本《じほん》(江戸の版元より出版される小説類)に、けちをつけん」という「八文字屋の読本」のなげきからはじまる。

八文字屋の読本とは、元禄以来京都の版元八文字屋八左衛門《はちざえもん》から出版された浮世草子の総称である。また行成表紙の下り絵本とは、平安時代の藤原行成《ふじわらゆきなり》の歌書の料紙をまねた表紙の絵本で、上方で出版され江戸に売られていた。

いずれも上方からの「下り本」であり、それまでおおいに江戸で読者を獲得していたが、田沼時代には、黄表紙や洒落本といった江戸で新しく成立した「地本」にとってかわられたのである。出版文化の上方から江戸への東漸である。

江戸であらたにうまれた黄表紙とは、安永四(一七七五)年から文化三(一八〇六)年まで江戸で出版された萌黄色《もえぎいろ》の表紙の知的な滑稽挿絵小説をいう。もともと黄表紙は、赤本・黒本・黄表紙・合巻《ごうかん》という

❖コラム

## 時の鐘

江戸市中に時刻を知らせた〝時の鐘〟は、都市施設の一つといえる。鐘撞《かねつき》役の辻源七は、初期には江戸城内で鐘撞《つ》きを行っていたが、寛永三（一六二六）年に日本橋本石町《ほんこくちょう》三丁目に約二〇〇坪の土地を拝領し、鐘楼を建てて鐘撞きを行うようになった。その後市街地の拡大のなかで、浅草寺《せんそうじ》・上野寛永寺《かんえいじ》・中之郷横川町《なかのごうよこかわちょう》・芝切通し・市ケ谷《いちがや》八幡・目白不動・赤坂田町《あかさかたまち》の成満寺・四谷天竜寺の八カ所でも鐘を撞いて時刻を知らせることになった。時の鐘はすて鐘を三打して注意を喚起してから刻数だけ鐘を打った。

源七は時の鐘役として町々の家持《いえもち》一軒から月に四文ずつ、年に四八文を徴収する権利をもっていた。その範囲は、東は隅田川畔の三好町《みよしちょう》、西は飯田町《いいだまち》・麴町《こうじまち》、南は芝浜松町《はままつちょう》辺り、北は本郷六丁目までの四一〇町で、武家屋敷からも役銭を徴収したという。元文三（一七三八）年の記録によると、源七が徴収した鐘役銭は年間約九〇両あり、支出には撞木・時計磨料・常香・鐘撞人給金（五人分）・油・飯米・味噌・薪・炭代として四一両ほどが計上されている。このことから、鐘撞人として五人がやとわれていたことや、時計だけでなく、香を用いて時刻をはかっていたことがわかる。

鐘楼の普請は、本石町の例でみると、鐘撞人から町奉行所に願書が提出され、老中の裁可を得て許可されることになる。天明五（一七八五）年の、時の鐘新規普請の場合、金七四両で落札されている。

系列の文学ジャンルに属し、これらは総称して草双紙《くさぞうし》といった。「草」とは、本格的でないものを意味する接頭語であり、江戸の文学のうちでも、もっとも通俗的なものであった。

草双紙は、江戸前期に子どもの絵本としてまず登場し、表紙が丹色《にいろ》であったので赤本とよばれた。ついで江戸中期には表紙が黒色になったので黒本とよばれるようになり、内容もやや成人向きとなった。

やがて安永四年に恋川春町《こいかわはるまち》が『金々先生栄花夢《きんきんせんせいえいがのゆめ》』をあらわし、草双紙を完全に大人の読み物とした。ストーリーは、田舎者の金村屋金兵衛《かなむらやきんべえ》が、金持ちの町人の聟《むこ》に迎えられて栄華をきわめるが、それは夢のなかの出来事だったというものである。同じ草双紙でも、従来の赤本や黒本とは一線を画す作品であった。しかも表紙が萌黄色であったことから、これ以後つぎつぎに出版された同種の挿絵小説を、とくに黄表紙と称するようになった。

そして文化三年刊の式亭三馬《しきていさんば》の『雷太郎強悪物語《いかずちたろうごうあくものがたり》』は、従来の黄表紙とは内容・体裁ともに異なっており、とくに数冊を当初からとじあわせる合巻仕立ての製本形式を特色としたところから、これ以降は黄表紙と区別して合巻とよぶようになった。

黄表紙は、安永四年から文化三年までの三〇年間に、実に二〇〇〇種以上も出版された。作者は恋川春町・朋誠堂喜三二《ほうせいどうきさんじ》・山東京伝などの人気作家が多かった。挿絵も鳥居清長・喜多川歌麿・栄松斎長喜《えいしょうさいちょうき》ら著名絵師が描いている。

黄表紙とならんで、江戸であらたにうまれたもう一つの小説のジャンルの洒落本は、遊里を題材とした短編風俗小説である。遊里での一昼夜の遊興を、時間的展開にしたがって描いたもので、遊里独特のしきたりや風俗を教えてくれる、遊里遊びの教科書のようなものでもあった。

このような形式・内容の洒落本を成立させる画期となった作品が、明和七（一七七〇）年刊の丹波屋理兵衛《たんばやりへえ》の『遊子放言《ゆうしほうげん》』である。話は、自称通人（実は半可通）と純真な青年とが吉原に遊びにいき、きざな通人は遊女にふられ、純真な青年がもてるという筋である。会話を主とし、遊里の風俗を写実的に描いており、そこには一貫して「通」とは何かが示されている。

作者は、山手馬鹿人《やまてのばかひと》（大田南畝）・万象亭《ばんしょうてい》（森島中良《ちゅうりょう》）らが有名であるが、何といっても山東京伝が洒落本作家の第一人者といわれた。

山東京伝は、江戸深川《ふかがわ》の質屋にうまれた生粋の江戸町人である。本名は岩瀬醒《いわせさむる》といい、通称を京屋伝蔵といった。号を山東庵と称し、甘谷《かんこく》・菊軒《きくけん》・醒斎《せいさい》・醒醒《せいせい》などの別号があった。作家名は山東京伝、狂歌名は身軽織輔《みがるのおりすけ》、画名は北尾政演と称した。

当時は京伝ほどの有名作家でも、原稿料だけでは食べていけなかった。彼は生計をおぎなうために京橋の木戸際（いまの銀座一丁目）に、煙管や煙管入れを売る小間物店を開き、商売にもはげんだ。

京伝が没した文化十三年の翌年に、弟の山東京山《さんとうきょうざん》は浅草寺の境内に机塚の石碑を建て、この下に京伝が生涯愛用した机を埋めた。また両国回向院《りょうごくえこういん》には「岩瀬醒墓」ときざんだ小さな墓が、いまもひっそりと建っている。

### 文人サークル●

田沼期における上方から江戸への文化の東漸は、江戸の出版界にも大きな影響をあたえた。それまでの江戸出版界は、上方の出版業者の出店か、あるいは上方の出版物を専門に取りつぐ販売店によって牛耳られていた。上方の出版物が江戸のそれを質・量ともに圧倒していたので、江戸の出版物をあつかう業者はまだ少数派であった。

しかし田沼期になると、新しい江戸文芸の勃興を背景に江戸の出版資本が台頭し、江戸の出版点数は急上昇をとげた。そのため上方出版業者の江戸販売店はつぎつぎに廃業を余儀なくされ、かわって須原屋茂兵衛《すばらやもへえ》・須原屋市兵衛《いちべえ》・蔦屋重三郎《つたやじゅうざぶろう》といった江戸の出版業者が活躍し、彼らの上方出版業者に対する優位があきらかとなった。

ここで、田沼期を代表する出版業者の耕書堂《こうしょどう》蔦屋重三郎についてのべよう。吉原《よしわら》に育った彼は、安永のころ吉原の大門《おおもん》口で本屋を開業、やがて『吉原細見《よしわらさいけん》』と『富本節正本』の出版権を手にいれ、おおいに利益を得た。『吉原細見』は吉原の遊女の名簿などを記した案内書で、たえず改訂を必要とする永続的刊行物であり、隠れたベストセラーであった。『富本節正本』も、富本節にあわせた舞踊劇が当時の江戸歌舞伎で人気を博していたので、その新作を人びとはきそって買ったのである。このように彼は、江戸文化の二つの柱、吉原と芝居に足場をおいた出版活動で、おおいに成功したといえよう。天明三（一七八三）年には、蔦屋は江戸一番のメインストリート本町《ほんちょう》通りに面した通油町《とおりあぶらちょう》に進出した。

蔦屋の出版活動のもう一つの特徴は、多くの作家を育てるとともに、蔦重サロンともいうべき文化人交流の場を提供した点であろう。もちろんその背景には、蔦屋を後援した大田南畝の存在があった。

そうした土壌を背景に喜多川歌麿の美人画が蔦屋から刊行され、かの東洲斎写楽の全作品（百四十数点）を、のちの寛政六（一七九四）年五月から翌年二月までのあいだに刊行したのも蔦重であった。曲亭馬琴《きょくていばきん》も若いころ蔦重の店の手代《てだい》をしており、十返舎一九も蔦重のもとに寄宿して板摺りの手伝い仕事をしていた。

田沼期の江戸は、川柳・狂歌の全盛時代であった。当時、前句付《まえくづけ》とよばれる俳諧遊戯が流行し、俳諧の宗匠《そうじょう》が点者《てんじゃ》（選者）となって句の優劣を評した。点者のうち傑出した人が初代柄井川柳で、彼の選んだ句は川柳点といわれ、やがて題句をはぶき、付句だけが独立し、これを川柳とよぶようになった。彼の選句集『誹風柳多留《はいふうやなぎだる》』（明和二〈一七六五〉年初編刊）は川柳発展の基礎をなした。卑俗な口語を駆使して人情の機微や世相の弱点を皮肉ったこの滑稽文芸は江戸人におおいにもてはやされた。

柄井川柳のもとに、多くの連《れん》が結成された。江戸のなかの地域別の川柳創作グループである。たとえば上野山下仲町《うえのやましたなかまち》の桜木《さくらぎ》連、牛込御納戸町《おなんどちょう》の蓬莱《ほうらい》連、麹町《こうじまち》の高砂《たかさご》連や梅《うめ》連、麻布《あざぶ》の柳水《りゅうすい》連、牛込の築土《つくど》連などで、連ごとに月並句会がもよおされ、句集が刊行された。柄井川柳以外にも江戸には有力な点者が二〇人あまりいて、それぞれの点者のもとに多くの連が所属して活動を行っていた。

一方、狂歌の世界でも連の存在を見のがすことはできない。唐衣橘洲《からごろもきっしゅう》（田安《たやす》家臣小島謙之）を中心とした四谷《よつや》連、四方赤良《よものあから》（幕臣大田南畝）の山手《やまのて》連、朱楽管江《あけらかんこう》（幕臣山崎景貫）の朱楽《あけら》連、元木網《もとのもくあみ》（京橋の湯《ゆ》屋《や》大野屋喜三郎《おおのやきさぶろう》）の落栗《おちぐり》連、大家裏住《おおやのうらずみ》（金吹町《かねふきちょう》の大屋《おおや》の白子屋孫左衛門）の本町《ほんちょう》連、加保茶元成《かぼちゃのもとなり》（吉原大文字屋の村田市兵衛）の吉原《よしわら》連、宿屋飯盛《やどやのめしもり》（小伝馬《こてんま》町の旗籠屋《はたごや》の糠屋七兵衛《ぬかやしちべえ》、国学者《こくがくしゃ》石川雅望《まさもち》）の伯楽《ばくろう》連、鹿津《しかつ》部真顔《べのまがお》（数寄屋橋《すきやばし》の汁粉屋《しるこや》の北川嘉兵衛《きたがわかへえ》）の数寄《すき》連などがあった。

このように川柳・狂歌ともに、連が創作の拠点となっていた。しかも連は武士と町人が一体化した文人サークルであった。

## 3　新気運の潮流

### 蘭学の発達●

明和八（一七七一）年三月四日のこと、江戸千住《せんじゅ》の小塚原《こづかっぱら》の刑場で死刑囚の死体の腑分《ふわけ》が行われた。腑分とは今でいう解剖である。これに蘭方医《らんぽうい》の前野良沢《まえのりょうたく》・杉田玄白《すぎたげんぱく》・中川淳庵《なかがわじゅんあん》らが立ちあった。

杉田玄白は、このときオランダの医書『ターヘル＝アナトミア』を持参した。この本に記されている内臓や骨格などの精密な図と、腑分の実際とを見くらべるためである。奇しくも前野良沢も同じ本をもってきた。中津《なかつ》藩医の良沢は先年長崎でこの本を購入したという。一方、小浜《おばま》藩医の玄白は、この正月にオランダ商館長一行が江戸参府のさい、その定宿の長崎屋をたずね、通詞から入手したばかりであった。

彼らは、小塚原の刑場での腑分の観察によって、この『ターヘル＝アナトミア』の図の正確さにおどろき、期せずして、この本を翻訳しようということになった。早速その翌日から、築地《つきじ》の中津藩邸内の前野良沢宅に、杉田玄白・中川淳庵・石川玄常《げんじょう》・桂川甫周《かつらがわほしゅう》らが集まり翻訳作業がはじまった。良沢のみが少々オランダ語がわかるという程度の知識ではじまったこの大事業は、苦心に苦心を重ねた末、三年後の安永三（一七七四）年にやっと完成した。

これが有名な『解体新書《かいたいしんしょ》』であり、その後の蘭学発達の基礎となった。この翻訳の苦心談は杉田玄白晩年の回想録『蘭学事始《らんがくことはじめ》』（『蘭東事始』ともいう）にくわしい。なお『解体新書』に収載の図は、平賀源内《ひらがげんない》の弟子の秋田藩士小田野直武《おだのなおたけ》が描いた。

平賀源内もまた、海外の新知識の紹介に活躍した。まず宝暦七（一七五七）年に師の田村元雄《たむらげんゆう》（幕府医官）にすすめて、わが国最初の物産会《ぶっさんかい》（当時は薬品会といった）を江戸湯島《ゆしま》で開催した。以後、宝暦八年に第二回、九年に第三回、十年に第四回、十二年に第五回と、ほぼ連年に物産会を開いた。

彼はこの五回にわたる物産会の出品総計二〇〇〇余種のなかから、三六〇種を選んで記した『物類品隲《ぶつるいひんしつ》』を宝暦十三年に出版した。一点ごとに和漢名、あるいは紅毛《オランダ》名、ある場合には方言の呼びかたまで付し、その形状、効用、産地などを解説したわが国博物学史上、画期的な成果である。

このほか源内は、火浣布《かかんぷ》（石綿で織った布）や、タルモメイトル（温度計）を製作し、『火浣布略説《かかんぷりゃくせつ》』や『日本創製寒熱昇降記《にほんそうせいかんねつしょうこうき》』をあらわした。明和七年に二度目の長崎へいったさい、オランダ屋敷で電気の器械をみた源内は、江戸に戻ってエレキテルとよぶこの器械をつくり、電気の実験をしてみせて世人の目をおどろかせた。

さらに談義本『風流志道軒伝《ふうりゅうしどうけんでん》』『根南志具佐《ねなしぐさ》』や、浄瑠璃『神霊矢口渡《しんれいやぐちのわたし》』をあらわすなど、文芸創作活動も活発に行っている。油絵も得意であり、安永二年に鉱山調査で秋田へいったさい、秋田藩主佐竹曙山《さたけしょざん》と藩士小田野直武らに西洋画の技法を伝え、いわゆる秋田蘭画のもとをきずいた。まさに源内は、田沼期の江戸社会がうんだ天才マルチ人間であった。

一方、前野良沢・杉田玄白らの教えをうけたもののなかから、すぐれた蘭学者が輩出し、蘭学のいっそうの発達をうながした。たとえば大槻玄沢《おおつきげんたく》は、オランダ語の入門書『蘭学階梯《らんがくかいてい》』をあらわし、江戸本《ほん》材木町で家塾の芝蘭堂《しらんどう》を開いて多くの門弟を育てた。ちなみに玄沢の名は、玄白・良沢という二人の師の名を一字ずつもらったものである。

良沢・玄白や桂川甫周に学んだ宇田川玄随《うだがわげんずい》も『西説内科撰要《せいせつないかせんよう》』という日本最初の西洋内科医書を翻訳・出版し、蘭学の発達におおいに貢献した。玄随の子孫にも玄真《げんしん》・榕庵《ようあん》ら優秀な蘭学者がでて、杉田家・桂川家とともに、宇田川家は蘭学の名家として知られた。

こうした本格的な蘭学が、なぜ江戸を中心に成立したのであろうか。それは蘭学勃興のきっかけが実学《じつがく》重視の幕府の政策意図から発していること、および高松藩士の平賀源内が江戸にでて退官し自由に活動したように、江戸は全国各地の知識人が寄り集まる文化センターであり、情報センターでもあったことなどによるものと思われる。とくに、オランダ商館長ら一行が毎年春〈寛政二〈一七九〇〉年からは五年に一回〉江戸参府のさい、旅宿とした本石町《ほんこくちょう》三丁目の長崎屋は、海外情報センターの役割をはたしており、蘭学発達のうえでその存在は大きかった。

長崎屋訪問の常連であった平賀源内は、長崎屋から北へ三分ほど歩いた神田白壁町《かんだしらかべちょう》に住んでいた。源内と同じ町内には浮世絵師の鈴木春信がいた。杉田玄白は、日本橋の南側の通り四丁目で外科医を開業していた。長崎屋へは十分ほどの距離である。玄白の隣家には、源内の『物類品隲』の挿絵を描いた宋紫石《そうしせき》（楠本石渓《くすもとせっけい》）が住んでいた。長崎に学んだことのない玄白は、オランダ商館長一行の江戸参府のたびに長崎屋を訪れ、海外の新知識を吸収した。

**田沼政治と天明飢饉●**

錦絵を中心とする江戸文化が花開き、また新しい学問の蘭学が江戸を舞台に発達した時代、ちょうどその時代の政界のリーダーは田沼意次《たぬまおきつぐ》であった。

田沼は六〇〇石の小身旗本の家にうまれたが、九代将軍徳川家重《とくがわいえしげ》・十代将軍家治《いえはる》に重用され、その身一代で五万七〇〇〇石の大名（遠州相良《さがら》藩主）になった。しかも小姓役《こしょうやく》からスタートして老中《ろうじゅう》にまで昇進し、幕政の全権を掌握したのである。身分・格式のやかましい江戸時代では、きわめて異例の出世であった。出世が異例なだけに、彼の政治もまた旧来の伝統的幕政の枠からはみでた、きわめて特色あるものであった。外国貿易の拡大策や商業資本との結託策といった田沼の功利的・重商主義的政策は、鎖国主義や農本主義の墨守というそれまでの幕政に、新しい潮流をそそぎこんだ。

たとえば株仲間の積極的な公認政策である。当時、新しい商品生産や流通が非常に盛んとなった。田沼は年貢米以外の財源として、そこに目をつけた。株仲間を公認し、特定商品の仕入・販売の独占権を幕府が保障するかわりに、運上金《うんじょうきん》や冥加金《みょうがきん》を徴収した。そのさい、特権を得ようとする商人から役人に対し、しばしば賄賂・供応が行われた。「役人の子はにぎにぎをよく覚へ」とか、「役人の骨っぽいのは猪牙にのせ」という川柳は、この間の事情を痛烈に風刺している。いわゆる田沼の賄賂政治は、こうした田沼の功利的経済政策の仕組みから必然化された風潮であった。

貨幣政策もたいへん特色があった。量目を表示した最初の銀貨である五匁銀を発行したり、素材は銀貨でありながら表示は金貨の単位という南鐐二朱銀《なんりょうにしゅぎん》を発行したりした。また貿易政策も、従来輸出していた金銀が国内で不足したので、これを逆に輸入し、そのかわりに銅や昆布《こんぶ》や俵物《たわらもの》（煎海鼠《いりこ》・干鮑《ほしあわび》・鱶鰭《ふかひれ》）を輸出にふりむけ、おおいに長崎貿易を拡大しようとした。彼の考えのいきつくところは、開国にあったのではないかとさえいわれている。

辻善之助氏はすでにはやく大正四（一九一五）年に『田沼時代』をあらわし、この時代を⑴民意の伸長、⑵因襲主義の破壊、⑶思想の自由と学問芸術の発達、という新気運勃興の時期としてとらえ、田沼の開国思想や格式にとらわれぬ人材登用策などに積極的進歩性を見いだしている。田沼の政策が、都市江戸に一定度の経済的活況をもたらしたことも事実である。江戸文化の開花や蘭学の発達も、そうした土壌を背景にはぐくまれたといえよう。

このような重商主義的諸政策の展開にくらべ、田沼期の農政にはみるべきものがなかった。商品生産の進展に伴い、農民のあいだの貧富の差が拡大し、農村を脱落した貧農の多くは、遊民化して無宿者《むしゅくもの》となったり、江戸などの大都市に流れこんだ。この結果、農村の荒廃のみならず、都市貧民の増加により都市の社会構造も変化し、百姓一揆とともに都市打ちこわしが激発した。田沼末期におこった天明の大飢饉は、こうした矛盾にいっそうの拍車をかけた。

折悪しく、この時代には天災・飢饉があいついでおこった。明和九（一七七二）年二月には江戸中を灰燼に帰す大火があった。目黒行人坂《めぐろぎょうにんざか》の大円寺《だいえんじ》より出火したので「目黒行人坂の大火」として有名である。死者・行方不明者は一万数千人にのぼった。翌安永二（一七七三）年には諸国に疫病が流行し、江戸だけでも死者は一九万人にも達したという。安永七年・八年に伊豆大島の三原山が噴火、同八年に鹿児島の桜島も噴火した。

さらに天明三（一七八三）年には浅間山が噴火し、降灰《こうかい》のため江戸の空は昼でも夜のごとく暗く、灰は三センチ以上も積もったという。やがて江戸川には、上流からの大木や、こわれた家財調度類にまじって、人馬の死骸がたくさん流れてきた。下小岩村では近くの中州に打ちあげられた死者の霊をとむらい、十三回忌にあたる寛政七（一七九五）年に「天明三年浅間山横死者供養碑」を建てた。現在、江戸川区東小岩二丁目の善養寺《ぜんようじ》に建っているこの碑は都の文化財に指定されている。

## 天明の打ちこわし●

天明年間（一七八一～八九）には、とくに飢饉・災害が頻発した。天明三（一七八三）年から同六年にかけてのいわゆる天明の大飢饉は、享保・天保とならぶ江戸時代三大飢饉の一つに数えられている。飢饉が最高潮に達した天明六年、江戸では正月早々に大火があった。七月には連日の大雨により江戸は大洪水に見舞われた。

春は火事夏は涼しく秋出水　冬は飢饉とかねて知るべし

天明六年の江戸における社会不安を、すばりいいあてた落首《らくしゅ》である。翌天明七年、春から江戸市中は不穏な空気につつまれた。米価は端境《はざかい》期の夏を迎えて連日騰貴し、小売で銭一〇〇文に付き白米三合（ふだんなら一升以上買える）という、前代未聞の高値となった。商人たちの買占め・売惜しみも価格騰貴に拍車をかけた。こうなると、いちばん困窮するのはその日稼ぎの江戸庶民たちである。ふだんならただのように安い豆腐のおからが、一升に付き四八文もして売れたというから、当時の窮状がしのばれよう。

天明七年五月二十日夜のことである。深川六間堀《ろっけんぼりちょう》町の裏長屋に住む提灯張《ちょうちんはり》職人の彦四郎ほか七人のものが、近くの森下町で手広く米・乾物類をあきなっている伝次郎の家に押しかけ施米を要求し、断わられるといっせいに家のなかに踏み込み、建具や家財道具をさんざんに打ちこわして引きあげた。ただし一粒・一品たりとも盗みはしなかった。

ちょうど同じころ、本所《ほんじょ》でも同様の動きがあり、また赤坂・四谷《よつや》・青山辺《へん》でも多くの米屋が打ちこわされた。天明の江戸打ちこわしは、この五月二十日夜の打ちこわしを発端とした。

明けて二十一日昼ごろには、芝金杉《しばかなすぎ》から本芝《ほんしば》・高輪《たかなわ》へ、さらに新橋・京橋、夕方には日本橋・神田・本郷一帯にまで、打ちこわしの波はひろがった。とくに伊勢町《いせちょう》・本船町《ほんふねちょう》・小舟町《こぶなちょう》・小網町《こあみちょう》のいわゆる米屋街は、軒なみ襲撃され、浅草蔵前《くらまえ》の札差たちもまた、多くの被害をうけた。

以後二十四日ごろまで昼夜の別なく、「南は品川、北は千住《せんじゅ》、凡そ御府内四里四方の内」（『後見草《あとみぐさ》』）あますところなく、米屋はもちろん、米を買い占めていると目された富裕の家々もつぎつぎに打ちこわされた。この間、幕府はなんらの手もほどこせず、まったくの無警察状態であった。町奉行が与力《よりき》・同心《どうしん》を従えて鎮圧に出動したが、蜂起民のものすごい勢いにおされ、すごすごと引き返したという。「官令寂として声なし」（『蜘蛛《くも》の糸巻《いとまき》』）というのがこのときの江戸であった。

しかし五月二十四日になり、やっと長谷川平蔵《はせがわへいぞう》ら御先手一〇組のきびしい市中巡察がはじまり、そのうえ応急対策として大手門外に救済小屋が設けられ、騒動はようやく鎮静化にむかった。

打ちこわしに参加した人びとの正確な数は不明だが、一説によれば五〇〇〇人にものぼったといわれる。彼らは、ほとんどが裏長屋住まいの江戸庶民であった。北町奉行所がこのとき逮捕した者の吟味記録によれば、いずれも店借《たながり》層であり、職業は左官《さかん》・足袋《たび》・提灯張・蒔絵《まきえ》・髪結《かみゆい》・屋根葺《やねふき》などの小職人や、天秤棒をかついで野菜や魚を売り歩く零細商人たちであった。年齢は最年長五一歳、最年少二一歳で、平均年齢は三三歳であり、ほとんどが妻子持ちの分別盛りの男たちであった（次頁表参照）。彼らは、やむにやまれず蜂起したのであり、お祭り気分で衝動的に打ちこわしに参加したわけではない。

この大規模な打ちこわしを、統一的に組織する指導グループがいた形跡はない。しかし当時の諸書にみえることだが、蜂起民衆の行動様式に二つの注目すべき特徴があった。一つは、火の用心をしながら目的の商家を打ちこわし、ほかに迷惑をかけぬよう気をつかっている点である。もう一つは、建具や家財を打

天明7(1787)年の江戸打ちこわし逮捕者一覧

| | 住所 | 階層 | 名前 | 年齢 | 出自 | 職業 |
|---|---|---|---|---|---|---|
| 1 | 四谷坂町 | 店借 | 喜三郎 | 23 | 武州久喜本町百姓 | 左官渡世 |
| 2 | 四谷愛染院門前 | 〃 | 与兵衛 | 34 | 下総国今泉村百姓 | 足袋屋手間取 |
| 3 | 牛込水道町 | 〃 | 直次郎 | 32 | 牛込横寺町 | 左官渡世 |
| 4 | 三田四丁目 | 人宿寄子 | 清吉 | 39 | 鮫ケ橋七軒町 | 武士方雇 |
| 5 | 神田佐柄木町 | 店借 | 留五郎 | 27 | 神田金沢町 | 無宿 |
| 6 | 神田多町壱丁目 | 店借寄宿 | 金七 | 42 | 下総国荻園村百姓 | 無職 |
| 7 | 南鞘町 | 店借 | 喜助 | 32 | 松屋町 | 時の物商い |
| 8 | 南大工町 | 〃 | 佐右衛門 | 24 | 本小田原町二丁目 | 肴商い |
| 9 | 芝横新町 | 〃 | 伊三郎 | 21 | 芝横新町 | 〃 |
| 10 | 深川六間堀町 | 〃 | 彦四郎 | 31 | 本石町三丁目 | 提灯張渡世 |
| 11 | 〃 | 〃 | 善八 | | | |
| 12 | 〃 | 〃 | 要助 | | | |
| 13 | 〃 | 〃 | 弥兵衛 | | | |
| 14 | 〃 | 〃 | 勝五郎 | | | |
| 15 | 〃 | 〃 | 七右衛門 | | | |
| 16 | 〃 | 〃 | 藤七 | | | |
| 17 | 〃 | 〃 | 市三郎 | | | |
| 18 | 本所吉田町 | 〃 | 定右衛門 | 31 | 小日向古川町 | 肴商い |
| 19 | 本所吉岡町 | 〃 | 初右衛門 | 27 | 武州弐合半領百姓 | 日雇稼ぎ |
| 20 | 〃 | 〃 | 富五郎 | 46 | 武州程ケ谷宿百姓 | 前栽商い |
| 21 | 本所吉田町 | 〃 | 亀右衛門 | 32 | 神田富山町 | 傘商い |
| 22 | 〃 | 〃 | 十五郎 | 32 | 駒込千駄木町 | 前栽商い |
| 23 | 〃 | 〃 | 亀次郎 | 26 | 神田永井町壱丁目 | 〃 |
| 24 | 〃 | 〃 | 松之助 | 25 | 元赤坂町 | 〃 |
| 25 | 本所長岡町 | 〃 | 七兵衛 | 25 | 武州青梅村百姓 | 〃 |
| 26 | 〃 | 〃 | 権六 | 43 | 本郷菊坂台町 | 左官渡世 |
| 27 | 〃 | 〃 | 金蔵 | 28 | 横山町壱丁目 | 蒔絵職 |
| 28 | 〃 | 〃 | 小十郎 | 35 | 下谷長者町 | 前栽商い |
| 29 | 〃 | 〃 | 忠蔵 | 35 | 本石町二丁目 | 〃 |
| 30 | 〃 | 〃 | 平次 | 38 | 麻布谷町 | 髪結渡世 |
| 31 | 〃 | 〃 | 長助 | 38 | 神田多町壱丁目 | 肴商い |
| 32 | 〃 | 〃 | 市五郎 | 33 | 南八丁堀三丁目 | 屋根葺渡世 |
| 33 | 〃 | 〃 | 文次 | 34 | 音羽町二丁目 | 肴商い |
| 34 | 〃 | 〃 | 安五郎 | 36 | 浅草西仲町 | 真木商い |
| 35 | 〃 | 〃 | 七右衛門 | 51 | 武州中島村百姓 | 前栽商い |
| 36 | 〃 | 〃 | 孫七 | 42 | 深川海辺大工町 | 船乗渡世 |
| 37 | 本所吉岡町 | 〃 | 伊八 | 37 | 本所吉田町 | 建具商売 |

史料に明記していない場合は，当該欄を空白のままとした。8，11～17，34は吟味中死亡者。国立史料館所蔵史料より作成。

ちこわし、商品の米や雑穀を道路に散らかすが、決して盗みをしなかったことである。『津田信弘見聞続集《つだのぶひろけんぶんぞくしゅう》』によれば、「誠に丁寧、礼儀正しく狼藉に御座候」とのべている。実に矛盾した表現であるが、天明の江戸打ちこわしの実態を明確に捉えているといえよう。ただしのちには、盗みを働くいわゆる便乗組も多くなった。

これほどの大騒動であったにもかかわらず、逮捕者のうち死罪に処せられたものは一人もおらず、多くは重追放あるいは中追放であった。とくに打ちこわし中に盗みを犯したものには、入墨のうえ重追放に処すなど厳しく、一方、純粋に打ちこわしにのみ参加したものは、比較的軽罪であった点が注目される。

なお天明七年五月は、江戸だけでなく、甲府・駿府・福井・和歌山・堺・大坂・広島・下関・博多・長崎というように、全国の主要都市にほぼ同時的に打ちこわしがおこった。なかでも江戸の打ちこわしは、将軍の膝元だけに政治的に大きな影響をあたえた。

すなわち、松平定信《まつだいらさだのぶ》の老中就任を半年以上も拒否し続けてきた田沼意次派の将軍側近役人が、この騒動の責任を問われ解任させられた。その結果、翌六月に定信の老中就任がやっと実現したのである。以後、周知のとおり彼は寛政の改革を断行した。

結果論ではあるが、江戸民衆の蜂起が政権の交代を促したのである。杉田玄白はその著『後見草』に、「若今度《もし》の騒動なくば、御政事は改るまじきなど申《もうす》人も侍《はべ》りき」と記している。

7章

# 大江戸の展開

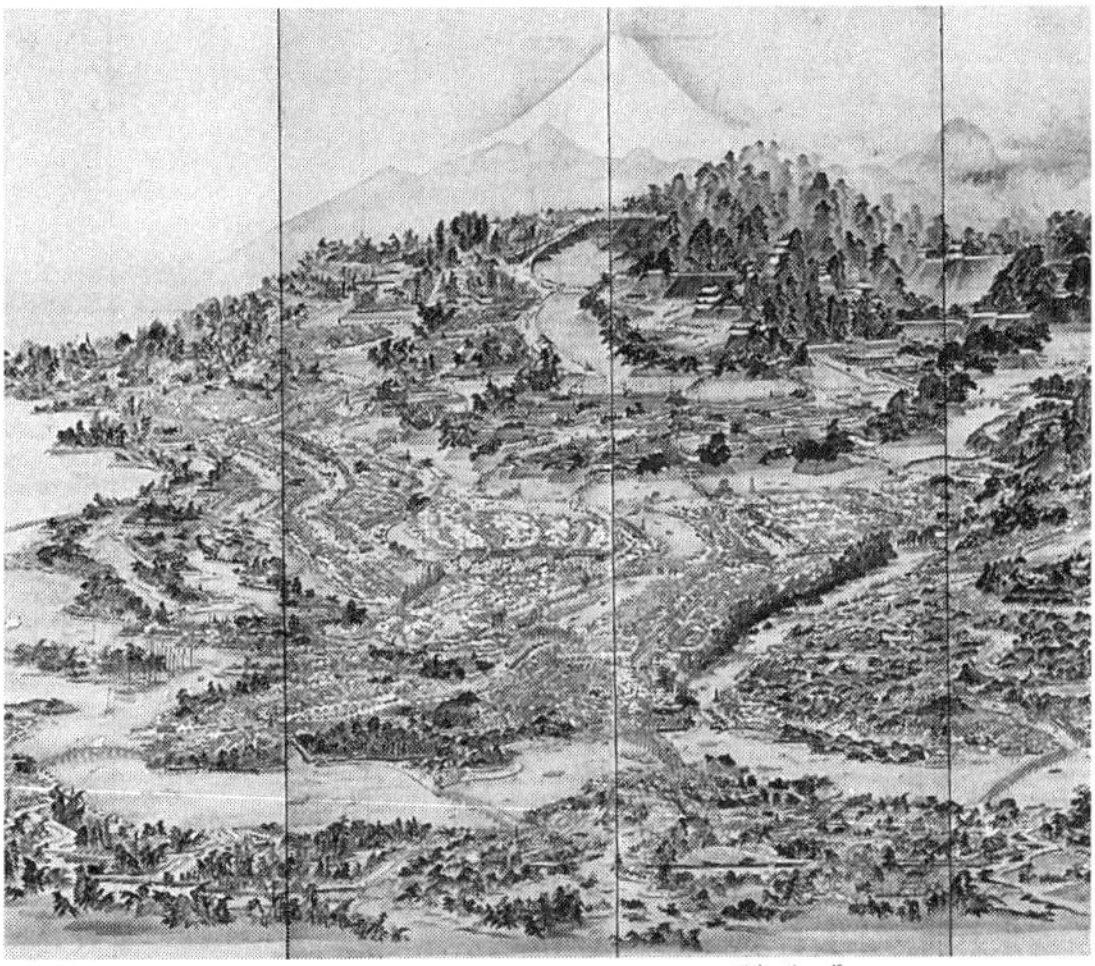

19世紀前期の江戸市街(鍬形蕙斎画『江戸一目《ひとめ》図《ず》屛風』文化6〈1809〉年)

## 1　寛政の改革

### 江戸っ子豪商の登用●

天明七（一七八七）年六月から寛政五（一七九三）年七月までの六年間、老中松平定信《ろうじゅうまつだいらさだのぶ》がリードした幕政を寛政の改革という。この寛政の改革は、商人と癒着した田沼政治を否定し、勧農抑商をスローガンとしたので、その農村政策に改革の特色をみるのが従来の通説であった。

しかし改革政治を具体的にみていくと、農政におとらず都市政策、とりわけ巨大都市江戸に対する政策に、非常な力点をおいていたことに気づく。では、松平定信はなぜ江戸政策に力をそそいだのか。その背景として、つぎの二点を指摘したい。

その一つは、改革直前の天明七年五月に起きた江戸の大打ちこわしである。前章でのべたように、この打ちこわしの混乱に乗じて、定信は田沼派から政権を奪取するのに成功した。それだけに彼の民衆蜂起に対する危機意識は、だれよりも深刻かつ強烈であった。打ちこわしの再発防止をキーワードとして、都市江戸の社会秩序を維持するための方策が、つぎつぎに打ちだされた背景がそこにあった。

寛政の改革が、江戸政策に力をそそいだもう一つの背景として、当時、江戸市場に対する上方市場の経済的優位という状況があった。定信は改革をつうじてこの是正に取り組んだ。彼の言葉によれば、「東西の勢《いきおい》を位《くらい》よくせん」（『宇下人言《うげのひとこと》』）というのである。

定信は酒の流通を例にあげ、「西国辺より江戸へ入り来る酒、いかほどともしれず、これが為に金銀東

寛政の改革期登用の勘定所御用達

| 姓　　名 | 屋　号 | 商種 | 住　　所 |
|---|---|---|---|
| 三谷　三九郎 | | 両替 | 両替町 |
| 仙波　太郎兵衛 | | 〃 | 芝田町八丁目 |
| 鹿島　清兵衛 | 鹿島屋 | 酒 | 北新堀 |
| 堤　弥三郎 | 伊勢屋 | 両替 | 芝田町三丁目 |
| 松沢　孫八 | 大坂屋 | 油 | 本石町三丁目 |
| 中井　新右衛門 | 播磨屋 | 両替 | 金吹町 |
| 田村　十右衛門 | 豊島屋 | 酒 | 鎌倉河岸 |
| 川村　伝左衛門 | 川村屋 | 材木 | 新右衛門町 |
| 森川五郎右衛門 | 伏見屋 | 両替 | 佐久間町 |
| 竹原　文右衛門 | 竹原屋 | 〃 | 室町三丁目 |

より西へうつるも、いかほどといふ事をしらず」と指摘し、依然として江戸の需要が上方からの供給に依存し過ぎており、そのために江戸の金銀が上方へ大量に流出するという、不均衡な現状の是正を主張している。

すなわち上方市場に対する江戸市場の、経済的地位の引上げである。浦賀《うらが》や中川で江戸入津の酒改めを実施したり、上方《かみがた》の酒の味に負けぬような上酒を関東の豪農に試造させたりしたのは、そのための具体策であった。以下にのべる勘定所御用達《かんじょうしょごようたし》制度の創設も、その政策の一環として位置づけることができよう。

勘定所御用達とは、寛政の改革のさいに登用された（天明八年に三谷ら七人、翌寛政元年に川村ら三人）上表のような江戸豪商たちであり、幕府の経済政策を円滑に推進するための御用商人グループであった。この制度は幕末まで存続しており、メンバーに変更がみられるが、定員が一〇人であったことから、俗に「十人衆」ともよばれた。

この勘定所御用達の登用基準が、江戸に住む豪商にかぎられた点に注目したい。いかに金持ちでも、本店が江戸でなければ選ばれなかった。江戸財界のなかでも江戸っ子商人のみが選考の対象となり、江戸支店で大儲けをしている上方商人はのぞかれたのである。上方市場に対し劣勢であった江戸市場の地位を、このような江戸っ子資本の結集化によって、相対的に引き上げようとした幕府の意図がうかがえよう。

勘定所御用達の任務は、勘定奉行の支配下にあって、幕府の経済政策の諮問にこたえたり、政策実現のための資金を調達したり、あるいは政策の運用に実際に従事したりするというもので、寛政の改革政治にとって、きわめて重要な存在であった。事実、寛政元年と同三年の米価調節の際、勘定所御用達の資金がおおいに活用された。また寛政の改革の有名な政策である札差棄捐令《ふださしきえんれい》や七分積金令《しちぶつみきんれい》は、彼らの大きな資本と、すぐれた商業的知識の協力なしには、とうてい不可能であった。

寛政元年の札差棄捐令は、旗本《はたもと》・御家人《ごけにん》が札差から五年以前までに借金した分は元利ともすべて帳消しにするという、札差への大弾圧令である。しかも金利は従来一割八分であったが、今後は一割二分に引き下げよ、というのである。旗本らの困窮財政は救済されたが、これによって札差は一一八万七八〇八両にものぼる膨大な損失をこうむった。幕府は、その賠償的慰撫策として猿屋町会所《さるやちょうかいしょ》を設置した。打撃をうけた札差に対し、金子《きんす》を融通するという会所である。

ただし、幕府はこの会所に公金二万両をだしただけで、あとはすべて勘定所御用達の差加金《さしくわえきん》に依存した。猿屋町会所から札差への貸出高は、寛政元年十二月から翌二年六月までのわずか半年間に、六万二九九一両にものぼった。その大半が勘定所御用達からの差加金であった。勘定所御用達はほとんどが両替商で、大名貸《だいみょうがし》などに活躍する江戸金融市場の実力者たちであったから、こうした金融政策面での活躍がとくに顕著であった。

従来、田沼政治と寛政の改革とは、水と油のような関係と考えられてきた。しかし寛政の改革も、このように商人と結託しながら政策を実施するなど、田沼政策を否定するどころか、継承している面が多くみられる。

### 帰農奨励・人足寄場

寛政の改革は、打ちこわしの再発を防止するため、江戸の社会秩序の維持策に精力的に取り組んだ。具体的には旧里《きゅうり》帰農《きのう》奨励令《しょうれいれい》、石川島人足寄場《いしかわじまにんそくよせば》の設置、七分積金令などである。このほか寛政二（一七九〇）年に、江戸町方の監視体制を強化するため、目付《めつけ》に町方掛《まちかたがかり》を創設したり、江戸の名主肝煎《なぬしきもいり》を四七人任命したりした。

松平定信の自叙伝『宇下人言』に、「天明午《うま》（六年）のとし、諸国人別改められしに、まへ之子《ね》之とし（安永九年）よりは諸国にて百四十万人に減じぬ。この減じたる人みな死うせしにはあらず。只帳外となり、又は出家山伏となり、又は無宿となり、又は江戸へ出て人別にもいらず、さまよひありく徒とは成りにける」とあり、さらに「いま関東のちかき村々、荒地多く出来たり。やうやう村には名主ひとりのこり、その外はみな江戸へ出ぬ」と記されている。

この引用文にはかなりの誇張がみられる。しかし膨大な没落貧農の離村・遊民化と江戸流入という当時の社会状勢を雄弁に語っていよう。それゆえ同じ都市政策とはいえ、農村政策と密接に関連させつつ実施しているところに、この期の大きな特色があった。

寛政二年の旧里帰農奨励令はその代表例である。その内容は、(1)御料・旗本領・寺社領から去年までに江戸に来住したもので、故郷への帰農を希望する困窮者は、旅費・夫食代《ぶじきだい》・農具代を幕府が支給するから願いでること、⑵事情があって、故郷以外の地で百姓になりたいと希望するものにも、前記旅費などのほか田畑をもあたえるので願いでること、⑶大名領から江戸に来住したものも、帰農の意志あるものはその領主に引きわたすので願いでること、というのである。

このように旧里帰農奨励令は、農業人口の確保により荒廃農村の再建をめざすとともに、江戸下層社会に流入した貧農を減少させることにより、都市打ちこわしの要因となる条件の除去をねらいとするものであった。しかし、現実にはこうした幕府の意図に反して、帰農を願いでるものはまれであった。二回目の帰農奨励令を寛政三年、三回目を同五年に発令したが、実効性はほとんどなかった。

当時、江戸では武家奉公人が払底し、奉公人の給金が高騰したので、幕府はその対策に苦慮していた。旧里帰農奨励令が不徹底におわった原因は、この政策が徹底すれば、江戸における奉公人人口を減少さ

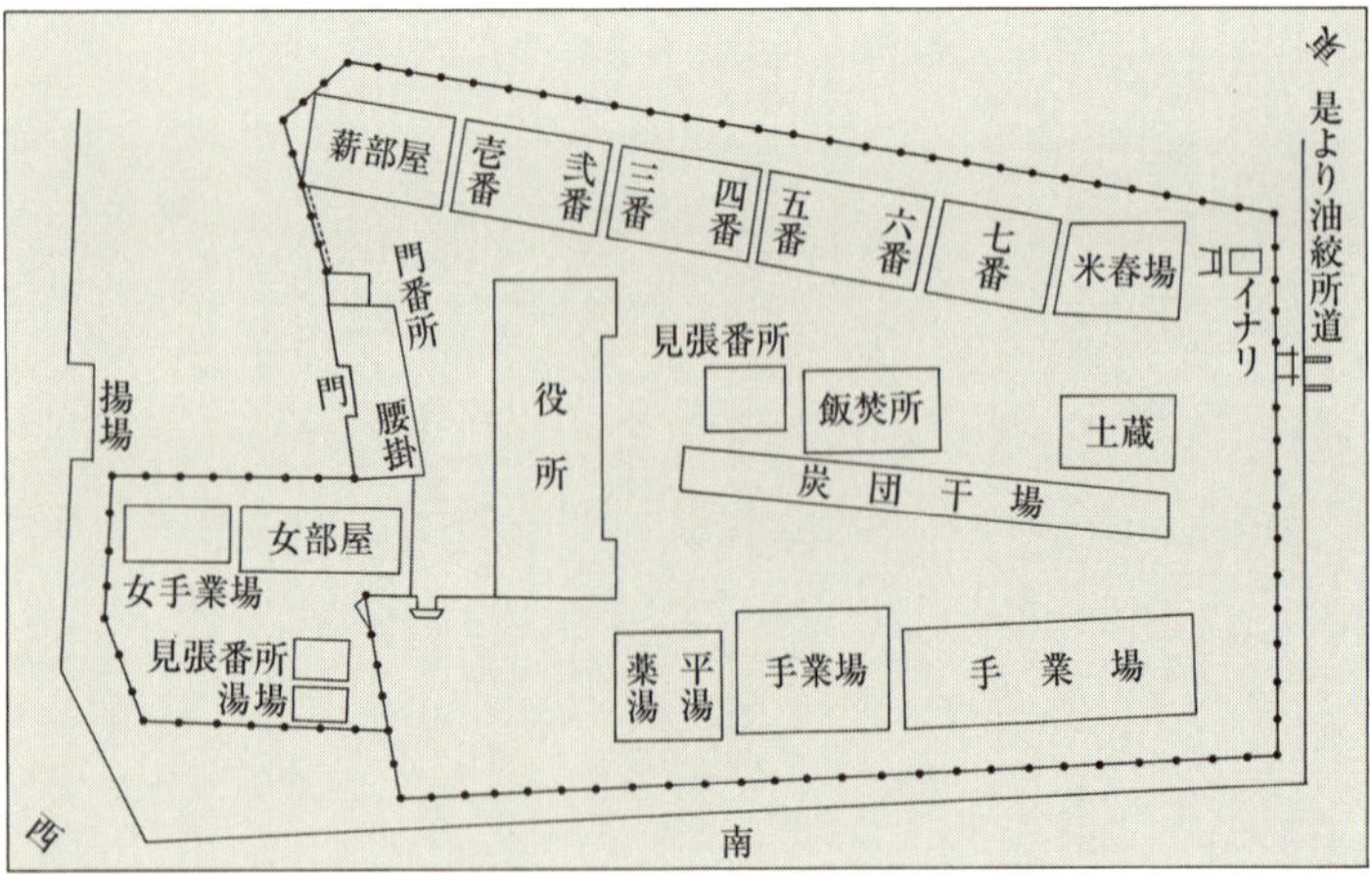


**人足寄場**(『天保撰要類集』より作成)　天保14(1843)年の人足寄場の図面であるが，油絞所の記事をのぞけば，開設当初の状況と大きな変化はみられないものと思われる。

❖コラム

## 火付盗賊改

町奉行とは別に、市中の治安維持にあたった役職に火付盗賊改《ひつけとうぞくあらため》がある。これは町奉行所の警察権を補完するために、若年寄《わかどしより》支配の幕府軍団のうち、鉄砲隊・弓隊の長である先手頭《さきてがしら》の兼役として設けられた。本役に加えて課せられた役職であるため加役と称された。初めは盗賊改と火付改とは分離した役職で、盗賊改は寛文五（一六六五）年に水野守正《みずのもりまさ》が関東強盗追捕に任命され、火付改は天和三（一六八三）年に中山直守《なかやまなおもり》が風烈のときに怪しいものの逮捕を命じられたのが最初という。元禄十五（一七〇二）年には博奕《ばくち》改が設けられ三分科となったが、宝永六（一七〇九）年に盗賊・火付両役兼務となった。また、享保十（一七二五）年になると博奕改は町奉行の管轄となった。本役一人のほか、冬期にはさらに一人を加役としてつとめさせた。町奉行所と同じように役宅があたえられ、与力・同心が付属して市中を巡回し、放火・盗賊・博奕など特定の犯罪者の逮捕にあたった。火付盗賊改は、百姓・町人に対する逮捕権を有していたが、独立した司法権はもたなかった。しかし、町奉行とは管轄範囲が重複するため、警察権の行使にあたりさまざまな問題も生じた。また、町奉行所と類似の面をもちながらも、両者の交渉は必ずしも密接ではなかった。常に放火、盗賊などのどちらかといえば凶悪犯を対象としていたためか取り締まりに手荒な面が少なくなく、町民のあいだではあまり評判はよくなかったという。近世前期ではかぶき者の捕縛に辣腕をふるった中山直守、後期では寛政の改革を特色づける施策の一つである人足寄場の設置を建議した長谷川宣以《はせがわのぶため》がよく知られている。

せ、奉公人給金のいっそうの高騰を招く恐れがあったため、幕府の姿勢が及び腰であったこと、したがって帰農のための支給手当がきわめて不十分であったことなどが指摘できよう。

寛政二年に、火付盗賊改の長谷川平蔵宣以の献言により、隅田《すみだ》川河口の石川島に設置された人足寄場は、江戸市中に徘徊《はいかい》する無宿《むしゅくにん》人の強制収容施設であった。これにはあきらかに、打ちこわしのさいのもっとも危険分子である無宿人の予防拘禁という、幕府の意図がこめられていた。しかもこの施設は、収容期間中に縄・藁《わら》細工や、石炭・炭団《たどん》づくりや、油絞り・紙漉《す》きなどの職業をおぼえさせ、その労賃を貯蓄させ、品行おさまれば貯金をあたえて釈放するという、社会復帰のための授産場でもあった。人足寄場の経費は、初年度の寛政二年は金五〇〇両と米五〇〇俵、寛政三年以降は一カ年に金三〇〇両と米三〇〇俵であった。また寛政から化政期にかけての平均収容人員は、二〇〇人前後であった。

なお、石川島人足寄場設置以前の安永九(一七八〇)年に、深川茂森町《ふかがわしげもりちょう》に無宿養育所が設けられた。しかし逃亡者が多く、十分な成果をあげぬまま天明六(一七八六)年に廃止となった。それゆえ今回は、逃亡しにくい島に設けたのである。

**七分積金●**

寛政の改革の江戸政策として、もう一つ忘れてならないのが寛政三(一七九一)年の七分積金令である。江戸の地主町人が負担する町入用《まちにゅうよう》を節約させ、その節減額の七分(七〇%)を毎年積み立てさせ、飢饉・災害など非常のさいに放出する囲籾《かこいもみ》や、困窮者に支給する手当の準備資金にあてる仕法である。江戸中の町入用の年間節減額は、およそ三万両余と見積もられたので、その七〇%の二万両余が年々地主たちにより積み立てられた。

この七分積金の管理・運用事務や、囲籾の購入を行うために、向柳原《むこうやなぎわら》に町会所が設立され、同敷地内に籾蔵が建てられた。町会所の定掛《じょうがかり》には勘定所と町奉行所の役人が任ぜられ、その下で定掛肝煎名主が、積金の取次や町々への触《ふれ》の業務に従事した。そしてもっとも大事な積金の管理・運用業務（とくに貸付金融業務）は、江戸の豪商中から選ばれた前述一〇人の勘定所御用達が行い、囲籾の売買の業務は、別に任命された石橋弥兵衛《いしばしやへえ》らの米方御用達がたずさわった。

この七分積金令は、基本的には都市打ちこわしの蜂起を未然に防止するための貧民救済政策であった。都市秩序維持のために、江戸中の地主層が個々に貧民層に対応するのではなく、このように地主層全体として対応しなければならぬほどに、江戸の下層社会は肥大化していたのである。

しかし町会所は、貧民救済事業を行っていただけではない。平常時は、積金を活用して低利の不動産担保貸付を行っており、担保となる屋敷を所持する武士階層や上層町人への低利（年利五％前後）融資機関でもあった。また囲籾の購入・売払いをつうじての江戸米穀市場の需給調節＝米価調節にも利用され、さらに幕府自身が財政補塡のために、この積金を一時流用するなど、多面的な機能をはたした。

籾蔵は当初、向柳原の町会所と同じ敷地内に一二棟建てられたが、すぐ一杯になったため深川橋富町《はしとみちょう》、さらに神田筋違橋《かんだすじかいばし》内の空地、そして文化四（一八〇七）年には武蔵《むさし》国葛飾《かつしか》郡小菅《こすげ》村にも籾蔵が建設された。

町会所の金穀保有高をみると、たとえば文政十一（一八二八）年には、現金四六万二四〇〇両、貸付金二八万二〇二両、籾一七万一一〇九石であり、幕末の安政二（一八五五）年には、現金二〇万三〇〇〇両、貸付金一七万六六〇〇両、籾四六万七一七八石であった。町会所は明治五（一八七二）年にその長い歴史を閉じるが、そのさい明治新政府に引きつがれた貯金高は実に一四三万円にも達した。そしてこの資金は、東京の橋や街灯の新設・修復費や、ガス会社、共同墓地、銀座レンガ街、東京府庁舎、一橋大学の基となった商法講習所、養育院などの施設・運営費に活用された。

**出版・思想統制●**

松平定信は、隠密を放ってさまざまな情報を入手していた。定信の側近水野為長《みずのためなが》が収集した情報集の『よしの冊子』をみると、定信がいかに大量の情報を耳にしていたかがわかる。まさに権力への情報の集中化である。

その反面、民間の出版・情報の動向にはきびしく対処した。寛政二（一七九〇）年五月、幕府は出版統制令を発した。その内容は、(1)新形式の書物の出版を禁じ、(2)古い時代に仮託して政治を風刺するような絵本（黄表紙《きびょうし》）を禁じ、(3)政治の批判や内情暴露などの噂《うわさ》話を写本にして貸しだすことを禁じ、(4)作者不明の書物の売買を禁止する、というものであった。さらに同年九月には、再度の出版統制令を発し、風俗を害する猥《みだ》りがましい書物の出版を禁じた。これにより、写実的な遊里小説（洒落本《しゃれぼん》）も槍玉にあげられることになった。

こうした統制令がだされた背景には、当時、辛辣《しんらつ》な時事風刺の黄表紙や、好色的な洒落本の大流行があった。たとえば黄表紙についていえば、寛政の改革の文武奨励策や倹約令を皮肉った朋誠堂喜三二《ほうせいどうきさんじ》の『文武二道万石通《ぶんぶにどうまんごくどうし》』、唐来三和《とうらいさんな》の『天下一面鏡梅鉢《てんかいちめんかがみのうめばち》』、恋川春町《こいかわはるまち》の『鸚鵡返文武二道《おうむがえしぶんぶのふたみち》』、山東京伝《さんとうきょうでん》の『富士人穴見物《ふじのひとあなけんぶつ》』などがぞくぞく出版され、読者の人気を博した。改革担当者が、これを黙視するはずはなかった。

作者の朋誠堂喜三二は秋田藩の江戸詰家臣であったが、主君から注意をうけて筆を折った。恋川春町は、松平定信によびだされたが病気と称してこれをこばみ、病没（一説には自殺）した。春町も駿府《すんぷ》小島《おじま》藩の江戸詰武士であった。また町人である山東京伝の『仕懸文庫《しかけぶんこ》』『娼妓絹籭《しょうぎきぬぶるい》』『錦之裏《にしきのうら》』の洒落本三部作が、出版統制令違反のかどで絶版となり、京伝は手鎖五〇日の刑に処せられ、出版元の蔦屋重三郎《つたやじゅうざぶろう》も財産の半分を没収された。

幕府は国内問題だけでなく、とくに対外問題が情報ルートに流れることを極度に警戒した。『三国通覧《さんごくつうらん》図説《ずせつ》』および『海国兵談《かいこくへいだん》』をあらわし、海防の必要を力説した林子平《はやししへい》を処罰したのは、対外問題に関するこのような処士横議が、田沼末期に高揚した都市打ちこわしや百姓一揆《ひゃくしょういっき》にみられる民衆の反体制的なエネルギーと、結びつくことを恐れたからである。

しかし寛政四年のロシア使節ラックスマンの根室《ねむろ》来航事件により、海防問題はきわめて深刻となった。ロシア船の来航にそなえて、翌寛政五年には江戸湾防備のために海岸の調査を行ったり、定信みずから率先して相模《さがみ》・伊豆《いず》の沿岸を巡視したりした。

出版統制令と同じ寛政二年五月、幕府は林大学頭《はやしだいがくのかみ》信敬に対し、林家《りんけ》の門人で新規の学説（異学）にひかれ風俗を乱すものがいるので、以後これを戒め、朱子学《しゅしがく》（正学）を振興するように達《たっし》した。この達は、林家の門人のみを対象としたものであったが、幕府権力により朱子学の振興が唱導されたため、実質的には異学の禁の効果を発揮し、学界・思想界に多大な影響を及ぼした。

この寛政異学の禁には、朱子学振興という教学統制のほか、人材登用と風俗粛正という幕府の意図が含まれていた。人材の登用は、賄賂や縁故ではなく、学問（朱子学）に重要な基準をおくこととしたのである。すなわち、寛政四年から聖堂において〝学問吟味〟が実施された。試験科目は四書・五経・歴史・論策などであった。大田南畝《おおたなんぽ》は寛政六年実施の学問吟味を受験し、目見得《めみえ》以下の首席として褒賞されている。そして寛政八年には御徒《おかち》から支配勘定《しはいかんじょう》に昇進し、三〇俵加増されて一〇〇俵五人扶持となった。

異学の禁と相前後して、幕府は衰勢にある林家のたて直しのため、柴野栗山《しばのりつざん》・岡田寒泉《おかだかんせん》・尾藤二洲《びとうじしゅう》ら朱子学者を登用し、昌平黌《しょうへいこう》の刷新をはかった。異学の禁・学問吟味・昌平黌の刷新といった幕府の一連の政策には、あきらかに下級武士層の不満解消と、封建官僚育成の意図をうかがうことができよう。作家として活躍する武士が多かった出版界への統制令と、この異学の禁とが、同じ寛政二年五月に発せられている事実は、単なる時間の偶然ではなく、この両者のあいだに密接な関係があることを物語っている。

なお幕府は、寛政三年に多紀《たき》氏が経営する医師養成所の躋寿館《せいじゅかん》（神田佐久間町《さくまちょう》。文化三〈一八〇六〉年に向柳原に移転）を収公して幕府直轄の〝医学館〟とし、医学の研究と官医の養成にあたらせた。先述の昌平黌も、寛政九年には半官半民的な林家の家塾から幕府直轄の官立学校となり、〝昌平坂学問所〟と改称された。このように寛政の改革は、出版・情報のみならず、学問・技術の権力への集中が顕著にみられた。

寛政五年七月、寛政の改革を六年間にわたって主導してきた松平定信は、将軍補佐役および老中首座を解任された。しかし定信退場後も、同僚老中の松平信明《のぶあきら》を始め本多忠籌《ほんだただかず》・戸田氏教《とだうじのり》・太田資愛《おおたすけよし》らが幕閣にとどまり活躍した。そしてこれらいわゆる〝寛政の遺老〟によって、およそ文化末年まで、寛政の改革路線は大きな修正をうけずに継承されたのである。

## 2　江戸商人と地廻り経済の展開

### 江戸商人の動向●

十八世紀後半の田沼期にはいると、十組問屋《とくみどいや》はしだいに衰えた。江戸商人のなかに、十組問屋の独占を破って、上方と直接取引するものが増加したためである。また樽廻船《たるかいせん》がいっそう発展して、酒だけでなく、本来は菱垣《ひがき》廻船の積荷であった商品までも積みこむようになったことも十組問屋衰退の大きな原因となった。

十組問屋は、菱垣廻船をその支配下におくために元禄期に成立した。成立当初の菱垣廻船の船数は約二六〇艘であった。それが享保期には二〇〇艘となり、田沼期には約六〇艘に激減している。これに対して、同じ田沼期の樽廻船は一〇〇艘余で、菱垣廻船の船数を上回っていた。しかもこの時期、樽廻船は新造船が多く、菱垣廻船は老朽船が多かった。それだけ樽廻船の方が海難事故が少なく、したがって運賃も菱垣廻船より安かったと思われる。両者の力の差は歴然となり、菱垣廻船の本来の積荷が、どうしても樽廻船の方に奪われる傾向にあった。

安永元（一七七二）年に、田沼期の積極的な株仲間公認政策の一環として、大坂樽廻船問屋八軒と西宮《にしのみや》樽廻船問屋六軒が、また翌二年には、菱垣廻船問屋九軒が株仲間として公認されたが、これを契機に、樽・菱垣の両廻船問屋のあいだで積荷協定が結ばれた。

すなわち、酒は樽廻船積み、米・糠《ぬか》・藍玉《あいだま》・灘目《なだめ》そうめん・酢・醤油・阿波ろうそくは両廻船積み、その他はすべて菱垣廻船積みという内容である。

しかし、その後も菱垣廻船は衰退の一途をたどり、天明四（一七八四）年から享和三（一八〇三）年までの二〇年間の、難船・破船による海損高は、実に金三六万両にものぼった。船数も、文化五（一八〇八）年にはわずか三八艘のみとなった。このような菱垣廻船の衰退は、すなわち、これを支配下においていた十組問屋の衰退を意味していた。

そこで十組問屋は、江戸流通市場における独占的な体制を、回復・保持しようとつとめた。享和三年には、十組問屋に未加入の商人を、十組に加入させるよう幕府に訴えでている。また、菱垣廻船の利用者をふやすことが大きな目的であったので、このさい、菱垣廻船積問屋仲間とも公称するようになった。

しかし十組問屋は、まだ幕府から流通の独占権を公認されていたわけではなかった。十組問屋の再建には、ぜひとも株仲間として公認され、流通独占を権力により公けに保障されることが必要であった。そのために大活躍したのが、江戸の定飛脚《じょうひきゃく》問屋大坂屋茂兵衛《おおさかやもへえ》であった。彼は、のちに杉本茂十郎《すぎもとしげじゅうろう》と改名して活躍したので、一般にはこの名で知られている。

杉本茂十郎は十組問屋再建のために、まず文化六年に三橋会所《さんきょうかいしょ》の設立を幕府に願いでて認可され、みずからその頭取となった。三橋会所とは、隅田川にかかる永代橋《えいたいばし》・新大橋《しんおお》・大川橋《おおかわ》（吾妻橋《あづま》）の三つの橋の架替《かけか》えや修理を、十組問屋の出資金により請け負う会所である。困窮財政の幕府にとって、これらの橋の出費は頭痛の種であったため、この十組問屋の願い出は、まさに渡りに船であった。

もっとも三橋会所設立の目的は、ただ単純に三橋の架替えなどを請け負うということだけでなく、十組問屋が三橋会所に出資した金を元手として、菱垣廻船の再建や、十組仲間内の営業困難なものへの援助融資を行うことをも目的としていた。事実、菱垣廻船は三橋会所設立の年の文化六年に八艘、翌七年に三〇艘の新造・修復が行われている。

さらに杉本茂十郎は、文化七年に三橋会所の巨額の資金を背景に、幕府の米価調節策に積極的に協力したり、あるいは十組問屋を始めとする江戸の諸問屋に、国恩冥加金《こくおんみょうがきん》を幕府に上納するようよびかけたりした。

こうした彼のさまざまな画策が功を奏し、ついに文化十年、十組問屋は従来仲間外にあった諸問屋をも広く結集して、株仲間化の公認を得ることに成功した。すなわち、十組問屋は六五組、一九九五株と定められ、株札が銘々に下付された。この株札を所持していない無株の問屋商人に対しては、同種同業の営業を禁じるという、きわめて排他独占的色彩の濃いものであった。

そのかわり六五組の問屋仲間から毎年幕府に合計一万二〇〇〇両の冥加金が上納された。内訳を例示すれば、下り酒問屋が一五〇〇両、木綿問屋と繰綿問屋がそれぞれ一〇〇〇両、水油問屋と呉服問屋がそれぞれ五〇〇両などである。

こうして十組問屋は、いったんは再編強化されたかにみえた。しかし、江戸地廻り経済の急速な伸長を背景に、生産者と結びつく在方商人の成長や、江戸無株商人の輩出によって、その流通独占はふたたび動揺を余儀なくされ、結局、天保の改革のさいに解散を命じられた。

なお前述の三橋会所は、問屋仲間からの出資金の大半を伊勢町米立会所の設立を始め、幕府の米価調節のための買米資金に投入してしまい、大きな損金をだしてしまった。そのため出資者への返済ができなくなり、三橋会所の経営は破綻をきたし、設立以来わずか一〇年後の文政二（一八一九）年に廃止となった。

江戸十組問屋一覧表

| 問屋名目 | 文化10年 | 年間上納分担金 |
|---|---|---|
| | 人 | 両 |
| 色油問屋 | 3 | 35 |
| 糸問屋 | 21 | 50 |
| 蠟問屋 | 20 | 100 |
| 下り蠟燭問屋 | 25 | 35 |
| 人参三臓円 | 1 | 20 |
| 干鰯魚〆粕魚油問屋 | 15 | 200 |
| 通丁組・内店組小間物諸色問屋 | 12 | 115 |
| 茶問屋 | 20 | 100 |
| 城州・江州若茶問屋 | 30 | 50 |
| 塗物問屋一番組 | 12 | 60（2組計） |
| 塗物問屋二番組 | 14 | |
| 奥川船積問屋 | 35 | 20 |
| 蕨縄問屋 | 40 | 70 |
| 綿打道具問屋 | 47 | 20 |
| 河岸組 | 21 | 500 |
| 茅丁組雛人形手遊問屋 | 14 | 20 |
| 紙問屋 | 47 | 300 |
| 鰹節塩干肴問屋 | 34 | 100 |
| 畳表問屋 | 37 | 300 |
| 煙草問屋 | 41 | 300 |
| 竹皮問屋 | 11 | 25 |
| 草履問屋 | 10 | 20 |
| 鍋釜問屋 | 36 | 150 |
| 打物問屋 | 16 | 100 |
| 下り糠問屋 | 10 | 200 |
| 下り傘問屋 | 113 | 150 |
| 下り塩問屋 | 4 | 40 |
| 下り塩仲買 | 21 | 60 |
| 繰綿問屋 | 70 | 1,000 |
| 下り酒問屋 | 38 | 1,500 |
| 釘鉄銅物問屋 | 65 | 400 |
| 下り素麵問屋 | 14 | 30 |
| 薬種問屋 | 26 | 200 |

| 問屋名目 | 文化10年 | 年間上納分担金 |
|---|---|---|
| | 人 | 両 |
| 真綿問屋 | 33 | 100 |
| 丸藤問屋 | 21 | 10 |
| 丸合小間物問屋 | 29 | 160（丸合7組計） |
| 丸合針問屋 | 7 | |
| 丸合扇問屋 | 6 | |
| 丸合墨筆硯問屋古組 | 18 | |
| 〃　新組 | 21 | |
| 丸合烟管問屋 | 12 | |
| 丸合白粉紅問屋 | 12 | |
| 船具問屋 | 8 | 30 |
| 古手問屋 | 13 | 50 |
| 呉服問屋 | 55 | 500 |
| 大伝馬町組薬種問屋 | 25 | 200 |
| 内店組扇問屋 | 16 | 25 |
| 明樽問屋 | 55 | 70 |
| 藍玉問屋 | 38 | 200 |
| 大坂旅人足袋問屋 | 32 | 15 |
| 麻苧問屋 | 70 | 150 |
| 三拾軒組下り蠟燭問屋 | 22 | 10 |
| 生布海苔苧屑莇仲間 | 37 | 50 |
| 水油仲買 | 85 | 150 |
| 絵具染草問屋 | 73 | 100 |
| 定飛脚問屋 | 1 | 50 |
| 菱垣廻船問屋 | 3 | 100 |
| 木綿問屋 | 44 | 1,000 |
| 瀬戸物問屋 | 36 | 200 |
| 線香問屋 | 59 | 100 |
| 雪踏問屋 | 37 | 100 |
| 醬油酢問屋 | 85 | 300 |
| 錫鉛問屋 | 10 | 50 |
| 菅笠問屋 | 9 | 10 |
| 菱垣廻船沖船頭 | 100 | 200 |
| 合計 | 1,995 | 10,200 |

浅井金助撰「江戸十組仲間名前記」および都政史料館編「維新前東京諸問屋商事慣例」より作成。

## 地廻り経済の展開と周辺農村●

「地廻り」という用語は、さまざまな用例があるが、流通の面からは、上方からの「下り」に対して用いられ、江戸へ生活必需品の米穀・野菜・魚・味噌・炭・薪・魚油・塩などを供給する、ほぼ関東を中心に、駿河《するが》・伊豆・遠江《とおとうみ》・三河《みかわ》・甲斐《かい》・信濃《しなの》・奥羽《おうう》の一部を含む地域をさしている。江戸で地廻り物を引きうけたのが、地廻り諸問屋である。

地廻り地域では、十八世紀中期以降、生産力が高まり、商品数も増加していった。そして、とくに銚子・野田の醬油に典型的にみられるように下り物を駆逐する商品も生産されるようになった。幕府も江戸地廻りの経済力を上昇させるため、酒造・絞油《こうゆ》業の育成・奨励を行った。武蔵野の畑作地帯では穀物生産が行われ、水車を利用した脱穀・製粉も行われていた。青梅《おうめ》・八王子《はちおうじ》・五日市《いつかいち》地方では、養蚕が行われ、自家製の生糸を原料として縞物《しまもの》などの絹織物が織られ、江戸に出荷された。多摩山地では薪炭や用材の生産が行われた。こうした商品生産の展開の背景には、年貢の貨幣納化が進展し、肥効性の高い金肥《きんぴ》（購入肥料）を導入したため、農民は商品作物を生産し、江戸に出荷して貨幣を得る必要があったのである。

地廻り地域で江戸向けの商品生産が展開していくと、それらの商品を集荷する在方商人が成長してくる。彼らは、江戸の小売商人などに、商品を直接販売するなどしていたため、十九世紀になると江戸の問屋仲間は、彼らを在方株《ざいかたかぶ》として江戸問屋のもとに系列化していった。しかし、彼らは、しだいに江戸問屋の統制をはなれて、独自の流通ルートを開拓していく動きもみせるようになり、江戸問屋の集荷力を低下させていった。そのため独占的集荷権を維持・強化しようとする江戸問屋と在方商人とのあいだには、たびたび争論が生じた。また、村役人は、在方商人として穀物商・肥料商・質屋などを兼業した。彼らは、農民から徴収した年貢米などを、相場の高いときに売却し、貨幣で年貢を上納して、石代相場と市場相場のあいだに生じる利ざやをかせぎ、年貢の立替えや肥料の前貸しを行い、返済できない農民の土地を質地として集積していった。また、水車を所持して脱穀・製粉や賃搗《ちんづき》を行い、醸造業・絞油業などにも手をのばした。こうして、村内には、富を集積した豪農と没落して質地小作となる零細農民との対立も生じるようになった。

地廻り農村の生産力の上昇は、金肥の大量投入によっていた。そのため、農業経営は肥料価格に左右される面が大きくなった。金肥は、東郊では水運の便にめぐまれて、葛西《かさい》を中心に江戸の下肥《しもごえ》（糞尿）が用いられ、西郊の武蔵野では主として糠《ぬか》が、北郊では干鰯《ほしか》が用いられた。

江戸の下肥価格は、需要の増大に伴って高騰し、周辺農村の経営を困難にしていった。そこで、寛政元（一七八九）年から同四年にかけて、東葛西領を中心とする武蔵・下総《しもうさ》二カ国一〇〇〇カ村を超える村が、幕府へ江戸市中の下肥価格の引下げを訴願し、町方との相対での交渉が認められ、いっせいに町方と交渉し、下掃除契約金を年平均約一五％の引下げに成功した。しかし、天保十四（一八四三）年、慶応三（一八六七）年にも同様の訴願がみられ、幕府も引下げを命じている。

東郊の下肥価格引下げ運動と呼応するように、西郊の武蔵野では江戸問屋から仕入れる糠価格の引下げ運動が起きた。寛政二年に幕府へ糠価格の引下げを訴願したのは、入間《いるま》郡で六七カ村、多摩《たま》郡で二五カ村であった。幕府は、江戸の問屋に糠価格の引下げを命ずるとともに、大坂から江戸向けの糠価格の引下げを命じた結果、糠の価格を下げることができた。その後、安政六（一八五九）年にも多摩・入間・新座《にいざ》の三郡九六カ村が参加して、江戸問屋および在方仲買の糠価格のつりあげと混ぜ物を多くする不正取引が行

## 関東取締出役と改革組合村

十八世紀中期以降、関東の農村の治安は著しく悪化していった。しかし、関東では幕領・私領が入り組んでおり、その取り締まりは個別の領主の力では不可能であった。そこで、文化二（一八〇五）年に関東取締出役《かんとうとりしまりでやく》（八州廻り）を新設し、江戸周辺の幕領を支配する四手代官（品川・板橋・大宮・藤沢）の手付・手代のなかから老巧なものを八人選び、幕領・私領の別なく廻村して無宿・悪党の逮捕にあたらせた。同四年には出役を八人から一〇人に増員し、八人で廻村させ、二人は江戸に残るようにさせた。つまり、関東の公私領の警察権を一元化して、治安維持にあたらせたのである。なお、水戸藩だけはその管轄範囲から除外された。また、文政年間（一八一八〜三〇）になると在方商業の統制も担当するようになった。

文政十（一八二七）年には、改革組合といい、関東農村で公私領の区別なく、近隣五、六カ村で小組合、小組合一〇前後で大組合を結成させた。そして、村高が大きくて取り締まりのよい村を寄《よせ》場《ば》とし、これが組合村の運営の中心をなした。大組合は寄場村の名を冠してよばれ、拝島村組合は二五カ村、日野宿組合は四四カ村、八王子宿組合は三五カ村、青梅村組合は三一カ村、五日市村組合は三五カ村で構成されていた。組合村は、従来の領・筋や鷹場組合などを分割・再編成し、大組合をまとめる大惣代・寄場役人を関東取締出役に直結させることで、関東取締出役の職務を補完するとともに、農民負担の平均化と軽減をはかっていった。

われていることを、幕府へ訴えたが、結局は文久元（一八六一）年五月に却下された。一方では、安政年間（一八五四〜六〇）に武蔵野の農村では、尾張藩と交渉し、藩荷物に擬装して糠を産地から直接仕入れる動きがみられた。

また、干鰯・〆粕《しめかす》についてみると、天保五年十一月に、橘樹《たちばな》郡・多摩郡五六カ村の農民たちは、干鰯・〆粕を関東の漁村へでかけて直接購入していたが、江戸問屋に荷物を差し押さえられ、直接購入を停止させられている。また、同月に、多摩郡府中領一八カ村は、町奉行所へ従来どおりの干鰯・〆粕の直接購入の認可を出願したが、却下されるということも起きている。

### 島の暮らしと島方会所●

伊豆諸島は江戸時代をつうじて幕府領であり、伊豆代官の支配下におかれており、利島《としま》をのぞいて、島内で大きな権力をもっていた世襲の神主が島役人（のち地役人《じやくにん》）に任命され、さらにその下に各村に名主・年寄がおかれ、島政運営が行われた。また、八丈《はちじょう》島をのぞけば、田はなく畑のみで、畑作物は島民の食糧にもたらず、畑に年貢を賦課できないため、幕府は、大島・新《にい》島・神津《こうず》島・三宅《みやけ》島には塩年貢を、利島・御蔵《みくら》島・八丈島・小島・青カ島には絹年貢を賦課した。また、大島では塩のほかに薪年貢が賦課された。しかし、絹も塩も、各島における安定的な生産を前提としておらず、むしろ確定した年貢量を強制的に生産させるという性格が強かった。一方では、幕府はその生産の助成に、各島では生産できない米を、扶持方米として下付した。その後、元禄二（一六八九）年に塩年貢が、宝永三（一七〇六）年に絹年貢が代金納となったが、八丈島・小島・青カ島では、ほかに産物がないためそのまま絹を上納した。ほかの島では、漁業・林業などへ産業構造を変化させていった。

幕府によって遠島に処せられた流人が送られる地となったことが、江戸時代の伊豆諸島を特色づけていた。そのため、各島にはさまざまな負担が課せられ、規制が存在した。慶長十一（一六〇六）年に、関ヶ原の戦いで西軍に属してやぶれた宇喜多秀家《うきたひでいえ》が八丈島へ流されたのを最初として、流人は、十七世紀後期まで武士身分、日蓮宗不受不施派《ふじゅふせ》の僧侶が多かったが、十七世紀末以降は町人・百姓身分のものが中心となり、無宿者も流されるようになった。流人船が島に着くと、流人は島の役人に引きわたされ、島の役人は流人の罪状を確認し、島でまもるべき法度《はっと》を申し渡した。そのうえで、流人は、百姓家あるいは流人小屋に引きとられ、島での生活がはじまる。本土の親類などからの見届物《みとどけもの》で生活できたものはごくわずかで、多くの流人は、島民の農業や漁業の手伝いによって得たわずかな食糧で、その日の生活を送った。しかし、流人のなかには、それまでに身につけた技術・知識をいかして、島のために貢献したものもいた。とくに島には医者がいなかったので、医者は島民から厚遇された。寛政八（一七九六）年に大島と利島が流人を送る島から除外され、流人は八丈島・新島・三宅島の三島に集中していった。

伊豆諸島では、年貢金を上納し、島内で生産できない米穀を始めとする生活物資を購入するために、島の産物を江戸や浦賀・下田などに出荷した。江戸で島の産物をあつかったのは島問屋であった。島問屋は、島から送られてくる産物をすべて引きうけ、売りさばくとともに、島へ帰帆する船に、島で必要とする物資を調達した。島では、不作・不漁が続き年貢金の上納がとどこおり、食糧が不足し、また、廻船・漁船の建造費用が調達できないときには、島問屋から借金をすることが多かった。島問屋は、島への貸付金をテコとして、島産物の独占的な集荷・販売を行った。一方では、島問屋は、島と代官役所のあいだに立って、さまざまな便宜をはかってもいる。

天明三（一七八三）年に、幕府は、島問屋による島産物の独占的集荷を禁止し、江戸浅草平右衛門町河岸に八丈島荷揚会所《にあげかいしょ》を設置して、伊豆諸島の産物をすべてここに集荷しようとした。これは問屋や島側からの強い反対にあい、島産物の二〇％だけが八丈島荷揚会所に送られることになった。しかし、この会所は、天明六年の田沼の失脚によって廃止された。寛政八年三月になると、代官三河口《みかわぐち》太忠《たちゅう》の建議により、島問屋の不正を排除して、困窮の島方《しまかた》を救済する目的で、江戸鉄砲洲《てっぽうず》十軒町に島方会所が設立され、島産物の出荷は島方会所に限定されることになった。また、島の生活物資の購入も島方会所をつうじて行わせた。しかし、島方会所における島産物の販売価格は安く、逆に購入物資の価格は高いものであった。そのため、島では、幕府のたびたびの禁令にもかかわらず、産物を相模・伊豆・駿河・安房《あわ》・上総《かずさ》・下総や江戸の海岸地域へ出荷していった。

**神津島の鰹《かつお》漁**（『巡島画抄』）　神津島における鰹の一本釣り漁のようすを描いたもので，漁獲された鰹は鰹節に加工されて江戸などへ出荷された。

## 3 江戸住民の暮らし

### 長屋の風景●

近世中期には、江戸の人口は武家五〇万余、町人五〇万余、合わせて一〇〇万を優に超えた。しかし江戸の住空間は、そのほとんどが武家によって占められ、町人のそれは非常に狭小であった。幕末の状況を推測できる明治二（一八六九）年の東京の土地調査によれば、およそ武家地は一一六九万坪で全体の六九％、町地は二七〇万坪で一六％、寺社地は二六六万坪で一五％であった。

すなわち約二七〇万坪（九平方キロ）の町地に、江戸の総人口の半数あまりを占める町人が集居していた。人口密度は一平方キロあたりほぼ六万人にものぼった。そのため、町方の住民はびっしりと軒を接し、今でいえば1Kのアパートのような長屋が、いたるところに建てられていた。この長屋の存在こそが、江戸の六分の一の土地に、江戸の二分の一の人口を収容することを可能にしたといえよう。長屋は江戸庶民の住空間の基本単位であった。

江戸庶民の多くは、長屋住まいの借家人であった。当時は借家人のことを「店借《たながり》」と称した。文政十一（一八二八）年に幕府が調査した「町方書上」によれば、江戸の店借比率は約七〇％であった。文政のすぐあとの天保期の江戸町人人口は五五万人前後であったから、店借層は四〇万人にものぼった。

もっとも、同じ店借人といっても、通りに面した店舗を借りて商売をしていた表店借と、路地の奥のせまい裏長屋を借りていた裏店借とでは、経済力に大きな差があった。しかし店借人の圧倒的多数は後者の裏店借層であり、江戸庶民といえば、彼ら裏長屋の住民たちがその中核をなしていたのである。長屋には大工・左官・屋根葺・髪結などの職人や、野菜とか魚などの振売り商人、あるいは日雇《ひよう》・駕籠舁《かごかき》・車力《しゃりき》・馬士《まご》などの肉体労働従事者などなど、さまざまな職業の人びとが生活していた。落語に登場する八つぁん・熊さんの世界である。

では具体的に、江戸の長屋をのぞいてみよう。次頁の図は、文政期の根津門前町《ねづもんぜんちょう》の一画にあった貸長屋の平面図である。表間口一五間（約二七メートル）、裏行二〇間（約三六メートル）、すなわち三〇〇坪（約一〇アール）の敷地に二七戸の貸店が建っている。

まず表通りに面したところに、二階家の貸店が七戸ある。入居者はここで商売をしていたと思われ、店賃も一カ月銀二八匁から銀六七・五匁（金一両二朱）と高い。幅一間のせまい路地をはいると、平屋の長屋が建ちならんでいる。中央には九尺×三間の貸店が八戸、店賃は一カ月金二朱（銀七・五匁）である。一番奥の突き当たりには九尺×二間の小さな貸店が四戸ある。典型的な「九尺二間の裏長屋」で、店賃は一番安く銀五匁である。わずか三坪の家であるから、はいるとせまい土間と居間が全部見渡せる。土間は台所兼用になっていて、竈《かまど》と水瓶《みずがめ》がある。居間は四畳半の一間《ひとま》だけである。図の右手に大きな家があるが、この敷地内の長屋の店賃徴収や管理など一切を差配していた大屋（大家）が住んでいた可能性が高い。

この敷地には共同の井戸が一カ所、(井)印がそれである。芥溜《ごみため》もちゃんと一カ所ある。さらに回印は雪隠《せっちん》（便所）であるが、二つずつ三カ所にある。北側の隅には小さな稲荷社もまつられている。「江戸名物、伊勢屋、稲荷に、犬の糞」といわれたように、江戸の町には稲荷社が非常に多かった。

このように井戸も芥溜も雪隠も、みな共同であったから、おのずとそこに、ともに仲良く生活するという身内意識や共同体意識がはぐくまれた。敷地内のお稲荷さんには、毎日住民たちの手で、交代にお供えが献じられ、それがまた、彼らの精神的な絆《きずな》を強めたに相違ない。

「椀《わん》と箸《はし》持って来やれと壁をぶち」という川柳《せんりゅう》がある。今日はたまたまご馳走があるので、隣の人と一

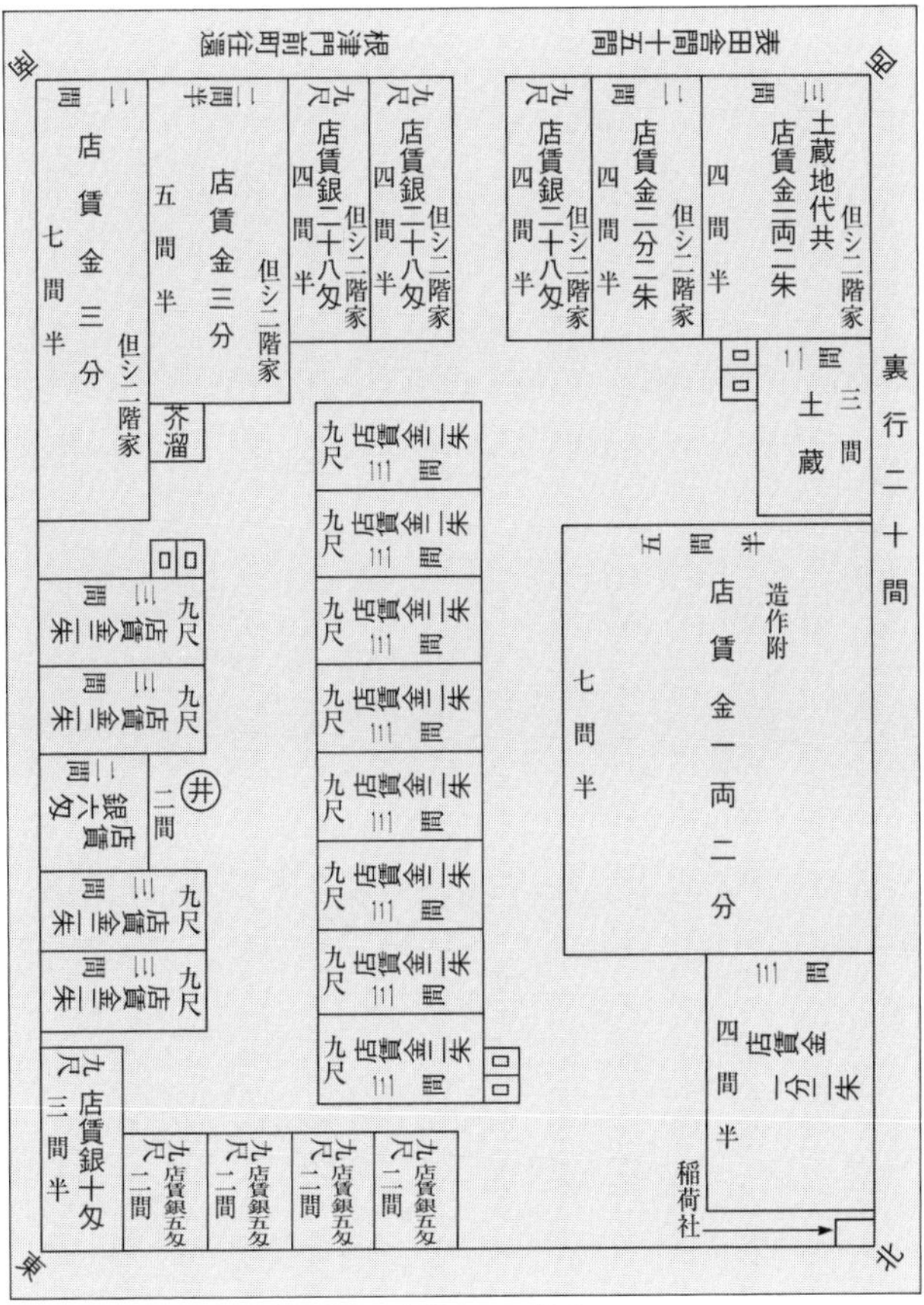


根津門前町貸店略図（文政期）　店賃は１カ月分。

緒に飯を食おう、というのである。そこで壁をたたいて、少し声高に椀と箸をもってこいといえばつうじたのである。形式ばらないつきあいの仕方であり、緊密な隣人愛をうかがうことができよう。しかしこのように仕切りは壁一つであったので、相互の秘密はなかなか保ちにくかった。したがって相互に迷惑をかけまいとする気配りが必要とされ、その交際には一定の節度があった。

**江戸庶民の生計●**

では、こうした長屋に住む江戸庶民の生計は、具体的にどうであったか。まず職人の場合からみてみよう。長屋に住む職人たちの多くは、出職《でしょく》といって親方の家にいくとか、現場にでむいて仕事をした（自宅で仕事をする職人を居職《いじょく》といった）。朝は現在の時刻でいえば午前八時ごろから仕事をはじめ、十時ごろに約三〇分小休、正午には昼食休みを約一時間とる。午後は二時すぎにふたたび三〇分ほど小休、夕方六時ごろに仕事をおえた。一日ほぼ八時間労働である。

職人の休日は、一般に五節句、および七月の盆休み、年始の正月休みなどがあった。このほか雨天の日とか、風の強い日などは屋外での仕事ができなかったので、彼らが実際に働けるのは一年のうち一〇カ月もなかった。

『文政年間漫録《ぶんせいねんかんまんろく》』という書に、大工の年間収支の事例が記されている（次頁図参照）。これによれば一日の手間賃銀は四匁二分、それに飯米料一匁二分が加算され、一日の収入は計五匁四分であった。当時は、同じ職人のうちでも大工や左官の賃銀は比較的高いといわれていた。それにしても一日の収入が銀五匁四分（銭に換算すればおよそ五四〇文）は、かなり高い事例である。この大工の年間収入は、正月や節句や風雨の日の休みをのぞいた二九四日分で、銀一貫五八七匁六分であった。

一方、年間の支出をみると、この大工は妻と子ども一人の三人家族で、飯米は年間三石五斗四升で銀三五四匁、店賃は銀一二〇匁、塩・醬《ひしお》・味噌・油・薪《まき》・炭代は七〇〇匁、道具・家具代が一二〇匁、衣料費が一二〇匁、交際費が一〇〇匁、合計銀一貫五一四匁であり、収支を差し引くと、一応銀七三匁六分の黒字であった。

やはり食費関係の総支出に占める額が圧倒的に大きい。しかしふだんから交際費などを若干切りつめていれば、娯楽費つまり花見や盛り場への物見遊山《ものみゆさん》の費用ぐらいは捻出できたに相違ない。住居は、店賃が一カ月銀一〇匁であるから、前記の根津門前町の事例でいえば間口九尺に奥行三間半で、三人家族ならまずまずの広さである。

この暮らしぶりを、もう少しわかりやすくするために、年間の支出を一日の平均支出に、また貨幣の単位を銀ではなく銭の単位に換算（銀一匁は約銭一〇〇文）してみると、この大工一家は、一日に飯米代として銭一〇〇文、副食・光熱費は一九八文、店賃三四文、その他九六文、会計四二八文を支出していた勘定になる。

つぎに零細商人の生活をみよう。魚や野菜を天秤棒にかついで売り歩く、いわゆる「棒手振《ぼてふ》り」商人である。路地の奥までやってくる振売り商人は、店舗をかまえる商人よりむしろ江戸庶民の日常生

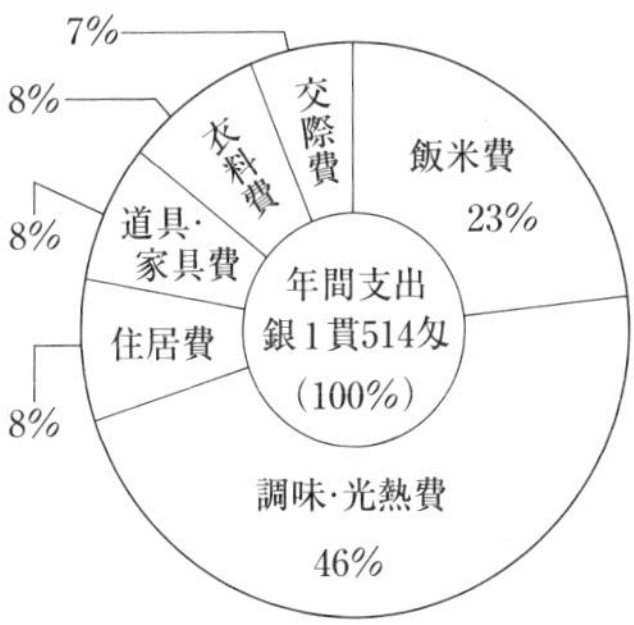

大工の年間支出内訳

活に密着していた。前記の『文政年間漫録』には、野菜の振売り商人の一日が活写されている。いささか長文であるが、その一節を引用しよう。

菜籠《ながたま》を担《になっ》て、晨朝《しののめ》に銭六、七百を携え、蔓菁《かぶらな》・大根・蓮根・芋を買い、我力のあるかぎり、肩の傷むのも屑《がず》とせず、脚《あし》にまかせて巷《ちまた》を声ふりたて、蔓菁めせ、大根はいかに、蓮も候、芋や芋やと呼ばりて、日の足もはや西に傾くころ、家にかえる……家には妻いぎたなく昼寝の夢まだ覚《さ》めやらず、懐《ふところ》にも背にも幼稚《おさな》き子ら二人許《ばかり》も横竪《よこたて》に並臥《ならびふし》たり。夫《おっと》は我家に入て菜籠かたよせ、竃《へっつい》に薪さしくべ、財布の紐《ひも》とき翌日の本貨《もとで》を算除《かぞえのき》、また房賃《たなちん》をば竹筒へ納めなどするころ、妻眠《ねむり》をさまし、精米の代はと云《いう》。すはと云て二百文を擲出《なげだ》し、与うれば、味噌もなし、醤《ひしお》もなしと云。又五十文を与う。妻小麻《こま》筒《づつ》を抱て立出《たちいず》るは、精米を買いに行なるべし、子供はいおきて、爺々《とと》、菓子の代給《だいたまえ》と云。十二、三文を与うれば、これも外の方へ走出ず。然《しかして》なお残る銭百文余、また二百文もあらん。酒の代にやなしけん。積《つみ》て風雨の日の心充《こころあ》てにや貯うるらん。これ其日稼《そのひかせぎ》の軽き商人の産なり。

朝早く青物市場にいって野菜を仕入れ、肩にくいこむ天秤棒の痛さをこらえ、売声いさましくダイコン・レンコン・イモなどを一日中売り歩く。夕方疲れた体で家に帰り、夕食の仕度《したく》のために竃《かまど》に薪をくべ、今日の売上げの勘定をするころ、それまで昼寝をしていた妻が目をさまし、白米と味噌と醤の代金を請求して、買い物にでかける。二人の子どもも起きてきたので菓子の代をあたえる。このほか日掛けの店賃などをのぞくと、今日一日の儲けの残りは一〇〇文か二〇〇文。これで疲れをいやす酒を飲もうか、それとも風雨で働きにでられぬ日のために貯金をしようかと思案に迷う、いじましい毎日である。

江戸の長屋の住民たちは、このようにその日暮らしではあったが、働きさえすれば妻子を養うことができた。しかも三度の食事はすべて白米である。魚も、イワシなら一匹わずか五文、サケも一切れ一六文ほどであったから、しばしば口にできた。豆腐は、焼豆腐と揚豆腐が一丁五文と安かった。白豆腐は半丁一五文と若干高かったが、やはりしばしば食膳をにぎわした。

## 勤番武士の暮らし●

江戸には、もちろん町人だけでなく武士も多数住んでいた。享保七（一七二二）年の調査によれば、旗本《はたもと》は五二〇五人、御家人は一万七三九九人であった。これら幕臣たちには、それぞれ家族もあり奉公人もいた。しかも大身の旗本ともなれば、小大名におとらぬ大勢の家臣団を擁しており、武家人口は相当数に達した。さらに江戸の武家人口を膨大ならしめたのは、参勤交代のために設けられた二百数十藩の江戸屋敷（藩邸）である。

これら諸藩の藩邸には、大勢の家臣が住んでいた。家臣の江戸勤務を〝江戸勤番《きんばん》〟あるいは〝江戸詰《づめ》〟といい、そのほとんどが、妻子を国許《くにもと》に残しての単身赴任であった。江戸勤番には、藩主の参府に随従し、江戸に着くとただちに帰国するもの、藩主が帰国するまで一年間藩邸に勤務するもの、藩主の参勤交代にかかわらず長期間藩邸に勤務する定府《じょうふ》のもの、という三形態があった。

したがって各藩の藩邸内の人数は、流動的で正確な把握はむずかしいが、藩士のほか奉公人や女中を含めて、大藩ではおよそ三〇〇〇～五〇〇〇人、小藩でも三〇〇～五〇〇人ほどであった。たとえば一一万石の庄内《しょうない》藩の江戸屋敷には、藩主が参勤中は約八〇〇人、藩主が帰国して留守のあいだは約四五〇人の家臣たちが住んでいた。

江戸詰の家臣たちは、藩邸内の〝御長屋〟とよばれる建物の一画をわりあてられて暮らしていた。御長屋は多くの場合、藩邸の周囲に塀のようにめぐらされた瓦葺《かわらぶき》の二階建ての建物である。もちろん内側の敷地にも、棟をならべて建てられた。わりあてられる部屋は、身分によって広さに差はあったが、その多くは二～三人の共同生活であった。

彼ら勤番武士は、川柳の言葉で〝浅黄裏《あさぎうら》〟とよばれていた。これは、彼らが羽織の裏地に時代遅れの浅黄繻子《しゅす》を使用していたことからうまれた言葉で、野暮《やぼ》な田舎侍《いなかざむらい》を意味していた。国許での生活と、江戸という大都会での生活との落差の大きさに、彼らの多くはとまどった。とくに日常的な食生活の差は大きかったとみえ、彼らの日記や随筆に、しばしばそのことが記されている。

紀州田辺《たなべ》藩の医師原田某が幕末にあらわした江戸勤番中の見聞記『江戸自慢《えどじまん》』にも、江戸と上方との味くらべが記され、「鳥の啼《なか》ぬ日はあれど、納豆売《なっとううり》の来ぬ日はなし」と、江戸人の納豆好きを指摘している。上方人にとって、納豆は食べにくかった。し

久留米藩邸の長屋風景（戸田熊次郎序・狩野素川画『久留米藩士江戸勤番長屋絵巻』）　久留米藩士戸田熊次郎の江戸藩邸の長屋での生活を描いたもので，これは同輩と宴会をもよおしている場面である。

かし江戸前のにぎり鮨は、すぐさま好物になったようだ。「鮨は握りて、押したるは一切なし。調味よし。上方の及ぶ所にあらず。価《あたい》も賤《やす》し」と、べたぼめである。江戸には、上方風の押し鮨はなかった。

また、江戸の菓子は上方にかなりおとるという。それが証拠に、「看板・布簾《のれん》等に、京都菓子と記しあるを見て、推《おし》て知るべし」とのべている。とくに江戸の饅頭《まんじゅう》は、皮が厚くてまずいという。ただし、餅菓子だけはたいへんおいしく、お鉄《てつ》牡丹餅・いま坂・永代《えいたい》団子などは「奇麗《きれい》にして風流なり」とほめている。なお勤番武士にとって、安くておいしい人気のおかずは第一に水漬けのかずの子、第二にアサリ・ハマグリであった。温かい御飯には、もってこいのおかずである。

江戸勤番の仕事は、一般的にはそれほど多忙ではなかった。勤務の日より非番の日の方が多かった。そこで彼らは、江戸中の寺社詣でや名所めぐりにせっせとでかけた。江戸の盛り場をにぎわす人口の半数は、ひょっとしたら彼ら勤番武士であったかも知れぬ。

しかし物価高の江戸のこと、彼らは生活費をできるだけきりつめるため、「空腹を凌ぐは蕎麦《そば》にきめ、あとに五六盃《ぱい》湯を飲み、或いは湯屋に入りて茶を飲みて茶代を省き、酒は火酒《しょうちゅう》を半盞《さん》買へば肴いらず、酔《よい》久しく淋しからず」と、前記の『江戸自慢』は記している。

江戸における外食の代表である二八蕎麦（銭一六文）を食べたあと、蕎麦湯をたくさん飲んで腹をふくらませ、あるいは命の洗濯の銭湯（八文）にいき、湯上がり後、銭湯の二階へ上がって（八文）、碁・将棋などを楽しみながら茶を飲み、夜には安価に酔う焼酎で一人身のさびしさをまぎらわせたようだ。その哀感は、現代サラリーマンの単身赴任生活に、一脈あいつうじるものがある。

## 4　よみがえる江戸

### 発掘された江戸●

東京は新政府の樹立に伴って首都となり、都心部は近代日本の中心として開発が繰り返されてきた。道路やビルの工事に際して、江戸時代の墓や上水管、はたまた古銭や小判が出土したというニュースもとびこんでくる。墓や上水管、あるいはなんらかの理由から埋められた通貨のたぐいは、もともと地中に埋設されたものだから、後世になって掘り返せばそのまま発見される可能性がある。

しかし、こうした特例をのぞいては、江戸の街の跡は、繰り返された開発によって破壊され、痕跡をとどめてはいないのではないかというのが、一般の見方であった。林立する高層のビル群をみわたしてみれば、誰しもがそう思うだろう。

昭和五十（一九七五）年の冬、千代田《ちよだ》区東神田《ひがしかんだ》の一角にある都立一橋《ひとつばし》高校の校舎改築中に、多数の人骨が発見された。人骨と一緒に出土する墓石や陶磁器から、ここが江戸時代の墓地の跡であったことが容易に理解できた。本格的に発掘調査を行ったところ、埋もれていたのは墓地だけではなく、建物や井戸、下水、ゴミ溜めなど、実に多くの遺構が、何層にもわたって検出された。江戸の街の跡がそっくり埋もれていたのである。「近世考古学」の端緒を開いたこの発掘調査によって、都心部の地下には、予想外に良好な状態で江戸の街が埋もれていることがわかったのである。

ではなぜ、「江戸遺跡」が都心部の地下に残ったのだろうか。都立一橋高校は、神田川に近い低地に位置している。発掘の結果、幕末の地層は地表下約二メートル、江戸時代初期の地層は地表下約四メートルもの深さにあたることがわかった。この四メートルの厚さの堆積層のなかに、江戸時代初期から現代に至るまでの江戸・東京の街なみの跡が、順を追って埋まっていたのである。この厚い堆積層にまもられて、江戸遺跡が残っているということになる。

江戸は火事や地震など、度重なる災害をうけてきた。災害で街が焼失・倒壊すると、そのたびに瓦礫《がれき》を整理し、整地をして、あらたな街を復興してきた。その繰返しによって、しだいに地表が上昇してきたのである。江戸遺跡の成立には、実はこのような災害が大きくかかわってきたといえる。江戸遺跡の一角を掘りおこすことによって、往時の江戸の姿が少しずつ私たちの眼前によみがえってくるのである。

今日、都心部の再開発事業に対処するため、江戸遺跡の発掘調査が盛んに行われるようになり、多くの新しい情報が蓄積されつつある。このような「江戸考古学」の一端を

掘りだされた江戸の街並（都立一橋高校地点）

紹介しよう。

## 武家屋敷と町家●

江戸には全国の大名屋敷が甍《いらか》をならべていたが、今日その姿をとどめる屋敷はない。絵図面が残っている大名屋敷では、建物の配置などを知ることはできるが、細部にわたっては考古学的な発掘調査が復原への大きな手がかりとなる。

東京大学の本郷キャンパスは、加賀《かが》藩前田《まえだ》家の上屋敷ほかの跡にあたっている。昭和五十八（一九八三）年以来、大学施設のあいつぐ立替えに伴って、数多くの地点で発掘調査が行われた。このうち、御殿下グラウンド地点では、第十代藩主夫人寿光院《じゅこういん》の隠居所として享和二（一八〇二）年に建てられた「梅之《うめの》御殿《ごてん》」跡の北半分が発掘された。ここでは残された絵図面と、御殿の基礎や廊下などの遺構の配列が一致した形で検出された。遺構には多数の厠《かわや》もあった。このうち三基の厠の内外の土壌を分析したところ、興味ある結果が得られた。鉛が検出される厠と検出されない厠とがあったのである。絵図面と照合すると、鉛が検出される厠は女性たちが行動する空間にあり、鉛が検出されない厠は男性たちが行動する空間にあったことがわかった。鉛は女性の化粧品に含まれることから、化粧品をとおして体内に取りこまれた鉛が、排泄物《はいせつぶつ》とともに女性用の厠に沈澱したことになる。

江戸に居をかまえた全国の大名は、江戸の暮らしに同化する反面、おのおの国元の慣習や嗜好《しこう》を邸内にもちこんでいた。東京大学本郷構内遺跡のうち、旧大聖寺《だいしょうじ》藩関係の地点から検出された道路跡や建物の礎石の間隔を実測すると、屋敷の外郭は江戸時代初頭から一貫して六尺を一間（約一・八二メートル）とする江戸間が用いられていたのに対し、建物と屋敷のなかの地割は、十七世紀の前半には六尺三寸（約一・九一メートル）を一間とする越前間が用いられ、十七世紀後半の七〇年代以降になって江戸間が基準尺度として利用されたことがあきらかとなった。江戸の都市設計は、当初日本橋《にほんばし》付近では六尺五寸（約一・九七メートル）を一間とする京間を基準として行われた。これに対し、当初から田舎間によって地割がなされた地域もあったという。

旧大聖寺藩の発掘調査があきらかにした基準尺度と変遷は、屋敷の拝領は幕府の計画によって実施された地割に基づいて行われたが、邸内の地割や建物の設計は、国元の基準によって行われたと推定させる。

大名屋敷を発掘すると、鍋島焼の皿や、高級輸入陶磁器、あるいは金銀の髪飾りといった高価な品々がしばしば出土する。ゴミ溜めから出土する食べかすをみても、丹念に調理されたタイや、大きなアワビなど、さすが大名屋敷と思わせる高級魚介類が出土する。けれども、これらはただちに大名家の日常の食生活をあらわしているとはいえない。

大名屋敷の発掘（加賀藩上屋敷梅之御殿跡）

大名屋敷には、大名やその家族だけが生活していたわけではない。上級・下級の家臣たちも邸内に生活していた。東京大学の理学部七号館地点では、加賀藩の比較的大身の家臣たちが住んだ八筋長屋《やすじながや》とよばれる長屋の一部が発掘されている。この地点からは、調理されて食べられた多くの魚介類の遺体が出土している。そのなかでも、マダラ・スケトウダラといったタラ科の魚が多くみいだされた点が、ほかの大名屋敷といっぷうかわった傾向をみせていた。また、少量ながらフグ・サバの骨も出土している。

タラ科の魚は北陸地方では日常的に食べられていたという。また、フグやサバは、当時下魚としてあつかわれ、とくにフグはお家断絶にもつながるとして、武家社会では忌避されていたという。しかし北陸ではフグを干物として食べ、サバは鮨《すし》にされた。こんなところにも、国元の嗜好や慣習が反映されていよう。国元からは、米のほかに郷土の味覚もとどけられた。旧芝離宮《しばりきゅう》庭園の地にあった相模小田原《さがみおだわら》藩大久保家の屋敷跡からは、文字が書かれた樽《たる》の蓋《ふた》がいくつか出土し、文字の内容から、小田原名産の梅干しやカツオのたたき、あるいは納豆の容器であることがわかった。千代田区紀尾井《きおい》町遺跡からは、「遠州あらい／かつおのたたき」と書かれた蓋が出土している。ここを藩邸としていた遠江横須賀《とおとうみよこすか》藩本多家ならではといえよう。

陸奥《むつ》仙台藩伊達家の下屋敷があった品川区の仙台坂遺跡からは、味噌を醸造するための遺構と考えられる五基の石組竈《かまど》が発掘された。味噌の醸造は飛地であった常陸龍ヶ崎《ひたちりゅうがさき》の所領で生産された特産の大豆を加工した。もともとは同藩の江戸藩邸内での需要にこたえるためだったが、しだいに販売用として事業化され、下屋敷は幕末には「仙台味噌屋敷」とよばれていた。「仙台味噌」は明治以降も生産を続け、会社を設立するまでになった。これを裏づけるように、仙台坂遺跡からは近代の煉瓦《れんが》積みの大規模な味噌醸造遺構もみつかっている。「お国の味」が江戸の人びとにも親しまれるようになった例といえる。

こうした大名屋敷にくらべ、人口密度が異常に高かった町人地では、検出される遺構の様相も異なってくる。都立一橋高校地点では、十八世紀中ごろの層から、並列する下水溝と、下水溝にはさまれた、粗末な建物の基礎が検出された。この状況は、長屋と、長屋のあいだを走る路地を示している。そして、この町屋の裏手には井戸が設けられていた。

一般に、零細な町人が借家住まいする江戸の裏店は、出入口と小さな台所がついた個別の居住空間のほかは、厠・ゴミ溜め・井戸が共同施設として設けられていた。江戸の共同の厠は「惣後架《そうごうか》」または「惣雪隠《そうせっちん》」とよばれ、下半分だけに戸がついていた。便槽には桶が使われることが多かったと思われる。大名屋敷の例であるが、龍野《たつの》藩脇坂家上屋敷から発見された多数の厠の桶形便槽は、直径四〇センチ、高さ五〇センチ、容量約六〇リットルをはかった。かなり小型なので、頻繁に汲取りが行われ

町人地の穴蔵遺構

たに違いない。

江戸の給水は、上水道もしくは掘井戸によった。上水を汲みあげるには、桝や上水井戸が用いられた。上水井戸も掘井戸も、一般に桶を重ねて埋設し、井戸側とした。

ところで共同施設である厠・ゴミ溜め・井戸は、一カ所に近接して設置されることが多かった。いずれの施設も木製である。近年、各地各時代の厠遺構から、寄生虫の卵が検出されており、これらが土中にしみいることもわかってきていることを考え合わせると、こうしたあり方は、今日からみると、衛生的におおいに問題があったとみなされよう。

### 江戸の地下室●

台地上の武家屋敷の跡を発掘すると、地山である関東ローム層を掘り込んだ深い穴が、それこそ蜂の巣のように口を開ける。地中に部屋を設けたこれらの穴は、「地下室《ちかむろ》」と総称されている。地下室の用途にはいくつかの種類があるが、武家屋敷のなかから発見される地下室の多くは「穴蔵《あなぐら》」である場合が多い。

穴蔵とはいわば地下式の耐火倉庫で、恒常的に、あるいは危急に際して、家財や金銀をまもる目的でつくられた。台地上では掘抜きの穴蔵が多く、出入口に階段を掘り込んだり、梯子《はしご》をかけて出入りするようにつくられたものなど、いくつもの形態がある。大きさもさまざまだが、底までの深さ二、三メートル、部屋の大きさ一辺二、三メートルというのが標準的なところだろうか。大名屋敷では、穴蔵は建物の外部に設けられることが普通だった。加賀藩上屋敷内の八筋長屋跡の発掘調査例では、長屋の各戸の庭部分に穴蔵がつくられたという所見が得られている。

一方低地では、地盤が弱いために掘抜きの穴蔵はつくることができなかった。そこで木材を組んで地中に桝型の部屋をつくり、上に板をわたして天板とした。木製穴蔵の遺構をみると、板は埋釘でとめ、板同士の接合部には槙肌《まきはだ》をはさむといった入念な防水加工がほどこされている。穴蔵のなかに地下水がはいりこまないように配慮していたのである。危急のさいは天板のうえに常備しておいた砂をかけ、炎が直接木部にあたらないようにした。

低地の町人地では、こうした穴蔵は建物の床下につくられることが多かった。日本橋の越後屋《えちご》や本町の大黒屋《だいこく》では、絵図から見世の床下に複数の穴蔵が設けられていたことがわかる。このような大店《おおだな》では、本来の土蔵のほかに穴蔵を設けたが、もう少し小規模な商家で、ある程度の資産はあるものの、土蔵を建てる土地をもたないものは、土蔵のかわりとして地中に穴蔵をつくったという。

本郷・湯島《ゆしま》・麴町《こうじまち》などの台地上からは、穴蔵とはまた異なった形態の地下室が発見されることがある。垂直に近い出入口から、横に狭い通路を介して、奥に細長い部屋を掘り抜いた地下室で、平面図をみると羽子板型になるものが多い。時として、一つの出入口から数方向に部屋が分かれる例もある。部屋の天井は蒲鉾《かまぼこ》型で、壁のところどころには丸太を架したと思われる小さな孔が穿《うが》たれている。この形式の地下室については、戦前にその性格をめぐって論争があったが、今日ではこれらが地下式の麴室《こうじむろ》であると考えられている。

麴の培養には保温が必要である。地下室は外気と遮断されるとともに、壁に架した丸太上に藁《わら》や粘土《ねんど》をつめて保温をはかることができる。麴室は通常地上につくられるが、どういうわけか江戸および江戸周辺では地下につくられたらしい。直下型の安政地震のさいには、こうした麴室がくずれるという被害が報告されている。

多数の地下室からうかがえるように、江戸の人びとは、地下空間を積極的に利用した。その原因の一つは、土地が貴重であるという巨大都市の性格を反映した、土地の有効活用にあったと思われる。

## 墓地にみる江戸の人びと●

江戸遺跡からは、多くの墓地の跡が発掘されている。都立一橋高校地点からは、十七世紀前半から天和三（一六八三）年まで存在した寺院に伴う墓地が発掘された。前年の天和二年に「八百屋お七《しち》」の大火があり、付近の寺院がいっせいに移転した。そのため墓地も整理されて、墓地の跡は町屋となったのである。墓地が移転したため、もともとの位置に立っている墓石はなかったが、早桶《はやおけ》や蔵骨器《ぞうこつき》（骨壺）が足の踏み場もないほどたくさん出土した。墓地の面積がかぎられているため、あらたに遺体を埋めるときに、以前に埋められていた早桶や蔵骨器をこわしてしまうことも少なくない。

早桶には直径・高さともに約六〇センチの大型品と、直径・高さともに約三〇センチの小型品とがある。二尺ものと一尺ものとがあったことになる。二尺ものには成人の遺体が、一尺ものには小児の遺体が埋納されていた。大型の早桶でも、私たちが想像するよりはかなり小さく、遺体は身をかがめた状態で窮屈に押しこめられている。江戸の埋葬は、火葬しない場合は、階層を問わず屈葬が原則となっていた。

早桶と混在して、焼骨を埋納した蔵骨器がみいだされる。火葬と非火葬とがならび行われていた。蔵骨器は一般には瀬戸・美濃窯産の壺が多用された。一方で江戸時代中期以降は、常滑《とこなめ》産の大甕に火葬しない遺体を埋納する甕棺の制が多くみられるようになる。

新宿区圓應寺《えんおうじ》跡から発掘された墓地では、早桶がきわめて密集して埋設されていた。埋め方も当時の地表面のすぐ下で、墓地がいっぱいになるとそのまま盛り土をして、その上をまた墓地として使ったことがわかる。「投げ込み」同様に、ここに埋葬された人びとは、旦那寺をもたない、江戸のごく底辺の人びとだったと推定されている。

一橋の例では、約一〇〇〇体ほど出土した焼かれていない人骨のうち、小児・乳幼児の占める割合が六割にも達していた。このことは、当時いかに小児・乳幼児の死亡率が高かったかを示している。また、成人の男女比では、三対一の割合で男性が多かった。男性都市としての前期の江戸の姿を垣間みせるデータといえよう。あるいは圓應寺例のように、身寄りのない下層階級の人びとが多かったのかもしれない。

大名や将軍家の墓地は、このような庶民の墓とくらべると、当然のことながら墓域の密度が低く、規模が大きく、立派な構造をもち、充実した副葬品を伴っている。芝増上寺にあった徳川将軍家墓所の発掘調査では、将軍墓はいずれも墓域中に、八角形の切石組基壇を構築していた。基壇上には銅製もしくは石製の宝塔を立て、地下にきずかれた方形の石室内部に、木棺あるいは銅棺をすえ、遺体を埋納していた。

正徳二(一七一二)年に没した六代将軍家宣《いえのぶ》の墓は、銅製の宝塔がのる基壇の下に、切石による巨大な二重の蓋石をすえ、その下に間知石《けんちいし》で石槨《せっかく》をきずいている。石槨の内側には二枚の蓋石で入念に閉塞された切石積みの石室がある。石室内の上部は石灰でみたされ、その下に一辺一・五メートルの正方形の銅棺が設置される。銅棺内には金襴《きんらん》でおおわれた木炭層があり、さらにそのなかに正方形の木棺が設置される。木棺内には胡座《こざ》する家宣の遺体がおさめられ、遺体の上には朱と石灰がつめられるといった入念さであった。

ヒトの体つきや顔つきは時代によって変化している。縄文時代人と現代日本人とが異なっているように、江戸時代の人びとは江戸時代人としての特徴をもっている。人骨の調査から割りだした江戸時代人の平均身長は、男性一五五センチ、女性一四三センチで、歴代日本人のなかでももっとも低い数値を示している。江戸時代人の低身長は、都市・農村、庶民・大名の別を問わない。

ところが、江戸の庶民墓から出土した人骨と、大名・将軍墓から出土した人骨の頭骨を比較すると、彼らの顔つきには著しい相違があることがわかった。代表的な庶民の顔は、前後に長い頭をもち、低顔型(丸顔)、低く幅の広い鼻や強い反っ歯《そっぱ》といった特徴をもち、葛飾北斎《かつしかほくさい》の浮世絵《うきよえ》や漫画に登場する庶民の顔と一致する。

一方、徳川将軍の顔は大きく、頭は庶民とくらべ前後に短く、細面で、鼻は高く、筋がとおっている。また、頬骨の突起は少なく、下顎は細い、といった特徴がある。現代人以上に現代的なこのような徳川将軍の顔は、多分に食生活を始めとする特異な生活環境に根ざしていると考えられている。

## ゴミ溜めからさぐる江戸文化●

縄文時代の貝塚に代表されるように、過去の人びとが廃棄したものは重要な考古学的資料となる。江戸時代でも同様で、ゴミ溜めの跡や廃棄物の山から出土するさまざまな遺物は、文献だけでは知ることができない多くの事実を語ってくれる。そのため考古学者は江戸のゴミ溜めを掘り返し、出土したゴミ——遺物の性格や年代を調べ、データをならべては分類し、遺物の背後にみられる人びとの行動の軌跡をたどろうとする。

江戸遺跡を発掘すると、膨大な量の陶磁器が出土する。そのうちの多くは食器が占める。室町・戦国時代の陶磁器の食器は茶を飲むための碗、比較的小振りの皿、それと少量の鉢が中心となっている。これとくらべると、江戸遺跡から出土する陶磁器の食器は、きわめて多様性に富んでいる。これはおそらく、調理された食品の品数がふえたことに対応するのだろう。その要因には、江戸を中心とする食品の流通網が拡がったことがあげられよう。

江戸の低地部では、多くの木製品が腐朽をまぬがれて残っている。江戸では前代と大きくようすが異なる点に、桶《おけ》・樽《たる》が普及し、水などの木製容器としてそれまで主流だった曲物《まげもの》にとってかわったことがあげられる。結桶技術が進歩すると、やきものでも製作困難な風呂桶や井戸側などの大きな容器まで結桶によってつくられるようになった。北斎が描いた『富嶽三十六景《ふがくさんじゅうろっけい》』にみられるような巨大な結桶は、江戸時代の職人のすぐれた技術をあらわしている。

容器といえば、江戸遺跡から出土する遺物のうち、とりわけ目をひく陶器に徳利《とっくり》がある。どこを発掘してもたくさんの徳利が出土する。新宿区の三栄町《さんえいちょう》遺跡からだけでも膨大な量の徳利が出土している。徳利のすべてが酒の容器とはかぎらないが、江戸の人びとの酒好きは事実だったようだ。

この徳利、単に酒をそそぐための容器ではなく、一般には「貧乏徳利」とよばれ、酒を買うための「通い徳利」であった。その生産地は瀬戸・美濃地方で、その容量には一升・五合・二合半の規格があったことが知られる。貧乏徳利の表面には、釉《うわぐすり》の上から釘やたがねで記号や文字が描かれている。これは酒屋の屋号などをあらわすマークで、購入した徳利に酒屋がきざんだものであった。明治時代になると、窯元《かまもと》が酒屋の注文をうけて酒屋の名称・屋号などを鉄やコバルトの釉薬《ゆうやく》で描き、焼きつけるようになった。テレビの時代劇などでみかける貧乏徳利は明治時代の姿を模したものが多い。

江戸を研究するうえで、近世考古学がはたすべき役割は多岐にわたっている。たえまなく続けられている都心部の発掘調査によって、江戸のイメージも少しずつかわってくるに違いない。

## 5　江戸の化政文化

### 江戸文化の展開

化政期における江戸文化の新生面は、各分野にみられた。まず文学の世界では、洒落本の系譜をひく滑稽《こっけい》本《ぼん》や人情本《にんじょうぼん》がおおいにもてはやされた。十返舎一九《じっぺんしゃいっく》の『東海道中膝栗毛《とうかいどうちゅうひざくりげ》』や、式亭三馬《しきていさんば》の『浮世風呂《うきよぶろ》』『浮世床《うきよどこ》』は滑稽本の代表作であり、庶民の日常生活や風俗の滑稽ぶりを、巧みな会話体でいきいきと描写している。このほか為永春水《ためながしゅんすい》の『春色梅児誉美《しゅんしょくうめごよみ》』など男女の恋愛を主題とした人情本、曲亭馬琴《きょくていばきん》の『南総里見八犬伝《なんそうさとみはっけんでん》』に代表される読本《よみほん》、柳亭種彦《りゅうていたねひこ》の『偐紫田舎源氏《にせむらさきいなかげんじ》』など長編挿絵読物としての合巻《ごうかん》も、人びとにきそって読まれた。

その背景に、まさに江戸庶民という、幅広い読者層の存在をみのがすわけにはいかないであろう。しかも、こうした出版文化の隆盛をささえたものに、貸本屋があった。当時、たとえば馬琴の読本を買おうとすれば、数冊まとめて帙《ちつ》にはいったもので、銀一五匁から二六匁もした。庶民には、なかなか手がとどかぬ値段である。

しかし本を買うことはできなくても、貸本屋を利用すれば、安い見料《けんりょう》（借賃）で読むことができた。貸出し期間は一五日間とか一カ月とかと定められ、見料は一冊につき、和漢軍書類は六文、絵本仮名物《かなもの》類は八文、浄瑠璃《じょうるり》丸本類は一二文、諸国名所図会《しょこくめいしょずえ》類は三〇文など、それぞれ差があった。

文化五（一八〇八）年現在、江戸で貸本屋組合に所属していた人数は六五六人、同じころ大坂には約三〇〇人の貸本屋がいた。また天保年間（一八三〇〜四四）の江戸の貸本屋は約八〇〇人にものぼったという。ただし当時の貸本屋は店をかまえぬ行商の貸本屋がほとんどであった。

このような読書人口増大の背景には、江戸における寺子屋の発達など教育の普及があった。文化七年にあらわされた『飛鳥川《あすかがわ》』という書に「昔、手習の町師匠も少く、数える程ではなし。今は、一町に二、三人づゝも在《あ》り。子供への教へ方あるか、幼少にても見事に書也《かくなり》」とある。識字率の高さが出版文化をささえていたのである。

このほか化政期においては美術の分野でも、葛飾北斎《かつしかほくさい》の動的で大胆な構図の風景版画『富嶽三十六景《ふがくさんじゅうろっけい》』や、歌川広重《うたがわひろしげ》の静的で叙情あふれる『東海道五十三次図《とうかいどうごじゅうさんつぎず》』が、浮世絵《うきよえ》に新生面を開いた。彼らの作品は、のちにゴッホなどヨーロッパの印象派にも強い影響をあたえた。

芸能の面では、歌舞伎《かぶき》が人形浄瑠璃にかわって庶民娯楽の王座を占めた。七世市川団十郎《いちかわだんじゅうろう》らの名優が輩出し、多くの「ひいき連」を獲得した。脚本作者の鶴屋南北《つるやなんぼく》は、『東海道四谷怪談《とうかいどうよつやかいだん》』をあらわし注目された。歌舞伎の発達と密接な関係をもつ邦楽も、常盤津節《ときわずぶし》・清元節《きよもと》・新内節《しんない》などが流行した。

演芸娯楽場の寄席《よせ》は、化政期には江戸に一〇〇軒近くもあり、さらに幕末には数百軒にものぼったという。寄席の入場料は安く、しかも夜間興行だったので、職人などの勤労者層におおいに親しまれた。このほかに江戸庶民が、生け花・茶の湯・聞香《もんこう》などの遊芸に参加したり、社寺参詣・名所旅行・湯治・花見・祭礼にでかけるなど、多方面にわたって余暇活動を展開するようになったこと、さらには江戸と地方文化との交流が盛んになったことも化政期江戸文化の大きな特色であった。

## 名所めぐりと案内記●

江戸の住民は、武士・町人を問わず自然に親しむ機会にめぐまれていた。富士山・筑波山は市中のどこからも望見できた。夜空はあくまでも澄み、白魚ひかる隅田川は清く流れていた。一般に寺社の付近は景勝の地が多く、人びとは四季折々、市中・近郊のこうした名所へとでかけ、風雅を楽しんだ。

春は蒲田《かまた》や亀戸《かめいど》の梅見にはじまり、隅田堤・飛鳥山・品川御殿山《ごてんやま》・上野東叡山《とうえいざん》などが桜の名所としてにぎわった。汐干狩は芝浦《しばうら》・品川沖・佃《つくだ》沖・深川洲崎《すざき》が有名であった。

夏は涼をもとめて隅田川の舟遊びが盛んとなり、両国の打ちあげ花火が江戸の夜空をいろどった。上野不忍池《しのばずのいけ》の蓮見や根岸の里の蛍狩も、夕涼みに興趣をそえた。

秋には、虫の音《ね》を楽しみながら日暮里《にっぽり》の道灌山《どうかんやま》辺りへ月見としゃれこみ、また菊見に染井《そめい》・西ケ原《にしがはら》・巣《す》鴨《がも》・根津《ねづ》などへでかけた。のちには菊人形が人気をよんだ。品川鮫洲《さめず》の海晏寺《かいあんじ》や王子瀧野川《おうじたきのがわ》の紅葉もみごとであった。

また寺社の祭礼も、四季折々に行われた。江戸の代表的な祭礼は、六月十五日の日枝山王《ひえさんのう》祭と、九月十五日の神田明神《かんだみょうじん》祭であった。この二つの祭礼は、世に「天下祭《てんかまつり》」と称された。このほか三月十八日の浅《あさ》草三社《くささんじゃ》祭、五月二十八日の目黒不動《めぐろふどう》、六月五日の諸所の天王、六月十五日の赤坂氷川社《あかさかひかわしゃ》、八月十五日の深《ふか》川富岡《がわとみおか》八幡宮、九月十六日の芝神明《しんめい》の生姜《しょうが》祭、十一月の浅草鷲《おおとり》明神酉《とり》の市《いち》など、それぞれ盛大に行われた。近郊でも王子権現《ごんげん》や府中六所《ふちゅうろくしょ》明神などの祭礼は有名であった。

月々の寺社の縁日詣でも盛んであった。このほか甲子大黒《きのえねだいこく》・寅毘沙門《とらびしゃもん》・卯妙義《うみょうぎ》・己巳弁天《きしべんてん》・午稲荷《うまいなり》・庚《こう》申《しん》・亥摩利支天《いぬまりしてん》など、干支《えと》の縁日があり、ほとんど毎日のようにどこかで縁日がもよおされていた。

このような行楽と縁日・祭礼が、人びとの生活の一部として年中行事化したのは、十八世紀後半であった。しかもこうした傾向は、十九世紀にはいって、とくに江戸庶民のあいだでますます盛んになった。『江戸名所図会《えどめいしょずえ》』や『東《とう》都歳事記《とさいじき》』などの出版や、江戸の名所を描いた錦絵《にしきえ》が数多くでたのは、こうした行動文化の盛行を背景にしていたからである。

『江戸名所図会』は、江戸および近郊の名所・旧跡などを絵入りで紹介した地誌である。全七巻二〇冊、天保五年から七年にかけて出版された。編者は斎藤幸雄《さいとうゆきお》（長秋《ちょうしゅう》）、子の幸孝《ゆきたか》（莞斎《かんさい》）、孫の幸成《ゆきなり》（月岑《げっしん》）の三人である。斎藤家は、代々江戸神田雉子町《きじちょう》の名主《なぬし》をつとめた家である。公務の合い間に諸書を収集・精読するとともに、実地踏査を行うなどして、三代を経てこの大著を完成させた。半世紀にもわたり、あたかも家業のごとく、この大事業を継続・完成させた執念におどろかされる。

挿絵はおよそ六五〇点にも達するが、絵師は長谷川雪旦《はせがわせったん》である。その細密な実写には迫力があり、彼の挿絵は、文

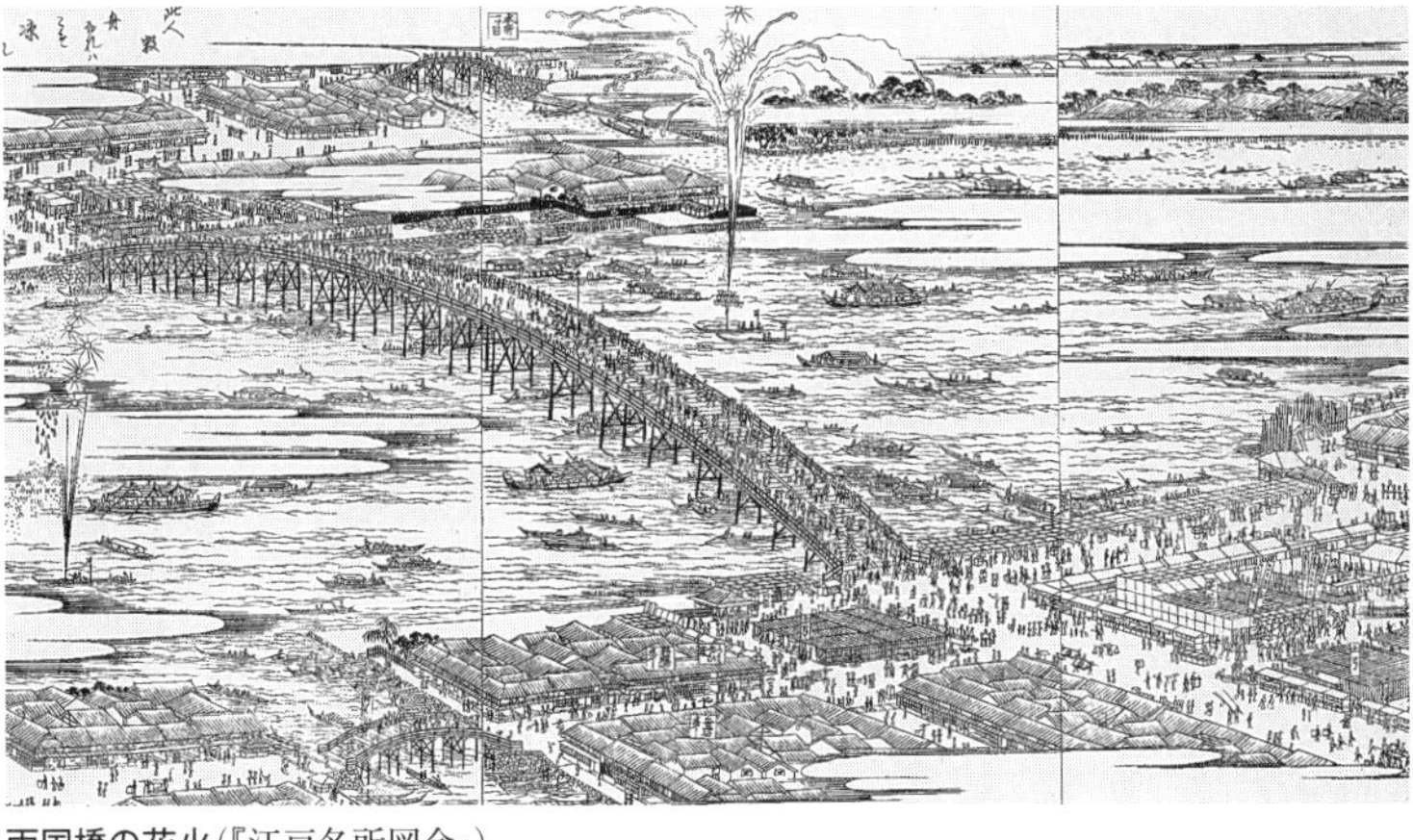

両国橋の花火（『江戸名所図会』）

章で表現できない当時の景観や風俗を具体的に伝えてくれている。めったに人をほめぬ曲亭馬琴も、『江戸名所図会』に対する感想として、「その功、編者は四分にして、その妙は画に在り」(『異聞雑稿』)と、この書の功績の六〇%は絵師の雪旦にあるとし、「縦《たとい》北斎に画かするとも、この右に出ることかたし」とまで雪旦を激賞している。

馬琴はさらに、「遠境の婦女子の大江戸の地を踏むに由なきには、これにます玩物あるべからず」とのべ、『江戸名所図会』を江戸住民のための地誌というだけでなく、遠国の人びとが居ながらにして江戸の旅を楽しめる書、つまりは江戸土産《みやげ》として推奨している。

なお斎藤幸成は、このほか江戸の年中行事を解説した『東都歳事記』、江戸時代のすぐれた音楽史である『声曲類纂《せいきょくるいさん》』、都市江戸の成立以来の詳細な年表『武江年表《ぶこうねんぴょう》』などをあらわした。

またこの時期、江戸住民や江戸へでてきた人びとのために一枚摺りの江戸案内がつくられた。文政十三(一八三〇)年に赤坂一ツ木《ひとつぎ》菓子司の発行した「江戸巡拝道法刷物」は、江戸の六地蔵《ろくじぞう》や六阿弥陀《ろくあみだ》、それに三三カ所観音の札所巡拝の一覧表である。また馬喰町《ばくろちょう》一丁目の公事宿《くじやど》刈豆屋茂右衛門《かりまめやもえもん》が発行した「従馬喰町江都見物名所方角略絵図」は、江戸へ訴訟にでてきた人びとのために江戸名所見物の案内地図を摺物にしたものである。

**江戸の盛り場●**

江戸にはたえず人びとが群集する盛り場が各所にあった。盛り場は、祭礼とか縁日とか月見や花見などのような年中行事の特定の日や期間にのみにぎわうというのではなく、恒常的に毎日、大勢の人びとが集まる場所である。人びとは大群衆のなかに身をおくことによって、日常性(身分の上下、貧富の差、長幼の序）から離脱し、一時的にせよ自己解放をとげる。しかも盛り場には、美女がサービスする店見世《とこみせ》（よしず張りの仮設店舗）の水茶屋・楊弓店が立ちならび、見世物小屋や大道芸が人びとを楽しませ、命の洗濯をしてくれる。これが盛り場の論理であった。

毎日大群衆が集まるという現象は、大都市でなければ起きなかった。京都の四条河原《しじょうがわら》や大坂の難波新地《なんばしんち》も盛り場であったが、何といっても百万都市江戸に特徴的にあらわれた。上野山下・江戸橋広小路《ひろこうじ》など、盛り場は江戸の各所にあったが、その代表は両国《りょうごく》広小路と浅草寺《せんそうじ》奥山《おくやま》であった。

両国広小路の賑わいは、宝暦十三（一七六三）年刊の風来山人《ふうらいさんじん》（平賀源内《ひらがげんない》）の『根南志具佐《ねなしぐさ》』に紹介されているが、明和八（一七七一）年刊の洒落本『両国栞《りょうごくしおり》』にも芝居・軽業《かるわざ》・からくり・南京《なんきん》あやつりなどの諸芸をみせる小屋や、茶屋、飴《あめ》売り、西瓜《すいか》・砂糖水などを売る床見世が軒をならべているようすを記している。

盛り場は両国の場合のように、火除地《ひよけち》として設けられた広小路に出現した。寺社や橋の類焼を防ぐため、幕府は有名寺社の門前や、重要な橋の橋詰に広小路を設けた。盛り場となるには、広い空間と人通りの多さが前提条件となるので、こうした条件をみたす広小路の多くが盛り場となった。

盛り場のもう一つは、有名寺社の広い境内であった。その代表が浅草寺境内の奥山であった。寛政十（一七九八）年の浅草寺境内絵図によると、奥山を中心にいずれも床見世であるが、茶屋が約一一〇軒、楊枝《ようじ》店が九三軒、張子見世が一九軒、楊弓が一二軒、小間物屋が七軒、飴見世が三軒、絵双紙屋が三軒、花見世が三軒あった。このほか太平記読み・子供狂言・軽業・浄瑠璃などの芝居小屋や、生き人形などの見世物小屋があった。

境内の床見世でどんなものを売っていたかを、さらに具体的に『江戸名所図会』でみると、「境内売物の数多きが中にも、錦袋円《きんたいえん》（痛み止めの丸薬）、浅草餅、楊枝、数珠《じゅず》、五倍子《ふしのこ》（お歯黒などの染料）、茶筌《ちゃせん》、酒中花（水にいれると自然に開くようにつくったもの。花鳥などいろいろな形があった）、香煎《こうせん》（大唐米のこがしに香料をまぜ湯にいれて飲む）、浮人形（壺の下にさしこんだ笛を吹くと、壺のうえの人形がまわる仕掛けの玩具）の類、ことに浅草海苔はその名世に芳し。手遊、錦絵等を商ふ店軒をならべたり」とある。手遊びとしては、おもちゃ・双六《すごろく》・福笑い・起こし絵なども売られていたことであろう。

また浅草寺奥山の大道芸として有名なのが、歯磨を売っていた松井源水《まついげんすい》のこま回し、長井兵助《ながいへいすけ》の居合抜き、芥子之助《けしのすけ》の曲芸や手妻（手品）であり、いずれもすばらしい名人芸であった。このように浅草寺境内は、霊験あらたかな宗教空間であるとともに、よしず張りの簡単な茶屋などがたくさんならび、見世物小屋や大道芸などの見物でにぎわう芸能・娯楽空間でもあった。

相撲《すもう》の興行も寺社の境内を利用して行われた。江戸の大相撲は近世前期には年に三〜五回、中期以降は年二回となった。一場所の興行日数は、元禄元（一六八八）年から晴天八日間（それまでは七日間）、安永七（一七七八）年からは一〇日間となった。興行場所も深川八幡・蔵前《くらまえ》八幡・本所回向院《ほんじょえこういん》・芝神明《しばしんめい》など、一定しなかったが、天保四（一八三三）年十月場所からは回向院が定場所《じょうばしょ》となった。回向院の門前は両国橋の東詰《ひがしづめ》にあり、ふだんからの盛り場であった。

相撲は江戸文化の発展に少なからぬ影響をあたえた。錦絵には、役者絵や美人画とならんで相撲絵が多い。今日でいえば人気力士のブロマイドにあたるから、相撲絵は錦絵の普及におおいに寄与した。谷風梶《たにかぜかじ》右衛門《えもん》・小野川喜三郎《おのがわきさぶろう》・雷電為《らいでんため》右衛門《えもん》ら強剛力士は、とくに人気が高かった。歌舞伎も『双蝶々曲輪《ふたつちょうちょうくるわ》日記《にっき》』や『関取千両幟《せきとりせんりょうのぼり》』など相撲を主題にしたものが喜ばれた。また東西山くらべ、川くらべ、味くらべなど、いかにも江戸らしい洒落た見立番付《みたてばんづけ》の数々は、まさに相撲が生んだ江戸文化であった。

## 情報の商品化●

寛政~化政期の江戸は、情報化時代の本格的幕明けといってよいほどに、情報が氾濫した時代であった。商店や商品の宣伝もなかなか盛んであった。もっとも宣伝が盛んということは、必ずしも好景気とはかぎらない。むしろこの時期は不況時代なればこそ、販売競争に打ち勝つための宣伝が必要であった。

山東京伝は、洒落本や黄表紙の作者として著名だが、広告のコピーライターとしても活躍した。寛政六(一七九四)年には、『ひろふ神』と題するわが国最初のコピー集を刊行した。京伝が宣伝した商店は、菓子商の鈴木屋和泉《すずきやいずみ》、月花しんこの吉田屋喜平次《よしだやきへいじ》、洗粉の鳳栄堂村上太兵衛《ほうえいどうむらかみたへえ》、菊まんじゅうの喜久屋栄蔵《きくやえいぞう》などである。

文政七(一八二四)年には『江戸買物独案内《えどかいものひとりあんない》』という本が出版された。名コピーライターの一人といわれた大田南畝の序文によれば、江戸が大きくなって、どこにどんな店があるかわからなくなったので、商品購入に便利なようにこの本をつくったとあり、合計二六二二人の商人・職人が業種別に列記されている。ここに掲載された商人は、おそらく広告費をだしていたと推定され、立派な宣伝広告書といえよう。

滑稽本の『浮世風呂』は、江戸の銭湯を舞台に、さまざまな人物を登場させ、そこで交わされる会話を軸に、市井《しせい》の風俗も活写した式亭三馬の代表作である。しかし三馬ほどの人気作家でも、今日と違って作料(原稿料)だけでは生計をまかなうことができなかったようだ。文化七(一八一〇)年に本町《ほんちょう》二丁目に転居して売薬店を開業し、仙方延寿丹《せんぽうえんじゅたん》(痰咳《たんせき》止め、鎮静剤)の関東売弘所《うりひろめじょ》になった。

さらに翌年に、自家製品の「江戸の水」を発売、これが大当たりして三馬は相当な財産をきずいたという。その宣伝文に「おしろいのよくのる薬、ひび・しもやけ・御顔のでき物一切によし」とある。彼はこうした化粧品や薬の効能を記した宣伝小冊子をつくったり、半紙四ツ切の引札《ひきふだ》（広告ビラ）を江戸中にちらすなど、情報宣伝時代の現代にも通用しそうなことを積極的に行っている。

三馬の徹底した宣伝活動は、彼自身の作品の利用にまで及んでいる。たとえば『浮世風呂』三編巻之上で「六十ちかきばあさまと、人がらよきかみさま」との会話として、延寿丹と江戸の水の効能をちゃっかりと宣伝している。

「本町二丁目の延寿丹《えんじゅたん》と申《まう》すねり薬《やく》を持薬《ぢやく》にたべます所為《せゑ》か、只今《たゞいま》では持病《ぢびやう》も発《おこ》りませず至極達者《しごくたつしや》になりました」

「ハイ、それはお仕合《しやは》せでございます。あの延寿丹《えんじゅたん》は私《わたくし》の曽祖父《ひいぢゝい》の時分《じぶん》から名高《なだか》い薬《くすり》でございますのさ。あれは一丁目でございましたつけ。私《わたくし》も暑寒《しよかん》にはたべますのさ」

「ハイ、只今は二丁目の式亭《しきてい》で売《うり》ます」

「ヱ、、何《なに》かネ。このごろはやる江戸の水とやら白粉《おしろい》のよくのる薬《くすり》を出す内《うち》でございませう」

「ハイさやうでございます。私《わたくし》どもの娘なども江戸の水がよいと申て化粧《けしやう》の度《たび》につけますのさ。なる程《ほど》ネ。顔《かほ》のでき物《もの》などもなほりまして、白粉《おしろい》のうつりが奇麗《きれい》でようございます」

まさに化政期は、情報宣伝時代のはしりといってよく、式亭三馬は、みごとにそうした時代の流れをつかんだ作家兼商人であった。

8章

# 幕末の江戸

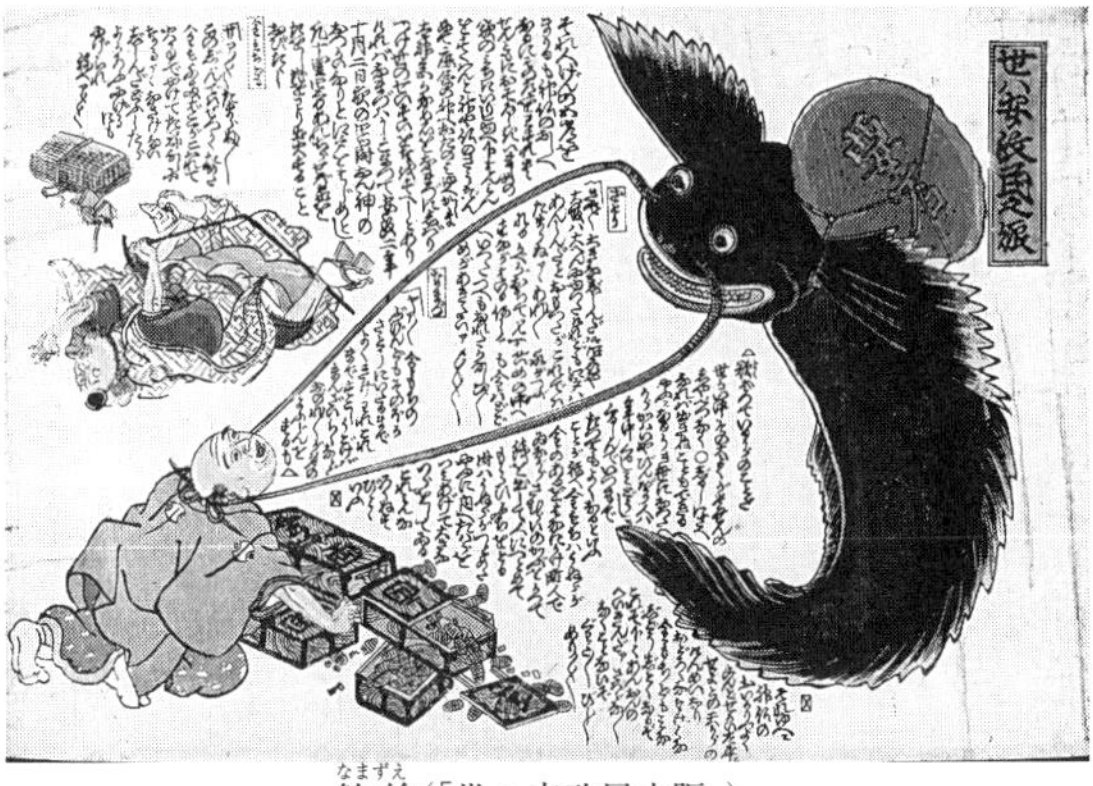


鯰絵《なまずえ》(「世ハ安政民之賑」)

## 1　天保の改革

### 風俗統制と人口抑制策●

天保の改革の背景には、国内における社会構造の大きな変動による幕府の全国統治の弱体化と、日本沿海へ外国船がたびたび出没して幕府の祖法である鎖国制がゆらぎはじめるという、いわゆる「内憂外患」による危機の深刻化があった。そして、危機が深刻であるだけに、改革は強権的に行われた。

天保十二（一八四一）年閏正月、大御所《おおごしょ》徳川家斉《とくがわいえなり》が没すると、五月に天保の改革が正式に将軍から宣言された。改革を主導したのは老中《ろうじゅう》水野忠邦《みずのただくに》である。この改革では、とくに江戸における問題の解決が、すべての問題の解決につながると理解され、水野は、幕府が安定するのであれば、江戸が一時衰微し、商人が離散してもよいと考えていた。こうした認識に基づいて、天保の改革の江戸における都市政策は、きびしい倹約強制のもと、奢侈な風俗の取り締まり、人返しによる人口の抑制、物価引下げといった政策が強行されていった。しかし、江戸の都市行政を管轄する町奉行遠山景元《とおやまかげもと》（北）・矢部定謙《やべさだかね》（南）は、江戸の繁昌を維持して町民の生活を安定させ、そのうえでいきすぎた奢侈な風俗を取り締まり、物価引下げを行うべきだと認識していた。そのため、水野の計画どおりには、改革が実施されていかないこともあった。そこで同年十二月に矢部を更迭して、その跡に、水野の改革政策を忠実に実施する鳥居耀蔵《とりいようぞう》を町奉行に就任させ、改革を強行した。改革が宣言された天保十二年五月から同十四年十二月までのわずか二年半のあいだに、町触《まちぶれ》だけでも一八〇近くも発令された。これらの多くは、内容的に新味はなかったが、それを徹底させるために町奉行所与力・同心の掛役が新設され、これに直結する名主《なぬし》掛役《かかりやく》も新設されていった。天保十二年に遠山の北町奉行所に市中取締掛が新設され、市中の治安・風俗の取り締まりにあたらせた。天保十三年からは鳥居の南町奉行所にもこの掛が設置された。同年正月には南町奉行所に諸色調《しょしきしらべ》掛《がかり》が新設され、市中の物価調査と引下げ仕法の立案などにあたった。同年五月には北町奉行所にも諸色調掛が設けられた。この二つの掛の主導権は鳥居がにぎっていた。このほかに一〇を超える掛役が天保改革期に新設された。取り締まり状況からいうと、鳥居の南町奉行所のほうが厳密・苛酷であった。市中の評判は悪く、町民は鳥居のことを耀蔵甲斐守をもじって妖怪とよび恐れた。

　風俗統制の内容は、江戸町民の日常生活のあらゆる分野にわたっている。神社祭礼の経費節約、七夕祭の造り物の節約、贅沢な菓子・料理の禁止、あるいは、隠売女《かくしばいじょ》・女浄瑠璃《おんなじょうるり》・女髪結《かみゆい》・彩色の大凧《おおだこ》・富札《とみふだ》興行などが取り締まられた。江戸城外濠での釣りの禁止、大道での花火や見世先での碁・将棋も停止させられ、葬礼仏事の慎み方まで指示された。このほか、食物商人の統制・減少と、簡易店舗である床見世《とこみせ》の撤去も企図された。上層市民の娯楽の場であった歌舞伎《かぶき》芝居については、天保十二年十月の火災を契機に、芝居が市中の風俗に悪影響をあたえることを理由として、移転が命じられ、翌年に浅草へ移転して町名を猿若《さるわか》町とした。また、歌舞伎役者の生活もきびしく規制し、「大江戸の飾海老《かざりえび》」ともてはやされた市川《いちかわ》海《え》老蔵《びぞう》（七代目団十郎《だんじゅうろう》）をみせしめのため江戸一〇里四方追放に処した。一般町民の娯楽の場であった寄席《よせ》については、同十三年二月に、町奉行支配地で二一一軒あったものを、営業年代の古いものから一五軒のみに削減し、演目は民衆教化に役立つとされた神道講釈・心学講話・軍書講談・昔咄《むかしばなし》の四つに限定した。

　天保十三年六月には、出版統制令が発せられ、出版物はすべて町奉行・町年寄の検閲により許可し、出版したものは一部町奉行所に納本するというシステムとなった。内容の検討はおもに学問所にまかされた。同年七月には市中風俗を乱すとされた人情本が絶版処分となり、九月には絵草紙《えぞうし》・錦絵《にしきえ》も簡素にするよう命じられた。柳亭《りゅうてい》種彦《たねひこ》・寺門静軒《てらかどせいけん》などの作者や板元も処分をうけた。そのなかで注目されるのは、天保十四年夏に、一勇斎国芳《いちゆうさいくによし》が、処罰を覚悟で改革政治を風刺した『源頼光公館土蜘作妖怪《みなもとのよりみつこうやかたつちぐもようかい》図《ず》』を描いて出版したことである。これはすぐに発売禁止、板木没収の処分をうけた。

　天保の改革期における江戸の人口問題は、農村人口の江戸流入によって農村の労働力が減少し、荒廃する耕地が増加したことと、天保飢饉などで江戸に流入した無宿《むしゅく》などによる市中の治安の悪化を解消することにあった。農民が江戸にでてくるのは、江戸へでさえすればすぐに住居と職がみつかり、豊かで気楽な生活ができると思っていたからである。この農民の幻想を打ち消すためにも、まずは風俗統制を強化する必要があった。天保十三年十一月に無宿・野《の》非人《ひにん》旧里帰農令が発せられ、無宿・野非人を郷里に帰し、

**天保の改革の風刺画**（一勇斎国芳筆『源頼光公館土蜘作妖怪図』天保 14〈1843〉年刊）　源頼光とその四天王をとりまく妖怪を描くが，天保改革の強圧的な統制策に対する民衆の反発を妖怪に託したものとされており，幕府から絶版処分をうけた。

改心させたうえで農業や希望の職業につかせて郷里に定着させようとした。これは江戸市中の無宿・野非人の減少にかなりの成果をあげたが、一方では無宿・野非人を送り込まれた関東各地では、かえって治安が悪化し、荒廃農村の労働力増加には結びつかなかった。また、天保十四年二月に非人寄場が設置された。これは江戸市中から無宿・野非人を一掃するために設けられた施設で、無宿・野非人が収容された。同年三月には人返し令が発せられた。江戸市中では町方に住むものでも、人宿寄子《ひとやどよりこ》や江戸店奉公人のうちには、江戸の人別にはいらないものが多かった。これらのものも江戸の人別帳に登録させ、厳重な人別改を行い、正確な人口を把握しようとした。そのうえで、最近江戸にでてきて裏店《うらだな》に住み、いまだ妻子もいないような身軽なものを対象として帰農させようとした。結局は人口調査の段階で水野が失脚したため、人返しは実施されずにおわった。

## 株仲間解散令と物価問題●

物価引下げも天保の改革の重要な課題の一つであった。水野は、物価騰貴の原因を、問屋仲間が利潤を得るために価格操作を行っているからで、問屋仲間を解散させ、だれでもが商品を自由に売買できるようにすれば、江戸市場の商品量が増加し、物価はさがると考えた。そこで、天保十二(一八四一)年十二月に十組《とくみ》問屋を始めとする株仲間の解散を命じた。しかし、この解散令を十組問屋の解散とうけとめ、従来どおりの活動を続ける仲間・組合も少なくなかったので、翌十三年三月、改めて組合・仲間の解散を命じ、問屋の名目も禁止した。また、同年七月には関東の幕領農村にも、江戸の問屋仲間とつながる買継《かいつぎ》商人の在方株の廃止を命じた。江戸の物価騰貴は、江戸の問屋の集荷力が低下したことが原因であった。その背景には、諸藩の国産専売策に基づく領内産品の江戸直送による大坂市場の位置の低下、従来は江戸の問屋

幕末の江戸町方人口(出生地別)

| 年代 | 総人口 | 出生地 | | |
|---|---|---|---|---|
| | | 当地出生 | 他所出生 | 出生地不明 |
| | 人 | 人 | 人 | 人 |
| 天保3(1832)年5月 | 545,623 | 414,774 | 130,849 | |
| 12(1841)年4月 | 563,689 | 413,103 | 150,586 | |
| 14(1843)年7月 | 553,257 | 388,185 | 165,072 | |
| 14(1843)年9月 | 547,952 | 386,040 | 161,881 | 31 |
| 弘化元(1844)年4月 | 559,497 | 401,121 | 158,321 | 55 |
| 元(1844)年9月 | 558,761 | 401,363 | 157,333 | 65 |
| 嘉永3(1850)年4月 | 559,115 | 414,686 | 144,231 | 198 |
| 6(1853)年9月 | 575,091 | 430,871 | 143,919 | 301 |
| 安政元(1854)年4月 | 573,619 | 432,022 | 141,264 | 333 |
| 元(1854)年9月 | 570,898 | 429,917 | 140,637 | 344 |
| 2(1855)年4月 | 573,619 | 432,022 | 141,264 | 333 |
| 2(1855)年9月 | 564,544 | 426,774 | 137,431 | 339 |
| 万延元(1860)年4月 | 557,373 | 428,367 | 128,584 | 422 |
| 元(1860)年9月 | 562,505 | 425,169 | 137,004 | 332 |
| 慶応3(1867)年4月 | 539,618 | 421,711 | 117,407 | 500 |
| 3(1867)年9月 | 538,463 | 421,023 | 116,926 | 514 |

『幸田成友著作集』第2巻，南和男『幕末江戸社会の研究』から作成。

商人に従属した関東農村の在方商人の江戸問屋をとおさない営業活動、株仲間商人に従属する菱垣《ひがき》廻船とは異なる廻船業者の活動、そして、それらの物資を江戸で引きうける仲間外商人の活動などがあった。こうした流通構造の変動が物価騰貴をもたらした原因であった。

株仲間解散を命じたうえで、日用雑貨品の小売値段を、商品ごとに目標価格を定めて強制的に引き下げさせたため、天保十三年春から日用雑貨品の価格は下落しはじめた。しかし、これは低価格強制による一時的なもので、忠邦の失脚した同十四年秋ごろから、ふたたび物価は高騰に転じた。商人たちは、価格は命ぜられるまま引き下げたが、形量や品質をおとすことで対抗していった。また、銭相場の下落が小売価格の騰貴の一つの原因と考え、天保十三年八月に金一両に銭六貫五〇〇文の公定相場を定めた。さらに、物価・賃金などは、地代《ちだい》・店賃《たなちん》と連動するという、享保の改革以来の認識に基づいて、天保十三年四月に地代・店賃の引下げ令がだされ、改革中は一、二割ほどさがった。また、職人・日雇《ひよう》の賃金を公定し、貸金・質物の利子の引下げも命じられた。こうして、天保の改革の低物価政策は一応成功したかにみえたが、結果としては、株仲間解散は流通機構を混乱させたにすぎず、集荷力が低下して不振に悩む江戸問屋をいっそう窮地に追いやり、強制的な物価引下げは商人たちに多大な犠牲をはらわせた。

結局は、混乱した流通機構を収拾し、沈滞した市況を活性化し、ふただび上昇しはじめた物価をおさえるために、嘉永四（一八五一）年三月に、問屋仲間組合が再興された。再興といっても、旧来の問屋の特権は否定され、株札《かぶふだ》も交付されず、冥加金《みょうがきん》も免除された。そして、特定のもの以外は人数を定めず、旧問屋を本組《ほんぐみ》に、旧問屋仲間に所属しなかった商人を仮組《かりぐみ》に編成した。しかし、この問屋仲間は、市場支配力を失っており、これをつうじての流通・物価統制はうまくいかなかった。

このように、天保の改革では、江戸町民の生活のすべてにわたるきびしい統制の結果、多くの逮捕者をだすことになり、商人のなかには休業するものもでて、たいへんな不景気がもたらされ、町民の生活は困窮していった。天保十四年閏九月、水野が罷免され天保の改革はおわった。それを聞いて水野の屋敷に群集がおしかけ投石をした。改革に対する反感がいかに強かったかを示していよう。

**江戸湾防備の強化●**

天保の改革では、対外的危機認識の高まりのなかで、江戸防衛をはかるため、江戸湾防備の強化などが行われた。天保八（一八三七）年五月、アメリカ船モリソン号が日本人漂流民をのせて浦賀に入港したが、浦賀奉行は文政八（一八二五）年二月の異国船打払令に基づいて、これを砲撃して追い返した。モリソン号に対する処置をめぐって、さまざまな議論が巻きおこった。天保十年五月に、幕府はこの問題に関して積極的な発言をした渡辺《わたなべ》崋山《かざん》・高野《たかの》長英《ちょうえい》らの洋学者たちを弾圧していった（蛮社《ばんしゃ》の獄《ごく》）。一方では、幕府は異国船打払令の見直しをはかるとともに、海岸防備体制の強化をはかっていった。

水野は外国船に対する防備体制強化のため、天保九年十二月に、目付鳥居耀蔵と代官江川《えがわ》英龍《ひでたつ》に相模沿岸の備場《そなえば》の巡視を命じた。さらに、洋式砲術の採用にふみきり、天保十二年三月に長崎町年寄で西洋流砲術の第一人者であった高島《たかしま》秋帆《しゅうはん》を幕臣に登用し、代官江川らを入門させ、五月に武蔵《むさし》国志村《しむら》の徳丸原《とくまるがはら》（板橋区）で洋式砲術の実技と操練を行わせた。軍事施設の増強も行われ、天保十四年八月に四谷《よつや》角筈《つのはず》村（新宿区）へ大筒打場（射撃場）を建設するなど、江戸市中・近郊の各所に焔硝蔵《えんしょうぐら》（火薬庫）・砲薬製造所・大筒打場・調練場などが配置されていった。

天保十三年に、アヘン戦争により清国がイギリスに敗北したという報告がもたらされると、幕府の危機感はさらに高まり、まず同年七月に異国船打払令を廃して、薪水給与令を発令した。つぎに、江戸湾防備体制の再編・強化がはかられた。八月に、幕府は、川越《かわごえ》藩・忍《おし》藩に相模《さがみ》・房総《ぼうそう》の沿岸防備を命じた。十二月には、下田《しもだ》奉行所を復活し、新しく羽田《はねだ》に奉行をおいて、江戸近郊の海岸防備を幕府が直轄した。

このほかに、江戸防衛のためにとられた政策には、印旛沼《いんばぬま》工事と上知令《じょうちれい》がある。外国船による江戸湾封鎖による江戸の物資欠乏を想定して、利根川〜印旛沼〜江戸湾という水運ルートを確保するため、印旛沼の干拓が計画・実施された。天保十四年六月に着工されてから二カ月ほどで七、八割まで完成したが、水野の失脚により、閏九月に事実上は中止となった。また、同年六月の上知令で、水野は江戸最寄り一円の大名・旗本領を収公して幕領化しようとした。それは江戸周辺の錯綜した支配関係を整理し、幕府の一円支配に編成して江戸湾防備体制を強化するためであった。しかし、これに対する反対・抵抗の動きが高まり、閏九月に中止と決定され、同月に水野もこれにより失脚した。

## 2　ペリー来航と江戸市中

### ペリー来航●

嘉永六（一八五三）年六月、東インド艦隊司令長官ペリーが率いる四隻のアメリカ艦隊が江戸湾の入口に来航し、日本の開港を求める国書を幕府にわたし、その回答を翌年まで延期することを認め、江戸湾をさって沖縄へむかった。このペリー来航は、幕府だけでなく江戸市民にも大きな衝撃をあたえた。町奉行所では、与力《よりき》・同心《どうしん》を出役させ、市中の取り締まりを強化して厳戒体制をとった。旗本《はたもと》・御家人《ごけにん》は武器の調達に奔走したため、武器が不足し、値段も高騰していった。すぐにも戦争がはじまるとの風評が流れ、老幼女子を近郊に疎開させるものも多かった。銭相場・米価や諸物価は高騰し、不況となり、芝居や吉原は不入りとなり、十二月には強盗が多く横行した。

嘉永七年正月、ペリーはふたたび江戸湾に来航し、幕府と数回交渉し、三月に日米和親条約が調印され、その後、イギリス・ロシア・フランス・オランダとも条約を締結した。このペリーの再航にさいして、幕府は非常態勢をとったが、市中では、幕府の弱腰から戦争はおこらないとみており、人通りは少なくなったものの、静穏を保っていた。幕府が禁止していたにもかかわらず、町民のなかには船をだしたり、陸地から黒船を見物するものが多数あった。大勢のものが川崎大師参詣と称して見物にいったため、大森（大田区）の茶屋の茶漬は売切れとなった。

幕府は、ペリー来航を契機として、軍事力増強のため西洋式の軍事技術導入による軍制改革を行った。まず江戸湾防備強化のため、品川沖に一二カ所の砲台を築造することを決め、嘉永六年八月に工事が着手され、昼夜兼行の突貫工事で完成を急いだ。一・二・三番は翌七年四月に、五・六番および品川猟師町砲台は十一月に完成した。不景気な江戸のなかで、品川の遊女屋と高輪《たかなわ》（港区）付近の町屋だけは賑わいをみせた。しかし苛酷な労働で病死するものも多かった。この工事中に条約が締結され、経費もかかりすぎたため、四番は七割方、七番は海中の埋立てのみで工事を中止し、八番以下は未着手でおわった。なお元治元（一八六四）年には佃島《つくだじま》（中央区）へ砲台をきずいた。嘉永六年八月には、鋳砲場を湯島《ゆしま》桜ノ《さくらの》馬場《ばば》（文京区）へ設置し西洋大筒の鋳造を行い、

**外国船見物**（『黒船来航図巻』）　嘉永７(1854)年のペリー再航のさいには，幕府の禁止にもかかわらず江戸の町民たちは黒船見物にでかけた。茶店の前に建てられた「異船見物無用」の札もお構いなしに見物している。

同年十一月には水戸藩に軍艦建造を命じ、同藩は翌年石川島に製造所を設けた。火薬の需要が増大したので、江戸近郊で水車を利用して火薬製造が盛んに行われた。翌七年四月には荏原《えばら》郡小山《おやま》村（品川区）の火薬製造所で爆発事故が発生したのを始め、この年に淀橋《よどばし》（新宿区）・板橋《いたばし》宿・三田《みた》村《むら》（目黒区）・王子《おうじ》（北区）などで爆発事故がおこった。文久元（一八六一）年十二月には千駄ケ谷《せんだがや》の幕府焔硝蔵を三田村に移転し、目黒砲薬製造所とした。安政三（一八五六）年四月には築地《つきじ》へ幕臣の武術修練を行う講武所《こうぶしょ》が開設され、同四年四月には講武所構内に軍艦教授所（のち軍艦操練所）が開設され、同五年正月越中島《えっちゅうじま》に講武所付銃隊調練場が設けられた。安政三年正月には九段下《くだんした》（千代田区）に洋書翻訳と洋学教育を行う洋学所《ようがくしょ》が開校し、同年二月に蕃書調所《ばんしょしらべしょ》、文久二年五月に洋学調所《ようがくしらべしょ》、同三年八月に開成所《かいせいじょ》と改称された。

安政五年六月に幕府は、アメリカと日米修好通商条約を調印し、続いてオランダ・ロシア・イギリス・フランスとも条約を調印した。この条約により翌六年六月に横浜が開港され、生糸・銅・油・茶などが主要輸出品となった。江戸の商人のなかにも横浜へ出店するものが多くいた。しかし、横浜貿易が開始されると、商品が産地から直接横浜に送られ、江戸では入荷物資が減少し、輸出品以外の白米・味噌・醬油・酒・油などの価格も騰貴した。そこで、幕府は万延元（一八六〇）年閏三月に、雑穀・水油・蠟・呉服・糸の五品にかぎりすべて江戸問屋へ回送させ、江戸の需要を確保したうえで横浜に送るという、江戸の問屋をつうじた貿易統制を目的とする五品江戸回送令を発した。しかし、江戸の問屋の市場支配力が低下していて、この法令はほとんど実効力をもたなかった。

### 安政の地震と幕末の世相●

ペリー来航以降、政治的混乱と経済的不況、そして、市中の治安の悪化などとあいまって、地震や悪疫の流行などが続き、江戸市民は大きな被害をこうむった。

安政二（一八五五）年十月二日夜四ツ時（午後一〇時ごろ）江戸を中心に大地震が発生し、江戸では武家屋敷や町屋の多くが倒壊し、続いておこった市中各所からの火災が、被害をさらに大きくした。とくに、本所《ほんじょ》・深川《ふかがわ》・鉄砲洲《てっぽうず》・築地・上野《うえの》・浅草《あさくさ》の低地部で被害が大きかった。武家屋敷では、水戸藩の儒者藤田《ふじた》東湖《とうこ》や戸田《とだ》蓬軒《ほうけん》が圧死するなど、約二〇〇〇人の死者を、町方では、一万六〇〇〇棟ほどが倒壊し、四六〇〇人あまりの死者をだした。市中では、一〇万人を超える人びとが住む家を失い、ごく簡単な仮設の住居で雨風をしのいだ。そのなかで、四日にははやくも被害状況を記した「地震火事方角《ほうがく》づけ」が売られ、五日からは湯屋《ゆや》・髪結床《かみゆいどこ》や商店なども営業を再開した。町奉行所では、地震のあった夜のうちに対策を評議し、大火のときと同様に、(1)住居を失ったものを収容する救小屋《すくいごや》の設置、(2)野宿者への焚出《たきだし》、(3)窮民へ救米《すくいまい》の支給などを決定し、実施されていった。町人だけでなく、このときにはじめて武家・寺院からも広く、町方の羅災者に対して施行が行われた。町人による施行は、中心部で居町周辺の窮民に対して行ったものと、被害の大きかった浅草・深川で救小屋へ行ったものがあった。武家・寺院による施行は、町人の施行がほとんど期待できない周辺部の地域でみられ、町人と武家・寺社の施行がおぎないあっていた。

地震に続いて、安政三年八月には大暴風雨により多くの建物が損壊した。安政五年にはコレラが流行し、武家方で二万二五五四人、町方で一万八六八〇人の病死者をだした（「橘黄《きつおう》年譜」）。文久二（一八六二）年には、麻疹が流行し一万四二一〇人の病死者が、また、コレラが再流行し六七四二人の病死者がでた。このような流行病除けのため、臨時の祭礼がもよおされ、市中を梵天《ぼんてん》・獅子頭《ししがしら》・神輿《みこし》などが練り歩いた。

横浜開港が江戸市民にもたらしたものは、深刻な不況と治安の悪化であった。外国貿易の影響により、

❖コラム

## 鯰絵──幕末の情報錦絵

安政二（一八五五）年の大地震後に、災害の状況を記録した人も多く、さまざまな形で出版されてもいる。なかでも、「鯰絵《なまずえ》」とよばれるものは、一カ月ほどで四〇〇種も出版されたといい、地震後の世相を風刺しており、当時地震をおこすとされた鯰をモチーフにしたものが多い。南和男氏によると、内容からみて、⑴地震をおこしたとされる鯰を地震で被害をうけた人びとが打擲《ちょうちゃく》したり、鯰が申し訳ないと出家したり、鹿島神に謝罪するもの、⑵地震で被害をうけて困窮する人びとへ施金せざるをえない市中の富裕者の苦渋を描いたもの、⑶大地震後の復興景気を風刺したもの、⑷地震で幸・不幸をうけたさまざまな人びとを包括して世相を表現したものの四つに分けることができるという。文久二（一八六二）年に麻疹《はしか》が流行したときには、麻疹の養生・禁忌を説いた錦絵が出版され、これらは「はしか絵」とよばれている。また、翌三年には、生麦《なまむぎ》事件の処理が紛糾し、江戸では臨戦態勢による混乱が生じていた。これを題材とした錦絵が多数出版され、これは「あわて絵」とよばれている。一方では、安政六年の横浜開港以降、江戸市民のあいだで、横浜見物にでかけ外国商館や外国人の風俗を見聞したりすることが流行した。そして、新開地横浜の風俗や外国船を描いた錦絵も江戸で出版された。これらは「横浜絵」とよばれている。このように、幕末には錦絵が情報伝達に大きな役割をはたしており、しかも、横浜絵をのぞいては、ほとんどが無届出版であった。

銭相場が上昇し、物資が不足して物価も高騰し、貿易に従事する一部の商人をのぞいて、江戸の市民の生活は急迫していった。万延元（一八六〇）年八月になると市中では押込みや追いはぎが横行し、治安が悪化していった。一方では、貿易を許可した幕閣への不満が増大し、貿易商も憎悪の的となり、攘夷運動も急進化していった。万延元年三月には、条約締結や安政《あんせい》の大獄《たいごく》を断行した大老《たいろう》井伊《いい》直弼《なおすけ》が桜田門外で水戸浪士に殺害され、文久二年正月には坂下門外で老中安藤信正《あんどうのぶまさ》が水戸浪士におそわれ負傷させられた。また、攘夷を実行しようとする浪士たちによる「異人斬り」といわれる、外国人の殺傷事件も頻発した。万延元年十二月にアメリカ公使館員ヒュースケンが薩摩藩士により殺害され、文久二年八月には、生麦村（横浜市鶴見区）で薩摩藩士がイギリス人に重傷を負わせる生麦事件がおき、同年十二月には、長州藩士高杉晋作《たかすぎしんさく》らが、竣工間近の品川御殿山《ごてんやま》のイギリス公使館を襲撃して焼き払うなどの事件が起きた。一方で、外国人のなかには、日本の風俗・習慣を理解せず、市中・近郊で猟銃を発砲するなどの横暴な行為をするものもあり、町民のあいだにも悪感情が強まり、外国人への悪口や投石などがしばしばみられた。

文久年間（一八六一～六四）になっても物価は上昇し続けた。このため日本橋を始め市中各所に、浪士によって張札《はりふだ》が貼り出された。とくに文久三年九月から十一月に集中した。内容は幕府役人や商人たちに天誅《てんちゅう》を加えるというものが多く、幕政批判と、貿易商を始め買占めをし暴利をむさぼる商人への非難、施しの強要・脅迫であった。そのため、商人のなかには施行を行うものが多くみられ、また、貿易商のなかには、放火を恐れた町内のものから町を追いだされることもあった。文久三年には、前年の生麦事件の処理が紛糾したため臨戦態勢がとられ、江戸では老幼女子や病人を近郊に疎開させるため混乱し、物価はさらに上昇した。こうした緊迫したなかでも、町人たちは寺社参詣や花見などにでかけ、西両国広小路の見世物小屋や回向院《えこういん》の芝居が賑わいをみせた。ただ夜中の通行は少なかった。
浪士たちは張札と並行して、攘夷を理由に貿易商を始めとする商人から金銀を強奪同様に借用し、殺傷・放火などをたびたび行った。富商から金銭を強奪したもののなかには、浪士をかたる浪人・下級幕臣などもいた。不景気の慢性化により押込み強盗なども増加し続けていた。また、文久二年に旗本・御家人の知行所から農民を徴発して歩兵組《ほへいぐみ》が組織され、翌三年に西の丸下・田安門外・大手前・小川町の四カ所の屯所《とんしょ》に五〇〇〇人ずつ配置された。この歩兵が集団で市中を横行し、盛り場などで乱暴をはたらき、治安をさらに悪化させていた。武装した浪士らの集団行動に対して、町奉行所の警察力は無力であった。そのため、商家のなかには、鳶《とび》を定雇にして昼夜店の張番をさせるものもいた。

このような市中の極端な治安の悪化に対して、幕府は文久元年正月に外国人警備のため外国御用出役《しゅつやく》（のち別手《べって》組）を設け、翌二年十二月には浪士を組織して浪士組を結成し治安にあたらせた。文久三年四月には浪士組を再編成して新徴組《しんちょうぐみ》とし、庄内《しょうない》藩主酒井忠篤《さかいただあつ》に付属させ市中警備にあたらせるなどした。

文久二年閏八月に、参勤交代《さんきんこうたい》制度が緩和され、隔年だった参勤を三年に一度とし、在府日数を削減し、妻子の帰国も許可した。多くの大名は、妻子を国許へ帰し、江戸藩邸の規模を縮小していった。このため、多数の武家奉公人や彼らを周旋する人宿《ひとやど》などは職を失った。しかも、大名の江戸生活が、江戸の消費経済の大きな部分を占めていたので、江戸の不況はさらに深刻なものとなった。また、元治元（一八六四）年七月に京都で長州藩士らが禁門《きんもん》の変《へん》（蛤御門《はまぐりごもん》の変）で敗走すると、朝議により長州藩追討が決定し、同時に幕府は同藩江戸屋敷の没収を決めた。八月に没収した長州藩邸の家屋などを撤去するため、江戸中の火消人足約七〇〇〇人が集められた。道具・書物類は越中島に運んで焼き捨て、残りの木材などは湯屋にあたえた。なお、麻布龍土町《あざぶりゅうどちょう》の長州藩中屋敷跡には茶屋が一四軒でき、池で魚釣りに興ずるものがいた。

**慶応の江戸打ちこわし●**

慶応年間（一八六五〜六八）になっても物価の上昇は続き、町民の生活は苦しくなった。これに加えて、慶応元（一八六五）年には第二次長州戦争にそなえて大量の物資が買いあげられたため、物資はますます不足し、物価は急上昇した。幕政を批判し、貿易商などを糾弾する張札がふたたび盛んになり、五月には打ちこわしをよびかける張札や、偽の米廉売札が貼られ、しだいに不穏な空気がただよいはじめた。同月、幕府は雑穀の自由販売を許可するとともに、町会所では、六月に極貧者へ対し乾飯《ほしいい》の廉売を、七月から十一月にかけて救米の支給を行った。しかし町会所による救済は、窮民の期待にこたえるものではなかった。

こうして、慶応二年五月二十八日に品川・川崎両宿で打ちこわしが発生し、これが江戸にも波及し、二十九日から翌六月一日にかけて、芝一帯で打ちこわしが発生し、二日から六日にかけては、牛込・四谷・神田・掘留《ほりどめ》・麻布・内藤新宿・赤坂、さらには本所や日本橋にまで広がった。二〇〇軒以上が打ちこわされたが、これには米穀屋・質屋・酒屋・呉服屋などに加えて、貿易商が含まれていた。町奉行所では打ちこわしを鎮圧する力はなく、幕府は別手組を出動させている。幕府批判や商人非難の張札があちこちでみられ、町奉行所の門外には「御政治売切申候」という張札も貼られたという。物価は高騰したままであったが、サツマイモだけが安く、焼イモが大流行したという。

九月になると、窮民たちが、寺社境内を始め市中各所に数百人が屯集するようになった。これは十二日に本所・深川辺りからはじまり、浅草・神田《かんだ》方面へ広がり、さらに根岸《ねぎし》・駒込《こまごめ》・本郷《ほんごう》などへも波及していった。窮民たちは町ごとに集まり、町名を記した紙幟《かみのぼり》を立てて富商の店先に押しかけ、食糧の施行を求め、入手した米・サツマイモ・塩・味噌・醬油・薪などを、荷車に積んで屯集場所へ運び、豆腐屋などから借りだした大釜で粥《かゆ》などをつくって空腹を満たし、翌日もまた同様に市中をまわって富商に施行を求めて歩いた。施行要求の対象は富商だけでなく、大名・旗本屋敷にまでおよんだ。市中に不穏な空気がただよいはじめたので、十九・二十日の連夜にわたり、町奉行は市中をかけまわり、救小屋の設置と白米廉売を条件に説得し、屯集民を解散させた。

イギリス公使パークスは、排外感情が高まり、排外運動につながることを恐れていた。そのため米価引下げの有効な手段として、十月に外米の輸入を幕府に勧告した。幕府は外米輸入を許可し、慶応三年三月に横浜で五万四〇〇〇俵の中国米（南京米）が輸入され、江戸市中でも白米にして、国内米より少し安く売りだされたが、味はきわめて悪く異臭で吐き気がするので、買う人は少なかったという。

慶応三年十一月から十二月にかけて、江戸ではたびたび神仏の「お札」などが空から舞いおりて町民をおどろかせた。しかし、江戸では名古屋・京都・大坂などと異なって、爆発的な「ええじゃないか」には発展しなかった。町民たちは、このお札ふりは人為的なものであるとみぬいており、比較的冷静にうけとめていた。

## 3　大政奉還から上野戦争まで

### 大政奉還と江戸市中●

第二次長州戦争のため上洛していた十四代将軍家茂《いえもち》は、長州戦争の敗報が続くなか、慶応二（一八六六）

年七月に大坂城で病死した。八月に将軍の死が公表され、長州戦争は朝廷の沙汰書により休戦、十二月に慶喜《よしのぶ》が十五代将軍に就任した。しかし、翌三年十月に、慶喜は朝廷へ大政奉還《たいせいほうかん》の上表を行い認められた。

大政奉還が江戸へ伝えられると、江戸は騒然となった。江戸の混乱は十一月ごろからしだいにひどくなり、辻斬りや強盗などが多くなり、十二月にはいるといっそうきびしくなった。そして、盛り場でも人通りがたえるほどで、町民の娯楽の場である寄席も開かれなくなった。そのため、大名・旗本に市中取り締まりが命じられた。当時江戸では、強盗は薩摩藩邸の浪士のしわざと考えられていた。すべてではないにしても、慶喜の大政奉還により、戦争の口実を失った薩摩藩が、江戸や関東で騒乱をおこさせるため、浪士に活動させていた。十二月には市中取り締まりにあたる庄内藩兵の赤羽《あかばね》屯所へ多数の銃弾が打ち込まれた。犯人は薩摩藩邸に逃げ込んだと報告された。その翌日にも三田の屯所に銃弾が打ち込まれ、宿の主人と召仕が即死した。そこで、庄内・出羽松山《でわまつやま》・上ノ山《かみ》・岩槻《いわつき》・鯖江《さばえ》・前橋《まえばし》・西尾《にしお》の諸藩と陸軍方の二〇〇〇人余の軍勢で、三田の薩摩・佐土原《さどはら》両藩邸を包囲し、庄内藩屯所発砲犯人の引渡しを要求したが、交渉がはかどらないまま、庄内藩兵の発砲から、包囲軍はいっせいに砲撃を加えた。薩摩藩側の死者は四九人にのぼり、江戸ではじめての戦火となった。両藩邸は焼失し、死者はいずれも強盗をしたものたちで、多額の金を所持していた。戦火の翌日から窮民たちがここに集まり、焼残りの土蔵などを打ちこわして、米銭を始めすべての物を運びさった。役人たちが制しても聞きいれず、七、八日のうちに焼釘まですっかり拾っていった。

**江戸開城と上野戦争●**

薩摩藩邸焼討ち以後は、例年と変わることなく、餅をつき、松を飾るなどして暮れていき、明けて慶応四

（一八六八）年の正月も平穏に迎えた。

鳥羽《とば》・伏見《ふしみ》の戦いの敗色が濃くなったため、慶喜は、秘かに軍艦開陽丸《かいようまる》で正月に江戸へ帰り、江戸城にはいった。一方、朝廷では慶喜に追討の令がだされ、慶喜以下の官位を剝奪し、旧幕府領を朝廷（新政府）の直轄領とすることを布告した。二月には、総裁熾仁《たるひと》親王（有栖川宮《ありすがわのみや》）を東征大総督とする東征軍が京都を発した。中心は薩摩・長州両藩兵であった。江戸城内では、主戦派と恭順派の議論がはげしさを増した。しかし、慶喜は恭順の意を表するため、みずから江戸城をでて、上野の寛永寺大慈院《かんえいじだいじいん》の一室に謹慎した。三月に大総督府参謀西郷隆盛《さいごうたかもり》は、江戸高輪《たかなわ》薩摩藩邸にはいり、旧幕府陸軍総裁勝義邦《かつよしくに》（海舟《かいしゅう》）と会見した。この結果、江戸城明渡し、慶喜の隠居と水戸謹慎などが決まり、江戸総攻撃は中止された。

四月十一日の早暁、慶喜は若干の家臣をしたがえて上野を出発し、水戸にむかい、水戸弘道館にはいって謹慎した。同日には、ほとんどの江戸城諸門が東征軍に引き渡された。同月二十一日には、大総督熾仁親王が、尾張《おわり》藩に先導され江戸城に入城し、江戸城は東征軍に引き渡された。

このころ、江戸市中では、敗走した旧幕府軍兵が帰ってきて、頻繁に乱暴・騒動をおこし、商人から徳川家回復の軍資金と称して金銀を強奪した。そのため商家では、夜は店をとざした。一方では、小料理屋・吉原《よしわら》遊郭や深川などの岡場所《おかばしょ》は、前途に不安をいだく旧幕臣たちで繁昌した。そして、このような盛り場で夜中に官軍兵や浪士が殺傷される事件もおきた。

慶喜が上野に謹慎したときに、一橋家《ひとつばしけ》の家臣らは渋沢成一郎《しぶさわせいいちろう》・天野八郎を中心に尊王恭順有志会を結成し、慶喜の警備にあたった。これへの参加者が増加し、初め浅草本願寺、のちに上野を本拠とする彰義《しょうぎ》隊《たい》へと発展し、旧幕府精鋭隊とともに上野の警備にあたった。彰義隊は、本隊五〇〇人のほか、遊撃隊・

歩兵隊・砲兵隊などが付属し、一五〇〇人ほどになった。

江戸市中では、進駐してきた官軍兵に対して反感をもつものが多く、心情的には彰義隊を応援していた。官軍兵は、上腕に所属と身分を示す「錦巾《きんぎ》れ」をつけていた。町民のあいだで、この錦巾れをすりとることが流行した。彰義隊士のなかにも錦巾れを集めて誇示するものがでてきたり、市中で官軍兵といさかいをおこし、官軍兵を殺傷するものもあり、彰義隊は官軍と対立していった。このため、五月一日に彰義隊の市中取締任務がとかれたが、依然として彰義隊は上野にとどまり、官軍と対立を続けた。そこで同月十五日早暁、軍防局判事大村益次郎《おおむらますじろう》の総指揮のもと、上野の彰義隊への攻撃がはじめられた。官軍は一万五〇〇〇人余、彰義隊は二〇〇〇〜三〇〇〇人といわれるが、軍勢からみても、軍備からみても、官軍が圧倒的に有利に戦闘を進め、昼すぎに彰義隊は総崩れとなり、寛永寺の諸堂も大半が焼失した。彰義隊の戦死者二百数十人、これに対して官軍の死者は四〇人、負傷者約七〇人で、上野戦争は彰義隊の大敗北であった。江戸市民のなかには、彰義隊士の逃亡を手助けするものも少なくなかった。

上野戦争直前、閏四月二十九日に田安亀之助《たやすかめのすけ》の徳川宗家相続が決定し、五月十八日に亀之助は徳川家達《いえさと》と名乗ることになり、同月二十四日に家達は静岡に七〇万石で移封されることとなった。水戸にいた慶喜も七月に静岡へ移った。こうして徳川家処分が決定し、江戸市中の人心も鎮静していった。江戸の旗本・御家人などのなかには、家達にしたがって静岡へ移住するものも多かった。

9章

# 東京の成立

京橋松田の景(井上安治筆)

## 1　東京奠都と東京府の成立

### 東京奠都と東京府の誕生●

江戸市街は、その都市建設以来最大の危機をのりこえ、上野周辺の焼失をのぞいて、ほぼ幕府時代のまま新政府の手にわたった。しかし、市中の混乱は町人、武士をとわず、江戸の空気を変化させた。

当時、明治新政権内部でも首都をどこにおくかの合意はまだできていなかった。慶応四（一八六八）年一月には、参与大久保利通《おおくぼとしみち》が総裁有栖川宮《ありすがわのみや》、副総裁三条実美《さんじょうさねとみ》に対し「浪華遷都《なにわせんと》」の建白書を提出、大坂遷都論を示した。一方、三月になると前島密《まえじまひそか》らから「江戸遷都」が示された。前島が江戸をふたたび新政府の「都」として定めようとした理由を、彼が大久保利通にあてた「建白書」から抜きだしてみると、つぎのような点があげられている。

(1)東北・北海道までを経営（支配）するために、全国の中央に位置する必要がある。
(2)江戸湾が軍事、経済的に利用価値が高い。
(3)江戸の地形が大坂・京都にくらべて、まだ将来拡大する可能性を残している。
(4)すでにつくられている市街地が大坂に比べて大きい。
(5)江戸には大名屋敷が多く残されているので、これを新政府の役所など、首府建設に必要な施設に利用できる。

さらに肥前《ひぜん》藩士大木喬任《おおきたかとう》、江藤新平《えとうしんぺい》からは、西の「京」に対し、「東の京」＝東京（東京《けい》）を設置するという「東西二京設置案」が建白された。「二京」といっても、事実上の目的は江戸への遷都であったが、財政基盤が乏しく、軍備その他を西国の商人にたよっていた政府は、彼らへ配慮せざるをえず、加えて公家層や京都周辺の世論は根強く、京都の都としての地位の継続を主張していた。したがって実質は東京遷都ながら、表むきは「東西二京」論となったのである。大久保、岩倉らもこの意見に同意し、慶応四年七月、江戸を「東京」と改称する詔勅が発せられた。

　江戸府下を支配下においた新政権は、初め軍事的な目的からの組織・制度づくりを進め、慶応四年五月、鎮台《ちんだい》府《ふ》を設置した。このとき、徳川家は慶喜《よしのぶ》から宗家を相続した御三卿《ごさんきょう》田安《たやす》家の亀之助《かめのすけ》のもと、家臣として平岡丹《ひらおかたん》波守《ばのかみ》・大久保一翁《いちおう》（のちの東京府知事）ら六人（幕府最後の老中《ろうじゅう》など）の連署をもって、町奉行所・寺社奉行所・勘定奉行所に引継ぎのため、鎮台府へ一切の書類を引きわたすことを指令し、これが実行された。

　続いて町の行政機構の改革にも着手した。といっても

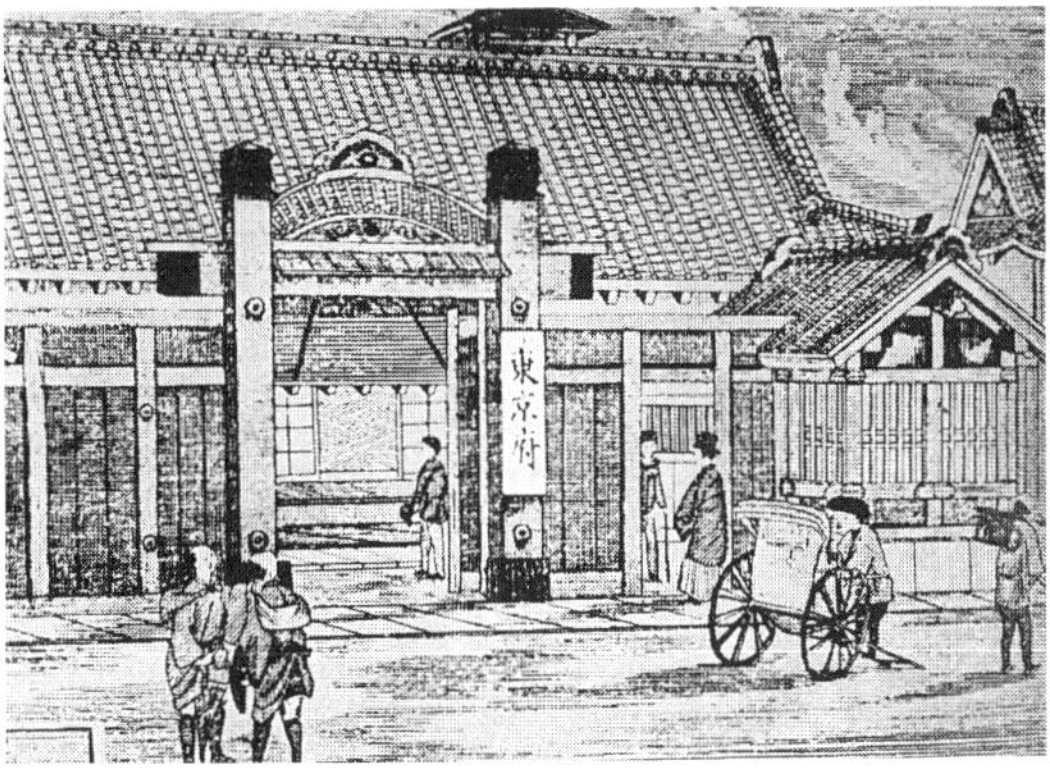


**最初の東京府庁舎**　南北市政裁判所が廃止され，慶応４(1868)年７月17日東京府が設置された。府庁舎は日比谷幸橋門内の郡山藩邸を改修し，９月２日に開庁した。

新しい機構を創出したわけではなく、旧幕府以来のさまざまな機構を温存する形で進められていった。旧町奉行所は「市政裁判所」（のちに東京府）、旧寺社奉行所は「寺社裁判所」（社寺裁判所、のちに廃止）、旧勘定奉行所は「民政裁判所」（のちに鎮将府会計局、大蔵省へ吸収）と改称されたが、実際は旧奉行所与力《よりき》・同心《どうしん》が鎮台府所属となり、引き続いて実務を行った。さらに東京改称が宣言された七月、「鎮台府」は、関東・東北一帯の軍事的支配権を掌握することを目的とした「鎮将府《ちんじょうふ》」に改組された。そして行政機構は、南・北の「市政裁判所」（旧町奉行所）が江戸府（実際は機能しなかった）に吸収されて「東京府」となり、旧南町奉行所で執務を開始した。さらに八月、幸橋の旧郡山藩邸（千代田区内幸町）に東京府庁が開庁し、ここに地方行政体としての東京府が成立したのである。

一方、当時京都では東京遷都に反対する意見、運動があいつぎ、新政権も「東京遷都」を強行することはむずかしい状況であった。同年十月、天皇は東京に「行幸」し、十二月に一度京都へ戻ったが、太政官は東京へ移り、続いて天皇の「再幸」が行われた（実際はこれ以降、天皇は東京に移ることとなった）。京都では町人・武士・公家のなかで大きな反対がおこっていた。この事態に対し京都では府庁が「来年中には天皇は還幸される。つまり、遷都の心配はない」と各町に表明し、騒動のおこらないように「循黙令《じゅんもくれい》」を発して鎮静化につとめた。しかし実際は、翌年の天皇「還幸」は実施されず、太政官から「戊辰戦争と凶作」によって東北地方の平定が不十分なことを理由に「還幸の延期」が通達された。このように東京は表むきは「東西同視」するという立場から、都を京都から東京に移す「遷都」ではなく、京都とならんであらたに都を建設する「奠都《てんと》」という形で位置づけられていった。

## 東京府周辺域と府内の行政制度の整備●

東京府に隣接した近郊農村地を中心とする旧代官支配地は慶応四（明治元＝一八六八）年「武蔵県」とよばれるようになり、同年六月〜七月にかけて旧代官三人が「武蔵知県事」に任命され、従来の支配地をそのまま管轄することとなった。しかしこれはあくまでも一時的な措置であり、旧代官らは数カ月をたたずに更迭され、かわって維新功労藩の藩士が、同年八月から翌明治二（一八六九）年一月に地方行政担当官として配備された。さらに、武蔵県は三人の知県事の支配地ごとにそれぞれ三つの県に分けられ、同年一月から二月にかけて品川《しながわ》県、小菅《こすげ》県、大宮《おおみや》県（九月には浦和県と改称）となり、政府直轄県となった。また、飛地として存在していた彦根藩領は同年一月の版籍奉還《はんせきほうかん》に伴い私有地から一行政区画となったが、支配は旧藩主が知藩事として続けることとなった。

とくに県の支配地は、武蔵国中に複雑にいりくみ点在していたため、支配・管轄地の組替え・整理が盛んに行われた。明治二年三月の廃藩置県前の東京都の範囲は、旧町奉行支配地であった旧朱引内部が東京府に、東京を囲む形で南西部が品川県（現在の区部南部、多摩地域南部）、北西部が大宮県（市域北部）、北東部に小菅県（区部北部）が、東部には葛飾《かつしか》県（区部東部）が成立した。また多摩西部は神奈川県、一部は韮山《にらやま》県の所属となった。さらに飛地として世田谷《せたがや》辺りは彦根県の所属、そのほかに入間《いるま》県、前橋県に所属した地域もあり、さらに伊豆諸島は韮山県（のちに足柄《あしがら》県）に所属していた。

一方、東京府では明治二年、行政末端機構の改革に着手する。維新直後の東京は、武家屋敷の荒廃や周辺地域の行政区画への統合などが行われたため、町地と郷村地の境界とされた旧来の「朱引」が行政上の実状にあわなくなってしまった。そこで二月、この朱引を縮小し、それぞれ東は「本所扇橋《おおぎばし》川筋」、西は

「麻布赤坂四ッ谷市ヶ谷牛込」、南は「品川県境ヨリ高輪町裏通リ白金台二丁目麻布本村町ヨリ青山」、北は「小石川伝通院池ノ端上野浅草寺後ヨリ橋場町」を境とした。

三月、江戸以来の町政組織を廃止し、あらたに人口およそ五〇万人の朱引内の九二八町（一町＝約一〇〇アール）に、一区一万人を基準とした五〇区を設置した。区は一番から五〇番までの「番組」とよばれた。支配機構も改革され、旧来の名主二二七人は全員罷免となり、各番組に「中年寄《なかどしより》」「添《そえ》年寄」が旧名主のなかから任命された。さらに五つの番組ごとに「中年寄世話掛」をおき、そのなかから統轄として「世話掛肝煎」二人が任命された。町務取りあつかいについては旧家主にかわって「町年寄（のちに町用掛）」が設けられた。また五月には朱引外の一九〇町八九村に五区を設置して、地方一番組から五番組とした。総括として「大《おお》年寄」二人、各組には三～四人の「中年寄」がおかれた。「各町内での選出」という旧来の方法は、「東京府の任免」と改められ、身分も「官吏に準じるもの」とされ、さらに今までは名主宅で行っていた業務を「町用取扱所に勤務する」という形態に改められていった。報酬も府から支給されることとなり、旧来の町役人層は地域の末端官吏として行政に吸収されていく。

明治四年四月に戸籍法が布告された。これにより、「人」を「住居地」で把握するという方針が示され、「これまでの四～五の町、もしくは七～八の村」を一つの区画として、それぞれ戸長・副戸長を設置した。六月、府はさらに荒廃した山の手方面の状況にあわせ、再度「朱引」の縮小を実施するとともに、戸籍法における区を設置し、朱引内を四四区、朱引外を六大区二五小区とし、暫定的に中年寄・添年寄を戸長・副戸長とした。その後「大区」は府兵の管轄区画の大区とまぎらわしいため廃止し、朱引内外をとおして六九小区とした。さらに十一月、羅卒の区画と行政区を一致させ、府内を六大区九七小区に編成、大区長

❖コラム

## 成立しなかった武蔵県・多摩県案

多摩地域は開国以来横浜との結びつきも強く、維新後は旧代官支配地として武蔵県あるいは韮山県に、分割後は品川県などを経て神奈川県に所属してきたが、明治二十六（一八九三）年東京府に移管された。水源問題に端を発したこの移管は、町長の抗議の辞任など多摩地域の反対や、政府の自由党左派勢力の弾圧と自由党右派星亭《ほしとおる》の東京での勢力拡大の思惑、さらには三多摩地域の自由党の右派化など、さまざまな政治的な利害のなかからうみだされたものであった。また、大正から昭和初期になると、東京市の膨張を背景に「都制案」が論議された。大正十二（一九二三）年に衆議院に提出された「帝都制案」では都制施行とともに神奈川県へ復帰させられることになっていた。地域経済の発展をどのように進めていくべきかを第一のテーマとして、多摩は「神奈川県復帰反対運動」を行う。そのなかで東京市隣接五郡と三多摩で「武蔵県」をつくり、東京市との経済的な結びつきを得ようとした。また、東京と経済的な提携をしたうえで多摩単独の「多摩県」を設置する案もだされた。また、昭和五（一九三〇）年になると、横浜市長により「横浜都」制施行と横浜以外の神奈川県全部と三多摩を合併して新県をつくるという提案も浮上した。これらは県庁をどこにおくかなどで立川や八王子など、区域内部での利害もからみ実現には至らなかった。昭和十五年東京都制は多摩地域を含む形で提案された。都長官選、区の起債権、課税権を認めないというこの法案をめぐって、自治権を主張し反対を主張した東京市会と、地域の経済的な背景を主張し推進を示した多摩地域とのあいだに溝をうむこととなった。

は羅卒総長が兼務、旧中年寄世話掛が戸長世話掛と改められた（五年五月には戸長世話掛が大区の長となり、六年十一月区長と改称される）。小区には正式に戸長・副戸長が任命され、一大区につき一六〜一七小区を設ける「大区小区制」が実施された。

この制度実施過程の明治四年十一月、「廃藩置県」が実施され、関東の諸県は群馬県をのぞいてすべて廃止・再編が行われた。従来の東京府は一旦廃止され、十一月十四日あらたに「東京府」が設置されるという形式をとり、隣接していた品川県・小菅県・浦和県・長浜県・神奈川県等の管轄地域の一部を、府管轄下に編入した。この結果、新しい「東京府」は、ほぼ現在の二三区域の範囲に拡大した。また、現在の東京都区域の多摩西部地域は、旧韮山県や旧神奈川県区域と統合されて、やはり再編された「神奈川県」の管轄となった。

東京府に新編入された地域には、明治六年〜七年にかけて第七大区〜十一大区が設置、さらに小区の再編を行った結果、府全体で一一大区一〇三小区となった。

**地券の交付と武家地処理●**

当時の東京府の支配地域は、現在の地方自治体の行政区域と比べると面積的には非常にかぎられた範囲でしかなかった。「地域」でなく「身分」で区切った江戸時代の支配方法は、基本的には町地は町奉行支配、寺社地は寺社奉行支配、武家屋敷などはそれを所持している藩の独立した支配下にあった。東京府は旧町奉行所を引き継いだので管轄している範囲は「町地」にかぎられたものであり、明治二（一八六九）年の調査によると府の管轄する「町地」面積は、朱引内（市街地）面積のおよそ二〇%ほどにすぎなかった。

明治三年五月の政府調査によると、朱引内の武家地の面積は七六四万四〇二〇坪（約二五二二・五ヘクタール）であった。元年七月、維新政府は幕臣など徳川家に由緒のある武家地に、土地没収の上知令《じょうちれい》を命じた。この上知令は、維新政府への恭順を示したものには上知を免除した。しかし、各藩の屋敷は首脳部が国元に引上げ、数人の家来を残すのみで空き家同然のところも少なくなかった。江戸の面積の約六〇％を占めていた武家地の荒廃は、江戸そのものの荒廃と治安の悪化を招いた。そこで新政府は二年八月に、武家屋敷を桑畑・茶畑として開墾し、あわせて失業者のための窮民授産を行うという政策を打ちだした。さらに、各藩が所持していた屋敷も藩の公邸・大名の私邸の二つ以外は「上知」となり、大藩の広大な屋敷は政府官庁、府の施設、軍用地、またあらたに東京にやってきた公家の私邸などに利用された。

明治十年の東京府統計書によると、当時の政府機関のうち藩邸を利用していたものには、外務省（旧福岡藩邸）、内務省（旧姫路・津山藩邸）、大蔵省（旧姫路藩邸）、陸軍省（旧鳥取・広島・水戸藩邸）、海軍省（旧広島・名古屋・桑名・淀・一橋藩邸）、文部省（旧小倉藩邸）、工部省（旧

**明治初年の陸軍省**　旧鳥取藩邸を利用した陸軍省。このように各省庁は旧大名屋敷にごくわずかの手を加えるのみで庁舎として利用していった。

佐賀藩邸）のようなものがあった。

また、広大な敷地をまとめて利用できる武家屋敷は赤坂離宮（旧紀州藩邸）、小石川後楽園（旧水戸藩邸）、明治神宮境内（旧彦根藩邸）、新宿御苑（旧高遠藩邸）と、その後の明治の首都建設のなかで大きな役割をはたし、明治四年あたりから農地・町地に編入されるところもふえ、五年の地券交付とともに有楽町《ゆうらくちょう》・浜町《はまちょう》・霞ケ関《かすみがせき》・内幸町《うちさいわいちょう》・三田《みた》などあらたな町名がつけられていった。

## 2　殖産興業と文明開化

### 東京開市と文明開化●

明治元（一八六八）年、東京開市を機に築地に外国人居留地が設けられた。明治十年には九七人の外国人が滞在していたが、その数倍の外国人が周辺の雑居地で生活していた。築地の居留地はその後も大きな発展はなかったが、外国人の生活をつうじて、西洋の生活様式が直接東京住民にも伝わる契機となった。明治五年新橋・横浜間に鉄道が敷設されると、東京も当時最大の貿易港であった横浜の貿易関連の商業圏内に含まれることとなった。この鉄道敷設は、イギリスの自国を中心とした世界市場へ日本を取りこむための投資の側面もあり、その結果、築地にも政治的中心地にも至便な新橋に停車場がつくられた。

また、この年二月の大火をきっかけに、銀座に煉瓦街建設が計画された。当時すでにはじまっていた条約改正交渉とも連動し、日本の「顔」として東京の市街を洋風建築につくりかえるという計画であった。しかし、住民への強制立ちのきや、できあがった煉瓦建築が湿気、雨漏りと不便を生じたこと、さらに払下げ価格が高価であったことなど、多くの不評をうけ、結果的に計画は、銀座の一部地域に煉瓦建築を完成させたのみで明治十年に中止された。

一方、庶民のあいだでは「豚を食えば文明開化」「靴を履いたまま座敷に上がれば文明開化」と評されたほど、旧習の否定と見よう見まねの西洋文化が渾然となってはいたが、横浜・築地をつうじての技術・思想両面での吸収は着実に進んでいった。

### 殖産興業と東京の産業●

富国強兵《ふこくきょうへい》を進める政府は、地租改正《ちそかいせい》による収入安定と禄制の整理による支出の削減に取りくみ、政策実現のための財政基盤の確立につとめていった。加えて欧米の産業技術の導入に力をそそぐが、その導入の促進に大きな役割をはたしたのが「博覧会」であった。明治四（一八七一）年の九段での物産会や、翌五年三月の湯島の博覧会など、初期の博覧会は好古的要素が大きなものであったが、明治十年に大久保利通を総裁として上野公園で開催された第一回内国勧業博覧会は、鉱業・冶金術、製造

**三井呉服店総陳列場の雑踏**　明治37(1904)年のようす。販売方法は江戸の名残りを残しつつも訪れる人びとの階層はしだいに変化していった。

物、美術、機械、農業、園芸の六大部門で形成され、新技術・機械の展示などが目的とされた。この博覧会は二万九〇〇〇坪（約九・五七ヘクタール）の会場に八万四〇〇〇点の出典物が展示され、観覧者数は四五万人にのぼった。第二回内国勧業博覧会は十四年に第一回と同様に上野公園で開催され、府県別に展示物をならべ精粗巧拙の比較を行うなど、政府が技術導入の動機づけを刺激し、その成果は二十三年の第三回内国博における豊田式人力織機や蒸気機関などの出典に実を結んでいく。

　内国博覧会開催に並行して政府各省はそれぞれの担当業種について、東京のとくに武家地跡を利用し官営工場や官営の研究所の建設を行った。鉄道・鉱山・工作部門を担当する工部省は品川《しながわ》にガラス、深川にセメント、芝赤羽《しばあかばね》に製鉄の各工場を、農業の欧米技術導入の研究を担当する内務省は駒場農学校・内藤《ないとう》新宿《しんじゅく》の試験場・三田《みた》の育種場・千住《せんじゅ》製絨所（羊毛）などを、また陸軍省の小石川《こいしかわ》の東京砲兵工廠、海軍省の石川島造船所などもつぎつぎに建設された。これらの工場の一部は払いさげられ、成長していた政商が産業資本へと転化するきっかけをあたえることとなり、日本の産業革命を促進していった。

**東京上野公園内内国勧業博覧会美術館荘飾之図**　３代目歌川広重筆。第１回内国勧業博覧会の会場正面におかれた美術館のようす。ウィーンの万国博覧会を模範としたこのイベントは観覧者数45万人にものぼった。

官営工場の建設・払下げにみられるような殖産興業政策は、必ずしも直接的に東京の民間産業の発達に結びつくものではなかったが、東京の在来産業も独自の努力で近世以来の雑貨手工業の生産技術を基礎として新技術を導入していった。明治十年代から二十年代にかけて繊維業（綿糸・メリヤス機械）・窯業（陶器・瓦・レンガ）・化学工業（マッチ、ゴム）が発達し、とくに生活雑貨の石鹸・靴なども含めてのちの工業地帯形成の基盤をつくっていった。

**自由民権運動●**

工業技術の導入に並行し、ヨーロッパの合理的な思想、民主主義思想も吸収された。とくに生糸輸出によって直接横浜港と結びついていた多摩の農村には、生糸の流れと逆流するように民主主義的思想が広まっていった。豪農層は農村での思想伝達の拠点となるとともに、県会議員など地方民会へ進出した。また都市の知識人たちも、薩長支配に批判的な福地源一郎《ふくちげんいちろう》、成島惟弘《なるしまこれひろ》、田口卯吉《たぐちうきち》らが、新聞その他のジャーナリズムを中心に活動し、あわせて政治結社が活発に動きだした。明治十三（一八八〇）年の『朝野《ちょうや》新聞』によると、府内の政治結社は大小一七社あり、一万六六七〇余人が参加していたという。明治十四年の政変後は、中貧農層の蜂起や士族民権家を中心とした政府要人暗殺事件が頻発し、東京もその舞台となった。とくに十九年に星亨主催の全国有志大懇談会が浅草で開催されたことをきっかけに、以後壮士の上京が続いた。これに対して政府は翌二十年に保安条例を制定し、中江兆民《なかえちょうみん》・片岡健吉《かたおかけんきち》・尾崎行雄《おざきゆきお》らを含む壮士五七〇人を皇居外三里の地へ追放する。

帝国憲法の発布、帝国議会の設置などは自由民権運動の方法に変化をあたえるが、地方自治的な要求は明治二十二年に実施される東京の特別市制の撤廃運動へとうけつがれ、さらには都制案へと続いていくこととなる。

　この年八月、東京では江戸開府三〇〇年祭が行われた。「憲法発布以来のにぎやかさ」と表現されたこの記念祭には花山車《はなだし》、葵の紋付きの纏《まとい》、そして上野を埋めつくしたといわれる葵《あおい》の紋付きの提灯《ちょうちん》と、維新以来影をひそめていた「江戸」「徳川」にあふれかえった。二〇余年がすぎ、ようやく「維新」を客観視できるようになったことの現れとともに、藩閥政治と急激な経済変動を主導する明治政府に対する人びとの懐古を伴った批判の現れでもあった。

## 3　市政と府政

**区部と郡部●**
「身分」を基本とした近世社会からの脱却は、明治六（一八七三）年十二月の秩禄処分法制定による従来の特権支配層であった「士族」の既得権の否定によって実現された。また、政策的対立からの政府の分裂による、有力な維新功労者の下野《げや》は、これら社会情勢の変化のなかで「士族反乱」として表出していく。翌七年二月の「佐賀の乱」から十年二月の西南《せいなん》戦争に至る過程は、基盤構築過程である政府に大きな危機感を生じさせた。さらに、明治初年の凶作以来、農民騒擾は激化していった。このような状況は、支配単位の基礎である地方制度の再編を政府に促した。その結果、明治十一年七月、「郡区町村編制法」「府県会規則」「地方税規則」のいわゆる「地方三新法」が発布された。この新法の施行によって、東京府の行政区画が再編され、府内のうち市街化が進み府税納入の多い地域を「区」部、旧宿場町や近郊農村を「郡」

部とした。区部には、一五区（麴町・神田・日本橋・京橋・芝・麻布・赤坂・四谷・牛込・小石川・本郷・下谷・浅草・本所・深川）を設置、郡部には六郡（荏原・東多摩・南豊島・北豊島・南足立・南葛飾）を定め、それぞれ官選の区長・郡長が任命された。

また、明治七年の民撰議院設立の建白以後、民会設立の機運が高まり、東京府でも旧町会所の共有財産の管理を行う東京会議所から民会の要求が提出されるなどの進展をみせていった。その後、九年十一月、各区より惣代人が選挙により選出されることとなり、被選挙権は「二一歳以上、価格五〇〇円以上の土地を管内に有するもの」、選挙権は「町村に本籍を持ち、東京府管内に不動産を所有するもの」と規定される。そして、明治十一年七月、「府県会規則」により、府会議員選挙が実施された。議員数は各郡区の戸数を基準に定められたもので、選挙権を「府内に本籍を持つ満二〇歳以上の地租五円以上を納める男子」、被選挙権を「府内に本籍を持つ満二五歳以上の地租一〇円以上を納める男子」と定め、これに基づき実施された選挙によって、明治十二年一月、最初の臨時府会が開催された。同月には「区会規則」「町村会規則」も定められ、翌月には選挙が実施され、各区・町村単位での行政体も確立していった。さらに、「地方税規則」によって、経費は各区町村で「区町村協議費」との名称でよばれることとなり、「公費」としての理念が形成されていった。東京府内のこの協議費の歳出傾向をみると、一五区では教育費（公立学校建設時と一致したため）が歳出の約六割を占め、郡部では治水関係などの土木費が最高額を占めていた。

このように財政的にも、区部・郡部の生活環境の違いがあらわれ、これが、「三部経済制」の導入となった。

「三部経済制」とは、一つの府県内で収支・予算を区部・郡部・郡区共通と三つに分けて編成し、財政活動を行っていく制度である。明治十二年、東京府会で審議された「郡区地方税分離条例案」によると、東京府で「三部経済制」を導入する必要性を、つぎのような理由に求めている。

(1)郡部と区部の住民構成の違い（とくに職種―農民か商工業者か）から生じる、必要とされる施設の違い
(2)区部内部の近世以来の緊密さ、また独立可能な経済状況
(3)郡部と区部の人口密度と差による地租負担の不均衡
(4)首府建設に要する必要経費の税負担とそれによる郡部の多大なる負担の可能性

このような点から、「三部経済制」が実施された。この制度が導入された背景には、理由の(2)の「区部の一体制」が強く考慮されたようである。区部では、江戸時代の「町会所」による「七分積金」が共有金として存在し、これらの運用面からも、区部が経済的に独立することが主張された。「三部経済制」は十四年二月、府会の機構に郡部会・区部会を設置したことにより確立し、以後東京では、昭和七（一九三二）年の廃止まで、この制度によって府財政が運営されていった。

### 東京市の成立と都市計画●

明治十（一八七七）年代末から二十年代初頭にかけての時期は、「内閣制度の創出」「大日本帝国憲法の制定」「総選挙の実施と国会の開設」と国の機構の整備期にあたる。地方制度もこれに連なって十年代末からおよそ五年間にわたり、国内外の制度調査・研究が積み重ねられていった。その結果、内閣雇法律顧問アルバート＝モッセ（ドイツ）の意見に基づき、明治二十年一月、地方制度編纂委員会（山県有朋《やまがたありとも》委員長）が設置され、モッセ原案の地方制度編纂綱領が示され、地方官会議・閣議・元老院の審議を経た結果、明治二十一年四月「市制・町村制」が、二十三年には「府県制・郡制」が公布された。これら「国家統御ノ

実ヲ挙」げることを目的とした地方諸制度の整備により、地方への強力な中央統制の浸透が進められていった。

この市制・町村制は明治二十二年四月より施行されることとなっていたが、直前の三月二十三日、法律第十二号「市制中東京市・京都市・大阪市ニ特例ヲ設クル件」が公布された。この法律によると、東京市の市長・助役は、東京府知事・府書記官の「兼任」とされ、市の権利は大幅に制限されることとなり、実質的には区部の共有財産管理だけの権限をもつ「区」とされた。この「市制特例」の制限をもちながらも、同年五月一日、府内一五区に東京市が誕生した。

また、これら市制の開始にさきだち、大幅な町村の合併・境界の変更が実施されていった。明治十一年の「郡区町村編制法」実施により、入り組み錯綜した近世以来の支配地の整理が行われたが、依然、多くの飛地が存在し、さらなる整理が要請された。また、多くの町村が、区域が小さいため、あらたな「自治」にたえられる独立した財政的基盤をになうだけの資力をもっていなかった。このような理由から町村の合併・再編の必要がさけばれるようになり、六郡の三八九の町村が合併・再編され、九町（品川・落合・淀橋《よどばし》・内藤新宿・南千住・巣鴨《すがも》・岩淵《いわぶち》・板橋・千住）・七六村となった。市政実施と並行し、名実ともに近代国家の首都としての東京をつくるという要請は、都市計画にもあらわれていった。

東京における都市計画は、維新直後に度重なる火災への対処として銀座に代表される「不燃性煉瓦街」の建設が進められた。しかし、明治五年に開始されたこの計画は、財源的な問題や、できあがった煉瓦建物の湿気の多さなどからの不評、さらには地域住民の反対などにより、わずか五年で一部地域での実施のみで中止された。以後、東京の都市計画は体系的ではないが、明治十年以前から公営墓地（明治七年〜）・

公園の設置（浅草寺・増上寺・寛永寺・飛鳥山・富岡八幡社など―明治六年）などが行われた。また十年代にはいると、旧幕府時代の町会所の「七分積金」が「共有金」として府の管理下におかれ、これを利用して、民有地の買収・整備、河川の整備、橋の建設など、都市施設の整備が行われた。

明治十年代の末頃になると、政府の払下げの活発化、民間産業大規模工場の設立などによって、東京は著しく経済の発展をみた。また条約改正問題などから、近代国家の首都としての「体面」をきずくことが政府の要請となり、東京の近代都市化がとなえられるようになった。このような状況から、政府は都市計画より軍事費優先を主張する元老院の反対をおさえ、明治二十一年「東京市区改正条例」を公布した。東京の「帝都」建設事業はこうしてはじまった。「市区改正事業」は翌二十二年に実施された。これら

**東京府新庁舎**　明治27(1894)年7月に丸の内に落成した新庁舎。特別市制下では市庁舎もこのなかにおかれた。

の事業は市内全域への給水のための上水道改良工事、皇居周辺の道路や日本橋大通りの拡張、隅田川河口などの河川工事にはじまり、公営の市場・墓地・公園などの整備の成果をうみだしていった。のち日清戦争の開始による予算の削減により規模を縮小したが、大正中期まで継続的に実施されていった。

**三多摩の編入●**

府や県の管轄地域は、廃藩置県ののちも隣接する県との入り組み錯綜の是正などを中心に、しばしば変更が行われてきた。東京府でも同様に、小さな管轄地の変更はその後も行われていたが、なかには大幅な移管も数度行われている。古くは明治三（一八七〇）年に北海道花咲《はなさき》・根室・野付《のつけ》の三郡を東京府に編入（これは同年末廃止）したこともあるが、これは維新直後の東京の「窮民授産」および北海道の開拓を目的としたものであった。その他、明治十一年一月に静岡県より伊豆諸島を編入し、また、十三年十月には小笠原諸島の内務省からの引継ぎなどが行われた。これらは財政上余裕のあることを理由に東京府へ引きつがれたものである。以後、全国的に微細な錯綜地の整理をのぞけば県境は比較的安定していた。

しかし明治二十六年四月一日、当時としては異例な大規模の管轄替えとして、西多摩・南多摩・北多摩の三郡、一八町一六〇カ村が、神奈川県から東京府へ編入された。近郊農村・多摩郡は近世以来、大消費都市への商品供給地として経済上の役割をはたし、江戸（東京）と密接な関連を保っていたが、幕末以降、養蚕業の進展とともに、八王子・横浜間を中心としたあらたな市場のなかに包み込まれ、行政区分においても神奈川県管轄とされていた。

一方で、多摩川を有する多摩地域の所属については、政府内部からも首都の水源地確保の立場から東京府管轄化を求める声が従来から存在した。実際に明治初年の玉川上水《たまがわじょうすい》から取水を行う武蔵野農村部への取水量制限の実施にはじまり、明治十四年の多摩川流域のみの府編入案、また十九年の北・西多摩郡の編入案などの検討も行われたが、いずれも神奈川県の反対によって実現には至らなかった。

しかし明治十年代後半のコレラ流行が、移管問題をより現実的な検討事項に押し上げていった。明治十五年、府はコレラの流行に対応し東京検疫局を設置したが、十九年夏にはふたたび流行、死者総数は一〇〇〇人（東京府統計書）を超えた。このような状況のなかで、西多摩郡長淵村（青梅市）でコレラ患者の汚物が多摩川に投げすてられたという新聞報道があった。実際には誤報であり玉川上水に影響はなかったものの、この「報道」事件をきっかけに、当時、府の警察権のおよばなかった神奈川県管轄下の上水流域の、府による衛生管理の実現の緊急性がさまざまな形で主張されることとなった。加えて経済的側面でも、明治二十二年の甲武鉄道（中央線）開通により、三多摩地域と府内との結びつきがふたたび強くなっていった。

一方で、そのような経済的、あるいは公共的な水源問題と

東京府の市郡

は別に、政治的な事情もあった。多摩地域は自由党の根拠地であり、神奈川県会における活動の拠点でもあった。当時、自由党は衆議院選挙における神奈川県知事内海忠勝の選挙干渉に対して罷免要求を行っていた。このような状況のなかで内海県知事は、東京府に対して三多摩の東京府移管の申し出を行った。高まる民権運動のなか、これらの分断に効力をもつ事柄として多摩編入は論じられたのである。

これに対して三多摩の壮士たちは武装して移管法案反対の激しい運動を行い、神奈川県会への反対派乱入事件などに発展していった。また、帝国議会に三多摩移管の法案が提出されると、北多摩郡の一部をのぞき、三郡の町村長はいっせいに辞表を提出、抗議した。そのほか地域利害関係の複雑な対立なども含め編入は難航したが、結果的に明治二十六年、多摩地域に反対を残したまま編入は実施されることとなる。

この結果、府域はおよそ二・三倍に拡張され、一市九郡となった（二十九年に南豊島郡と東多摩郡が合併、豊多摩郡と称し、一市八郡となる）。

**市制特例の撤廃●**

明治二十二（一八八九）年に誕生した東京市は、「市制特例」により、東京府の知事が市長を兼任するなど、あくまでも区部の共有財産管理のみの役割であった。このように、東京市と東京府の関係は「市制特例」によって不明確な状態であり、「特例」の撤廃は、その施行直後から主張され続けていた。この撤廃の運動が高まるなか、明治二十九年第九議会貴族院に、はじめての「東京都制案」が政府から提出された。この法案の意図は、東京市（一五区）を単独で「東京都」とし、官選都長のもと、国家の意図が首都へ直接的に反映させることであった。同時に「武蔵県設置法律案」が提出され、残存部にあたる市隣接五郡と多摩郡を統合し、武蔵県を設置することが示された。しかしこの両案は、自治権拡大をとなえる東京市会や郡部の反対にあい、実現しなかった。一方、翌三十年には、市長公選の東京市の設置、残存部による千代田県設置を内容とする「東京市制案」「千代田県設置法律案」が提出された。しかし、今度は貴族院・政府の反対によって実現することはなかった。このように明治末の都制・市制案は、「貴族院＝内務省」と「衆議院＝東京市」のあいだで自治権の抑制と獲得の問題として議論がなされるが、双方合意を得るような法律案の調整は実現できず、結局明治三十一年「市制特例撤廃法律案」が衆議院で可決され、市制度は「特例」撤廃にとどまったが、それまでの府知事＝市長であることに象徴されるような形だけの市政から、一般市制によってあらたに東京市がうまれることとなる。

「市制特例」の撤廃により、十月一日に東京市役所が開庁した（現在の都民の日）。しかし、発足当初の一般市制下の東京市政は、内務省と市会の対立、府会市部会からの非難など、順調には進まなかった。加えて、市内汚物掃除請負・水道量水器・ベルギーからの水道鉄管輸入に関する違約金支払など、贈収賄等の汚職があいつぎ、世間から「未熟な自治」と評されることになる。このような事実は、市政への「監督権の強化」の論理をうみだし、明治三十二年の「東京市ニ関スル法律案」、三十四年の「東京都制案」など、内務省の監督権の強化の面からのあらたな都制案・市制案が検討されることになっていく。

10章

# 近代都市の建設と東京都の半世紀

日本橋(川瀬巴水筆)

## 1　震災と戦災

### 関東大震災と復興事業●

明治末から大正にかけて、大正二（一九一三）年の大規模な凶作や三年の第一次世界大戦による「大戦景気」は、都市への流入人口の増大をもたらした。東京府の人口は、明治三十一（一八九八）年には一八七万人余であったが、大正九年にはおよそ三七〇万人ほどに倍増していた。しかし東京府の内訳は、この時期、市部の人口がほぼ停滞期にはいっており、市周辺郡部の市街地化が府人口の急増を引きおこしていた。そのような傾向が進むなか、東京市で大正七年には交通事故の頻発から交通専務の巡査一〇〇人が配置されたり、あいかわらず浅草《あさくさ》・新宿《しんじゅく》・南千住《みなみせんじゅ》など市内各地で頻繁に大火が繰り返されたり、大戦をはさんだインフレで生活苦に追い込まれる労働者や失業者が増大するなど都市問題が深刻化していた。

そのようななか、大正十二年九月一日午前一一時五八分、相模湾を震源としたM七・九の大地震が発生した。のちに関東大震災とよばれたこの地震で東京府内では死者・不明者約一〇万人、同時に発生した大火災も加わり、約四〇万世帯が被害をうけ、東京下町の市街地消失率は四四％にもおよんだ。とくに地盤が弱く、加えて住宅が密集していた下町は壊滅的被害をうけ、東京市および隣接の四郡には翌二日から戒厳令がしかれた。火災はさらに三日まで燃え続け、東京は廃墟の様相となった。水道・電話・交通機関などは寸断され、通信など情報伝達の麻痺は各種の流布・流言をうみだし、混乱下での朝鮮人大虐殺が行われたり、前途を悲観するものの自殺があいついでおこった。都市の機能のみならず人びとの心にも大きな傷を残した震災の被害は、一時は遷都も論じられるほどであった。

この震災の翌日、元東京市長後藤新平《ごとうしんぺい》が内務大臣に就任した。山本権兵衛《やまもとごんべえ》内閣は、帝都復興を宣言、後藤が帝都復興院総裁に就任、チャールズ＝ビアード（アメリカ）の助言をうけ、「焼土買上復興計画案」を策定、一一億円にのぼる「東京復興計画」を発表した。震災復興計画は、単に「都市復旧」を目的とするのみならず、「都市改造」にまでふみこんだ大規模な都市計画案であった。実際の事業は、国家予算の削減などにより、最終的には六億円余に縮小され、当初案の一部実施にとどまり、「復旧」の域を大幅にでるものではなかった。しかし、運河・道路・土地区画整理・公園などに、近代的な都市計画方法をはじめて導入した「帝都復興事業」は、大正十二年から昭和五（一九三〇）年まで実施さ

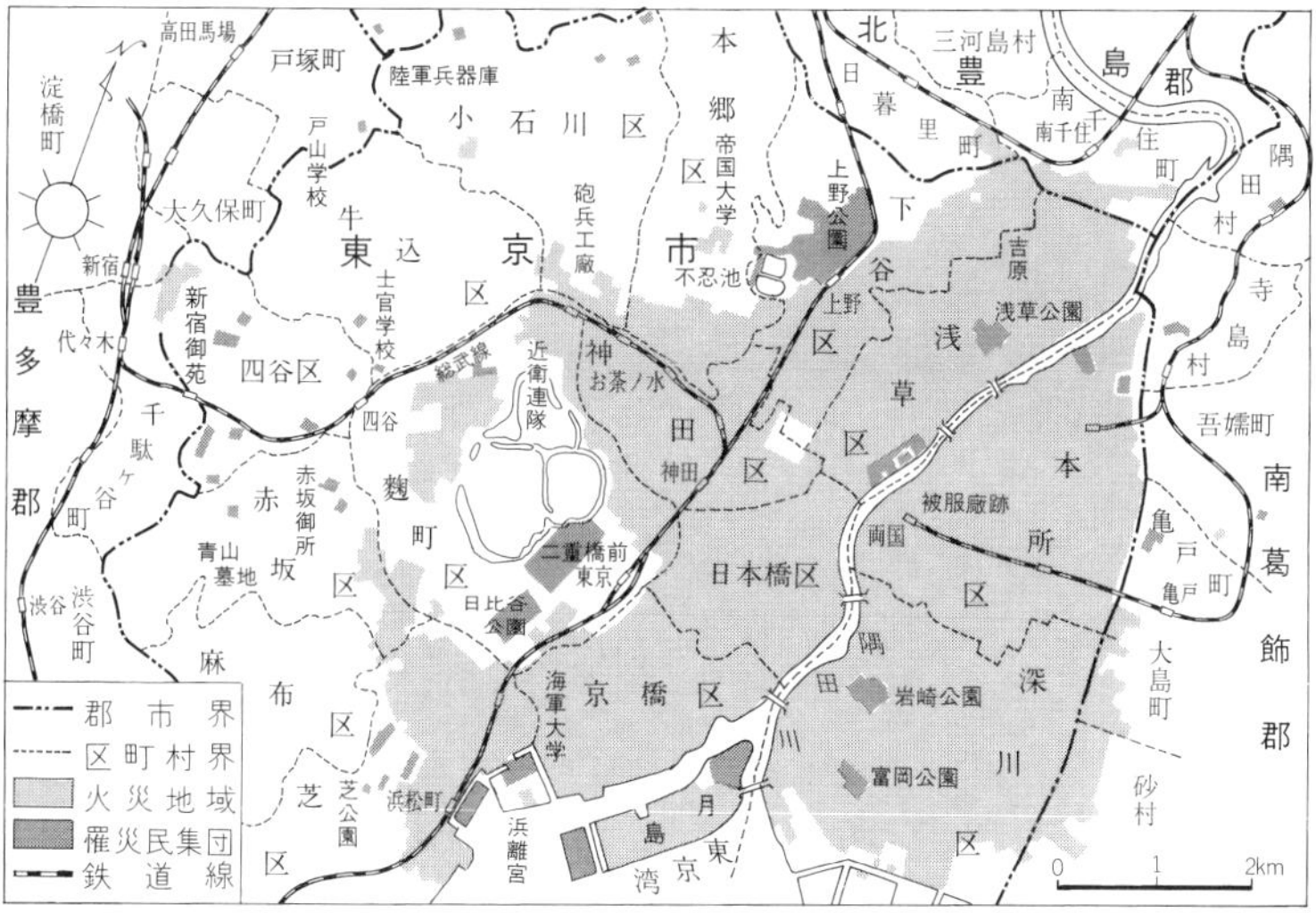

**関東大震災の焼失地域**（大日本雄弁会講談社編『大正大震災大火災』による）　当時，東京の近代建築の象徴とされた浅草名物の凌雲閣（浅草十二階）も倒壊するなど，下町の被害は甚大であった。

れ、その成果はのちの戦災復興計画に影響をあたえた。

しかし、実際に生活している人びとはバラックのなかで、ひどい衛生状況での生活を余儀なくされることも多く、腸チフスなど伝染病の流行が頻発した。バラックのなかには骨組みの木材不足から使い古しの卒塔婆《そとば》を組み合わせてしのいでいるものもいるという有様であった。

この震災をきっかけに、大正期に市街化が進みつつあった郊外に罹災者の移住が続出し、市内人口が激減したのに対し、隣接六郡では大正九年から十四年までのわずか五年間に人口はほぼ倍増し、都市化が急速に進展した。このような状況に対応し、交通網の整備も着々と進み、昭和二年には郡部と市内を結ぶ小田原急行や市内では上野・浅草間の地下鉄が開通した。

**戦争の足音と東京都の成立●**

震災後の東京市隣接郡部の人口増加は、「郊外に住み、市内に通勤する」という住居と職場の地域分化を進めた。つまり東京市内の産業に従事しているものの多くが、市政の届かない隣接町村に存在するという状況が顕著となっていった。また、市隣接町村は五つの郡で構成されており、それぞれ管轄が違うため、包括的な行政が行われず、行政的な不便さも生じてきた。そこで、東京市は市域の拡張にのりだす。この拡張は、都制問題と密接にかかわる問題だけに、さまざまな地域の反対など曲折があったが、昭和七（一九三二）年十月一日に実施された。市は隣接五郡・八二カ町村を編入、旧一五区に加え、あらたに二〇区（品川・目黒・荏原《えばら》・大森《おおもり》・蒲田《かまた》・世田谷・渋谷・淀橋《よどばし》・中野・杉並・豊島・滝野川《たきのがわ》・王子《おうじ》・荒川・板橋・足立・向島《むこうじま》・城東《じょうとう》・江戸川・葛飾）が設置され、計三五区となった。この拡張の結果、多摩三郡以外の郡は廃止され、市の人口は五八〇万余を超え、ニューヨークにつぐ世界第二位の巨大都市となった。いわゆる「大東京市」の実現であった。「大東京市」の成立は、都市景観にも大きな変化をあたえることとなった。旧市域と新編入地の人・物の移動の増大は、接点にあたる新宿・渋谷・池袋などの交通量急増をもたらし、これらの地域を、都心に準じるあらたな中心地域へと変貌させていった。

しかし、一方でこの拡張は、府と市の関係に著しい変化をきたすこととなった。市の人口は府の九三%、市域の負担する府税額は府税総額の九六%余となり、東京は市と府との職掌事務分担が不明確で、「二重行政」「二重監督権」とよばれる状況が指摘された。この状況の解決策として検討されたの

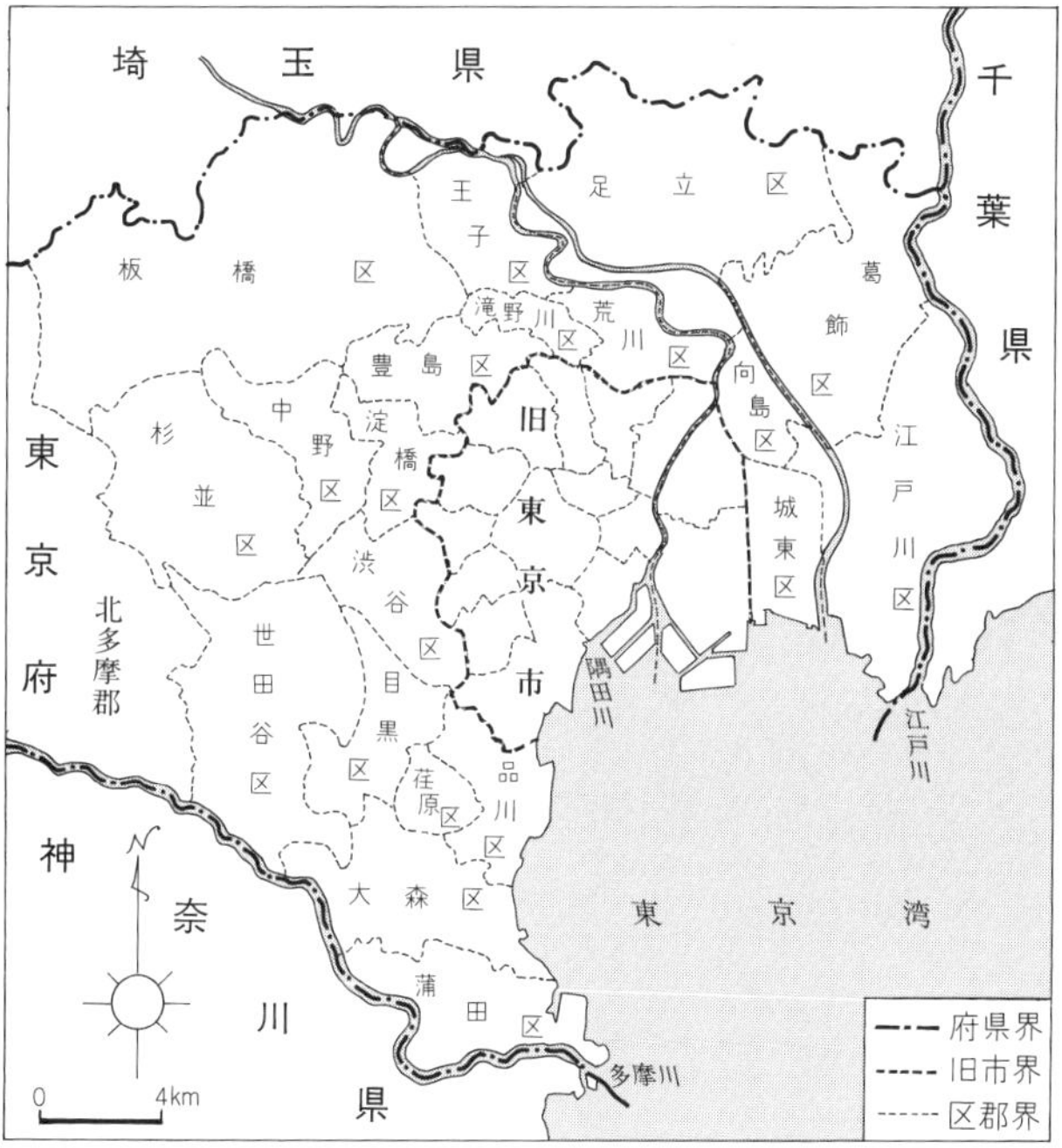


**大東京の区域**　郡部の東京市編入によってあらたに20区が加えられた。これにより世界第2位の都市が誕生した。地名は昭和7(1932)年当時。

が都制案であった。東京市は立案を衆議院議員鳩山一郎《はとやまいちろう》らに委託し、大正十二（一九二三）年、⑴都長（知事）公選（選挙により選出）、⑵市と隣接五郡による都の区画、⑶多摩郡の神奈川県編入を旨とした「帝都制案」を提出した。しかし、都長（知事）の選任方法をめぐり、「官選」（政府による官吏としての都長指名）を主張する政府の支持は得られず、廃案となった。この案以後、市・政府のみならず、都制施行の対象外とされた地域＝多摩郡にも編入促進、あるいは独自の一県設置などの議論をうみだし、明治末以来停滞していた都制問題をふたたび活発化していく。東京市会都制実行委員会や政府の側からも検討が行われ、昭和八年、政府から「東京都制案」が提出された。同案は、⑴東京府区域に東京都設置、⑵首長は官吏、⑶都会（都議会）の権限は府県会に準ずる、を内容とするものであった。この案は衆議院で審議未了・廃案となったが、のちの都制実施のさいの基本的な構想として以後検討が積みあげられていった。

市域拡張前後の東京は、昭和六年の羽田《はねだ》飛行場の完成、七年の山口貯水池の完成、十年の築地《つきじ》中央卸売市場の開場など、都市機能の充実を進めてきた。加えて十一年には第十二回オリンピックの東京開催決定により、会場や選手村の建設計画が示されるなど、国際都市としての東京改造が主張された時期もあった。しかし、一方でこの時期は、世界恐慌が日本にも波及し、また満州事変がおこるなど、徐々に軍部が台頭しつつある時期でもあった。昭和十一年、二・二六事件がおこり、東京には戒厳令がしかれた。翌十二年日中戦争が勃発し、日本は「戦時」へと突入するのである。翌十三年、閣議でオリンピック東京大会は中止が決定され、その後、この戦時下の色彩は、府政にも反映されていくこととなる。

一方、都制案審議も活発な提案が行われつつも、依然として決定に至らない状況が続いていた。このような状況のなか、十六年十月成立した東条英機《とうじょうひでき》内閣は、市制・町村制の改正とともに、十八年一月、帝

多摩郡市町村名（昭和5〈1930〉年）

国議会に「東京都制案」を提出する。首都行政の一元化・行政効率化を目的として提出された同案は、一部、区会議長の区長兼任制を区会選出制に変更しただけのほぼ無修正で両院を通過し可決された。数十年来の懸案は、戦時体制の強化のなかで結論をだすこととなった。この結果、同年七月、東京府、東京市は廃止、統合された。町に「撃ちてし止まむ」のポスターがあふれ、アッツ島の日本軍全滅と、戦争も末期にさしかかりつつあるこの年、「東京都」は誕生したのである。

### 戦時の東京と空襲●

初代の東京都長官に就任したのは、もと内務官僚で陸軍司政官であった大達茂雄《おおだてしげお》であった。大達長官は、新東京都のむきあう問題として「皇都でもあり、同時に大東亜戦争を勝ち抜くための中心」としての「施策の考究」を掲げ「首都防衛」の役割をのべるが、一方で東京都の行政体としての緊急の課題は「食糧確保」「糞尿始末」という、きわめて極限に至りつつあった市民生活の確保であった。これらの面については当時都に対し、西武鉄道社長堤康次郎《つつみやすじろう》が一つの計画を上申していた。西武のもっている旧大名屋敷を全部ジャガイモ畑にし、食糧確保とともに近隣住民の糞尿の処理をするというものだった。この計画は採用されなかったものの、都の民政局では西武に協力を求め、西武電車を糞尿運搬車両として借り、沿線に一〇〇万人分の糞尿溜めをつくる計画を策定していった。このように都として発足したばかりの東京は都市としての機能が行きづまる一歩手前の状況であった。

東京都の発足に並行して住民の生活も戦争色をいっそう強めていく。昭和十七（一九四二）年十一月二十二日、本郷区駒込肴町蓮光寺では六二寺の大梵鐘・半鐘などが「梵鐘応召供養大法要会」をうけたあと、木遣《きや》りの音頭で牛車《ぎっしゃ》にひかれ、本郷区役所へ供出されるという象徴的なイベントが実施された。このころから鉄器の供出、家屋の取りこわしなどが盛んに行われるようになっていった。十九年三月五日には「決戦非常措置要綱」が実施に移され、都内では帝国ホテル・精養軒《せいようけん》・雅叙園《がじょえん》・星ヶ岡《ほしがおか》茶寮《さりょう》など八五〇の料理店、芸妓屋四三〇〇軒、カフェ・酒場・新興喫茶店など特殊飲食店約二〇〇〇軒、丸の内ホテル・学士会館・山王ホテル、また帝劇・歌舞伎座・東劇・新橋演舞場・国際劇場・日劇・東宝劇場・明治座・有楽座など九八〇〇軒が休業指示の対象となり、この結果、芸妓・女給一万八〇〇〇人が失業とみこまれた。とくに丸の内・銀座・浅草・新宿などの劇場・映画館は「防空上の見地から是非整理」する対象とされ、都市文化のなかにも「戦時」というおおいがかぶされていった。

八月になると、学童集団疎開の第一陣として板橋区の五校が群馬県妙義山へ、城南第二国民学校は西多摩郡へ到着し、以後都内の国民学校の疎開があいついだ。

一方で都内では市民生活の残された憩いの場所である銭湯が、燃料不足からあいついで営業不能となり、二月には都会でもこのことが衛生上の問題として討議されるなど、生活に深刻な影響がでていた。この銭湯問題は隣組からの古着や木箱の供出によってかろうじて営業を確保することでとりあえずの決着をみた。さらにこの二月に小笠原諸島より計六八八六人（伊豆諸島よりの疎開は翌二〇年四月から計一万一〇三〇人）の本土への疎開も開始された。

そして戦局も押し迫った十九年秋から、ついに東京に対する無差別空襲がはじまった。回数にして一〇〇回を超える空襲は、終戦まぎわまで続き、とくに二十年三月九日の「大空襲」では本所《ほんじょ》・深川《ふかがわ》・京橋《きょうばし》・日本橋《にほんばし》・神田《かんだ》などを消失し、四月十三日には豊島・淀橋・小石川《こいしかわ》・四谷《よつや》・麴町《こうじまち》・赤坂《あかさか》・渋谷・牛込《うしごめ》・荒川・滝野川地区が、五月二十五日には山の手地区の大半が被害をうけた。この空襲による東京都の被害数値は資料統計によって若干異なり確定はできないものの、十九年秋から終戦までのあいだで、死者約九万二〇〇〇〜九万六〇〇〇、負傷者約一二万〜一五万（警視庁発表によると七万強）、家屋被害約七〇万〜八五万、罹災者は約三〇〇万人にのぼった。東京は一面の焼け野原のなかで終戦を迎えた。

**焼け跡からの復興●**

昭和二十（一九四五）年八月十五日、第二次世界大戦は日本の無条件降伏で終結した。東京の戦後は焼け野原、瓦礫の山、食糧不足、孤児、虚無感と大混乱のなかからスタートした。

九月二日の降伏文書調印から六日後の八日、アメリカ軍が原町田《はらまちだ》、根岸《ねぎし》、府中《ふちゅう》、調布《ちょうふ》を経て東京に進駐した。午前六時半には代々木に一四五〇人、さらにアメリカ大使館に六〇〇〇人、九時四〇分には帝国ホテルに一五〇人、一〇時には第一ホテルに二〇〇〇人、月島埋立地に三三〇〇人がそれぞれ到着した。十三日にはGHQは日比谷《ひびや》の第一生命相互ビルにはいり、十月には五大改革指令がだされるなど占領政治が開始された。

東京都の人口は十九年二月に七二七万一〇〇一人であったが、二十年十一月には三四八万八二八四人（総務庁統計局・都総務局統計部人口統計課）と半減していた。しかし、上下水道や汚物処理施設の麻痺や食糧不足、「浮浪者」「浮浪児」の保護、治安の悪化、伝染病予防など大都市ゆえの問題・対策はいっそう深刻になっており、加えて急激なインフレが生活の混乱に拍車をかけていた。一日一人米三二五グラム（昭和二十年）という配給だけでは生活できない市民の物資の供給源としてヤミ市がつくられ、歓楽街も銀座など占領軍の兵士の利用もあり、徐々に活気を取りもどしつつあったものの、一方で上野地下道では二十二年正月に凍死者がでるなど、「衣食住」を欠き、求める人びとの「生きる」ための戦いは続いていた。

このころ、都市建築復興も開始されたが、ネックになっていたのが瓦礫の処理であった。終戦直後から瓦礫の処理は着手されていたが、国家補助の支援が二十二年にうちきられてしまったため、五トン積トラック約一六万台分にのぼる瓦礫が残ってしまった。都では莫大な費用を必要とする除去作業を安く押さえるために、二十三年から三十間堀川・東堀留《ひがしほりどめ》川・新川《しんかわ》・真田堀・浜町《はまちょう》堀・六間堀川・鍛冶橋下流外濠などの河川・堀を瓦礫の「捨て場」として埋め立て、そのうえを宅地にして処理した。

二十二年三月、特別区政が実施され、それまで三五区あった区を統合・整理することとなった。当時は昔の「郡」を基礎にした「七区案」、ほかに「一〇区」、「二二区」と三つの案が検討されたが、ＧＨＱの「参考意見」によって二二区案が採用された（八月には板橋区より練馬区が分離し、二三区となる）。しかし、合併にあたっては区名をどうするか、区役所をどこに設置するかなど各区の事情によってさまざまな障害があ

**東京大空襲**　神田からみた隅田川方面のようす。

った。とくに区名については蒲田区と大森区は合併後にまとまらなかったため、「二つを足して二で割れ」と「大田区」となり、芝区と赤坂区は当時芝区出身の都議会副議長が都港湾委員会の委員長だったという理由で「港区」とされ、下谷区・浅草区は中心地上野が台地だったので「台東区」とされるなど徐々に進められ、三月十五日、あらたに二二区が発足した。さらに翌四月五日、東京都では初の都長官選挙が行われ、安井誠一郎《やすいせいいちろう》が当選した。安井は二十一年七月に都長官に任命されたが、翌年三月に辞表を提出し、この初の選挙に立候補した。選挙の翌月、地方自治法の施行により、安井は自動的に初の「東京都知事」となったが、選挙票のなかには「安い（安井）お米をせい一（誠一）ぱい」という落書き票も含まれていたように、まさに食糧確保が都民の期待する安井知事の最優先課題であった。衣食住が最低限一定の落ちつきをみせるのは、二十五年六月、朝鮮戦争の勃発による「朝鮮特需」を待つこととなる。

また日本国憲法、地方自治法の施行により、市町村も独立した地方公共団体となり、社会福祉事業や教育の面での事務処理がまかされることになった。しかし当時東京には一万二〇〇〇の町村が平均人口約五〇〇〇人程度で存在していた。これは地方公共団体としての事務を処理するには経済的にたえうる規模ではない。そこで二十八年「町村合併促進法」が施行され、町村の再編が進められていった。この合併によって、それまでの五市七九町村が八市三九町村となり、町村の平均人口は一万三〇三七人に、平均面積規模は一・六六倍に拡大した。

## オリンピックと過密都市の諸問題●

昭和二十六（一九五一）年サンフランシスコ条約、日米安全保障条約が調印され、翌二十七年発効となった。これに伴い同二十七年七月一日、羽田空港が米軍から日本へ引き渡され、国際社会復帰の窓口としてうまれかわっていった。このころから自動車教習所へかよう若者が急増し、翌二十八年には銀座のラッシュ時には「消防自動車が一〇〇メートルを走るのに一分かかる」と交通戦争が徐々に表面化してきた。

また三十年一月十七日には、朝鮮特需のころよりしばらくとぎれていた「スモッグ」が今度は自動車増加が要因となって観測されるなど、あらたな都市問題が生じてきた。同年の調査によると、資本金一億円以上の会社のうち、ほぼ五〇%が東京に本社をおくなど、企業・官公庁の集中もめだつようになり、人口も八〇〇万人を突破した。

このように過密都市への傾向が顕在化するなか、三十一年に「首都圏整備法」が公布された。この計画では中心部から一五キロ以内の二三区都市町村は「既成市街地」とされ、その外側の一五～二五キロは「近郊地帯」とよばれ、グリーン・ベルト、つまり市街化を抑制し、東京市街地への農産物の供給場所、刑務所・飛行場などの建設を行い、二五キロ以遠を東京の「周辺地帯」として衛星都市を形成させていくというものである。

また、大東京港の建設や防災施設・高速道路計画の実施に伴い、東京湾沿岸の大規模な埋立事業もはじまった。この実施によって東京湾岸四〇〇〇世帯の漁民が影響をうけ、江戸前の漁業、浅草や大森の海苔産業も壊滅した。三十二年には一四号埋立地「夢の島」のゴミ埋め立ても開始され、さらに急激にかわりゆく東京を象徴するかのように、三十三年には総合テレビ塔「東京タワー」が完成した。

しかし、この高度成長期の変化と並行して環境の悪化が徐々に東京をむしばんでいった。三十五年には隅田川は「関東一のドブ川」とまで称され、川の有機物がアンモニア、硫化水素を発生し、付近の真鍮屋の真鍮板に化学反応による被害をあたえるほどとなり、多摩川では四、五年前までにぎわっていた丸子橋付近の遊泳場が工場排水や動物の死骸などで人を遠ざけてしまっているなど、河川環境の急激な悪化が報告されていた。

また、建築の高層化、「ビル・ブーム」はこの年、生活妨害として日照権の訴訟を引きおこしている。三十六年一月には、国電は乗客の押込み用のアルバイト学生を四〇〇人採用せざるを得ない乗車状況となり、一時、窓ガラスが連日一〇〇枚以上破られ、東鉄では「通勤輸送緊急対策本部」が設置される状況となった。都庁でも同月、ラッシュ緩和のため三月末まで八時半出勤を九時一五分とする臨時の時差出勤を実施するなど、都市の機能が急激な「集中」に追いつくことができない状況であった。三十七年二月一日にはついに世界で初の一千万都市となった。

そのようななかでの東京オリンピック開催は、都市基盤の遅れのめだつ東京にとっては整備にむかう大きなきっかけでもあった。この時期、オリンピックをめざして空前の工事ラッシュとなり、ガス・水道・電気・地下鉄・道路などの東京での工事件数は三十六年度一年間で一八〇〇件にのぼり、全道路の五七％が掘り返された計算となる。また警視庁交通部の発表によると三十八年一月の時点で工事中の道路は、およそ一万カ所にのぼっていた。このような矛盾をはらみつつも高度成長のアピールとともに、三十九年十月十日、参加国九三の国と地域、選手・役員七四九五人の史上最大規模の第十八回オリンピック東京大会が開催された。高速道路・新幹線などの整備も進み、オリンピックに伴う東京大改造は残された施設とともにスポーツ・娯楽の場、整備された空間を遺産として残していった。

しかし一面、オリンピック関連地域とそうでない江東区などや多摩地域との「開発の格差」という問題も生じさせた。四十年、発展・創造に明けくれた都民に警告をあたえるかのような事件がおこった。江東

## オリンピックと東京の改造

昭和三十一（一九五六）年、東京都市計画立て直しの責任者（当時建設局計画部長）の山田正男は『東京都市計画の道路の現状と将来』という道路白書を作成した。この白書で山田は東京都心部の道路は昭和四十年に麻痺するという説をとなえ、以後刊行物をつうじマスコミや都民世論に打開策として都市高速道路の建設を訴えた。しかし、実行のための予算が認められずに計画は進まなかった。

そのような状況のなかで計画をいちやく現実へと押し上げたのが、三十四年のIOC総会での「五年後のオリンピック東京大会の決定」である。都市機能麻痺寸前の東京にとってオリンピックの開催は、改造の千載一遇のチャンスであった。オリンピック関連施設間の円滑な移動を実現させるためにも、渋滞に悩まされる道路事情の改革がいちやく急がれ、国家的事業としての取組みがはじまった。実際、オリンピックにさきんじて行われたアジア大会では、帝国ホテルに宿泊していた各国の役員が大会会場である代々木まで渋滞で一時間以上もかかるという状況であった。この渋滞緩和のために考えられたのが立体の自動車専用道路であり、これが首都高速建設となり、三十四年に公団が設立された。ここから五年後のオリンピックへむけての工事がはじまるのである。計画をスムーズに進めるために、できるだけ用地買収を少なくすますことが考えられ、そのために広い道路の真ん中や川や堀の上や底などが利用された。現在の東京都心部の景観はこの「突貫工事」の副産物としてうまれたのである。

❖コラム

区でハエの大発生がおこり、調査の結果、発生源は夢の島であることが判明した。この「都市生活の遺物」が集められる夢の島ではメタンガスの発生による自然発火が通常毎日二・五回平均で発生していたが、この年は雨が多く、発火が少なかったため、普段自然に発火することによって駆除されていたハエの幼虫・卵が孵化《ふか》してしまい、大発生につながったようである。この出来事は、都市の廃棄物の処理の実状に人びとが目をむける機会となったが、しかし時代はさらなる高度成長の矛盾、過密都市の矛盾をうみだし続けていた。

四十五年七月、杉並区の東京立正《りっしょう》女子高校で女子生徒がグラウンドやプールなどで頭痛・吐き気・めまいを訴えて、四三人が救急車などで病院へ運ばれた。原因は光化学スモッグであり、このスモッグの発生原因が工場、自動車の両面に可能性があることが都の首都圏整備局から発表され、同日の夕刊に「世界初の複合汚染か」と大きく報道された。全国的にも水俣病、イタイイタイ病の発生などが、世間の注目を集めていた。

このようにしだいにおおいがたくあらわれてきた身のまわりに生じた矛盾によって、社会・経済の拡大を無条件に是とする風潮を人びとが振り返りはじめ、少しずつ世論の変化を生じさせていった。

四十二年、都知事選の結果、革新都政・美濃部亮吉《みのべりょうきち》知事が誕生した。この年、国が公害対策基本法を制定したのに並行し、四十四年には都も公害防止条例を制定、本格的な取り組みをはじめることとなる。

一方で四十三年霞ヶ関ビルが完成、新宿でも四十六年の京王プラザホテルを皮切りに、以後住友ビル・三井ビルがつぎつぎと完成して高層建築化が進み、同年三月には多摩ニュータウンへの入居も開始されるなど、都市景観も大きく変化していった。しかし、四十七年の国連の調査によるとニューヨークを一〇〇

❖コラム

## 杉並ゴミ戦争

高度成長とともに日本に浸透した使い捨て文化は都市のゴミ処理を質量両面で圧迫していった。とくに東京では昭和四十六（一九七一）年九月、知事が「迫り来るゴミの危機に対策を急ぐ」と、「ゴミ戦争」を宣言した。

四十五年度のゴミ処理は江東区沖への埋立てが全体の六割以上を占め、焼却場の建設が急がれていたが、地元住民の反対などで難航していた。

しかし埋立地に近い江東区では四十六年から悪臭・ハエ・ゴミ運搬車による渋滞・事故など生活環境の悪化から知事に周辺地域の埋立て継続反対を申し出ていた。そして四十七年十二月、江東区は、焼却場建設反対を続ける杉並区に対し「無責任なゴミの押しつけは許せない」として江東区内を通過し最終処分場にくる杉並区のゴミを積んだ清掃車を、区長を先頭に阻止するという実力行使を行った。まさに文字通り「ゴミ戦争」がはじまった。さらに翌四十八年五月、二日間にわたり同様のことが行われた。この騒動は知事が江東区に「ゴミの自区内処理の原則」に従い、九月には杉並清掃工場建設を決定することを約束し一時収束する。裁判にまで至ったこの騒動は、四十九年十一月に和解が成立、五十七年十二月に杉並清掃工場が竣工する。過密都市東京の課題を象徴する事件であった。

とした生計費に対して東京は一一七という「世界一の物価高」都市と報告されており、生活都市としての観点からみると、住みにくい都市のイメージが年々高まっていった。

　そのようななかで四十八年十月、第四次中東戦争が勃発した。この戦争に伴ってOPEC（アラブ石油輸出国機構）は産油量削減、原油価格の引上げ策をとり、工業先進国に大きな経済的打撃をあたえた。いわゆる石油ショックである。この出来事は日本国内に「狂乱物価」を招き、「重厚長大」を無条件に掲げ拡大を続けていった高度成長期にピリオドを打つ結果となった。振り返った人びとが徐々に環境への意識を高め、その意識は緑地の整備、規制の強化、下水処理場の建設を後押しする結果となり、それに伴って都心部の視界の良好化や旧江戸《えど》川、中《なか》川、綾瀬《あやせ》川、荒《あら》川、隅田《すみだ》川、多摩《たま》川などの水質改善にあらわれ、五十三年に隅田川で行われた早慶レガッタや花火大会の復活などに象徴されるように、少しずつ成果をあげていった。翌五十四年、都の財政問題を中心に都知事選が争われ、鈴木俊一《すずきしゅんいち》知事が誕生した。鈴木都政のもと、「マイ・タウンと呼べる東京」という標語が掲げられ、東京の生活都市への復帰が強く意識されていった。

### 都内の多心化と二十一世紀の東京●

昭和四十七（一九七二）年、国税庁発表の地価評価額によると、評価額日本一の座を長年続けていた銀座がこの年はじめて一位から転落した。銀座にかわって日本一となったのは新宿駅東口の新宿通り沿いであった。新宿駅も国鉄首都圏本部発表によると、四十一年から一日平均乗車人員数が全国一位となっており、高層ビルのあいつぐ建設とあいまって「副都心」としての位置が確立されていた。また、昭和四十年代後半から、都心部にあった大学、研究施設などの多摩地区への移転があいつぎ、あわせて多摩地区の宅地化の進展、人口増加が進み、その交通の窓口としての新宿の地位が高まっていたのだ。しかし一方で多摩地域では、下水道、道路建設など都市基盤の整備が開発に追いついていなかった。このため、二三区との格差の是正と、多摩地域の「自立」が急がれ、再開発が進むとともに東京都の公共機関の場所もあわせて論議されはじめた。

このような時期と重なるように、東京都庁の再建もしくは移転の問題がもちあがった。当初、丸の内庁舎を建て替えていく予定であったが、東京都の人口重心が西に移動するなかで立地条件として新宿の優位性が示され、都庁の新宿移転が決定された。総工費一五六九億円をかけ平成三（一九九一）年、議会、都民ホールなどをそなえたツインタワーの新都庁舎が完成、四月一日に開庁し、新宿はこれまでの「副都心」から「新都心」とよばれるようになった。一方、丸の内の旧都庁跡地には国際会議場があらたに建設された。

めまぐるしく景観の変化をとげる東京のなかに、残された「江戸」は少なくなったといわれる。そのわずかな「江戸」の名残りの一つに「品川台場」がある。八〇年代後半、日本

新宿都庁と高層ビル

国中がバブル経済にわきたつ時期、東京では土地への投機、地価の高騰が進み、「地上げ」騒動があいつぐなど、土地・地域が「生活」の場から「投機の対象」となってしまった町がいくつもあった。当時、完成した高速「湾岸線」の近代的道路からおりたち、「江戸」の名残り、一三号地の「品川台場跡」から海をへだてて「東京」をのぞくと、湾内に浮かぶかずかずの船、そして倉庫群のむこうに貿易センタービルや東京タワーに象徴される近代都市が時代の空間を超えて、こころなしか遠い喧噪のように目前にうつしだされた。細い内湾をへだてるだけで東京の姿がなぜか客観的にみえるような気持ちにさせる場として、この江戸の名残り「御台場」は静かに、そして変わらず存在していた。

しかし、九〇年代にこの「御台場」が、近代都市東京にとってふたたび注目を集める場となった。一三号埋立地が多心型都市の東南部の「心《しん》」として、臨海副都心計画の中心地にすえられたのである。平成五年には東京の新名所「レインボー・ブリッジ」が芝浦・一三号埋立地間に完成して最短距離で都心と結ばれ、同七年には新橋からレインボー・ブリッジを経由して臨海副都心を結ぶ新交通システム「ゆりかもめ号」が開通、さらに八年には臨海高速鉄道が新木場とこの地域を結び、十四年に山手線大崎駅と結ばれた。

九〇年代末から二〇〇〇年代にかけて、都心部では鉄道の新路線開通、あるいは路線変更があいついで行われた。第二山手線ともいわれる大江戸《おおえど》線の開通、また、臨海線や東急東横《とうきゅうとうよこ》線、目黒《めぐろ》線の路線変更や特急導入、営団地下鉄半蔵門《はんぞうもん》線の延長などによって、千葉や神奈川、埼玉と都心が直結され、短時間で結ばれた。かつての旧東京市部と多摩地域との近代を通じての関係は、都心部と周辺県に拡大され、現在でもその構図が続いているかのようである。また、恵比寿《えびす》、大崎《おおさき》、品川、新橋汐留《しんばししおどめ》周辺など、大規模な都心部の再開発が続けて行われている。郊外へ移転していった大学などの教育施設も都心帰りや都心の校舎の高層化などによりふたたび活動の拠点を戻している。一方、長引く平成不況による中小工場の閉鎖や産業空洞化による工場の転出は、そのスピードをゆるめない。下町工場街の様相は、跡地への高層マンションや大規模なショッピング・モールの建設など、町の風景を劇的にかえつつある。しかし、それはそこに埋もれていく風景を見つめようとするノスタルジーをよせつけないかのごとく、地域意識を根本から希薄にする均一な価値観のもとに変化は進行する。東京はまた別の姿で、機能集約的な都市への変化を示しつつある。

かわりゆく東京を背に、海にむかう品川台場跡は今もひっそりと残されている。その昔、ペリー来航時に時代とむきあったこの地が、ふたたび最前線の地として新たな時代にむきあっている。

# あとがき

東京都の歴史を、先史時代から現代に至るまで一冊にまとめた手ごろな概説書となると、そうざらにはない。そうしたなかで、児玉幸多・杉山博共著『東京都の歴史』（山川出版社、一九六九年初版）は、その代表的な一冊であろう。

しかし、刊行からすでにかなりの年月を経ている。この間に、東京の地域史研究はおおいに進んだ。日本列島総都市化の波に襲われたこととも関連して、都市史研究がさかんになったが、その一環として、江戸・東京に関する個別ないしは共同の研究成果がつぎつぎに公けにされた。この間、東京の市区町村による自治体史も数多く刊行された。しかも近年の都市史研究は、文献資料のみならず民俗・考古・建築・絵画等々の諸資料を駆使しての学際的成果をつぎつぎに生みつつある。

本書は、旧版以後のこうした研究動向をふまえて叙述するようつとめた。とくに考古学の分野における成果は、まさに日進月歩、めざましいものがある。多摩ニュータウンをはじめとする先史時代の遺跡の発掘調査がさかんに行われており、本書には、できるだけその最新の成果を収めた。

また中世の江戸研究は、画期的な展開をとげた。品川湊の研究が契機となり、江戸湾の湊が局地的水運にとどまらず、遠く伊勢など上方と結ばれていたことが明らかとなり、新しい東国水運史が描かれるようになった。その結果、中世の江戸が遠距離海運の要衝として位置づけられつつある。このことは、天正十八（一五九〇）年関東に入部した徳川家康が、なぜ江戸を本拠地としたのかという疑問を解く新しい鍵にもなりそうである。さらに近世については、都市江戸の基礎的研究がおおいに進展すると同時に、生活・文化に関する研究成果が多く出た。大名屋敷地や町人地の江戸遺跡を掘る、つまり江戸考古学の発達も著しい。上下水道などの都市施設や、士庶を問わぬ日常生活用品などが、つぎつぎに〝物〟をもって示されている。

近代・現代については、石塚裕道・成田龍一共著『東京都の百年』(山川出版社、一九八六年)という非常にすぐれた概説書があり、また刊行からそれほど年月を経ていないので、本書では行政の変遷を中心に大筋を記すにとどめた。併読いただければ幸いである。

本書は五人による分担執筆で構成した。考古・古代は古泉弘氏(一章、七章四節)、中世は池上裕子氏(二・三章)、近世は加藤貴氏(四・五章、七章二節第二・三項、八章)と、私(風土と人間、六・七章)、近代・現代は藤野敦氏(九・十章)である。なお取りあげるべき項目は多かったが、紙幅の都合上、省略せざるを得なかった部分が多い。

本書が完成するまでには、執筆者それぞれが多くの方々のお世話になった。とくに執筆にあたっては、先行の研究業績を数多く利用させていただいたが、概説書の体裁上、その旨をいちいち記載できなかった。お赦しを乞うとともに、厚くお礼申し上げる次第である。

末筆ながら、たいへん御苦労をおかけした山川出版社、とくに同社編集担当の方々に、執筆者一同感謝の念一杯であることを申し添えさせていただく。

一九九七年一月

竹内　誠

東京都全図
都道府県界
市郡区界
町村界
新幹線
JR線
私鉄線
高速道路
都市高速
有料道路
国道
都庁
1:420,000
0
5
10km
埼玉県
千葉県
東京都
東京湾
川島町
桶川市
伊奈町
蓮田市
庄和町
野田市
上尾市
春日部市
岩槻市
松伏町
川越市
さいたま市
越谷市
吉川市
上福岡市
富士見市
大井町
三芳町
志木市
蕨市
草加市
三郷市
所沢市
朝霞市
戸田市
川口市
八潮市
新座市
和光市
清瀬市
東久留米市
西東京市
小平市
小金井市
武蔵野市
三鷹市
府中市
調布市
狛江市
稲城市
足立区
板橋区
北区
練馬区
荒川区
葛飾区
豊島区
文京区
台東区
墨田区
中野区
新宿区
杉並区
千代田区
江東区
江戸川区
渋谷区
港区
中央区
世田谷区
目黒区
品川区
大田区
松戸市
鎌ケ谷市
市川市
船橋市
浦安市
川崎市
横浜市
鎌倉市
逗子市
横須賀市
袖ケ浦市
木更津市
富津市
君津市
東京港
横浜港
木更津港
東京国際空港
東京湾アクアライン
東北自動車道
東京外環自動車道
関越自動車道
京葉道路
東関東自動車道
館山自動車道
第三京浜
横浜新道
横浜横須賀道路
東北新幹線
上越新幹線
東北本線
高崎線
京浜東北線
埼京線
東武伊勢崎線
東武東上線
東武野田線
武蔵野線
西武池袋線
西武新宿線
中央本線
京王線
小田急線
南武線
田園都市線
東横線
京成本線
総武本線
北総線
東西線
京葉線
相鉄いずみ野線
東海道本線
根岸線
横須賀線
京浜急行
相模鉄道
久留里線
内房線
荒川
江戸川
多摩川
小糸川
富士見川越道路
新見沼大橋
稲城大橋
大泉JCT
川口JCT
三郷JCT
木更津南JCT
富津岬

東京都《とうきょうと》の歴史《れきし》　　県史　13

1997年1月20日　第1版第1刷発行　　2021年7月30日　第2版第4刷発行



著　者　竹内誠《たけうちまこと》・古泉弘《こいずみひろし》・池上裕子《いけがみひろこ》・加藤貴《かとうたかし》・藤野敦《ふじのあつし》



発行者　野澤武史

発行所　株式会社　山川出版社　〒101-0047　東京都千代田区内神田1-13-13
電話　03(3293)8131(営業)　03(3293)8135(編集)
https://www.yamakawa.co.jp/　振替　00120-9-43993

印刷所　明和印刷株式会社　製本所　株式会社ブロケード

装　幀　菊地信義




ISBN978-4-634-32131-1

竹内　　誠　たけうちまこと

1933年，東京都に生まれる
1964年，東京教育大学大学院文学研究科博士課程単位取得退学
元東京都江戸東京博物館館長
主要著書　『江戸と大坂』（小学館，1989年），『江戸名所図屏風の世界』（共著，岩波書店，1992年）

古泉　　弘　こいずみひろし

1947年，東京都に生まれる
1970年，駒沢大学文学部卒業
現在　江戸遺跡研究会世話人代表
主要著書　『江戸を掘る』（柏書房，1983年），『事典 江戸の暮らしの考古学』（編著，吉川弘文館，2013年）

池上　裕子　いけがみひろこ

1947年，新潟県に生まれる
1977年，一橋大学大学院経済学研究科博士後期課程単位取得退学
現在　成蹊大学名誉教授
主要著書　『戦国時代社会構造の研究』（校倉書房，1999年），『織豊政権と江戸幕府』（講談社版『日本の歴史』第15巻，2002年）

加藤　　貴　かとうたかし

1952年，東京都に生まれる
1987年，早稲田大学大学院文学研究科博士課程後期課程満期退学
現在　早稲田大学教育・総合科学学術院非常勤講師
主要著書　『江戸町鑑集成』全５巻（東京堂出版，1989-90年），『図説江戸図屏風を読む』（共著，河出書房新社，1993年）

藤野　　敦　ふじのあつし

1966年，東京都に生まれる
1992年，東京学芸大学大学院社会科教育研究科修士課程修了
現在　文部科学省 初等中等教育局 視学官
主要著書　『東京都の誕生』（吉川弘文館　歴史文化ライブラリー135，2002年），『近代日本の形成と地域社会』（共著，岩田書院，2006年）

# 付　　録

# ■ 索　　引

## ● た　行

●な　行



●は　行

## ● ま　行



## ● や　行



## ● ら・わ行

# ■ 年　　表

| 年代 | 時代 | | 事項 |
|---|---|---|---|
| 3万年前 | 旧石器時代 | | 局部磨製石斧を使用(鈴木遺跡など)。 |
| | | | ナイフ形石器文化(茂呂遺跡)。 |
| | | | 細石刃文化(廻沢北遺跡など)。 |
| 1万2千年前 | 縄文時代 | 草創期 | 土器の使用がはじまる(前田耕地遺跡)。 |
| | | 早　期 | 屋外炉が使われる。 |
| | | 前　期 | 縄文海進が進む。<br>(中里海岸の丸木舟) |
| 5千年前 | | 中　期 | 大規模集落の形成(多摩ニュータウン No. 72遺跡)。 |
| | | 後　期 | 貝塚が盛んに形成される(大森貝塚)。 |
| 3千年前 | | 晩　期 | 土偶や土版など，祭りにかかわる道具がつくられる。 |
| B.C.300頃 | 弥生時代 | 前　期 | 伊豆諸島に弥生文化が伝わる(田原遺跡)。 |
| | | 中　期 | 環濠集落が出現する(飛鳥山遺跡)。 |
| 200頃 | | 後　期 | 方形周溝墓が盛行する(多摩ニュータウン No. 200遺跡)。 |
| 300頃 | 古墳時代 | 前　期 | 東京低地に集落がひらける。<br>多摩川下流域に，古墳群がつくられはじめる(宝萊山古墳)。 |
| 400頃 | | 中　期 | 野毛大塚古墳がつくられる。 |
| 500頃 | | 後　期 | 武蔵国造の乱(安閑天皇元=『日本書紀』による)。 |

| 西暦 | 年号 | 事項 |
|---|---|---|
| 684 | 天武　13 | *5-24* 百済からの渡来人23人を武蔵国におく。 |
| 703 | 大宝　3 | *7-5* 武蔵守の初見(引田祖父を任じる)。 |
| 741 | 天平　13 | *3-24* 国分二寺建立の詔勅がだされる。 |
| 755 | 天平勝宝7 | *2-* 武蔵国から防人を派遣。防人歌を献進する。 |
| 757~765 | 天平宝字年間 | 天平宝字初頭ごろ，武蔵国分寺建立。 |
| 757 | 天平宝字元 | 閏 *8-27* 坂東諸国から派遣されていた防人を廃止。 |
| 759 | 3 | *12-1* 武蔵国で900町余の没田が記録される。 |
| 760 | 4 | *4-28* 渡来の新羅人131人を武蔵国に移住させる。 |
| 761 | 5 | *1-9* 美濃・武蔵両国の少年各20人に，新羅征討にそなえて新羅語をならわせる。 |
| 768 | 神護景雲2 | *3-1* 武蔵国乗潴・豊島両駅に中路に准じて馬10疋を常置させる。 |
| 771 | 宝亀　2 | *10-27* 武蔵国，東山道から東海道に転属。 |
| 780 | 11 | このころ，武蔵国内の荘園の初見(多摩郡に弓削荘)。 |
| 792 | 延暦　11 | *6-14* 軍団を廃し，健児を採用する。武蔵国は105人。 |

| | | | |
|---|---|---|---|
| 829 | 天長 | 6 | *12-27* 武蔵国の空閑地290町が西院勅旨田とされる。 |
| 830 | | 7 | *2-11* 武蔵国の空閑地220町を正税１万束で開発。勅旨田となす。 |
| 833 | | 10 | *5-11* 多摩・入間の郡界に悲田処を設置する。 |
| 835 | 承和 | 2 | この年，国分寺七重塔焼失。*6-29* 下総国太日河(江戸川)，武蔵国石瀬河(多摩川)，武蔵・下総国境の住田川の渡船を加増する。 |
| 841 | | 8 | *2-8* 武蔵の田507町が嵯峨院の勅旨田となる。 |
| 845 | | 12 | *3-23* 前男衾郡大領壬生福正，私費を投じて国分寺七重塔を再建。 |
| 860 | 貞観 | 2 | *3-* 慈覚大師円仁に武蔵国の正税400斛をあたえる。 |
| 861 | | 3 | *11-16* 各郡に検非違使１人をおく。 |
| 867 | | 9 | *8-* 朝廷で武蔵国からの貢馬の天覧がある。 |
| 872 | | 14 | *3-9* 多摩郡弓削荘(４町１反20歩)など，貞観寺領となる。 |
| 875 | | 17 | *5-10* 武蔵など４カ国の兵士，下総の蝦夷俘囚の乱の鎮圧に出動する。 |
| 878 | 元慶 | 2 | *6-21* 武蔵の精兵30人，出羽国におくられる。*9-* 大地震。 |
| 883 | | 7 | *4-* 飢饉の民を正税６万束で救済する。 |
| 909 | 延喜 | 9 | *10-1* 立野牧，勅旨牧となる。貢馬15疋の貢進日は８月25日と定まる。 |
| 914 | | 14 | *8-* 武蔵国造の職田12町，欠郡司職田24町と算定される。 |
| 927 | 延長 | 5 | *11-* 延喜式完成，郡21，郷119，健児150人，貢馬50疋など定まる。 |
| 931 | 承平 | 元 | *11-7* 小野牧，勅旨牧となり，貢馬40疋の貢進日は６月20日と定まる。 |
| 938 | 天慶 | 元 | この年，武蔵権守興世王・介源経基と足立郡司武蔵武芝との間の紛争を平将門が調停する。 |
| 939 | | 2 | *11-12* 平将門が反乱をおこし，武蔵などの印鎰をうばう(翌年鎮圧される)。 |
| 986 | 寛和 | 2 | このころ，平忠頼・忠光ら，武蔵国中で乱暴をはたらく。 |
| 1101 | 康和 | 3 | このころ，東寺封戸の上納額は調布260反余，中男紙810張，封丁４人と算定されていた。 |
| 1113 | 天永 | 4 | *3-4* 横山党，内記太郎殺害の罪で追討される。 |
| 1118 | 元永 | 元 | このころ，豊島近義が源義家からあたえられた具足を埋納し，具足塚と号したと伝える。 |
| 1154 | 久寿 | 元 | *9-* 小野氏・清原氏ら，船木田荘内長隆寺で法華経を書写し，経筒におさめて埋納する(船木田荘の初見)。 |
| 1156 | 保元 | 元 | *7-1* 保元の乱おきる。武蔵武士の多くが源義朝に従ってたたかう。 |
| 1159 | 平治 | 元 | *12-* 平治の乱に足立遠元ら武蔵武士，源義朝に属しやぶれる。 |
| 1180 | 治承 | 4 | *8-* 江戸重長が平家方に属し，源氏方の三浦義澄らを攻める。*10-2* 源頼朝，大井・隅田両河をわたって武蔵にはいる。豊島清光・葛西清重・足立遠元ら出迎える。*10-4* 江戸重長・畠山重忠ら頼朝に従う。*10-5* 頼朝，重長に武蔵国諸雑事の管掌を申しつける。 |
| 1181 | 養和 | 元 | *7-3* 頼朝，鎌倉の若宮造営のために浅草の大工を招く。 |
| 1184 | 元暦 | 元 | *3-22* 大井実春ら，伊勢国に出陣する(大井氏の初見)。*6-5* 平賀義信，武蔵守となる。*8-7* 頼朝，品川清実に品川郷の雑公事を免除する(品川氏の初見)。 |
| 1195 | 建久 | 6 | *7-16* 頼朝，平賀義信の武蔵の国務をほめる。 |
| 1196 | | 7 | この年，武蔵国の国検が行われる。 |
| 1199 | 正治 | 元 | *11-30* 武蔵国の田文が作成される。 |
| 1205 | 元久 | 2 | *6-2* 北条時政，畠山重忠・重保父子を殺す。 |

| | | |
|---|---|---|
| 1207 | 承元　元 | ***3-20*** 荒野の開発が武蔵国中の地頭らに命ぜられる。 |
| 1208 | 2 | ***5-26*** 狛江入道増西，50人の悪党を率いて苅田狼藉をする。 |
| 1213 | 建保　元 | ***5-3*** 和田義盛，幕府に叛し敗死，横山・平山氏ら義盛にくみし討たれる。***10-18*** 武蔵国の新開田の実検が行われる。 |
| 1221 | 承久　3 | ***5-21*** 北条泰時，武蔵武士を率い京に出発する(承久の乱)。 |
| 1226 | 嘉禄　2 | ***4-10*** 河越重員，武蔵国留守所総検校職となる。 |
| 1231 | 寛喜　3 | ***4-14*** 武蔵国総検校職の職権 4 カ条について在庁日奉実直・日奉弘持・物部宗光ら勘状呈出。15日留守代帰寂も副状呈出。 |
| 1232 | 貞永　元 | ***2-24*** 武蔵国六所宮の拝殿の修理。 |
| 1241 | 仁治　2 | ***10-22*** 武蔵野の開発を命ずる。***11-4*** 武蔵野開発方違(かたたがえ)のため，将軍頼経，秋田城介義景の鶴見別荘に渡御，泰時も参列し笠懸を行う。***11-17*** 箕勾師政に多摩の荒野を充て行う。***12-24*** 多摩河を掘りとおし，その流れを堰き上げ水田を開発するため奉行を派遣する。 |
| 1251 | 建長　3 | ***9-5*** 窮民を救うため，武蔵国の国務などについて評定する。 |
| 1252 | 4 | ***4-1*** 宗尊親王，鎌倉にはいる。上杉・大田氏らこれに従う。 |
| 1257 | 正嘉　元 | ***11-28*** 北条時頼，多東郡横沼郷を大慈寺釈迦堂領として寄進する。 |
| 1261 | 弘長　元 | ***10-3*** 江戸長重，飢饉のため江戸郷前島村を五代右衛門尉に売る。 |
| 1272 | 文永　9 | ***10-20*** 武蔵の田文が欠失したので調進することを命ずる。 |
| 1275 | 建治　元 | ***7-5*** 幕府，木田見成念の子の熊谷尼と木田見長家姉弟の木田見牛丸郷等をめぐる相論を裁許(こののちも相論が続く)。 |
| 1312 | 正和　元 | ***8-18*** 高麗忠綱，多西郡得恒郷・船木田荘木伐沢村の所領を嫡子孫若にゆずる。 |
| 1313 | 2 | ***12-5*** 江戸重通，同政重と家督・重代の鎧旗・文書等を争い勝訴。 |
| 1315 | 4 | ***12-24*** 江戸郷前島村，鎌倉円覚寺領としてみえる。 |
| 1333 | 正慶　2<br>(元弘 3) | ***5-11〜17*** 新田義貞・江戸氏・豊島氏らの倒幕軍，小手指原，久米川，分倍河原，関戸で幕府軍とたたかい勝利。 |
| 1334 | 建武　元 | ***9-8*** 足利尊氏，一色範氏に命じて，大森・永富両郷の地頭職を大井千代寿丸に交付させる。 |
| 1335 | 2 | ***7-22*** 北条時行，女影原・小手指原・府中で足利直義とたたかい，直義を破る(中先代の乱)。 |
| 1339 | 延元　4<br>(暦応 2) | この年，土淵郷の山内経之，守護高師冬に従い出陣，常陸の北畠親房軍とたたかう。 |
| 1346 | 貞和　2<br>(正平元) | ***3-20*** 浅草寺衆徒ら千束郷内の田畠屋敷に対する江戸重通の違乱を訴える。***9-8*** 江戸重通，石浜・墨田波(渡ヵ)・鳥越 3 カ村を石浜弥太郎入道と争い，武蔵守護高重茂，石浜の出頭を命ずる。 |
| 1352 | 文和　元<br>(　7) | 閏 ***2-20*** 新田義興・義宗ら，人見原・金井原の合戦で尊氏を破る(武蔵野合戦)。閏 ***2-28*** 尊氏，小手指原・高麗原で新田軍を破る。 |
| 1357 | 延文　2<br>(　12) | ***12-22*** 足利基氏，江戸淡路守が押領した金曾木・市谷両氏の欠所地を鶴岡八幡宮にわたすよう武蔵守護畠山国清に命ずる。 |
| 1358 | 3<br>(　13) | ***10-10*** 新田義興，江戸遠江守らの謀略により矢口渡で自殺する。 |
| 1363 | 貞治　2<br>(　18) | ***12-19*** 東福寺領船木田荘領家分の 3 年分の算用状作成される。同年より守護請所となる。 |
| 1364 | 3 | ***10-28*** 基氏，小山田荘内黒河郷半分を御仁々局代に交付する。 |

| | | |
|---|---|---|
| | (正平19) | |
| 1368 | 応安　元<br>(　　23) | *3-* 河越氏・高坂氏らの平一揆，挙兵する。 |
| 1371 | 4<br>(建徳2) | 閏 *3-9* 熊野権少僧都善増，河越・江戸・角田などの旦那職を河頬定幸らにゆずる。 |
| 1376 | 永和　2<br>(天授2) | *1-29* 吉良治家，世田谷郷内上弦巻半分を鶴岡八幡宮に寄進。 |
| 1378 | 4<br>(　4) | *8-3* 神奈川・品川以下浦々に出入する船からとる帆別銭(1反につき300文)を，3カ年間，円覚寺仏日庵の造営費用にあてる。 |
| 1379 | 康暦　元<br>(　5) | *6-25* 如春(渋川幸子)，赤塚郷を春屋妙葩に寄進する。 |
| 1385 | 至徳　2<br>(元中2) | *3-25* 足利氏満，武蔵国の棟別銭を造営費用として円覚寺に寄進。 |
| 1387 | 嘉慶　元<br>(　4) | *7-27* 武州北白旗一揆の高麗清義，氏満の常州出兵に参陣。 |
| 1391 | 明徳　2<br>(　8) | *12-25* 氏満，六郷保大森郷を下総大慈恩寺に寄進し，武蔵守護上杉憲方，守護代大石憲重をして執行させる。 |
| 1395 | 応永　2 | *7-24* 氏満，大窪郷領家職，馬室郷・六郷保郷司職・神奈河郷・六浦本郷・八林郷などを上杉憲定に安堵する。 |
| 1416 | 23 | *10-* 上杉禅秀の乱。*12-25* 豊島範泰ら，足利持氏に属し，禅秀の子憲方と入間川でたたかう。 |
| 1417 | 24 | *1-5* 豊島・江戸・南一揆ら，瀬谷原でたたかい，1月8日久米川陣に。*12-26* 足利持氏，南一揆の忠節を賞し，政所方公事を5カ年免除。 |
| 1418 | 25 | *4-29* 持氏，南一揆をして新田岩松の与党を討たせる。 |
| 1419 | 26 | *3-6* 船木田荘の領家年貢を，平山参河入道ら5カ年免除と号し対捍。 |
| 1422 | 29 | *9-* 直山道寸(大石信重)，永源寺に鐘を寄付する。 |
| 1424 | 31 | *6-2* 持氏，青砥四郎左衛門入道の跡職を，堀内分をのぞいて御料所とする。*6-17* 持氏，品河太郎の跡職を，堀内分をのぞいて御料所とするが，品河は多勢を率いてこの処置に反対。守護上杉憲実，守護代大石信重をして，7月5日その処理を命ずる。 |
| 1427 | 34 | *5-13* 平山参河入道・梶原美作守・南一揆ら，船木田荘年貢を抑留する。持氏，守護・守護代をして未進分と当年貢の上納を執行させる。 |
| 1429 | 永享　元 | *8-5* 持氏，豊島郡岩淵の関所を稲荷社造営料にあてる。 |
| 1449 | 宝徳　元 | *3-9* 庄加賀入道善寿，赤塚郷の用水の井料を押領する。 |
| 1450 | 2 | *11-14* 足利成氏，品川住民の鈴木道胤の蔵役を免除する。 |
| 1454 | 享徳　3 | *12-27* 足利成氏，上杉憲忠を誘殺し，関東乱れる(享徳の乱)。 |
| 1455 | 康正　元 | *1-21〜22* 上杉憲顕・大石重仲ら，成氏と府中分倍河原でたたかい討死。この年，太田資清，家督を資長(道灌)にゆずる。 |
| 1456 | 2 | この年，太田資長，江戸築城を開始。翌年完成という。 |
| 1476 | 文明　8 | *6-* 長尾景春の乱。*8-* 龍統・霊彦ら，「寄題江戸城静勝軒詩序」「左金吾源夫大江亭記」をつくる。 |
| 1477 | 9 | *4-13* 資長，景春党の豊島泰明を平塚城に攻める。兄泰経，石神井・練馬城の兵を率いて泰明を救援し，資長と江古田・沼袋原にたたかう。泰明戦死。*4-14〜21* 資長，石神井・練馬城を攻撃。 |

| | | | |
|---|---|---|---|
| 1478 | 文明 | 10 | ***1-25*** 豊島泰経，平塚城から敗走し小机城にはいる。この年，資長剃髪して道灌と号する。 |
| 1480 | | 12 | ***11-28*** 道灌，山内上杉顕定の家臣高瀬氏にこれまでの忠節を陳述。 |
| 1485 | | 17 | ***10-2*** 道灌，万里集九を江戸城に招く。***10-9*** 扇谷上杉定正，道灌第に遊び，14日，江戸静勝軒歌合を行う。 |
| 1486 | | 18 | この春，道灌，建長・円覚の学僧を招いて，隅田川船上に詩歌会を開く。***7-26*** 道灌，相模糟屋の上杉定正の館で謀殺される。***8-10*** 万里集九，祭文をつくって道灌をとむらう。 |
| 1487 | 長享 | 元 | この年，山内上杉と扇谷上杉がたたかう長享の乱がおこる。 |
| 1494 | 明応 | 3 | ***10-5*** 上杉定正卒し，朝良つぐ。江戸城代は曾我豊後守。 |
| 1504 | 永正 | 元 | ***9-27*** 上杉朝良，伊勢宗瑞(北条早雲)・今川氏親の援軍とともに立河原の戦いで上杉顕定を破る。 |
| 1505 | | 2 | ***3-29*** 顕定，朝良と和し，朝良は江戸城に隠退する。 |
| 1509 | | 6 | ***9-*** 宗祇・宗長・建芳(朝良)ら，江戸城で連歌会を行う。 |
| 1524 | 大永 | 4 | ***1-13*** 氏綱，上杉朝興を高輪原にやぶり江戸城にはいる。朝興，河越城に敗走。***11-28*** 伊東祐員，氏綱より江戸城下の下平川の代官に任命される。この年，太田資高，法恩寺を中興する。 |
| 1526 | | 6 | ***10-13*** 氏綱，比々谷村の陣夫等を免除し，牛込助五郎に充て行う。 |
| 1536 | 天文 | 5 | この年，氏綱が一木貝塚の検地を行う。 |
| 1550 | | 19 | ***4-1*** 北条氏，領民の窮乏により公事を改定し，借米・借銭等を免除。 |
| 1551 | | 20 | ***12-28*** 太田康資，岩淵の赤場根八幡の社領を安堵する。 |
| 1555 | 弘治 | 元 | この年，北条氏康，武蔵で集中的に検地を行う。 |
| 1556 | | 2 | ***3-19*** 氏康，浅草寺に5カ条の権利を安堵。 |
| 1557 | | 3 | この年，八丈島に38人のりの紀州船が漂着。 |
| 1559 | 永禄 | 2 | ***2-12*** 氏康，江戸衆らの『後北条氏家臣知行役帳』をつくる。***11-10*** 北条氏照，小宮の宮本氏に禰宜職を安堵する(氏照印判状の初見)。 |
| 1560 | | 3 | ***3-16*** 北条氏，多摩郡網代郷等に徳政令をだす。 |
| 1561 | | 4 | ***9-*** 北条氏，上杉謙信に属し敵対した三田綱秀を滅ぼす。 |
| 1562 | | 5 | ***6-4*** 多摩郡平井郷に伝馬定書がだされる。 |
| 1576 | 天正 | 4 | ***3-30*** 北条氏政，阿佐谷村民に江戸中城塀4間の普請を命ずる。奉行は島津・小野・太田ら3人。 |
| 1578 | | 6 | ***9-29*** 北条氏政，世田谷新宿に楽市令をだす。 |
| 1582 | | 10 | このころ，北条氏照，八王子城の本格的築造に取りかかる。 |
| 1583 | | 11 | ***4-11*** 氏照，品川の百姓に人返の法を命ずる，“町人は百姓の地に入るべからず，百姓は町人中に入るべからず”。 |
| 1584 | | 12 | ***3-21*** 正木棟別麦の上納を江戸宿(28俵)・中野阿佐谷(8俵)に命ずる。 |
| 1587 | | 15 | ***7-*** 豊臣秀吉との合戦にそなえ，各村々に参陣者の名を登録させる。 |
| 1589 | | 17 | ***11-24*** 豊臣秀吉，北条氏に対し宣戦を布告する。 |
| 1590 | | 18 | ***4-27*** 江戸城開城。***6-23*** 八王子城落城。前田利長，頸3000余をとったと報ずる。***7-13*** 徳川家康の関東移封決定する。***8-1*** 家康，江戸にはいる。***8-*** 樽屋藤左衛門・奈良屋市右衛門を町年寄に任命。***9-1*** 本町の町割開始。この年，行徳から江戸に塩を運ぶため小名木川を開鑿。 |
| 1592 | 文禄 | 元 | ***3-16*** 江戸城西の丸工事に着手(翌年完了)。この年，江戸城掘揚土に |

| | | | |
|---|---|---|---|
| | | | より日比谷入江を埋め立てる。麹町・市谷に大番組6組の組屋敷が一番町から六番町まで屋敷割される(番町の成立)。 |
| 1594 | 文禄 | 3 | *9-* 千住大橋創架。 |
| 1600 | 慶長 | 5 | *6-* 多摩川に六郷橋を創架。*9-15* 関ヶ原の戦い。 |
| 1603 | | 8 | *2-12* 家康，征夷大将軍に任ぜられ，江戸に幕府を開く。*2-* 出羽米沢藩主上杉景勝に屋敷地を下賜(大名賜邸の初め)。*3-* 神田台を崩して豊島洲崎を埋め立て市街地造成。このとき，日本橋創架という。 |
| 1604 | | 9 | この年，日本橋を起点に諸街道へ一里塚をきずく。 |
| 1606 | | 11 | *3-* 江戸城修築工事はじまる。 |
| 1607 | | 12 | *2-20* 江戸城内で出雲の阿国が歌舞伎踊りを演じる。 |
| 1612 | | 17 | この年，駿河の銀座を江戸に移し，京橋の南に屋敷地をあたえる。 |
| 1613 | | 18 | *3-* 振売商人に町奉行の発行する鑑札所持を命ずる。 |
| 1616 | 元和 | 2 | *4-17* 家康，駿府城で没す。この年，駿府詰の幕臣を江戸に移し神田台に屋敷地をあたえる。 |
| 1617 | | 3 | この年，庄司甚右衛門，葺屋町に公認の遊郭を創設(吉原遊郭の創始)。 |
| 1619 | | 5 | この年，堺商人がはじめて大坂の荷物を江戸に廻送(菱垣廻船の初め)。 |
| 1620 | | 6 | *3-4* 仙台藩，江戸廻米を行う。*3-* 浅草に幕府米蔵を建てる。 |
| 1624 | 寛永 | 元 | *2-15* 中村勘三郎，中橋で歌舞伎芝居を興行(江戸歌舞伎の初め)。 |
| 1625 | | 2 | *11-* 喜多院天海，上野寛永寺建立に着手。 |
| 1628 | | 5 | この年，江戸近郊の9カ領に鷹場を設置。市中に辻斬横行。 |
| 1629 | | 6 | *6-* 辻斬防止のため辻番を設置。 |
| 1634 | | 11 | *6-15* 山王祭礼，はじめて江戸城にはいる。 |
| 1635 | | 12 | *6-12* 武家諸法度を改定し，参勤交代の期日などを定める。 |
| 1636 | | 13 | *6-1* 芝・浅草で寛永通宝の鋳造を開始。*11-26* 江戸城の内郭外郭完成(江戸城総曲輪の完成)。 |
| 1651 | 慶安 | 4 | *7-23* 由井正雪らの幕府転覆計画発覚，丸橋忠弥を逮捕(慶安事件)。 |
| 1652 | 承応 | 元 | *9-13* 別木庄左衛門ら，老中暗殺を企て逮捕される(承応事件)。 |
| 1653 | | 2 | *1-13* 玉川上水敷設工事を許可(翌年完成)。 |
| 1655 | 明暦 | 元 | *11-25* 町方の塵芥は永代島に運ぶよう命じる。 |
| 1657 | | 3 | *1-18・19* 江戸大火(振袖火事・丸山火事・丁酉火事)。*7-18* 旗本奴水野十郎左衛門，町奴幡随院長兵衛を斬り殺す。*8-* 吉原遊郭，移転して浅草田圃で開業(新吉原)。 |
| 1658 | 万治 | 元 | *9-8* 秋山正房ら4人の旗本に江戸中定火の番を命ず(定火消の初め)。 |
| 1659 | | 2 | *1-19* 振売商人に鑑札を発行。*12-13* 両国橋創架。 |
| 1660 | | 3 | *3-25* 書院番徳山重政・山崎重政を本所奉行に任命。 |
| 1662 | 寛文 | 2 | *5-9* 町方の塵芥処理が請負制となる。*11-14* 街道筋の町屋300町を町奉行支配に移管。 |
| 1665 | | 5 | *3-27* 日用座を設置。*11-1* 盗賊改方新設(1699年廃止，1702年再置)。 |
| 1671 | | 11 | *7-* 河村瑞軒に東廻り航路の調査を命じる。 |
| 1672 | | 12 | *7-* 河村瑞軒，西廻り航路を整備する。 |
| 1673 | 延宝 | 元 | *8-* 越後屋三井高利，本町1丁目に呉服店を開店。 |
| 1681 | 天和 | 元 | この年，山王権現と神田明神の祭礼が隔年となる。 |
| 1682 | | 2 | *12-28* 江戸大火(お七火事)。 |
| 1683 | | 3 | *1-19* 火付改役創置(1699年廃止，1703年再置)。*5-* 三井越後屋，駿 |

| | | | |
|---|---|---|---|
| | | | 河町へ移転。 |
| 1685 | 貞享 | 2 | *7-14* 将軍通行のときも犬猫の放し飼いを指示(生類憐みの令の初発)。 |
| 1686 | | 3 | *2-* 大伝馬町の70軒の木綿仲買，問屋となる。 |
| 1688 | 元禄 | 元 | *9-* 神田祭礼，はじめて江戸城にはいる。 |
| 1690 | | 3 | *7-9* 林鳳岡に忍岡邸内の孔子廟の湯島へ移転を命じる(湯島聖堂)。 |
| 1691 | | 4 | *8-* 多摩川の六郷・玉川橋を廃して渡船とする。 |
| 1694 | | 7 | *3-11* 小冊子「馬のものいひ」を配布した筑紫園右衛門を死刑に処す。この年，大坂屋伊兵衛の主唱により十組仲間が結成される。 |
| 1695 | | 8 | *6-1* 大久保に犬小屋が完成。*8-19* 元禄金銀改鋳令。*10-29* 中野に犬小屋が完成。 |
| 1698 | | 11 | *8-* 東叡山根本中堂等建立。*9-6* 江戸大火(勅額火事・中堂火事)。*11-* 内藤新宿開設。 |
| 1701 | | 14 | *3-14* 赤穂藩主浅野長矩，江戸城中松之廊下で吉良義央に切りつける。 |
| 1702 | | 15 | 閏 *8-15* 中町奉行所が新設され三町奉行体制となる。*12-15* 赤穂浪士，本所松坂町の吉良邸を襲撃し，義央を討つ。 |
| 1703 | | 16 | *11-29* 江戸大火(水戸様火事)。 |
| 1707 | 宝永 | 4 | *11-23* 富士宝永山の噴火により江戸にも降灰。 |
| 1709 | | 6 | *1-10* 将軍綱吉没し，生類憐みの令停止。 |
| 1713 | 正徳 | 3 | *3-* 近郊の代官支配の町屋259町を町奉行支配とする。*5-5* 天下祭は山王・根津・神田の３社となり，３年に１度ずつとする。 |
| 1714 | | 4 | *3-5* 絵島・生島事件により関係者を処罰。*5-15* 正徳金銀改鋳令。 |
| 1716 | 享保 | 元 | *8-13* 吉宗，将軍となる。*9-11* 江戸近郊の鷹場を復活。 |
| 1717 | | 2 | *1-22* 江戸大火(小石川馬場火事)。*2-3* 大岡忠相を町奉行に任命。*2-* 江戸近郊の鷹場を６筋に再編成。*5-* 隅田川堤に桜を植樹。 |
| 1718 | | 3 | *6-1* 天下祭を山王・神田で隔年の執行に戻す。*10-18* 町火消設置を命じる。*10-* 内藤新宿を廃止。閏 *10-21* 新金銀通用令。*12-4* 町火消組合を編成。このころ，品川御殿山に桜を植樹。 |
| 1719 | | 4 | *4-3* 本所奉行を廃止し本所・深川を町奉行支配に移管。*4-14* 中町奉行所廃止。*11-15* 相対済し令。 |
| 1720 | | 5 | *4-20* 市中に土蔵造・塗屋造・瓦葺を奨励。*8-7* 町火消組合を再編し，いろは47組とする。*9-* 飛鳥山に桜を植樹(翌年にも植樹)。 |
| 1721 | | 6 | 閏 *7-25* 評定所に目安箱を設置。*8-17* 小石川御殿跡を薬園とする。*8-25* 新規仕出し物統制のため商人・職人に業種別組合を結成させる。*9-4* 町代廃止。*10-19* 市中の名主へ毎年４月・９月に支配内の人口調査を命じる。 |
| 1722 | | 7 | *1-* 町医小川笙船，施薬院設立を目安箱に投書。*6-8*『六諭衍義大意』を出版し，市中の手習師匠に配布。*7-3* 上米令。*6-* 名主組合17番組を結成。*7-26* 新田開発に関する高札を日本橋にたてる。*11-8* 出版物取締令。*11-* 公役の銀納化。*12-7* 小石川薬園内に養生所開設。 |
| 1723 | | 8 | *5-* 町奉行所から武蔵野新田の開発地の割渡しを行う。*8-14* 火の見櫓設置を指示。*10-* 浦賀奉行所で生活物資の江戸流入量を調査。 |

| | | | |
|---|---|---|---|
| 1724 | 享保 | 9 | *2-15* 物価引下げ令。*5-12* 木綿など21品目の問屋・小売商人に仲間組合の結成を命じる。*7-21* 札差を株仲間として公認。 |
| 1727 | | 12 | *10-* 武蔵野新田の開発出百姓へ家作・農具料を下付。 |
| 1729 | | 14 | *12-* 市中の店賃・地代・奉公人給金の引下げを命じる。 |
| 1730 | | 15 | *1-6* 町火消47組を10組の大組に編成。*2-* 武蔵野新田農民，家作料下付と年貢減免を出願。*4-15* 上米令を停止。 |
| 1732 | | 17 | 夏- 近畿・中国・四国・九州地方にイナゴが大発生し大被害を受ける。*12-* 町火消い・ろ・せ・す・百・千組の町々，町奉行所へ米価引下げを出願。 |
| 1733 | | 18 | *1-25* 日本橋本船町の米問屋高間伝兵衛宅が打ちこわされる。 |
| 1734 | | 19 | *2-29* 御堀浮芥浚請負人組合を公認。 |
| 1735 | | 20 | *1-* 青木昆陽，甘藷の試作を命じられる。 |
| 1736 | 元文 | 元 | *3-3* 武蔵野新田の検地を実施。*5-12* 元文金銀改鋳令。この年，中野犬小屋跡に桃を植樹(中野桃園の初め)。 |
| 1739 | | 4 | *8-* 武蔵野新田世話方に多摩郡押立村名主川崎平右衛門を登用。 |
| 1744 | 延享 | 元 | *9-12* 米価引上げのため江戸町人に買米を命じる。 |
| 1745 | | 2 | 閏*12-15* 寺社門前地440カ所，境内227町を町奉行支配に移管。 |
| 1757 | 宝暦 | 7 | *6-22* 八王子市運上に反対して打ちこわしがおきる。*9-7* 田村藍水，湯島で物産会をもよおす。 |
| 1762 | | 12 | 閏*4-* 平賀源内，湯島で物産会を開く。 |
| 1763 | | 13 | この年，浅草新鳥越に料理店八百善が開店。 |
| 1765 | 明和 | 2 | *5-13* 奥医師多紀安元，神田佐久間町に躋寿館(医学校)を創設。このころ，絵暦交換会が大流行し，鈴木春信がはじめて錦絵を製作する。 |
| 1768 | | 5 | *9-5* 上水管理が町奉行から普請奉行へ移管され，道路管理も道奉行から普請奉行に移る。 |
| 1771 | | 8 | この年，川柳「江戸っ子のわらんじをはくがんらしさ」(江戸っ子の初見)。 |
| 1772 | 安永 | 元 | *2-29* 江戸大火(目黒行人坂火事)。*4-9* 内藤新宿再興。 |
| 1780 | | 9 | *10-24* 深川茂森町に無宿養育所を設置。 |
| 1783 | 天明 | 3 | *7-6* 浅間山噴火，江戸にも降灰。この年，東国大凶作。江戸浅草平右衛門町河岸に八丈島荷揚会所を設置。 |
| 1784 | | 4 | *2-28* 多摩郡狭山池尻の農民が蜂起。 |
| 1786 | | 6 | *8-27* 老中田沼意次罷免。 |
| 1787 | | 7 | *3-27* 町火消を鳶職で組織することを許可。*5-20* 市中各所で打ちこわしおこる(〜*-24*)。*6-19* 松平定信，老中首座となる。 |
| 1788 | | 8 | *10-2* 長谷川平蔵を火付盗賊改に任命。*10-20* 江戸根生いの大商人を勘定所御用達に任命。 |
| 1789 | 寛政 | 元 | *7-20*『孝義録』編集。*9-16* 旗本・御家人救済のため棄捐令をだす。*11-* 谷風と小野川に横綱が免許される(横綱の初め)。*11-* 武蔵・下総2カ国1000カ村余の村々，下肥価格引下げを幕府に出願。この年，札差へ融資のため貸金会所を浅草猿屋町へ設置(猿屋町会所)。 |
| 1790 | | 2 | *2-19* 石川島に人足寄場を創設。*5-* 出版統制令。*6-* 入間・多摩郡の村々，糠価格の引下げを幕府に出願。*11-28* 旧里帰農令。 |
| 1791 | | 3 | *1-11* 男女混浴禁止令。*3-* 山東京伝，処罰される。*4-15* 七分積金令。 |

| | | | |
|---|---|---|---|
| | | | 10-24 多紀家の躋寿館を官立の医学館とする。 |
| 1792 | 寛政 | 4 | 3-9 関東郡代伊奈忠尊を改易。3- 向柳原に町会所を設立。 |
| 1793 | | 5 | 7-23 老中松平定信罷免。7-23 塙保己一へ和学講談所設立を許可。 |
| 1794 | | 6 | 1-10 江戸大火(桜田火事)。 |
| 1796 | | 8 | 2-1 江戸鉄砲洲十軒町に島方会所を設立。 |
| 1797 | | 9 | 8-24 日用座廃止。 |
| 1802 | 享和 | 2 | 2- 風邪流行(〜4-) |
| 1805 | 文化 | 2 | 2-16 芝神明社の境内で相撲取と町火消め組鳶との喧嘩おきる。6- 関東農村の治安維持のため関東取締出役を設置。 |
| 1806 | | 3 | 3-4 江戸大火(牛町火事・車町火事・丙寅火事)。 |
| 1807 | | 4 | 8-15 深川富岡八幡宮の祭礼の人出で永代橋がおち死者多数をだす。 |
| 1809 | | 6 | 2-29 十組問屋，三橋会所を設立し，杉本茂十郎が頭取となる。この年，杉本茂十郎が伊勢町に米会所を開設。 |
| 1813 | | 10 | 3-29 十組問屋へ株札を交付。 |
| 1818 | 文政 | 元 | 12- 御府内の範囲を朱線で示す朱引図を作成。 |
| 1819 | | 2 | 6-25 三橋会所頭取杉本茂十郎を罷免，米会所・三橋会所も廃止。 |
| 1827 | | 10 | 2- 関東全域に改革組合村を編成し治安の強化をはかる。 |
| 1829 | | 12 | 3-21 江戸大火(己丑火事・佐久間町火事)。 |
| 1832 | 天保 | 3 | この年，諸国凶作，天保の飢饉はじまる。 |
| 1836 | | 7 | 10-24 神田佐久間町河岸に御救小屋を設置。11- 田無・青梅等に打ちこわしの捨札が張られる。この年，『江戸名所図会』刊行完了。 |
| 1837 | | 8 | 6-28 アメリカ商船モリソン号，浦賀に入港するが追い返される。 |
| 1839 | | 10 | 5-14 渡辺崋山を逮捕(蛮社の獄)。5-18 高野長英，自首。12-2 水野忠邦，老中首座となる。 |
| 1840 | | 11 | 3-2 遠山景元，町奉行となる。 |
| 1841 | | 12 | 5-9 高島秋帆，徳丸原で洋式砲術の操練を行う。5-22 将軍家慶，天保改革を宣言。12-13 株仲間の解散を命じる。12-16 歌舞伎3座の浅草移転を命じる。12-21 鳥居耀蔵，町奉行となる。 |
| 1842 | | 13 | 2-5 人情本作者為永春水を手鎖に処す。2-12 町奉行支配地で寄席を15軒に制限。4-10 地代・店賃引下げ令。6- 出版統制令。11-13 無宿・野非人旧里帰農令。 |
| 1843 | | 14 | 5-30 棄捐令をだす。9-14 上知令。閏 9-13 老中水野忠邦罷免。 |
| 1851 | 嘉永 | 4 | 3-9 問屋仲間組合を再興。 |
| 1853 | | 6 | 6-3 アメリカ東インド艦隊司令長官ペリー，江戸湾に来航し日本の開港を求める。8-28 江川太郎左衛門に品川沖の台場築造を命じる。 |
| 1854 | 安政 | 元 | 1-16 ペリー再航する。3-3 日米和親条約を調印。 |
| 1855 | | 2 | 1- 九段下に洋学所(同年2月に蕃書調所，1862年5月に洋学調所，1863年8月に開成所と改称)開校。10-2 江戸大地震(地震火事)。 |
| 1856 | | 3 | 4-25 築地に講武所開場。8-25 大暴風により多くの建物が損壊。 |
| 1857 | | 4 | 4-11 講武所構内に軍艦教授所(のち軍艦操練所)を開設。 |
| 1858 | | 5 | 1-11 越中島に講武所付銃隊調練所を設置。5-7 神田お玉が池に伊東玄朴ら，種痘所を開設。6-19 日米修好通商条約を調印。7- 江戸でコレラ大流行(〜9-)。 |
| 1859 | | 6 | 6-2 横浜開港。 |

| | | | |
|---|---|---|---|
| 1860 | 万延 | 元 | *3-3* 大老井伊直弼，桜田門外で水戸浪士に殺害される。閏 *3-19* 五品江戸回送令。*12-5* アメリカ公使館員ヒュースケン，薩摩藩士に殺害される。 |
| 1861 | 文久 | 元 | *5-28* 水戸浪士，英国公使館となっていた高輪東禅寺を襲撃。 |
| 1862 | | 2 | 夏- 麻疹が流行。コレラが再流行。*8-21* 薩摩藩士，生麦村でイギリス人に重傷を負わせる(生麦事件)。閏 *8-22* 参勤交代制度の緩和。*12-12* 長州藩士高杉晋作ら，品川御殿山のイギリス公使館を焼打ち。 |
| 1866 | 慶応 | 2 | *5-29* 品川・川崎からおきた打ちこわし，江戸市中に広がる(～*6*-)。*6*- 武蔵秩父郡でおきた打ちこわし，青梅・福生・田無へ波及し，八王子宿・日野宿・田無宿などの農兵により鎮圧。*9-12* 市中各所で窮民が屯集(～-*20*)。*12-5* 慶喜，将軍となる。 |
| 1867 | | 3 | *7-5* 築地居留地を開設。*10-13* 慶喜，大政奉還の上表を行う。*12-25* 庄内・上ノ山などの諸藩と陸軍方の軍勢，薩摩・佐土原の江戸藩邸を砲撃。 |
| 1868 | 明治 | 元 | *2-12* 慶喜，上野寛永寺の大慈院に謹慎。*2-23* 旧幕臣，彰義隊を結成。*3-13・14* 西郷隆盛と勝義邦が会見し江戸城明渡しを決定。*4-11* 慶喜，水戸へ出発。*4-21* 大総督熾仁親王，江戸城に入城。*5-1* 彰義隊の市中取締任務がとかれる。*5-15* 東征軍が上野を攻撃し彰義隊は敗走。*5-19* 武蔵知県事をおく。*7-17* 江戸を東京と改称。東京府をおく，その区域は旧朱引内で，他の代官支配地は武蔵県・韮山県などと称される。*9-8* 明治と改元する。*10-13* 天皇，江戸城にはいり，東京城と改称する。 |
| 1869 | | 2 | *2*- 武蔵県を廃し，品川・小菅・大宮の諸県をおく。*3-28* 天皇，ふたたび東京に行幸。東京城を皇居とし，東京にとどまる。*12-25* 東京・横浜間に電信開業。 |
| 1870 | | 3 | *1*- 品川県下に御門訴事件おこる。*6-12* 東京府下6カ所に小学校創設。*11*- 江戸城半蔵門など5門の渡櫓撤去され，以後，明治6年ごろまでに城郭外周の諸門撤去される。 |
| 1871 | | 4 | *3-1* 東京・京都・大阪間に郵便はじまる。*7-14* 廃藩置県。旧東京府のほかに荏原・豊島・足立・葛飾などの隣接町村を合して東京府となる。多摩郡は神奈川県となる。 |
| 1872 | | 5 | *2-26* 銀座・築地大火。これを機会に銀座煉瓦街うまれる。*5*- 多摩郡の一部32カ村を東京府に編入。*9-12* 東京・横浜間に鉄道開通。 |
| 1874 | | 7 | *1-15* 東京警視庁設置。*7*- 銀座にガス灯つく。 |
| 1878 | | 11 | *3-25* 東京電信中央局開業式にはじめてアーチ灯点火，電灯のはじまり。*11-2* 三新法(郡区町村編制法・府県会規則・地方税規則)を制定。東京府も郡区町村編制法により新たに15区6郡に改編。多摩郡は東西南北に分かれ，東京府編入の分は東多摩郡となる。豊島郡は南北に分かれる。足立郡も南北に分かれ，北足立郡は埼玉県，葛飾郡も南北に分かれ，北葛飾郡は千葉県となる。 |
| 1879 | | 12 | *3-20* 東京府，はじめて府会を開く。 |
| 1882 | | 15 | *3-20* 上野公園に動物園完成。*6-25* 新橋・日本橋間に馬車鉄道開通。 |
| 1883 | | 16 | *7-28* 上野・熊谷間に鉄道開通(日本鉄道)。 |

| | | | |
|---|---|---|---|
| 1885 | 明治 | 18 | ***3-1*** 品川・新宿・赤羽間に山手鉄道開通。 |
| 1888 | | 21 | ***4-25*** 市制・町村制公布される。 |
| 1889 | | 22 | ***5-1*** 東京市誕生，従来の15区の範囲，他は町村制施行。***8-11*** 新宿・八王子間に鉄道開通(甲武鉄道)。 |
| 1890 | | 23 | ***5-17*** 府県制・郡制公布。***11-13*** 浅草凌雲閣完成，日本ではじめてエレベーター設置される。 |
| 1893 | | 26 | ***4-1*** 三多摩地方を神奈川県から東京府へ移管する。 |
| 1898 | | 31 | ***10-1*** 東京市役所開庁，市制特例を脱し自治市となる。 |
| 1903 | | 36 | ***6-1*** 日比谷公園開園。***8-22*** 品川・新橋間に市街電車開通。 |
| 1904 | | 37 | ***2-10*** ロシアに宣戦布告，日露戦争はじまる。 |
| 1911 | | 44 | ***8-1*** 東京市，市街電車を買収し電車市営のため東京市電気局を開設。 |
| 1914 | 大正 | 3 | この年，第一次世界大戦はじまる。***12-18*** 東京駅完成。 |
| 1919 | | 8 | ***3-1*** 市内乗合自動車営業開始，東京市街自動車株式会社。 |
| 1920 | | 9 | ***2-5*** バスに女子車掌採用。 |
| 1923 | | 12 | ***9-1*** 関東大震災。 |
| 1924 | | 13 | ***3-30*** 村山貯水池完成(下貯水池は1927年)。 |
| 1925 | | 14 | ***3-22*** ラジオ放送はじまる，芝浦仮放送所から放送。 |
| 1926 | | 15 | ***7-1*** 郡役所廃止。 |
| 1927 | 昭和 | 2 | ***12-30*** 地下鉄開通，上野・浅草間2.2km。 |
| 1929 | | 4 | ***5-1*** 東京市の午砲廃止，サイレンとなる。 |
| 1931 | | 6 | ***8-25*** 羽田空港完成，旅客機の発着開始。 |
| 1932 | | 7 | ***10-1*** 大東京市誕生，5郡82町村を20区に統合，旧15区にあわせて35区となる，人口566万人。 |
| 1934 | | 9 | ***4-1*** 山口貯水池完成する。 |
| 1936 | | 11 | ***11-7*** 国会議事堂新築落成する。 |
| 1937 | | 12 | ***7-7*** 日中戦争おこる。 |
| 1939 | | 14 | ***1-15*** 地下鉄浅草・渋谷間全通する。 |
| 1940 | | 15 | ***6-14*** 勝鬨橋完成。***11-10*** 紀元2600年式典，皇居前広場で行われる。 |
| 1941 | | 16 | ***5-20*** 東京港開港。***12-8*** 太平洋戦争はじまる(米英に宣戦布告)。 |
| 1942 | | 17 | ***4-18*** 米軍機，東京を初空襲する。 |
| 1943 | | 18 | ***7-1*** 東京都発足，都長官は官選。 |
| 1944 | | 19 | ***8-4*** 学童疎開はじまる。 |
| 1945 | | 20 | ***3-10*** 東京大空襲，以後4月・5月と続き，都心部は焦土と化す。***8-15*** 終戦。 |
| 1947 | | 22 | ***3-15*** 22区成立(8月に練馬区が独立して23区となる)。***4-5*** 都長官公選。***5-3*** 新憲法・地方自治法施行，都長官，都知事となる。***9-15*** キャサリン台風による大洪水(1910年以来)。 |
| 1948 | | 23 | ***3-7*** 東京消防庁発足(自治体消防)。***11-1*** 教育委員会発足。 |
| 1956 | | 31 | ***4-26*** 首都圏整備法公布。***10-1*** 開都500年祭。 |
| 1957 | | 32 | ***6-6*** 小河内ダム完成する。 |
| 1958 | | 33 | ***5-5*** 多摩自然動物公園開場する。 |
| 1962 | | 37 | ***2-1*** 東京都の人口1000万人を突破する。 |
| 1964 | | 39 | ***10-10*** 東京オリンピック開幕する。 |
| 1968 | | 43 | ***6-26*** 小笠原諸島返還される。***11-14*** 皇居新宮殿落成。***12-10*** 府中 |

| | | | |
|---|---|---|---|
| | | | 市で，銀行輸送車の3億円奪われる。この年，大学紛争続く。 |
| 1969 | 昭和 | 44 | *3-12* 東京都心，3月の積雪史上新記録(30cm)。 |
| 1970 | | 45 | *7-28* 光化学スモッグ警報発令体制スタート。***11**-25* 三島由紀夫，陸上自衛隊東部方面総監部で自殺。 |
| 1972 | | 47 | *4-1* 多摩川全域，鳥獣保護区になる。*4-7* 都営ギャンブル，1972年度限りで廃止と知事言明。*9-6* 東京湾『死の海』と調査結果発表。 |
| 1974 | | 49 | *8-30* 三菱重工ビル玄関前で時限爆弾爆発(死者7人，重軽傷者約330人)。 |
| 1975 | | 50 | *4-27* 23区で24年ぶりに区長公選実施。 |
| 1977 | | 52 | *11-30* 立川基地，米軍から全面返還。 |
| 1983 | | 58 | *9-9* 硫黄島に「鎮魂の碑」建立。 |
| 1984 | | 59 | *8-1* 原水禁世界大会開幕，核兵器完全禁止をうたう「東京宣言」採択。 |
| 1986 | | 61 | *11-15・21* 大島三原山噴火。この年，都教育庁「いじめ」実態調査発表，1万件を超す。土地価格急騰，狂乱地価。 |
| 1988 | | 63 | *2-8* 東京の電話局番4ケタになる。*3-17* 初の全天候型スタジアム「東京ドーム」落成。 |
| 1989 | 平成 | 元 | *4-1* 多摩川ふれあい水族館，下水道多摩川上流処理場に開設。*10-* 葛西臨海水族館・東京港野鳥公園開園。 |
| 1990 | | 2 | *10-30* 池袋に東京芸術劇場開館。 |
| 1991 | | 3 | *3-9* 新宿に新都庁舎落成。 |
| 1992 | | 4 | *1-26* 第1回東京シティーマラソン大会開催。 |
| 1993 | | 5 | *3-28* 両国駅前に江戸東京博物館開館。*8-26* 東京港連絡橋「レインボーブリッジ」開通。 |
| 1995 | | 7 | *3-20* 地下鉄サリン事件発生。 |
| 1996 | | 8 | *7-2* 全国に猛威をふるった病原性大腸菌O-157の都内初の中毒患者を板橋区で確認(30日，都衛生局による対策連絡会議開催)。 |
| 1997 | | 9 | *12-19* 都営12号線，新宿・練馬間が開業。 |
| 2000 | | 12 | *1-10* 多摩都市モノレールの全線開業。*8-18* 三宅島で噴火降灰被害。*9-1* 三宅島の火山活動に対応し，三宅島全島民避難。*12-12* 大江戸線が全線開業。 |
| 2001 | | 13 | *1-21* 田無市と保谷市が合併し，西東京市となる。 |
| 2002 | | 14 | *3-26* 銀行業に対する外形標準課税の導入についての裁判で，東京地裁が都側敗訴の判決。*11-2* 大江戸線，ゆりかもめ「汐留駅」が開業。 |
| 2003 | | 15 | *10-1* 首都圏ディーゼル車規制開始。*11-* 都立大学・短期大学・保健科学大学・科学技術大学を統合した，首都大学東京の学部構成と入試概要が発表される。 |

# ■ 沿革表

## 1. 国・郡沿革表

（2004年10月現在）

<table>
<tr><th rowspan="2">国名</th><th rowspan="2">延喜式</th><th rowspan="2">吾妻鏡<br>その他</th><th rowspan="2">郡名考・<br>天保郷帳</th><th rowspan="2">郡区編制</th><th colspan="2">現　在</th></tr>
<tr><th>郡</th><th>市（町村）</th></tr>
<tr><td rowspan="2">武蔵</td><td rowspan="2">足《あ》立《だち》</td><td rowspan="2">足立</td><td rowspan="2">足《あ》立《だち》</td><td>北足立</td><td colspan="2">（埼玉県）</td></tr>
<tr><td>南足立</td><td rowspan="2" colspan="2">区内</td></tr>
<tr><td rowspan="2">下総</td><td rowspan="2">葛飾</td><td rowspan="2">葛西<br>葛飾</td><td rowspan="2">葛《かつ》飾《しか》</td><td>南葛飾</td></tr>
<tr><td>北葛飾</td><td colspan="2">（埼玉県）</td></tr>
<tr><td rowspan="7">武蔵</td><td>荏《え》原《はら》</td><td>荏原</td><td>荏《え》原《ばら》</td><td>荏原</td><td rowspan="4" colspan="2">区内</td></tr>
<tr><td rowspan="2">豊《と》島《しま》</td><td rowspan="2">豊島</td><td rowspan="2">豊《と》島《しま》</td><td>北豊島</td></tr>
<tr><td>南豊島</td></tr>
<tr><td rowspan="4">多《た》麻《ま》</td><td rowspan="4">多東<br>多磨<br>多摩<br>多西</td><td rowspan="4">多《た》磨《ま》<br>多摩</td><td>東多摩</td></tr>
<tr><td>西多摩</td><td>西多摩</td><td>青梅・福生・あきる野・（奥多摩・日の出・瑞穂・檜原）</td></tr>
<tr><td>南多摩</td><td></td><td>八王子・町田・日野・稲城・多摩</td></tr>
<tr><td>北多摩</td><td></td><td>立川・武蔵野・三鷹・府中・昭島・調布・小金井・小平・東村山・国分寺・国立・西東京・清瀬・東大和・東久留米・狛江・武蔵村山</td></tr>
</table>

（注）　島嶼部はのぞく。

## 2. 市・郡沿革表

(2004年10月現在)

**東京都の沿革概要**

慶応4年　武蔵県設置，旧代官支配地は直轄地として支配

明治元年　旧町奉行所を引き継ぎ，市政裁判所を経て東京府設置

明治2年1～2月　武蔵県を分轄，品川県・小菅県・大宮県を設置

明治2年2月　朱引(市街地と郷村地との区別)改訂

明治2年3月16日　朱引内(市街地)を50区画(小区50番組ともいう)，朱引外(郷村地)を5番組に分かつ，50番組(982町)

明治2年9月　大宮県，浦和県と改称

明治4年6月9日　朱引を縮小し44小区に改訂，朱引外は6大区25小区制

明治4年11月28日　朱引を廃止し，府下を6大区97小区に分かつ，従来の東京府(明治元年設置)を廃止し，廃藩置県による東京府を建置，品川県は廃止，多摩郡は神奈川県に編入

明治6年3月　朱引復活，朱引内を6大区70小区に分かつ，1177町

明治11年11月2日　大区小区制を廃止し，朱引内15区(麴町区・神田区・日本橋区・京橋区・芝区・麻布区・赤坂区・四谷区・牛込区・小石川区・本郷区・下谷区・浅草区・本所区・深川区)，朱引外6郡(荏原郡・南豊島郡・北豊島郡・南葛飾郡・東多摩郡・南足立郡)を設置

明治22年5月1日　東京市成立(旧15区の区域)

明治26年4月1日　多摩3郡，東京府へ編入

昭和7年10月1日　市域拡張(5郡82町村を東京府に編入)により，20区新設(淀橋区・向島区・城東区・品川区・荏原区・目黒区・大森区・蒲田区・世田谷区・渋谷区・中野区・杉並区・豊島区・滝野川区・王子区・荒川区・板橋区・足立区・葛飾区・江戸川区)，合計35区となる

昭和18年7月1日　東京都制施行

昭和22年3月15日　区域統合により，35区は22区(千代田区・中央区・港区・新宿区・文京区・台東区・墨田区・江東区・品川区・目黒区・大田区・世田谷区・渋谷区・中野区・杉並区・豊島区・北区・荒川区・板橋区・足立区・葛飾区・江戸川区)となる

昭和22年4月17日　地方自治法公布。5月3日施行

昭和22年8月1日　板橋区から練馬区が独立し，23区となる

昭和43年6月26日　小笠原諸島，本土復帰，東京都所属となる

平成7年9月1日　秋川市と五日市町が合併，あきる野市となる

**千代田《ちよだ》区**

明治元年　東京府に属す

明治2年3月16日　50番組のうち23，31，32，34～36，38の各番組(136町)に属す

明治4年11月28日　1大区1～4，11，12各小区，2大区1小区，3大区1～4各小区，4大区1，2，5各小区，5大区2～4各小区に属す

明治6年3月　1大区1～4，11，12各小区，2大区1小区，3大区1～4各小区，4大区1，2，5各小区，5大区2～4各小区に属す
明治11年11月2日　麴町区・神田区の2区となる
明治13年9月27日　麴町11～13丁目を四谷区に編入
明治19年8月14日　湯島2，3丁目を本郷区に編入
昭和18年3月11日　下谷区より練塀町を神田区に編入
昭和22年3月15日　麴町区・神田区が合併し，千代田区となる

## 中《ちゅう》央《おう》区

明治元年　東京府に属す
明治2年3月16日　50番組のうち1～13，35～37の各番組(303町)に属す
明治4年11月28日　1大区5～10，12～16の各小区に属す
明治11年11月2日　1大区5，6，12～14各小区の中の142カ町を日本橋区とし，1大区7～10，15，16各小区の中の166カ町を京橋区とする
昭和22年3月15日　日本橋区・京橋区が合併し，中央区となる

## 港《みなと》区

明治元年　東京府と武蔵知県事に属す
明治2年3月16日　50番組のうち14～22，24の各番組と地方1番組に属す
明治5年1月29日　2大区2～13各小区(芝区)，2大区1～4各小区，1大区2小区(麻布区)，2大区4小区と3大区11～15各小区(赤坂区)に属す
明治11年11月2日　芝区(135町)・麻布区(50町)・赤坂区(51町)・荏原郡・南豊島郡の一部となる
明治19年3月3日　荏原郡白金村を芝区に編入，荏原郡下渋谷村・南豊島郡原宿村の一部を麻布区に編入，原宿村の一部を赤坂区に編入
昭和7年10月1日　芝区・麻布区・赤坂区となる
昭和22年3月15日　芝区・麻布区・赤坂区が合併し，港区となる

## 新《しん》宿《じゅく》区

明治元年　武蔵知県事に属す
明治2年3月16日　50番組のうち24～26の各番組(86町)，地方1，2番組(11町村)に属す
明治4年6月13日　3大区1～5各小区に属す
明治4年12月5日　角筈村・落合村・大久保村・柏木村などを東京府に編入
明治11年11月2日　四谷区・牛込区・南豊島郡(内藤新宿・淀橋地区)となる
明治13年9月27日　麴町11～13丁目を四谷区に編入
明治18年11月14日　早稲田村・牛込中里村が合併し，牛込早稲田村と改称
明治22年5月1日　南豊島郡20町村が内藤新宿町(明治22年4月1日，町制施行)・淀橋町・大久保村・戸塚村・落合村の2町3カ村となる
明治29年3月29日　南豊島郡・東多摩郡を廃して豊多摩郡をおく(4月1日より施行)
大正9年4月1日　豊多摩郡内藤新宿町を四谷区に編入
昭和7年10月1日　淀橋町・大久保町(大正元年12月1日，町制施行)・戸塚町(大正3年

1月1日，町制施行)・落合町(大正13年2月1日，町制施行)を合併し淀橋区となり，四谷区・牛込区・淀橋区の3区となる

昭和22年3月15日　四谷区・牛込区・淀橋区が合併し，新宿区となる

## 文《ぶん》京《きょう》区

明治元年　東京府に属す

明治2年3月16日　50番組のうち26〜30の各番組，地方2，3番組に属す

明治4年11月28日　3大区5小区，4大区1〜5各小区に属す

明治11年11月2日　小石川区・本郷区の2区となる

明治12年4月23日　小石川村六蔵分を北豊島郡小石川村に合併

明治13年11月4日　小石川区新小川町1〜3丁目を牛込区に編入

明治18年3月5日　湯島4丁目25〜27番地を神田区に編入

昭和22年3月15日　小石川区・本郷区が合併し，文京区となる

## 台《たい》東《とう》区

明治元年　東京府に属す

明治2年3月16日　50番組のうち30，38〜43，50の各番組，地方3，4番組に属す

明治4年11月28日　4大区6小区，5大区1〜16小区に属す

明治11年11月2日　下谷区(70町)・浅草区(116町)となる，北豊島郡の一部を含む

明治22年5月1日　下谷区・浅草区の2区となる

昭和17年12月17日　浅草区の向柳原の一部を神田区に編入，神田区の餌鳥町を浅草区に編入(浅草区・神田区間の区域変更)

昭和18年3月11日　下谷区の練塀町を神田区に編入，神田区の松永町を下谷区に編入(下谷区・神田区間の区域変更)

昭和22年3月15日　下谷区・浅草区が合併し，台東区となる

## 墨《すみ》田《だ》区

明治元年　本所地区は東京府に，向島地区は武蔵知県事に属す

明治2年3月16日　本所地区は44〜46の各番組と地方4，5番組に，向島地区は地方4番組に属す

明治4年11月28日　6大区4〜12小区に属す

明治11年11月2日　本所区が成立し，向島地区は南葛飾郡に編入

明治22年5月1日　南葛飾郡の9カ村が隅田村・寺島村・吾嬬村・大木村の4カ村となる

大正3年4月1日　大木村を廃し，吾嬬町(大正元年9月1日，町制施行)と本田町に編入

昭和7年10月1日　吾嬬町・寺島町(大正12年4月1日，町制施行)・隅田町(大正12年8月15日，町制施行)を合併して向島区となる

昭和22年3月15日　本所区・向島区が合併し，墨田区となる

## 江《こう》東《とう》区

明治元年　東京府と武蔵知県事に属す

明治2年3月16日　50番組のうち46〜49の各番組，地方5番組に属す

明治４年11月28日　６大区１～11，13～16の各小区に属す
明治11年11月２日　深川区と南葛飾郡になる
明治22年５月１日　南葛飾郡の39カ村が合併して亀戸村・大島村・砂村の３カ村となる
昭和７年10月１日　亀戸町(明治33年７月19日，町制施行)・大島町(明治33年７月19日，町制施行)・砂町(大正10年７月１日，町制施行)が合併して城東区となる
昭和22年３月15日　深川区・城東区が合併し，江東区となる

## 品《しな》川《がわ》区

明治元年　武蔵知県事に属す
明治２年３月16日　品川県に編入
明治４年11月28日　品川県が廃止され，東京府２大区17，18各小区に属す
明治11年11月２日　荏原郡となり，郡役所を品川に設置
明治22年５月１日　品川歩行新宿・北品川宿・南品川宿・南品川猟師町・南品川利田新地・２日五日市が合併して品川町となり，下大崎村・居木橋村・桐ヶ谷村・谷山村・白金猿町が合併して大崎村となり，そのほか大井村・戸塚村の１町３カ村となる
昭和２年７月１日　平塚町(大正15年４月１日，町制施行)が荏原町と改称
昭和７年10月１日　品川町・大井町(明治41年８月１日，町制施行)・大崎町(明治41年８月１日，町制施行)が合併して品川区に，荏原町は荏原区となる
昭和22年３月15日　品川区・荏原区が合併し，品川区となる

## 目《め》黒《ぐろ》区

明治元年　武蔵知県事に属す
明治２年３月16日　目黒６カ村は品川県４番組に編入
明治４年11月28日　衾村は２大区５小区に，ほか５カ村は２大区４小区に属す
明治22年５月１日　碑文谷村・衾村が合併して碑衾村に，三田村・上目黒村・中目黒村・下目黒村が合併して目黒村となる
昭和７年10月１日　目黒町(大正11年12月１日，町制施行)・碑衾町(昭和２年４月１日，町制施行)が合併し，目黒区となる

## 大《おお》田《た》区

明治元年　武蔵知県事に属す
明治２年２月９日　品川県の行政区画の第２～４区に属す(47カ村)
明治４年12月５日　東京府２大区２～４小区に属す
明治11年11月２日　荏原郡に属す(43カ村)
明治22年５月１日　41カ村が合併して大森村・入新井村・馬込村・池上村・調布村・矢口村・蒲田村・六郷村・羽田村の９カ村となる
昭和７年10月１日　大森町(明治30年７月20日，町制施行)・入新井町(大正８年８月１日，町制施行)・馬込町(昭和３年１月１日，町制施行)・池上町(大正15年８月１日，町制施行)・東調布町(昭和３年４月１日，町制施行により，調布村は東調布町となる)が合併して大森区となり，矢口町(昭和３年２月11日，町制施行)・蒲田町

(大正11年10月10日，町制施行)・六郷町(昭和3年4月1日，町制施行)・羽田町(明治40年10月8日，町制施行)が合併して蒲田区となる
昭和22年3月15日　大森区・蒲田区が合併し，大田区となる

### 世《せ》田谷《たがや》区

明治元年　武蔵知県事に属す
明治2年6月19日　品川県と彦根県，長浜県に属す
明治4年11月23日　長浜県の飛地は二分されて，東京府と神奈川県に編入
明治6年3月　東京府7大区6，7小区に属す。神奈川県8，10，11の各番組に属す
明治11年11月2日　7大区全域が荏原郡となり，砧・千歳の両村は北多摩郡に属す
明治22年5月1日，世田谷村(下北沢村・代田村・若林村・太子堂村・三宿村・池尻村・池沢村・世田谷村・経堂在家村が合併)，駒沢村(上馬引沢村・中馬引沢村・下馬引沢村・野沢村・世田谷新町・弦巻村・深沢村が合併)，玉川村(瀬田村・用賀村・尾山村・奥沢村・野良田村・上野毛村・下野毛村・等々力村が合併)，松沢村(松原村・赤堤村・上北沢村が合併)の4カ村となる
昭和7年10月1日　世田谷町(大正12年4月1日，町制施行)・駒沢町(大正14年10月1日，町制施行)・玉川村・松沢村が合併し，世田谷区となる
昭和11年10月1日　北多摩郡より千歳村・砧村を世田谷区に編入

### 渋《しぶ》谷《や》区

明治元年　武蔵知県事に属す，上渋谷村・中渋谷村・下渋谷村・上豊沢村・中豊沢村・下豊沢村・宮益町(以上旧渋谷)，代々木村・幡ヶ谷村(以上旧代々幡)，千駄ヶ谷村・穏田村・原宿村(以上旧千駄ヶ谷)に分かれていた
明治2年3月16日　朱引外1番組に属す
明治11年11月2日　南豊島郡に属し，下渋谷村・千駄ヶ谷村の2カ村は独立の戸長役場をおいたが，上渋谷村は中渋谷村と，原宿村は穏田村と，代々木村は幡ヶ谷村と連合して，5戸長役場を設置
明治22年5月1日　代々幡村(幡ヶ谷村・代々木村が合併)，千駄ヶ谷村(千駄ヶ谷村・穏田村・原宿村が合併)，渋谷村(上渋谷村・中渋谷村・下渋谷村が合併)の3カ村となる
昭和7年10月1日　渋谷町(明治42年1月1日，町制施行)・千駄ヶ谷町(明治40年4月1日，町制施行)・代々幡町(大正4年11月10日，町制施行)が合併し，渋谷区となる

### 中《なか》野《の》区

明治元年　武蔵知県事に属す
明治2年3月16日　品川県に編入
明治6年3月　8大区6，7小区に属す
明治11年11月2日　東多摩郡に属す
明治22年4月1日　江古田村・上鷺宮村・下鷺宮村の3カ村連合戸長役場および，新井村・上高田村・上沼袋村・下沼袋村の4カ村連合戸長役場を廃して，7カ村を合併して野方村となる

明治22年５月１日　中野村・本郷村・本郷新田村・雑色村が合併して中野村となる
昭和７年10月１日　中野村(明治30年２月５日，町制施行)・野方町(大正13年４月１日，町制施行)が合併し，中野区となる

### 杉《すぎ》並《なみ》区

明治元年　武蔵知県事に属す
明治２年３月16日　品川県に編入
明治４年11月23日　神奈川県第３大区46，47小区に属す
明治６年３月　朱引外８大区５，６小区に属す
明治11年11月２日　東多摩郡に属す(20カ村)
明治22年５月１日　和田堀内村(堀之内村・和田村・和泉村・永福寺村が合併)，杉並村(高円寺村・馬橋村・阿佐ヶ谷村・天沼村・田端村・成宗村が合併)，高井戸村(上高井戸村・下高井戸村・中高井戸村・大宮前新田村・久我山村・松庵村が合併)，井荻村(上井草村・下井草村・上荻窪村・下荻窪村が合併)の４カ村となる
昭和７年10月１日　杉並町(大正13年６月１日，町制施行)・和田堀町(大正15年７月１日，町制施行)・高井戸町(大正15年７月１日，町制施行)・井荻町(大正15年７月１日，町制施行)が合併し，杉並区となる

### 豊《と》島《しま》区

明治元年　武蔵知県事に属す
明治２年11月14日　東京府に編入
明治６年５月　９大区１～４小区に属す
明治11年11月２日　北豊島郡(20町村)と南豊島郡(のちの豊多摩郡)になる
明治22年５月１日　北豊島郡の18町村と南豊島郡落合村の一部が巣鴨町，巣鴨村(巣鴨村・池袋村・新田堀之内村が合併)，高田村(下高田村・高田村・雑司ヶ谷村が合併)，長崎村(豊多摩郡落合村所属の下落合の一部を加え独立村)の１町３カ村となる
昭和７年10月１日　巣鴨町・西巣鴨町(大正７年７月20日，町制施行により巣鴨村が西巣鴨町となる)・高田町(大正９年４月３日，町制施行)・長崎町(大正15年10月１日，町制施行)が合併し，豊島区となる

### 北《きた》区

明治元年11月５日　田端村・滝野川村・上中里村・中里村・西ヶ原村は東京府に編入
明治２年７月３日　船方村・堀之内村は小菅県から東京府に編入
明治４年11月28日　滝野川村・田端村・西ヶ原村・上中里村・中里村・船方村・堀之内村は４大区11小区に，岩淵本宿町ほか６カ村・上十条村・下十条村・王子村・豊島村は４大区17小区に属す
明治11年11月２日　北豊島郡に属す
明治22年３月15日　王子村(豊島村・堀之内村・王子村・下十条村の一部・上十条村・滝野川村の一部・船方村が合併)，滝野川村(上中里村・中里村・田端村・西ヶ原村・滝野川村が合併)，岩淵町(神谷村・下村・岩淵本宿町・袋村・赤羽村・稲付

村が合併)の１町２カ村となる

大正15年10月１日　埼玉県横曾根村大字浮間を岩淵町に編入

昭和７年10月１日　滝野川町(大正２年10月１日，町制施行)は滝野川区となり，王子町(明治41年８月８日，町制施行)と岩淵町が合併して王子区となる

昭和22年３月15日　滝野川区と王子区が合併し，北区となる

## 荒《あら》川《かわ》区

明治元年　東京府と武蔵知県事に属す

明治２年１月13日　小菅県・大宮県・品川県がおかれ，千住南組は小菅県に属す

明治２年５月８日　地方３番組に属す

明治６年３月　朱引外９大区３小区，16大区３，４小区となる

明治11年11月２日　北豊島郡に属す

明治22年５月１日　北豊島郡14カ村が南千住町・日暮里村・三河島村・尾久村の１町３カ村となる

昭和７年10月１日　南千住町・日暮里町(大正２年７月１日，町制施行)・三河島町(大正９年２月11日，町制施行)・尾久町(大正12年４月１日，町制施行)が合併し，荒川区となる

## 板《いた》橋《ばし》区

明治元年　武蔵知県事に属す

明治２年１月28日　大宮県がおかれ，これに属す(のちに浦和県と改称)

明治４年11月23日　東京府に編入し，９大区４～６小区に属す

明治11年11月２日　北豊島郡に属す

明治22年６月１日　志村(志村・本蓮沼村・上本蓮沼村・小豆沢村・前野村・中台村・西台村・根葉村が合併)，赤塚村(上赤塚村・下赤塚村・成増村・徳丸本村・徳丸脇村・四ツ葉村が合併)，板橋町(下板橋宿・金井窪村・中丸村・滝野川村の一部が合併)，上板橋村(上板橋宿・長崎村・南豊島郡下落合村飛地が合併)の１町３カ村となる

昭和７年10月１日　志村・板橋町・中新井村・上板橋村・練馬町・上練馬村・赤塚村・石神井村・大泉村が合併し，板橋区となる

昭和22年８月１日　練馬区(練馬町・中新井村・上練馬村・石神井村・大泉町の５カ町村と上板橋村の一部)が板橋区から独立

昭和25年４月１日　埼玉県北足立郡戸田町堤外を編入

## 練《ねり》馬《ま》区

明治２年　小榑《こぐれ》村・橋戸村は武蔵知県事に属す

明治３年10月　小榑村・橋戸村を品川県に編入

明治４年12月５日　練馬地区(中新井村・田中村・上石神井村・下石神井村・上練馬村・下練馬村・上土支田村・下土支田村・関村・竹下新田・中村・谷原村)を東京府に編入

明治11年11月２日　練馬地区は北豊島郡に編入し，小榑村・橋戸村は埼玉県新座郡に編入

明治21年４月25日　練馬地区は合併して下練馬村・上練馬村・中新井村・石神井村の４カ村となる

明治22年４月１日　小榑村・橋戸村が合併して榑橋村となる

明治22年９月１日　榑橋村は新倉村の一部長久保とともに東京府に編入，この結果，榑橋村・新倉村の長久保・上土支田村が合併して大泉村となる

昭和７年10月１日　練馬町・中新井村・石神井村・上練馬村・大泉村の１町４カ村が板橋区に編入

昭和22年８月１日　板橋区より独立し，練馬区となる

## 足《あ》立《だち》区

明治元年　武蔵知県事に属す

明治２年１月13日　小菅県がおかれ，これに属す

明治４年11月14日　小菅県が廃止され，東京府に編入

明治５年２月８日　足立郡および豊島郡千住駅南組が東京府に編入

明治11年11月２日　南足立郡は47カ町村となり郡役所が千住町におかれた

明治22年５月１日　千住町(明治22年５月１日，町制施行)・西新井村・梅島村・江北村・花畑村・淵江村・東淵江村・綾瀬村・舎人村の１町８カ村となる

昭和７年10月１日　南足立郡・千住町・西新井町(昭和３年11月10日，町制施行)・梅島町(昭和３年11月１日，町制施行)・綾瀬村・東淵江村・花畑村・淵江村・伊興村・舎人村・河北村の１郡３町７カ村が合併し，足立区となる

## 葛《かつ》飾《しか》区

明治元年　武蔵知県事に属す

明治２年１月18日　小菅県がおかれ，これに属す

明治５年２月８日　小菅県が廃止され，東京府に編入

明治11年11月２日　南葛飾郡に属す

明治22年５月１日　金町村(金町村・柴又村が合併)，新宿町(新宿町の区域)，奥戸村(奥戸村・奥戸新田・細田村・曲金村・鎌倉新田・上小松村・下小松村・諏訪野村が合併)，水元村(上小合村・下小合村・小合新田・猿ヶ又村・飯塚村が合併)，亀青村(亀有村・青戸村・砂原村が合併)，南綾瀬村(上千葉村・下千葉村・小菅村・柳原村・小谷野村・堀切村が合併)，立石村(立石村・川端村・淡ノ須村・中原村・梅田村・原村・渋江村・四ツ木村・篠原村・宝木塚村が合併)の７カ町村となる

明治23年５月10日　立石村を本田村と改称

昭和７年10月１日　金町(大正14年８月６日，町制施行)・本田町(昭和３年３月１日，町制施行)・南綾瀬町(昭和３年11月１日，町制施行)・奥戸町(昭和５年11月３日，町制施行)・新宿町・水元町・亀青村が合併し，葛飾区となる

## 江《え》戸《ど》川《がわ》区

明治元年　武蔵知県事に属す

明治２年１月13日　小菅県がおかれ，これに属す

明治５年２月８日　東京府に編入され，６大区11〜13小区に属す
明治11年11月２日　南葛飾郡に属す
明治22年５月１日　37カ村が合併して10カ村となる
昭和７年10月１日　小松川町(大正３年４月１日，平井村・船堀村を合併，町制施行)・松江町(大正15年４月１日，町制施行)・小岩町(昭和３年11月10日，町制施行)・葛西村・瑞江村(大正２年１月１日，瑞穂村・一之江村を合併)・篠崎村・鹿本村が合併し，江戸川区となる

## 八王子《はちおうじ》市

神奈川県に属し，明治11年，多摩郡の分割により南多摩郡下にはいる
明治22年４月１日　町制施行
明治26年４月１日　東京府に編入
大正６年９月１日　市制施行
昭和16年10月１日　小宮町を編入
昭和30年４月１日　南多摩郡横山村・元八王子村・恩方村・川口村・加住村・由井村を編入
昭和34年４月１日　浅川町を編入
昭和39年８月１日　由木村を編入

## 立《たち》川《かわ》市

神奈川県に属し，明治11年，北多摩郡となる
明治22年４月１日　立川村は10カ村連合村から分離し，独立村となる
明治26年４月１日　東京府に編入
大正12年２月１日　町制施行
昭和15年12月１日　市制施行
昭和38年５月１日　砂川町(昭和29年６月30日，町制施行)を編入

## 武蔵野《むさしの》市

神奈川県に属し，明治11年，北多摩郡となる
明治22年４月１日　吉祥寺村・境村・関前村・西久保村が合併して武蔵野村となる
明治26年４月１日　東京府に編入
昭和３年11月10日　町制施行
昭和22年11月３日　市制施行

## 三《み》鷹《たか》市

神奈川県に属し，明治11年，北多摩郡となる
明治22年４月１日　旧10カ村が合併して三鷹村となる
明治26年４月１日　東京府に編入
昭和15年２月11日　町制施行
昭和25年11月３日　市制施行

**青《おう》梅《め》市**

神奈川県に属し，明治11年，西多摩郡となる

明治22年４月１日　39カ村が合併して青梅町・調布村・霞村・吉野村・三田村・小曾木村・成木村の１町６カ村となる

明治26年４月１日　東京府に編入

昭和26年４月１日　青梅町・調布村・霞村合併，市制施行

昭和30年４月１日　吉野村・三田村・小曾木村・成木村を編入

**府《ふ》中《ちゅう》市**

神奈川県に属し，明治11年，北多摩郡となる

明治22年４月１日　１宿13カ村が合併して府中駅町・多磨村・西府村となる

明治26年４月１日　東京府に編入

昭和29年４月１日　１町２カ村合併，市制施行

**昭《あき》島《しま》市**

神奈川県に属し，明治11年，北多摩郡となる

明治22年４月１日　立川村と分離し，９カ村組合村となる

明治26年４月１日　９カ村組合，東京府に編入

明治35年４月１日　９カ村組合より拝島村が分離し，８カ村組合となる

昭和３年１月１日　８カ村が合併し，昭和村となる

昭和29年５月１日　昭和町(昭和16年１月１日，町制施行)・拝島村合併，市制施行

**調《ちょう》布《ふ》市**

神奈川県に属し，明治11年，北多摩郡となる

明治22年４月１日　神代村・調布町となる

明治26年４月１日　東京府に編入

昭和30年４月１日　神代町(昭和27年11月３日，町制施行)・調布町合併，市制施行

**町《まち》田《だ》市**

神奈川県に属し，明治11年，南多摩郡に属す

明治22年４月１日　24カ村が合併して町田村・南村・忠生村・鶴川村・堺村の５カ村となる

明治26年４月１日　東京府に編入

大正２年10月１日　町制施行，町田町となる

昭和29年４月１日　南村を編入

昭和33年２月１日　町田町・鶴川村・忠生村・堺村合併，市制施行

**小《こ》金《がね》井《い》市**

神奈川県に属し，明治11年，北多摩郡となる

明治22年４月１日　６カ村が合併し，６飛地を加えて小金井村となる

明治26年４月１日　東京府に編入

昭和12年２月11日　町制施行
昭和30年　府中大字是政の一部を編入
昭和33年10月１日　市制施行
昭和42年１月１日　国分寺本町１丁目区域の一部を編入

## 小《こ》平《だいら》市

神奈川県に属し，明治11年，北多摩郡となる
明治22年４月17日　７カ村が合併して小平村となる
明治26年４月１日　東京府に編入
昭和19年２月11日　町制施行
昭和37年10月１日　市制施行

## 日《ひ》野《の》市

神奈川県に属し，明治11年，南多摩郡となる
明治22年４月１日　７カ村が合併して七生村となる
明治26年４月１日　東京府に編入，日野町(日野宿)，桑田村(６カ村合併)となる
明治34年４月１日　日野町・桑田村が合併して旧日野町となる
昭和33年２月１日　旧日野町・七生村が合併して新日野町となる
昭和38年11月３日　市制施行

## 東《ひがし》村《むら》山《やま》市

神奈川県に属し，明治11年，北多摩郡となる
明治22年４月１日　４カ村組合村(野口村・久米川村・回り田村・大岱村)・南秋津村が合併し，東村山村となる
明治26年４月１日　東京府に編入
昭和17年４月１日　町制施行
昭和39年４月１日　市制施行

## 国《こく》分《ぶん》寺《じ》市

神奈川県に属し，明治11年，北多摩郡となる
明治22年４月１日　11カ村が合併し，国分寺村となる
明治26年４月１日　東京府に編入
昭和15年２月11日　町制施行
昭和38年３月18日　役場を現在地に移転
昭和39年11月３日　市制施行

## 国《くに》立《たち》市

神奈川県に属し，明治11年，北多摩郡となる
明治22年４月１日　谷保村・青柳村・石田村(飛地)が合併し，谷保村となる
明治26年４月１日　東京府に編入
昭和26年４月１日　町制施行，国立町と改称

昭和42年１月１日　市制施行

### 西《にし》東《とう》京《きょう》市《し》
神奈川県に属し，明治11年，北多摩郡となる
明治12年５月７日　田無村が田無町と改称
明治22年４月１日　上保谷村・下保谷村・上保谷新田が合併し，保谷村となる
明治26年４月１日　田無町，東京府に編入
明治29年　保谷村，埼玉県に所属
明治40年　保谷村，東京府に編入
昭和15年11月10日　保谷村，町制施行し保谷町と改称
昭和42年１月１日　市制施行，田無市，保谷市と改称
平成13年１月21日　田無市，保谷市合併し，西東京市となる

### 福《ふっ》生《さ》市
明治22年４月１日　福生村・熊川村の両村で組合役場を設置
明治26年４月１日　東京府に編入
昭和15年11月10日　福生村・熊川村合併，町制施行（西多摩郡福生町）
昭和45年７月１日　市制施行

### 清《きよ》瀬《せ》市
明治26年４月１日　東京府に編入
昭和３年　清瀬村役場を設置
昭和29年４月５日　町制施行（北多摩郡清瀬町）
昭和45年10月１日　市制施行

### 東《ひがし》大和《やまと》市
明治17年７月１日　６カ村連合村会となる
明治26年４月１日　東京府に編入
大正８年11月１日　組合村を廃止し，６カ村が合併し大和村となる
昭和29年５月３日　町制施行（北多摩郡大和町）
昭和45年10月１日　市制施行

### 東《ひがし》久《く》留《る》米《め》市
明治22年４月１日　12大字が合併し，久留米村となる
明治26年４月１日　東京府に編入
昭和31年８月１日　町制施行（北多摩郡久留米町）
昭和45年10月１日　市制施行

### 狛《こま》江《え》市
明治22年４月１日　組合を廃止し，狛江村となる
明治26年４月１日　東京府に編入

昭和27年11月10日　町制施行(北多摩郡狛江町)
昭和45年10月1日　市制施行

**武蔵村山市《むさしむらやま》**

明治22年4月1日　4カ村連合組合となる
明治26年4月1日　東京府に編入
明治41年4月1日　横田村・中藤村が合併，3カ村組合となる
大正6年4月1日　3カ村が合併し，村山村となる
昭和29年11月3日　町制施行(北多摩郡村山町)
昭和45年11月3日　市制施行

**稲《いな》　城《ぎ》　市**

明治22年4月1日　6カ村合併し，稲城村となる
明治26年4月1日　東京府に編入
昭和32年4月1日　町制施行(南多摩郡稲城町)
昭和46年11月1日　市制施行

**多《た》　摩《ま》　市**

明治22年4月1日　9カ村が合併し，多摩村となる
明治26年4月1日　東京府に編入
昭和39年4月1日　町制施行(南多摩郡多摩町)
昭和46年11月1日　市制施行

**羽《は》　村《むら》　市**

明治22年4月1日　羽村村・川崎村・五ノ神村が合併し，西多摩村となる
明治26年4月1日　東京府に編入
昭和31年10月1日　町制施行，羽村町と改称
平成3年11月1日　市制施行，羽村市と改称

**あきる野《の》市**

明治22年4月1日　15カ村が合併し，東秋留村・菅生村ほか4カ村組合・西秋留村・増戸村・五日市町・明治村・三ツ里村・小宮村の9カ村となる
明治26年4月1日　東京府に編入
大正7年12月1日　五日市町・明治村・三ツ里村合併
昭和30年4月1日　東秋留村・菅生村・西秋留村合併，秋多町となり，増戸村・五日市町・戸倉村・小宮村合併して五日市町となり，町制施行
昭和47年5月5日　秋多町，秋川市となり，市制施行
平成7年9月1日　秋川市・五日市町合併，あきる野市となる

**西《にし》多《た》摩《ま》郡**

奥多摩町《おくたままち》　明治22年4月1日　15カ村が合併し，古里村・氷川村・小河内村の3カ村と

なる
明治26年4月1日　東京府に編入
昭和30年4月1日　古里村・氷川町(昭和15年2月11日，町制施行)・小河内村合併，町制施行

日《ひ》の出《で》町《まち》　明治22年4月1日　3カ村組合・草花村・原小宮村が合併し，5カ村連合となる
明治26年4月1日　東京府に編入
明治30年6月1日　大久野村・平井村が合併し，日の出村となる
昭和49年6月1日　町制施行

瑞《みず》穂《ほ》町《まち》　明治22年4月1日　箱根ヶ崎ほか3カ村組合を設置
明治26年4月1日　東京府に編入
昭和15年11月10日　組合を廃止し，4カ村合併，町制施行
昭和33年10月15日　埼玉県元狭山村を編入

檜《ひの》原《はら》村《むら》　明治22年4月1日　檜原村となる
明治26年4月1日　東京府に編入

**島《とう》嶼《しょ》**

大《おお》島《しま》町《まち》　明治2年　韮山県に属す
明治4年　足柄県新設により，同県に編入
明治9年　静岡県に編入
明治11年　東京府に属す
明治22年　町村制が施行されたが，勅令により沖縄県下の諸島などとともに施行外地域に指定
明治23年　府県制施行により，特別地区に指定
明治41年　島嶼町村制施行により，新島村は元村と改称
昭和15年　普通町村制施行
昭和21年　連合軍司令部から日本政府への覚書に基づき行政分離，連合軍の軍政下におかれたが，昭和22年3月解除
昭和30年　元村・岡田村・泉津村・野増村・差木地村・波浮港村の6カ村が合併し，大島町となる

利《と》島《じま》村《むら》　明治2年　韮山県に属す
明治4年　足柄県新設により，同県に編入
明治9年　静岡県に編入
明治11年　東京府に属す
大正12年　島嶼町村制施行
昭和15年　普通町村制施行により，府県制の適用を受ける

新《にい》島《じま》村《むら》　明治元年　徳川幕府江川代官の統治下
明治2年　韮山県に属す
明治4年　足柄県新設により，同県に編入
明治9年　静岡県に編入
明治11年　東京府に属す

明治14年　七島吏職制度が定められ，島役所を設置
大正９年　大島島庁に編入され，島庁出張所を設置
大正12年　新島本村として島嶼町村制施行
大正15年　普通町村制施行・郡制の廃止により大島支庁が設置され，それに属す
昭和29年　若郷村を編入
平成４年４月１日　新島村と名称変更

神津島村《こうづしまむら》
明治２年　韮山県に属し，神津島と称す
明治４年　足柄県新設により，同県に編入
明治９年　静岡県に編入
明治11年　東京府に属す
大正12年　内務省令第18号「村名称を附するの件」により，神津島を神津島村と改称，島嶼町村制施行，内務省令第19号により，名主を村長と改称
昭和15年　普通町村制施行

三《み》宅《やけ》村《むら》
明治２年　神着・伊豆・伊ヶ谷・阿古・坪田の村に分かれ，韮山県に属す
明治４年　足柄県の新設により，同県に編入
明治９年　静岡県に編入
明治11年　東京府に属す
大正９年　東京府大島支庁三岩島出張所が設置され，それに属す
大正12年　島嶼町村制施行
大正15年　島庁廃止され，大島支庁三宅島出張所となる
昭和15年　普通町村制施行
昭和18年　三宅島支庁開設(４月)，都制施行(７月)
昭和21年　神着村・伊豆村・伊ヶ谷村の３カ村合併し，三宅村となる
昭和31年　三宅村・阿古村・坪田村の３カ村合併し，三宅村となる

御蔵島村《みくらじまむら》
明治２年　韮山県に属す
明治４年　足柄県の新設により，同県に編入
明治９年　静岡県に編入
明治11年　東京府に属す
明治14年　七島吏職制度が定められ，島役所を設置
明治21年　島役所を廃止し，東京府御蔵島となる
大正９年　大島島庁に属す
大正12年　島嶼町村制施行
昭和15年　普通町村制施行
昭和18年　三宅島支庁に編入される

八《はち》丈《じょう》町《まち》
明治２年　三根・大賀郷・樫立・中之郷・末吉・宇津木・鳥打の７カ村に分かれ，相模府に属す
明治３年　韮山県に属す
明治４年　足柄県の新設により，同県に編入
明治９年　静岡県に編入

明治11年　東京府に属す
明治41年　島嶼町村制施行(本島５カ村)
昭和15年　普通町村制施行(本島５カ村)，属島小島２カ村は施行されず，名主制度が昭和22年地方自治法施行まで続く
昭和29年　三根・樫立・中之郷・末吉・鳥打の５カ村を合併し，八丈村となる
昭和30年　八丈村・大賀郷村・宇津木村を合併し，八丈町となる

青ヶ島村《あおがしまむら》
明治２年　相模府に属す
明治３年　韮山県に属す
明治４年　足柄県の新設により，同県に編入
明治９年　静岡県に編入
明治11年　東京府に属す
明治41年　島嶼町村制施行
昭和15年　普通町村制施行

小笠原村《おがさわらむら》
明治13年11月　内務省から東京府に編入され，東京府出張所を設置
明治19年11月　小笠原島庁を設置
明治24年５月　最初の公選の世話掛(村長)が誕生
９月　硫黄島が島庁に編入
大正15年７月　郡制が廃止され，島庁は小笠原支庁となる
昭和15年４月　大村，扇村，袋沢村，沖村，北村，硫黄島村の６カ村に普通町村制施行
昭和19年２月　太平洋戦争の戦況が悪化し，住民7711人が内地に強制疎開させられ，事実上島は封鎖状態となる
昭和21年10月　欧米系を祖先とする日本人129人の帰島が許され，大村に居住
昭和21年１月26日　アメリカ連合軍総司令部の覚書で行政権日本より分離
昭和26年９月　日米平和条約第３条に基づき，アメリカの施政権下にはいる
昭和27年４月28日　アメリカ合衆国信託統治
昭和42年11月16日　小笠原諸島の日本復帰実現
昭和42年12月１日　東京都小笠原対策本部の設置(本部長に都知事就任)
昭和43年６月26日　東京都に属し，東京都小笠原村となる

## ■ 祭礼・行事

〔1月〕

1　**利島の流鏑馬**　➡利島村・八幡神社境内(竹芝桟橋から船)

射者2人と矢取りの少年とで，立って的を射る歩射によるもので，その年の豊作・豊漁を占う。4年に1度行われる。都指定無形民俗文化財。

1～7　**七福神詣**

七福神をまわって開運を祈って初詣する巡拝行事で，各所に配置されている。

谷中(台東・荒川・北区)＝不忍池弁天堂(弁財天)，天王寺(毘沙門天)，長安寺(寿老人)，修性院(布袋尊)，護国院(大黒天)，青雲寺(恵比寿神)，東覚寺(福禄寿)

隅田川(墨田区)＝多聞寺(毘沙門天)，百花園(福禄寿)，白鬚神社(寿老人)，長命寺(弁財天)，弘福寺(布袋尊)，三囲神社(恵比寿・大国神)

山の手(目黒・港区)＝瀧泉寺(恵比寿神)，蟠龍寺(弁財天)，大円寺(大黒天)，妙円寺(福禄寿・寿老人)，瑞聖寺(布袋尊)，立行寺(毘沙門天)

6　**消防出初式・梯子乗り**　➡中央区晴海(JR東京駅バス晴海埠頭下車)

江戸時代から行われていたが，年中行事となったのは，明治8年1月4日から(明治40年からは6日となる)。消防隊の分列式後，昔ながらのはしご乗り，木遣《きや》り行列などがある。

7　**六郷神社の流鏑馬**　➡大田区東六郷・六郷神社(京浜急行線雑色，六郷土手駅下車)

開運・健康・出世を祈願して，男児が的を射る行事で，御備射の様式をとっている。都指定無形民俗文化財。

8　**どんど焼き**　➡台東区鳥越・鳥越神社(地下鉄都営浅草線蔵前駅下車)

この行事は全国で行われているが，付近の家から出された門松やしめなわなど，正月飾りを焼く。神主の祝詞の後，火打石により点火，たいまつから火を移し，火が燃え上がると，周囲の子供が「どんどやどんど」とはやしながら青竹で地面をたたく。この火で餅を焼いて食べるとよいといわれる。

8　**御祭神社の神事**　➡三宅村伊豆・御祭神社(竹芝桟橋から船)

八日様ともいわれ，御祭神社の祭に行われる。小神楽・御四楽・庭の舞・鬼火の舞などがある。都指定無形民俗文化財。

15　**吉谷神社の正月祭**　➡大島町元町・吉谷神社(竹芝桟橋から船。飛行機)

吉谷神社の境内で行われ，神子舞と奉納踊とからなり，神子舞は10歳位の少年が独特の装束で舞い，奉納踊は20歳前後の青年10人位が踊る。都指定無形民俗文化財。

15　**岡田八幡神社の正月祭**　➡大島町岡田・八幡神社(竹芝桟橋から船。飛行機)

八幡神社境内で行われ，2人1組の若衆が奇数組で木遣りに合わせて舞う。都指定無形民俗文化財。

15・16　**世田谷ボロ市**　➡世田谷区世田谷1丁目付近(東急世田谷線上町駅下車)

天正6(1578)年小田原城主北条氏が下した世田谷新宿楽市掟書によりはじめられた1・6の六斎市が，その起源とされる。江戸時代には市中で集められたボロを農村の衣服補修用として売った。明治の終わりごろからボロ市のよび方が一般的となった。現在は日用雑貨市となっている。12月15・16日にも行われる。

24・25　**うそかえ**　➔江東区亀戸・亀戸天神社(JR 亀戸駅下車)
太宰府天満宮の例にならい文政3(1820)年以来亀戸天神社で行われる。ウソという鳥を型どった木製玩具のお守りを売る。前年買ったウソ鳥を社殿におさめて,新しいウソ鳥と取り替える(江戸時代には,参詣者が自作の鷽を持参し,互いに袖から袖へ替え合ううちに神社のだす純金の鷽を手にいれたら1年間,運がよいとされた)。

〔2月〕

3　**喜多見氷川神社の節分祭と神前神楽**　➔世田谷区喜多見・氷川神社(東急田園都市線二子玉川園駅,小田急線成城学園前駅バス次太夫公園前下車)
社殿で鬼と神官が問答する鬼問答と大黒舞からなる。都内でも特異な節分行事。区指定無形民俗文化財。

〔3月〕

1〜2　**檜原村春日神社の御餉神事**　➔西多摩郡檜原村・春日神社(JR 五日市線武蔵五日市駅バス本宿下車)
俗に「はだか祭り」といわれ,1日の深夜に原則として氏子地域の本宿・上元郷から選出された当番が,素裸で南秋川にはいり身を潔め,神前で火打石で火取をし,浄水で炊飯し,炊いた飯を木椀に大高盛りにして,神饌として神前に献ずる神事である。2日の朝,両地区の村民が神社に集まり,神酒をいただき,神饌と同様に炊いた白米飯と「シラヤ」と「ヒバッチル」とよぶ料理で共同飲食する行事が付随している。都指定無形民俗文化財。

18　**浅草観音示現会**　➔台東区浅草・浅草寺(東武伊勢崎線,地下鉄銀座線,都営浅草線浅草駅下車)
約1350年前,隅田川から漁民が黄金の観音像(約6cm)を拾い上げ,浅草寺の本尊とした。この日を記念して金龍の舞や手古舞の奉納行列が行われる。

19〜25　**六阿弥陀めぐり**　➔①北区豊島・西福寺(JR 王子駅下車),②足立区江北・恵明寺(東武大師線大師前駅下車),③北区西ヶ原・無量寺(JR 上中里駅下車),④同田端・与楽寺(JR 田端駅下車),⑤台東区池の端・常楽院(JR 上野駅下車),⑥江東区亀戸・常光寺(JR 亀戸駅下車)
この六阿弥陀は,行基菩薩の作にかかるものといわれ,彼岸のあいだに,これらの阿弥陀如来を安置した寺に参詣すると,よいことがあるといわれる。なお,常楽院は無住で,納経は与楽寺にする。

〔4月〕

15　**品川神社の太太神楽**　➔品川区北品川・品川神社(京浜急行線新馬場駅下車)
もと20座あったが,現在12座残っており,この舞に品川拍子という奏楽が付随している。舞人3〜4人,楽師3人,四方拝の舞・翁の舞・花鎮の舞など12があり,品川拍子は5種ある。6月7日にも行われる。都指定無形民俗文化財。

15　**梅若忌**　➔墨田区堤通・木母寺(東武伊勢崎線鐘ケ淵駅下車)
謡曲の隅田川で知られる梅若丸を葬ったという塚があり,念仏供養とともに謡やおどりが奉納される。

17　**上野東照宮大祭**　➔台東区上野公園(JR,地下鉄銀座線・日比谷線上野駅下車)
拝殿で管弦を奏し,75菜の供物を供え,神殿の前に半月の馬印を飾り幟をたてるなどの儀式がある。

下旬～5月上旬　**藤まつり**　➡江東区亀戸・亀戸天神社(JR 亀戸駅下車)
境内では日本太鼓の競演や，鯉の放流，野だてなどがもよおされる。

第4日曜日　**孔子祭**　➡文京区湯島・湯島聖堂(JR，地下鉄丸ノ内線御茶の水駅・千代田線新御茶の水駅下車)
釈奠といわれるもので，昔は陰暦2月丁の日に行った。古式豊かな祭典が行われる。この日は大成殿の扉を開け，衣装も音楽もすべて中国式の式典が行われ，一般の人も参加できる。

27～29　**千部会**　➡大田区池上・本門寺(東急池上線池上駅下車)
開宗会・稚児行列が行われる。植木市も開かれる。

〔5月〕

1　**清瀬市下宿の「ふせぎ」行事**　➡清瀬市下宿(西武池袋線清瀬駅バス台田団地下車)
旧清戸下宿村の住民が，円通寺の長屋門の前で持ち寄った藁で総長約9間(約16.2m)の大蛇や小さい蛇をつくり，大蛇を旧集落の三叉路の木のうえに，小さい蛇を旧村境14カ所に取り付けて，疫病や悪魔の村内への侵入阻止を祈願する行事である。都指定無形民俗文化財。

5　**くらやみ祭**　➡府中市宮町・大国魂神社(京王線府中駅下車)
4月30日に神職が品川沖へ船をこぎ出し，汐水をあび身をきよめることからはじまる。約1800年前からはじまる。くらやみまつりとよばれるようになったのは700年前。昔は境内の灯火を消し，神輿《みこし》の渡御があった。5日の夕方から大張りの大太鼓と8基の神輿がその勇壮さをきそう。からすうちわの交付がある。6日には神輿が町内を巡行して神社に戻る。

5　**水天宮まつり**　➡中央区日本橋蠣殻町・水天宮(地下鉄半蔵門線水天宮前駅下車)
文政元(1818)年芝赤羽根の有馬邸に祀ったものを維新後，現在地に遷す。安産・水難除け・商売の神としてご利益があり，毎月5日の縁日には境内がにぎわうが，とくに5月5日はいっぱいの人出となる。

中旬　**神田祭**　➡千代田区外神田・神田神社(JR，地下鉄丸ノ内線御茶の水駅・千代田線新御茶の水駅下車)
江戸時代には日枝神社の祭礼とともに天下祭といわれ，きらびやかな祭礼行列がでて，江戸城内にもはいったが，現在では神輿などだけとなった。境内は露店などがでる。

17・18日近辺の土・日曜を含む3日間　**三社まつり**　➡台東区浅草・浅草神社(東武伊勢崎線，地下鉄銀座線，都営浅草線浅草駅下車)
東京三大まつりの一つ。昔は3月に行われていたが，明治5年から5月となった。神輿が浅草の町なみを練り歩く。ほかにびんざさら(都指定無形民俗文化財)や手古舞などが奉納される。浅草神社は，昔は三社権現といったので，この名がある。

24　**とげぬき地蔵大祭**　➡豊島区巣鴨・高岩寺(JR，都営三田線巣鴨駅下車)
正しくは延命地蔵尊といい，人びとの病気・悩みなど「とげを抜く」ということから大祭にはたいへんな賑わいをみせる。

〔6月〕

上旬　**荏原神社・品川神社の例祭**　➡品川区北品川(京浜急行線新馬場駅下車)
品川における南天王(荏原)と北天王(品川)の祭は同時に行われる。荏原の方は俗に

かっぱまつりともいって，神輿の海中渡御がある。

9日近辺の日曜日　**鳥越神社大祭**　➡台東区鳥越・鳥越神社(地下鉄都営浅草線蔵前駅下車)

御祭神(日本武尊)の大祭で，神社神輿・町内神輿の渡御が行われ，都内第1番といわれる1000貫もある神輿が，約200人によってかつがれる。ことに高張ちょうちんをかかげて，神輿が神社に帰ってくる夜の光景はすばらしい。

10～16　**山王まつり**　➡千代田区永田町・日枝神社(地下鉄銀座線，丸ノ内線赤坂見附駅下車)

江戸時代に神田神社の祭礼とともに天下祭といわれ，祭列が江戸城内にも練り込んだ。現在では御奉輦の行列がある。

30～7月1日　**富士祭り**　➡文京区本駒込・富士神社(JR 駒込駅下車)

昔は富士の山開きとともに陰暦5月30日と6月1日に行われた。魔よけの郷土玩具「むぎわらへび」を売る屋台がでる。このほかにもつぎの神社で山開きの儀式が行われる。台東区下谷・小野照崎神社(地下鉄日比谷線入谷駅下車)，品川区北品川・品川神社(京浜急行線新馬場駅下車)，北区中十条・富士神社(JR 東十条駅下車)。

〔7月〕

6～8　**入谷の朝顔まつり**　➡台東区下谷・真源寺(鬼子母神)(JR 鶯谷駅下車)

朝顔市がたつようになったのは明治時代からだが，由来は安政年間(1854～60)の植木師の成田屋留次郎が，朝顔をつくってもうけたのが始まり。一時なくなったが，昭和23(1948)年より復活。早朝から市がたち，多彩な色合いを織り込んだ朝顔の風情を楽しむことができる。

9・10　**浅草寺四万六千日**(ほおずき市)　➡台東区浅草・浅草寺(東武伊勢崎線，地下鉄銀座線，都営浅草線浅草駅下車)

7月10日は浅草観音さまの「四万六千日」。この日にお参りすれば4万6000日の間日参したのと同じご利益があるという。この日ほおずき店がでることから「ほおずき市」といわれる。

13～15　**佃島の盆踊り**　➡中央区佃1丁目(地下鉄有楽町線月島駅下車)

もと月島渡船場付近の道路で行う。道路の中央にやぐらを仮設して，音頭取りが，大太鼓の拍子で踊歌をうたい，やぐらを中心に円陣をつくった男女が，左廻りに廻りながら踊る。都指定無形民俗文化財。

14　**水止舞**　➡大田区大森東・厳正寺(京浜急行線大森町駅下車)

雨乞いの反対に雨をとめる祈りの行事で，約500年前から伝わるといい，太い藁縄にまかれ，ほら貝をふく龍神2人をこらし，6尺四方の仮設舞台を押し上げる。これがおわって獅子舞を演ずる。都指定無形民俗文化財。

〔8月〕

2　**神津島の神事かつおつり**　➡神津島村・物忌奈命神社(竹芝桟橋から船)

物忌奈命神社の例大祭に行われ，漁民や網元が神に豊漁を祈願する行事である。かつおつり作業の一部始終を行い，後で菓子などを子どもにくばる。都指定無形民俗文化財。

第2もしくは第1日曜日　**王子田楽**　➡北区王子本町・王子神社(JR 王子駅下車)

一時中断していたが復活され，王子神社の大祭に神前で田楽躍が奉納される。風流

田楽の古態を伝えている。区指定無形民俗文化財。

13～15 **深川祭り** ➔江東区富岡・富岡八幡宮(地下鉄日比谷線門前仲町駅下車)

本祭りは3年ごとに開催され，50数台の神輿がでるほか，鳶職による木遣りや芸妓連の手古舞なども行われる。

14・15 **新島の大踊** ➔新島村(竹芝桟橋から船)

盆の精霊供養のために江戸時代から島役所，寺の前で踊った盆踊の一種で，大踊りと中入りに踊る小踊りとがある。曲目には17種目ある。都指定無形民俗文化財。

16 **浄真寺の二十五菩薩練供養**(九品仏お面かぶり) ➔世田谷区奥沢・浄真寺(東急大井町線九品仏駅下車)

二十五菩薩来迎会ともいい，俗にお面かぶりともいう。阿弥陀如来を始め二十五菩薩のお面を付けた信者が，極楽浄土をあらわす上品堂と娑婆世界をあらわす本堂の間にかけられた36間のかけ橋を往復して阿弥陀仏の来迎引接をあらわす練供養である。これに来迎踊と稚児行列が付随している。3年ごとに行われる。都指定無形民俗文化財。

〔9月〕

1 **中里の火の花祭り** ➔清瀬市中里・浅間神社(西武池袋線清瀬駅バス駐在所下車)

山梨県富士吉田市の「吉田の火祭」を模したもので，1日の夜丸嘉講により実施され，富士塚の山頂で「お伝」を読誦し，「掛け念仏」をとなえながら下山し，浅間神社境内の富士山型に積み上げた藁束に点火し，集まった人びとの頭をはらっていく。都指定無形民俗文化財。

11～21 **だらだら祭り**(生姜まつり) ➔港区芝大門・芝大神宮(地下鉄都営浅草線大門駅下車)

以前は関東の大神宮といわれ，全国から参詣者があったため，期間が長期にわたったことから「だらだらまつり」とよばれた。生姜市がたつので「生姜まつり」ともいわれ，甘酒なども売られ賑わいをみせる。

14 **大蛇お練り行事** ➔世田谷区奥沢・奥沢神社(東急目蒲線奥沢駅下車)

全長10m，重さ150kg の藁でつくられた大蛇をかついで練り歩く。区指定無形民俗文化財。

15 **小河内の鹿島踊** ➔奥多摩町・加茂神社(JR 青梅線奥多摩駅下車)

加茂神社の祭礼で行われ，古く京都の公卿の落人が伝えたものといわれ，優雅な趣がある。国指定重要無形民俗文化財。

15 **柏木野の神代神楽** ➔西多摩郡檜原村柏木野(JR 五日市線武蔵五日市駅バス柏木野下車)

柏木野の鎮守社南郷神社の例祭日の夜に舞台造りが行われ，出演者全員がまず秋川で「六根清浄」のかけ声とともに禊ぎを行い，おわって全員舞台にのぼり，大蛇・天狐・天若彦の3面を箱からだして飾り，冷酒で乾杯してから演技をはじめる。都指定無形民俗文化財。

15・16 **数馬の太神楽** ➔西多摩郡檜原村数馬(JR 五日市線武蔵五日市駅バス数馬下車)

数馬の九頭龍神社の例祭日に社前で演じられる。太神楽の舞手は1人ないし2人で1匹の獅子をあやつる。囃子方は大太鼓・小太鼓・笛・鉦の5人である。都指定無形民俗文化財。

第３日曜日　**拝島日吉神社の榊祭**　➡昭島市・日吉神社(JR 青梅線拝島駅バス拝島大師下車)

日吉神社の例大祭日の未明に霊代のサカキが氏子町内を巡行する行事である。拝島町の上・中・下３カ町が交代で年番を決め，その年のサカキの調達その他にあたる。都指定無形民俗文化財。

29日近辺の日曜日　**鳳凰の舞**　➡日の出町平井・春日神社(JR 青梅線福生駅バス中宿下車)

古く京都から伝わったといい，もとは雨乞いの舞いであったが，現在は五穀豊穣，疫病退散を祈る舞いになっている。５羽の鳳凰とささら４人，太鼓１人が円陣をつくり，大太鼓を中心にして周囲を踊る。別に奴の大刀16人の太刀踊があって交互に踊り，道行や行列に京都風の祇園囃子，石町囃子が奏せられる。都指定無形民俗文化財。

〔10月〕

上・中旬　**大銀座まつり**　➡銀座通り中心(地下鉄銀座線，丸ノ内線，日比谷線銀座駅下車)

期間中には，音と光のパレードなどが銀座通りを中心に繰り広げられ，各商店も特別サービスするなど沢山の行事が行われ，銀座の発展を祝う。

10　**御笏神社の神事**　➡三宅村神着・御笏神社(竹芝桟橋から船)

御笏神社の大祭に，神鍋舞(巫女１人)，剣舞(社人１人)，相撲舞(男女面のもの２人)，ささら舞(同上，拍子板を持つ)などが舞われる。都指定無形民俗文化財。

11〜13　**本門寺お会式**　➡大田区池上・本門寺(東急池上線池上駅下車)

日蓮の命日に行う法会で，昔は講中の人たちだけが万灯・旗・のぼり・うちわ・太鼓をもって参詣する申し合わせになっていたが，年々派手になり，現在，一般参詣者は３日間で100万人といわれる。

13　**妙法寺お会式**　➡杉並区堀ノ内・妙法寺(JR 高円寺駅下車)

俗に堀ノ内のお祖師様とよばれ，13日の夜は万灯がでてにぎわう。

14・15　**谷中菊まつり**　➡台東区谷中・大円寺(地下鉄千代田線千駄木駅下車)

菊人形を始め，大菊・小菊を展示する。

16〜18　**鬼子母神御会式**　➡豊島区雑司が谷・鬼子母神社(JR，地下鉄丸ノ内線，有楽町線池袋駅下車)

子どもの守護神としていつも参拝者が多い神社で，門前では東京の郷土玩具として有名な「すすきみみずく」が売られている。18日には万灯行列がでる。

19・20　**べったら市**　➡中央区日本橋本町・宝田神社(地下鉄日比谷線小伝馬町駅下車)

昔は恵比須講に必要な物を売る市であったが，この市では浅漬大根がよく売れたので，いつしかべったら市とよばれるようになり，現在でも200軒が店をだす。

〔11月〕

3　**庭燎祭**　➡国立市谷保・谷保天満宮(JR 南武線谷保駅下車)

かがり火をたいて悪をはらう神事。参拝者たちは，前年のものと新しい「ウソ鳥」を交換し，１年の無事を祈る。

酉の日　**酉の市**　➡台東区千束・鷲神社(地下鉄日比谷線入谷駅下車)

俗に「おとりさま」として親しまれているこの市は，熊手を売る露店が軒をつらね，

これを安く買うほど縁起がよいといわれる。このほかに次の神社でも酉の市が開かれる。新宿区新宿・花園神社(地下鉄丸ノ内線，都営新宿線新宿3丁目駅下車)，新宿区西新宿・熊野神社(JR，地下鉄丸ノ内線新宿駅下車)，目黒区下目黒・大鳥神社(JR日黒駅下車)，豊島区雑司が谷・大鳥神社(JR，地下鉄丸ノ内線池袋駅下車)，練馬区豊玉北・練馬大鳥神社(西武池袋線練馬駅下車)，練馬区石神井町・大鳥神社(西武池袋線石神井公園駅下車)，足立区島根・鷲神社(東武線梅島駅，東武線竹ノ塚駅バス島根2丁目下車)，足立区花畑・大鷲神社(JR，地下鉄日比谷線，千代田線北千住駅バス大鷲神社下車)。

〔12月〕

14　**義士祭**　➔港区高輪・泉岳寺(地下鉄都営三田線泉岳寺駅下車)
泉岳寺は家康の創建した寺である。大石良雄をはじめとする47士の墓があり名高いが，14日は討入りの日にあたる。法要などがあり，この日は夜間参詣もでき，露店でにぎわう。

17〜19　**羽子板市**　➔台東区浅草・浅草寺境内(東武伊勢崎線，地下鉄銀座線，都営浅草線浅草駅下車)
新春の用品や羽子板などを売る市がたちにぎわう。

31　**みそか市**　➔府中市宮町・大国魂神社(京王線府中駅下車)
大晦日に大国魂神社の境内にたつ歳の市で，正月の諸用品などが売られ，年越しの準備に忙しい参詣者でにぎわう。

※『観光レクリエーションの手びき　平成7年版』(東京都情報連絡室　1996年)，『東京都の文化財3—無形文化財・民俗文化財・名勝・天然記念物—』(東京都教育庁生涯学習部文化課　1992年)による。

## ■ 参考文献

**【東京都における地域史研究の現状と課題】**

東京における地域史研究は，首都(史)研究と交錯しながら進められてきた。東京への人・物・情報の集中と，その結果もたらされた深刻な都市問題の解決のため都市史研究も活発化している。一方では，東京における都市生活を安全で快適に送るため，生活環境の整備や生涯学習の充実などが求められ，行政のはたすべき役割も増大してきている。その一環として，各自治体では郷土資料館・博物館の建設などが行われてきた。また東京都全域で，規模の大小を問わず地域の再開発が進行しているが，これに伴って発掘調査が行われ，原始・古代から近代に至るまで，従来の歴史像を書きかえるようなあらたな発見も続出している。とくに，都心部における近世遺跡の発掘調査から，これまであまり研究がなされてこなかった武家地を始めとする近世都市の空間構成や生活の具体像があきらかにされつつある。その一方では，とくに遺跡を始め文化財の保存問題がクローズアップされている。なお，中世に関しては，海上・河川交通が注目され，あらたな歴史像が呈示されてきている。

こうした全般的な動向のもとで，研究者個々の，あるいはグループによる東京の地域史研究が大きく進展してきたが，ここでは自治体の歴史関係事業にしぼってのべよう。多くの自治体史をみると，基礎資料に基づいて丁寧に地域の歴史像を再構成している。近年では，通史・資料集の刊行にとどまらず，図版を中心としたヴィジュアル版や，大部の通史を要領よくまとめた普及版，さらには児童層を対象としたマンガ版まで刊行されている。今後は，この自治体史編纂の過程で蓄積された財産(資料)をどのように保存・公開し，地域史研究に役立てることができるか，自治体史編纂が地域史研究にはたした役割をどのように継承していけるのかが，各自治体に求められている課題であろう。なお，都の歴史編纂事業についてみると，『東京市史稿』の編纂が継続中である。これは大部におよぶが豊富な史料を提供しており，既刊163冊の索引も刊行され利用の便が格段にはかられるようになった。

自治体史編纂とは別に，各区市町村においては，文化財保護行政を行うための基礎資料として，あるいは博物館活動の一環として，板碑・石仏・道標・記念碑などの金石文資料の調査が実施され，資料集として質の高い調査報告書も刊行されるようになってきている。地図や絵画・写真資料の収集・刊行も行われている。もちろん文献史料の刊行もみられる。こうした地域の歴史像を立体的に再構成するための基礎資料が蓄積されていることは歓迎したい。現在では多くの自治体史編纂が一段落つきつつあるが，今後には地域史研究の拠点として，地域の郷土資料館・公文書館・博物館などが大きな役割をはたすことになろう。その際，地域間相互の交流が重要な課題となろう。

**【自治体史】**

東京都財政史研究会編『東京都財政史』上・中・下巻　東京都　1969-70

東京百年史編集委員会編『東京百年史』第1－6巻，別巻　東京都　1972-79
東京都教育委員会・朝日新聞社編刊『東京の遺跡展　お江戸八百八町地下探検図録』1991
東京都教育庁生涯学習部文化課編刊『東京都の文化財』1－4　1992
東京都企画審議室調査部編『東京都政五十年史』通史，事業史Ⅰ－Ⅲ　東京都情報連絡室都政情報センター管理部事業課　1994
千代田区役所編刊『千代田区史』上・中・下巻　1960
千代田区立四番町歴史民俗資料館編『目で見る千代田の歴史』千代田区教育委員会　1993
中央区役所編刊『中央区史』上・中・下巻　1958
港区役所編刊『新修港区史』1979
新宿区役所編刊『新宿区史』1955
文京区役所編刊『文京区史』巻1－5　1967-69
台東区役所編刊『台東区史』上・下編　1955
墨田区役所企画広報室編『墨東外史　すみだ』墨田区役所　1967
墨田区役所編刊『墨田区史』前史，上・下　1978-81
江東区役所編刊『江東区史』1957
品川区編刊『品川区史』通史編上・下巻　1973-74
東京都立大学学術研究会編『目黒区史』目黒区　1961
大田区史編さん委員会編『大田の史話』その1・2　大田区　1981-88
大田区史編さん委員会編『大田区史』上・中・下巻　大田区　1985-96
世田谷区編刊『新修世田谷区史』上・下巻　1962
世田谷区編刊『世田谷近・現代史』1976
渋谷区編刊『新修渋谷区史』上・中・下巻　1966
中野区役所編刊『中野区史』上巻，下巻1・2　1943-54
中野区編刊『中野区史』昭和編1－3　1971-73
中野区民生活史編集委員会編『中野区民生活史』第1－3巻　中野区　1982-85
杉並区役所編刊『新修　杉並区史』上・中・下巻　1982
豊島区史編纂委員会編『豊島区史』通史編1－2　豊島区　1981-83
北区史編纂調査会編『北区史』民俗編1－3，現代行政編，都市問題編　北区　1992-96
荒川区編刊『荒川区史』上・下巻　1989
板橋区役所編刊『板橋区史』1954
板橋区史編さん調査会編『区制60周年記念　図説板橋区史』板橋区　1992
練馬区史編さん協議会編『練馬区独立30周年記念　練馬区史』歴史編，現勢編　練馬区　1981-82
足立区役所編刊『新修足立区史』上・下巻　1967
足立風土記編さん委員会編『区制60周年記念　絵で見る年表　足立風土記』足立区教育委員会　1992

葛飾区編刊『増補　葛飾区史』上・中・下巻　1985
江戸川区編刊『江戸川区史』第1－3巻　1976
八王子市史編さん委員会編『八王子市史』上・下巻，付編　八王子市役所　1963-68
八王子市教育委員会編刊『八王子千人同心史』 1992
立川市史編纂委員会編『立川市史』上・下巻　立川市　1968-69
武蔵野市史編纂委員会編『武蔵野市史』 武蔵野市役所　1970
三鷹市史編さん委員会編『三鷹市史』 三鷹市　1970
青梅市教育委員会編刊『青梅歴史物語』 1989
青梅市史編さん委員会編『増補改訂　青梅市史』上・下巻　青梅市　1995
府中市史編さん委員会編『府中市史』上・下巻　府中市　1968-74
府中市編刊『府中市の歴史』 1983
昭島市史編さん委員会編『昭島市史』本編，付編　昭島市　1978
調布市史編集委員会編『調布市史』上・中巻，民俗編　調布市　1988-92
町田市史編纂委員会編『町田市史』上・下巻　町田市　1974-76
小金井市誌編さん委員会編『小金井市誌』Ⅰ－Ⅵ　小金井市　1968-78
小平町誌編纂委員会編『小平町誌』 小平町役場　1959
日野市史編さん委員会編刊『日野市史』通史編1・2(上・中・下)・3，民俗編，別巻市史夜話　1977-95
東村山市史編纂委員会編『東村山市史』 東村山市　1971
東村山市史編さん委員会編『図説　東村山市史』 東村山市　1994
国分寺市史編さん委員会編『国分寺市史』上・中・下巻　国分寺市　1986-91
国立市史編さん委員会編『国立市史』上・中・下巻，別巻　国立市　1988-92
田無市史編纂委員会編『田無市史』第3巻通史編，第4巻民俗編　田無市史編さん室　1994-95
保谷市史編さん委員会編刊『保谷市史』通史編1－4　1988-94
福生市史編さん委員会編『福生市史』上・下巻　福生市　1993-94
狛江市史編さん委員会編『狛江市史』 狛江市　1985
大和町教育委員会編刊『大和町史』 1963
清瀬市史編纂委員会編『清瀬市史』 清瀬市　1973
東久留米市史編さん委員会編『東久留米市史』 東久留米市　1979
村山町史編纂委員会編『村山町史』 村山町教育委員会　1968
多摩町誌編さん委員会編『多摩町誌』 多摩町役場　1970
稲城市編刊『稲城市史』上・下巻　1991
五日市町史編さん委員会編『五日市町史』 五日市町　1976
秋川市史編纂委員会編『秋川市史』本編，付編　秋川市　1983
秋川市写真史編纂委員会編『写真集　秋川の百年』 秋川市　1988
羽村町史編さん委員会編『羽村町史』 羽村町　1974
羽村町総務部企画財政課編『市制町村制施行100年記念写真集　目でみる羽村百年』

羽村町　1989
羽村町郷土資料博物館編『はむらの歴史』 羽村町教育委員会　1990
羽村市教育委員会監修『まんが　はむらの歴史　羽村市制施行記念』 羽村市　1991
瑞穂町史編さん委員会編『東京都瑞穂町　瑞穂町史』 瑞穂町役場　1974
日の出町史編さん委員会編『日の出町史』文化財編，通史編上巻　日の出町　1989-92
檜原村史編さん委員会編『檜原村史』 檜原村　1981
奥多摩町誌編纂委員会編『奥多摩町誌』歴史編，民俗編，自然編　奥多摩町　1985
伊豆諸島東京移管百年史編さん委員会編『伊豆諸島東京移管百年史』上・下巻　東京都島嶼町村会　1981
黒潮に生きる東京・伊豆諸島編さん委員会編『伊豆諸島東京移管百年記念　黒潮に生きる東京・伊豆諸島』上・下巻　東京都島嶼町村会　1984
伊豆諸島・小笠原諸島民俗誌編集委員会編『伊豆諸島・小笠原諸島民俗誌』 東京都島嶼町村一部事務組合　1993
立木猛治『伊豆大島志考』 伊豆大島志考刊行会　1961
利島村編刊『利島村史』通史編　1996
新島村編刊『新島村史』通史編　1996
式根島開島百年を記念する会編『式根島開島百年史』 新島本村役場　1987
橋口尚武・石川和明編『神津島　その自然・人文と埋蔵文化財』 神津島村教育委員会　1991
三宅島史編纂委員会編『三宅島史』 三宅村役場　1982
柴田徳衛『御蔵島―財政経済を中心として―』 御蔵島村役場　1958
八丈島八丈町教育委員会編『八丈島誌』 八丈島八丈町役場　1973
小林亥一『青ヶ島島史』 青ヶ島村　1980
青ヶ島村教育委員会・青ヶ島村勢要覧編纂委員会編『青ヶ島の生活と文化』 青ヶ島村役場　1984
大熊良一『歴史の語る小笠原諸島』 南方同胞援護会　1966
小笠原返還20周年実行委員会記念誌編纂室編『小笠原諸島返還20周年記念・小笠原村政確立10周年記念　目で探る小笠原』 小笠原返還20周年実行委員会　1989

**【全　　体】**
大串夏身他編『江戸・東京学研究文献案内』 青弓社　1991
大串夏身他編『江戸・東京学雑誌論文総覧』 青弓社　1994
大濱徹也・吉原健一郎編『江戸東京年表』 小学館　1993
小木新造他編『江戸東京学事典』 三省堂　1987
小木新造編『江戸東京を読む』 筑摩書房　1991
小木新造他編『江戸東京学への招待』１－３　日本放送出版協会　1995-96
『角川日本地名大辞典』13東京　角川書店　1978

高橋康夫・吉田伸之編『日本都市史入門』Ⅰ-Ⅲ　東京大学出版会　1989-90
東京学芸大学地理学会30周年記念出版専門委員会編『東京百科事典』 国土地理協会　1982
中川恵司他編『復元・江戸情報地図』 朝日新聞社　1994
西山松之助他編『江戸学事典』 弘文堂　1984
永峯光一・坂詰秀一編『江戸以前』 東京新聞出版局　1981
永峯光一・坂詰秀一編『続・江戸以前』 東京新聞出版局　1982

【古　代】
十菱駿武・野村正太郎編『遺跡が語る東京の三万年①』 柏書房　1984
今井堯・古山学編『遺跡が語る東京の三万年②』 柏書房　1984
E. S. モース(近藤義郎・佐原真編訳)『大森貝塚』 岩波書店　1983
大田区立郷土博物館編『武蔵国造の乱』 東京美術　1995
貝塚爽平『東京の自然史』 紀伊國屋書店　1979
熊野正也編『東京低地の古代』 崙書房　1994
甲野勇『武蔵野を掘る』 雄山閣出版　1967
坂詰秀一『日本の古代遺跡32—東京23区—』 保育社　1987
土田直鎮『古代の武蔵を読む』 吉川弘文館　1994
東京都教育委員会編『東京の遺跡散歩』 東京都　1993
東京都教育委員会編刊『都心部の遺跡—貝塚・古墳・江戸—』 1985
東京にふる里をつくる会編『東京の一万年・上』 学習研究社　1990
橋口尚武『島の考古学—黒潮圏の伊豆諸島—』 東京大学出版会　1988
村田文夫『古代の南武蔵—多摩川流域の考古学—』 有隣堂　1993
森田悌『古代の武蔵』 吉川弘文館　1988

【中　世】
網野善彦・石井進編『都市鎌倉と坂東の海に暮らす』(中世の風景を読む２) 新人物往来社　1994
葛飾区郷土と天文の博物館編『東京低地の中世を考える』 名著出版　1995
勝守すみ『太田道灌』(日本の武将26) 人物往来社　1966
菊池山哉『五百年前の東京』 府中東京史談会　1956
古典遺産の会編『将門記—研究と資料—』 新人物往来社　1996
埼玉県編刊『新編埼玉県史』資料編５-８，通史編２　1980-88
財団法人角川文化振興財団編『東京都古代・中世古文書金石文集成』１-３　角川書店　1993-95
佐藤博信『中世東国の支配構造』 思文閣出版　1989
佐脇栄智『後北条氏の基礎研究』 吉川弘文館　1976
下山治久『八王子城主・北条氏照』(多摩歴史叢書３) (財)たましん地域文化財団　1994

杉山博『戦国大名後北条氏の研究』 名著出版 1982
杉山博編『豊嶋氏の研究』(関東武士研究叢書５) 名著出版 1977
杉山博・栗原仲道編『大石氏の研究』(関東武士研究叢書２) 名著出版 1977
段木一行『中世村落構造の研究』 吉川弘文館 1986
千々和到『板碑とその時代』 平凡社 1988
永原慶二『室町戦国の社会—商業・貨幣・交通—』 吉川弘文館 1992
萩原龍夫編『江戸氏の研究』(関東武士研究叢書１) 名著出版 1977
前島康彦『太田道灌』 太田道灌公事蹟顕彰会 1956
前島康彦編『太田氏の研究』(関東武士研究叢書３) 名著出版 1977
峰岸純夫・木村茂光編『史料と遺跡が語る中世の東京』 新日本出版社 1996
峰岸純夫・椚国男編『八王子城—みる・きく・あるく—』 揺藍社 1990
峰岸純夫・村井章介編『中世東国の物流と都市』 山川出版社 1995
柳田敏司・段木一行編『日本城郭大系 5埼玉・東京』 新人物往来社 1979
山田邦明『鎌倉府と関東』 校倉書房 1995

【近 世】

石井良助『江戸の刑罰』 中央公論社 1964
伊藤好一『江戸地廻り経済の展開』 柏書房 1966
伊藤好一『江戸の町かど』 平凡社 1987
伊藤好一『江戸の夢の島』 吉川弘文館 1982
伊藤好一『江戸上水道の歴史』 吉川弘文館 1996
乾宏巳『江戸の職人』 吉川弘文館 1996
魚谷増男『消防の歴史四百年』 全国加除法令出版 1965
宇佐美龍夫『東京地震地図』 新潮社 1983
江戸遺跡研究会編『甦る江戸』 新人物往来社 1991
江戸遺跡研究会編『江戸の食文化』 吉川弘文館 1992
大石慎三郎『大岡越前守忠相』 岩波書店 1974
大石学『吉宗と享保の改革』 東京堂出版 1995
大塚初重他『八百八町の考古学』 山川出版社 1994
小木新造・竹内誠編『江戸名所図屏風の世界(ビジュアルブック江戸東京１)』 岩波書店 1992
小澤弘・丸山伸彦編『図説 江戸図屏風をよむ』 河出書房新社 1993
笠谷和比古『徳川吉宗』 筑摩書房 1995
北島正元編著『江戸商業と伊勢店』 吉川弘文館 1962
北島正元『徳川家康 組織者の肖像』 中央公論社 1963
北島正元『水野忠邦』 吉川弘文館 1969
北島正元『近世史の群像』 吉川弘文館 1977
北原糸子『安政大地震と民衆』 三一書房 1983
北原糸子『都市と貧困の社会史—江戸から東京へ—』 吉川弘文館 1995

北原進『江戸の札差』 吉川弘文館 1985
木村礎・伊藤好一編『新田村落』 文雅堂銀行研究社 1955
黒木喬『明暦の大火』 講談社 1977
幸田成友『幸田成友著作集』第1－2巻 中央公論社 1972
古泉弘『江戸を掘る 近世都市考古学への招待』 柏書房 1983
古泉弘『江戸の考古学』 ニュー・サイエンス社 1987
古泉弘『江戸の穴』 柏書房 1990
今田洋三『江戸の本屋さん』 日本放送出版協会 1977
今田洋三『江戸の禁書』 吉川弘文館 1981
佐々木潤之介編『日本民衆の歴史4 百性一揆と打ちこわし』 三省堂 1974
佐々木潤之介編『日本民衆の歴史5 世直し』 三省堂 1974
佐藤誠朗『幕末維新期の民衆世界』 岩波書店 1994
鈴木尚『骨は語る―徳川将軍家の人々―』 東京大学出版会 1985
鷹見安二郎『東京史話』 市政人社 1940
鷹見安二郎『江戸の発達』 東京都 1956
竹内誠『大系日本の歴史10 江戸と大坂』 小学館 1989
竹内誠編『日本の近世14 文化の大衆化』 中央公論社 1993
玉井哲雄『江戸 失われた都市空間を読む』 平凡社 1986
塚本学『生類をめぐる政治 元禄のフォークロア』 平凡社 1983
土肥鑑高『江戸の米屋』 吉川弘文館 1981
豊田武・児玉幸多編『体系日本史叢書12 流通史I』 山川出版社 1969
内藤昌『江戸と江戸城』 鹿島出版会 1966
中井信彦『日本の歴史21 町人』 小学館 1975
中部よし子『近世都市社会経済史研究』 晃洋書房 1974
西山松之助編『江戸町人の研究』第1－5巻 吉川弘文館 1972-78
西山松之助他編『江戸三百年』1－3 講談社 1975-76
西山松之助他編『江戸時代図誌』第4－6巻 筑摩書房 1975-77
西山松之助『江戸っ子』 吉川弘文館 1980
西山松之助『西山松之助著作集』第1－8巻 吉川弘文館 1982-87
芳賀登『大江戸の成立』 吉川弘文館 1980
林基『国民の歴史16 享保と寛政』 文英堂 1971
林玲子『江戸店犯科帳』 吉川弘文館 1982
林玲子『江戸問屋仲間の研究―幕藩体制下の都市商業資本―』 御茶の水書房 1967
林玲子編『日本の近世5 商人の活動』 中央公論社 1992
藤田覚『天保改革』 吉川弘文館 1989
藤田覚『遠山金四郎の時代』 校倉書房 1992
藤本強『埋もれた江戸 東大の地下の大名屋敷』 平凡社 1990
松本四郎『日本近世都市論』 東京大学出版会 1985

松本四郎『東京の歴史　大江戸・大東京史跡見学』 岩波書店　1988
水江漣子『江戸市中形成史の研究』 弘文堂　1977
南和男『江戸の社会構造』 塙書房　1969
南和男『幕末江戸社会の研究』 吉川弘文館　1978
南和男『江戸っ子の世界』 講談社　1980
南和男『維新前夜の江戸庶民』 教育社　1980
宮田登『江戸歳時記』 吉川弘文館　1981
村井益男『江戸城　将軍家の生活』 中央公論社　1964
村上直・根崎光男『鷹場史料の読み方・調べ方』 雄山閣出版　1985
吉田伸之『近世巨大都市の社会構造』 東京大学出版会　1991
吉田伸之編『日本の近世 9　都市の時代』 中央公論社　1992
吉原健一郎『江戸の情報屋　幕末庶民史の側面』 日本放送出版協会　1978
吉原健一郎『江戸の町役人』 吉川弘文館　1980
渡辺善次郎『都市と農村の間　都市近郊農業史論』 論創社　1983
『大江戸万華鏡(江戸時代人づくり風土記13・48東京)』 農山漁村文化協会　1991

【近代・現代】
朝日新聞社編刊『朝日新聞一〇〇年の記事に見る 3　東京百歳』 1979
有泉貞夫『星亨』 朝日新聞社　1983
岩波講座『日本通史』第16巻近代 1　岩波書店　1994
江口圭一『都市小ブルジョア運動史の研究』 未来社　1976
大石嘉一郎『自由民権と大隈・松方財政』 東京大学出版会　1989
大住広人『ゴミ戦争』 学陽書房　1973
川崎房五郎『明治東京史話』 桃源社　1968
越沢明『東京都市計画物語』 日本経済評論社　1991
越沢明『東京の都市計画』 岩波書店　1991
佐藤孝太郎著・多摩百年史研究会編『東京と三多摩―都制運動参加の記―』 東京市町村自治調査会　1992
田原洋『関東大震災と王希天事件』 三一書房　1982
東京都交通局編『東京都交通局八〇年史』 1991
東京都編刊『都史紀要』一　江戸から東京への展開　1953
東京都編刊『都史紀要』五　区制沿革　1958
東京都編刊『都史紀要』一五　水道問題と三多摩編入　1966
東京都編刊『都史紀要』三〇　市制町村制と東京　1983
東京都公文書館編『東京都職制沿革』 東京都　1990
東京都中央卸売市場編『東京都中央卸売市場史』上・下巻　東京都　1958・63
『東京府史』行政編(全六巻)　東京府　1929-37
東京市政調査会編刊『ビアード博士東京市政論』 1923
御厨貴『首都計画の政治―形成期明治国家の実像―』 山川出版社　1984

## ■ 図版所蔵・提供者一覧

見返し表　国立歴史民俗博物館
　裏上　東京都教育委員会
　　下　世田谷区教育委員会
口絵 1 上　深大寺
　下　東京都埋蔵文化財センター
　2 上　武蔵御嶽神社
　下　高幡不動尊金剛寺
　3 上　葛飾区郷土と天文の博物館
　下　八王子市郷土資料館
　4 上　国立歴史民俗博物館
　下　東京都江戸東京博物館
　5 上　太田記念美術館
　下　成田山霊光館
　6 上　国立公文書館
　下　利島村
　7　東京都埋蔵文化財センター
　8　水産航空(株)
p. 5　東京都江戸東京博物館
p. 9　東京都埋蔵文化財センター
p. 12　東京都高尾自然科学博物館
p. 25　東京都埋蔵文化財センター
p. 27　東京大学総合研究博物館
p. 30　『赤羽台・袋低地・舟渡』
p. 35右　東京都教育委員会
　中　大田区教育委員会
　左　浅間神社
p. 48　府中病院内遺跡調査会
p. 52　宮内庁正倉院事務所
p. 59　板橋区
p. 69　八王子市郷土資料館
p. 85右　日蓮宗大本山池上本門寺
　左　高幡不動尊金剛寺
p. 89　西光寺・葛飾区郷土と天文の博物館
p. 93　徳蔵寺・東村山市
p. 97　(財)大東急記念文庫
p. 99　大田区
p. 101　葛飾区郷土と天文の博物館
p. 103　世田谷区広報課
p. 109　豊島区立郷土資料館
p. 110　静勝寺・北区教育委員会
p. 115　神奈川県立金沢文庫
p. 120　(財)紙の博物館
p. 121　日蓮宗妙福寺
p. 125　(財)東京都島しょ振興公社
p. 132　本田輝雄・足立区立郷土博物館
p. 134　今井治良
p. 140　あきる野市五日市郷土館
p. 141　八王子市教育委員会
p. 144　(財)大場代官屋敷保存会寄託，世田谷区郷土資料館
p. 145　国立歴史民俗博物館
p. 149　名古屋市博物館
p. 155　(財)出光美術館
p. 160　(財)出光美術館
p. 171　若宮八幡宮
p. 173　中野区立歴史民俗資料館
p. 179　(株)さくら銀行
p. 188　波多野純建築設計室
p. 201　杉並区立郷土博物館
p. 207　早稲田大学図書館
p. 214　東京都江戸東京博物館
p. 216　千葉市美術館
p. 233　津山郷土博物館
p. 254　国立国会図書館
p. 262　東京都江戸東京博物館
p. 265　東京都教育委員会
p. 267　東京大学埋蔵文化財調査室
p. 269　東京都教育委員会
p. 279　東京都江戸東京博物館
p. 285　東京都江戸東京博物館
p. 288　東京都江戸東京博物館
p. 294　埼玉県立博物館
p. 305　東京都江戸東京博物館
p. 307　東京都公文書館
p. 313　『都市紀要』13
p. 315　(株)三越資料編纂室
p. 316　東京都江戸東京博物館
p. 322　『東京都政五十年史』通史
p. 327　東京都江戸東京博物館
p. 337　ワイド．ワールド．フォト
p. 345　水産航空(株)

敬称は略させていただきました。

紙面構成の都合で個々に記載せず，巻末に一括しました。所蔵者不明の図版は，転載書名を掲載しました。万一，記載洩れなどがありましたら，お手数でも編集部までお申し出下さい。